특수아동과 상담

특수아동과 상담

송현종 · 정광주 공저

전남대학교출판부

특수아동 상담은 상담학의 독자적인 영역이 될 수 있는가? 이 질문은 특수아동을 위한 상담의 원리가 일반아동을 위한 상담의 원리와 본질적으로 다른가와 관련이 된다. 특수아동이 갖고 있는 특성은 분명히 일반아동의 특성과 다른 점이 많다. 또 아동이 갖고 있는 장애의 유형에 따라 특수아동의 특성은 매우 다양하다. 이런 점에서 일부 학자들은 특수아동 상담을 일반아동 상담과 구별되는 독자적인 영역으로 보려는 견해를 갖고 있다.

그러나 또 다른 많은 학자들은 특수아동을 위한 상담의 원리가 일반아동을 위한 상담의 원리와 본질적으로 다르지 않다는 견해를 갖고 있다. 특수아동이 경험하는 적응상의 문제와 욕구의 많은 내용은 일반아동의 문제나 욕구와 크게 다르지 않다. 특수아동의 문제를 해결하도록 조력하는 상담의 방법 역시 일반아동의 문제를 조력하는 상담의 방법과 본질적으로 다르지 않다. 이는 아동상담, 청소년 상담, 노년상담의 경우도 마찬가지이다. 다만 특수아동은 정신적, 정서적, 또는 신체적 장애를 갖고 있기 때문에, 특수아동을 상담하는 상담자는 이러한 장애의 특성을 이해하는 것이 선행되어야 한다. 또 특수아동 내담자와 상담자의 상호작용을 원활하게 할 수 있는 보완적인 수단을 적용할 필요가 있다.

예를 들면, 청각장애 아동의 상담을 위해서는 상담자가 직접 수화를 사용하여 상담을 할 수 있을 것이다. 상담자가 수화를 사용할 수 없는 경우라면, 수화통역을 활용하거나 인터넷 채팅과 같은 방법을 적용할 수도 있다. 이러한 보완적인 의사소통 방식을 통하여 상담자는 청각장애 아동의 다양한 문제들을 상담할 수 있다. 중요한 것은 일반아동 상담과 비교하여 의사소통 방식이 달라진 것이지 상담의 본질적인 원리가 달라진 것은 아니라는 점이다. 그러므로 상담자가 특수아동의 특성에 대한 이해를 잘 하고 몇 가지 보완적인 방법을 적용한다면, 대부분의 상담자가 특수아동을 위한 상담활동을 효과적으로 전개할 수 있다.

그럼에도 불구하고 상담 현장에서 특수아동을 위한 상담활동은 활성화 되어 있지 않다. 많은 상담자들이 특수아동을 위한 상담업무를 자신의 책무로 인식하지 않고 특수교사의 몫으로 돌리고 있다. 그러나 대부분의 특수교사는 상담에 관한 전문적인 지식과 방법을 갖고 있지 않기 때문에, 특수교사가 효과적인 상담서비스를 제공하기는 어렵다. 이러한 이유로 인하여 특수아동 상담은 상담자와 특수교사의 사이에 사각지대로 남아 있고, 특수아동은 상담에 대한 적극적인 욕구와 태도를 갖고 있음에도 불구하고 적절한 상담서비스를 제공받지 못하고 있다.

이 책은 특수아동을 상담하고자 하는 상담자나 특수교사가 특수아동의 특성을 이해하고 상담의 이론과 실제에 관한 지식을 바탕으로 하여 특수아동을 위한 효과적인 상담과 교육적 지도 방법을 습득하도록 하는 데 목적이 있다. 이 책은 각급 학교나 사회복지 기관에서 특수아동을 교육하거나 지도하고 있는 상담자, 교사, 사회복지사, 특수아동 부모에게 많은 도움이 될 것으로 믿는다.

이 책은 크게 세 영역의 18개의 장으로 구성되어 있다. 첫 번째 영역은 특수아동의 이해에 관한 내용이다. 이 영역에서는 시각장애 아동의 이해, 청각장애 아동의 이해, 지적장애 아동의 이해, 지체 및 건강장애 아동의 이해, 정서 및 행동장애 아동의 이해, 자폐성장애 아동의 이해, 의사소통장애 아동의 이해, 학습장애 아동의 이해에 대해서 살펴본다. 두 번째 영역은 상담의 이해에 관한 내용이다. 이 영역에서는 상담의 기초, 정신역동적 상담이론, 행동주의 상담이론, 인본주의 상담이론, 인지행동적 상담이론, 상담의 과정과 기술에 대해서 살펴본다. 세 번째 영역은 특수아동의 상담과 지도에 관한 내용이다. 이 영역에서는 특수아동 상담의 기초, 특수아동 상담자, 특수아동 상담과 교육적 지도, 특수아동 상담을 위한 다양한 접근에 대해서 살펴본다.

이 책이 특수아동을 상담하는 데 필요한 기초적인 지식을 많이 포함하고 있지만, 아직 만족스럽지 못한 부분도 있다. DSM-Ⅳ의 개정작업이 계속 진행되고 있다는 점을 고려하여 장애의 분류와 특성을 서술하는 데 있어서 DSM-Ⅳ와 DSM-5의 내용을 함께 사용하고 있다. 특히 특수아동 상담을 위한 체계적인 모형을 제시하지 못하고 있다는 점이 가장 아쉽다. 그런 이유로 이 책의 제목을 '특수아동 상담'으로 하지 않고 '특수아동과 상담'으로 하였다. 혹시 남아 있는 오류는 모두 저자의 책임이며, 앞으로 계속하여 보완작업을 진행할 것임을 밝혀 둔다.

이 책이 출간되기까지 많은 도움이 있었다. 원고를 검토하고 교정하는 과정에서 많은 수고를 아끼지 않은 염영미 박사와 김소영 선생님께 감사를 드린다. 또 촉박한 시일에도 불구하고, 원고의 편집을 비롯한 모든 작업을 매끄럽게 진행해 준 전남대학교출판부의 직원 여러분께 감사의 말씀을 드린다.

2016. 1.

송현종·정광주

제 I 부 특수아동의 이해

제1장 시각장애 아동의 이해

제2장 청각장애 아동의 이해

제3장 지적장애 아동의 이해

제4장 지체 및 건강장애 아동의 이해

제5장 정서 및 행동장애 아동의 이해

제6장 자폐성 장애 아동의 이해

제10장 정신역동적 상담이론

제11장 행동주의 상담이론

제12장 인본주의 상담이론

제13장 인지행동적 상담이론

제17장 특수아동 상담과 교육적 지도

제18장 특수아동 상담을 위한 다양한 접근

[제 I 부 _ 특수아동의 이해]

장애 아동의 특성을 살펴보기 위해서는 먼저 장애의 유형을 분류해야 한다. 장애의 유형은 학자나 기관마다 각각 다르게 분류하고 있다. 여기에서는 장애인 등에 대한 특수교육법 시행령(2008)에서 분류하고 있는 특수교육 대상자 선정기준을 준용하고자 한다. 이 법에서는 장애의 유형을 시각장애, 청각장애, 지적장애, 지체장애, 정서·행동장애, 자폐성 장애, 의사소통 장애, 학습장애, 건강장애, 발달지체의 10가지 유형으로 구분하고 있다. 이 중에서 발달지체는 제외하고, 지체장애와 건강장애를 통합하여 여덟 가지의 장애유형으로 나누어 장애 아동의 특징을 살펴보고자 한다.

제1장 시각장애 아동의 이해

1. 정의

시각장애를 결정할 때 주요 기준으로 삼는 눈의 두 기능은 시력(visual activity)과 시야(field of vision)이다. 시력은 사물의 형태를 분명하게 구별하거나 특정 거리에서 사물을 변별하는 능력이다. 시야란 눈을 움직이지 않고 한 점을 주시하고 있을 때 볼 수 있는 외계의 범위를 말하며, 정상적 눈은 정면을 똑바로 응시할 때, 약 160~170° 범주 내의 사물을 볼 수 있다(김진호 등, 2013). 만약 시야가 좁으면 시야의 중앙 부분에 있는 사물은 잘 볼 수 있으나 주변에 있는 사물은 잘 볼 수 없다(강갑원 등, 2008). 시각장애의 정의는 일반적으로 목적에 따라 의학적 정의, 법적 정의, 교육적 정의로 구분할 수 있다.

먼저 의학적 정의로서, 국제보건기구(WHO, 1992)의 ICD-10(International Classification of Diseases 10th edition)에 의하면, 맹은 시력이 3/60(0.05) 미만이거나 동시에 교정한 상태에서 좋은 쪽 눈의 시야가 상실된 상태로 정의하였고, 저시력은 시력이 6/18(0.3) 미만이지만 교정한 상태에서 좋은 쪽 눈이 3/60(0.05) 이상으로 정의하고 있다(고은 등, 2012).

다음으로 법적 정의로서, 특수교육을 목적으로 하는 장애인 등에 대한 특수교육법 시행령(2008)에 의하면, 시각장애를 지닌 특수교육대상자는 다음과 같다.

> 시각계의 손상이 심하여 시각기능을 전혀 이용하지 못하거나 보조공학기기의 지원을 받아야 시각적 과제를 수행할 수 있는 사람으로서 시각에 의한 학습이 곤란하여 특정의 광학기구·학습매체 등을 통하여 학습하거나 촉각 또는 청각을 학습의 주요 수단으로 사용하는 사람

또, 시각장애인의 복지를 목적으로 하고 있는 장애인복지법시행령(2008)의 규정에 의한 시각장애인의 기준은 다음과 같다.

가. 나쁜 눈의 시력(만국식 시력표에 따라 측정된 교정시력을 말한다. 이하 같다)이 0.02 이하인 사람
나. 좋은 눈의 시력이 0.2 이하인 사람
다. 두 눈의 시야가 각각 주시점에서 10도 이하로 남은 사람
라. 두 눈의 시야 2분의 1 이상을 잃은 사람

한편, 교육적 정의와 관련하여, 교육자들은 학습을 위하여 시각 및 촉각수단을 사용하는 정도에 근거하여 시각장애를 분류한다. 교육적으로 맹은 완전히 시각을 상실하여 시각이 아닌 촉각이나 청각 등 다른 감각기관을 사용하여 학습하는 경우를 말한다. 이에 비해, 저시력은 학습의 주된 수단으로 시각을 사용하지만 광학기구, 비광학기구, 촉각, 청각자료 등 다른 보조수단을 활용하여 시각 기능을 향상시켜 학습하는 경우를 말한다.

시각장애를 분류하는 것은 다양한 방법이 있으나 보통 맹과 저시력으로 분류한다. 법적 맹은 좋은 쪽 눈을 교정하고 측정한 시력이 0.1 이하이거나 시야가 20도 이하인 경우를 말하며, 법적 저시력은 좋은 쪽 눈을 교정하고 측정한 시력이 0.1 이상 0.3 이하인 경우를 말한다. 또한 선천성 시각장애와 후천성 시각장애의 구별은 시각표상의 유무에 다른 기준으로 구분하고 있는데 연령적으로는 대개 5세를 그 기준으로 하고 있다(한국특수교육학회, 2008).

2. 진단

시각장애 원인의 신체적 측면은 안과 의사나 검안사가 한다. 신체적 측면에는 시력뿐만 아니라 시각예민도, 시야, 장애원인 등을 진단한다. 기능적 측면은 잔존시력의 활용 기회 등 보다 주관적인 요인을 중심으로 진단한다(강갑원 등, 2008). 시각 장애의 진단에는 시력검사, 시야검사, 색각검사, 대비감도검사, 시각적 행동관찰의 방법이 있다. 고은 등(2012)은 여러 학자들의 견해를 종합하여 이 다섯 가지의 진단방법을 다음과 같이 제시하고 있다.

1) 시력검사

시력검사에는 객관적 시력검사, 주관적 시력검사, 그리고 기능시력검사의 세 가지가 있다.

객관적 검사는 고도의 전문성을 필요로 하는 검사로 안과의사가 실시하는데 그 내용은 다음과 같다. 첫째, 눈의 외모와 안전 반응, 둘째, 양안의 위치 및 안구 운동, 셋째, 광선을 눈에 비출 때 동공의 모양 및 크기의 변화, 넷째, 안진 검사에 대한 반응, 다섯째, 전기·생리학적 검사에 대한 반응이다.

주관적 시력검사는 두 명의 검사자가 실시하는 것이 좋다. 한 사람은 아동을 검사하고, 다른 한 사람은 아동의 반응을 기록한다. 그리고 비디오로 아동의 반응을 찍어 두면 아동의 시력 상태를 과거와 비교할 수 있기 때문에 귀중한 자료로 사용할 수 있다.

기능시력이란 원하는 과제를 수행하기 위하여 시력을 사용하는 능력을 말한다. 기능시력 평가는 일상생활활동이나 특수한 조건에서 각 개인이 기능시력을 활용하는 방법을 알기 위하여 실시한다.

기능시력을 평가하기 위하여 준거지향 검목표, 관찰 보고서, 형식적 검사 도구 등이 개발되었으나 형식적 검사로 평가할 수 없는 아동은 비형식적 검사로 평가한다. 비형식적 검사 도구들은 첫째, 아동이 전맹으로 판정이 났을 경우에도 교사는 아동의 시력이 있다고 느낄 때, 둘째, 교사가 학습 과제와 관계되는 특수한 시각적 행동을 문서화할 필요가 있을 때, 셋째, 교사가 가장 적합한 시환경을 결정함으로써 아동을 도와야 할 때, 넷째, 아동이 시기능의 변화를 경험할 때 사용한다.

2) 시야검사

시야란 눈을 움직이지 않고 한 점을 주시하고 있을 때 볼 수 있는 외계의 범위를 말하며, 정상적인 시야의 범위는 코 쪽에서 귀 쪽으로 약 150도, 위쪽에서 아래쪽으로 약 120도이다. 시야 검사에는 대면법, 탄젠트 스크린법, 주변시야계법, 평면시야계법 등 다양한 방법이 있다. 시야검사의 목적은 저시력 아동에게 어떤 부위의 시야에 중요한 손상이 있는가를 파악하기 위함이다. 시야에서 암점을 찾기 위하여 앰슬러 격자 검사(Amsler Grid Test)를 사용한다.

3) 색각검사

색각이란 가시광선 중 파장의 차이에 따르는 물체의 색채를 구별하여 인식하는 능력을 말한다. 이는 망막 추체의 기능에 속하는 것으로, 명순응 상태에서만 볼 수 있다. 색각이상(color defect)의 정도의 때라 색맹과 색약으로 나눌 수 있다. 색맹이 색약을 포함하기도 하고 때로는 색약과 구별하여 색약보다 더 정도가 심하다는 의미로 사용되기도 한다. 색각이상에는 선천성 색각이상과 후천성 색각이상이 있다.

4) 대비감도검사

대비감도(contrast sensitivity)란 서로 다른 대비를 갖는 대상을 얼마나 잘 구별하는가를 말하는 것으로, 밝음과 어둠의 비율을 말하여 완전 흰색과 완전 검은색 사이의 대비감도가 1(100%)이 된다. 어린 유아의 대비 감도는 줄무늬를 이용하여 주시 선호 검사법으로 잰다. 6개월 된 유아는 성인에 비하여 약간 떨어지는 대비 감도를 갖게 되지만 5~8세가 되면 성인과 같아진다.

5) 시각적 행동관찰

교사나 부모는 눈의 외모 관찰, 행동 관찰, 학업 성취에 관한 관찰을 통하여 아동의 눈의 외모, 행동, 학업성취도를 관찰하고 시각장애 아동을 조기에 발견할 수 있다.

(1) 눈의 외모 관찰

교사나 부모는 눈의 외모를 관찰하고 시력에 장애가 있는가를 발견할 수 있다. 일반적으로 정상적인 눈은 깨끗하고, 앞을 똑바로 보며, 양안이 안정적으로 함께 움직이고 물체를 바로 바라볼 수 있다. 그러나 시력에 장애가 있는 눈은 다음과 같은 증상을 나타낸다. 첫째, 사물을 볼 때 눈을 자주 깜박거린다. 둘째, 눈-손 협응이 잘 안 된다. 셋째, 동공이 흐려지거나 열린다. 넷째, 밝은 곳에서 두 눈을 계속 깜박거리고 문지르며 눈을 가늘게 뜨고, 눈에 먼지가 있는 것과 같은 느낌을 갖는다. 다섯째, 각막이 혼탁하다.

(2) 행동 관찰

교사나 부모는 학교에서 다음과 같은 아동의 행동을 관찰하고 시력의 장애가 있는가를 발견할 수 있다. 첫째, 눈을 자주 깜박인다. 둘째, 읽고 쓸 때의 거리가 즉 눈과 책과의 거리가 매우 가깝거나 멀다. 셋째, 글씨를 쓰거나 읽을 때 얼굴을 찡그린다. 넷째, 현기증, 두통, 눈의 불쾌감 등을 느낀다. 다섯째, 책을 오래 읽으면 피로를 느끼고 읽기 능력이 떨어진다. 여섯째, 말하기 능력보다 쓰기 능력이 훨씬 떨어진다. 일곱째, 'ㅈ'과 'ㅊ', '오'와 '으', '에'와 '애', '판'과 '관', '회'와 '희' 등과 같은 글자를 혼동한다.

3. 특성

시각장애 아동의 특성은 장애의 원인, 종류나 장애의 시기 등이 다양하다. 그리고 시각 손상의 유형과 정도는 아동의 발달과 학습에 많은 영향을 미친다. 시각장애 아동의 일반적인 신체 및 운동발달 특성, 인지발달 특성, 사회 및 정서발달 특성을 살펴보면 다음과 같다.

1) 신체 및 운동발달 특성

시각장애 아동의 신체발달은 정안아동과 큰 차이가 없으나 시각장애가 신체 발달에 간접적인 영향을 미친다고 할 수 있다. 즉 시각적 자극의 제한, 모방학습의 제한, 환경적 요인 등이 발달에 중요한 장애 요인이다(고은 등, 2012). 이러한 아동기에 나타나는 신체 및 운동발달의 지체는 연령이 증가함에 따라 증대되는 경향을 보인다. 시각장애 아동의 신체발달은 체중, 흉위, 앉은 키 등에서 비장애아와 별 차이가 없으나 연령이 높아지면서 그 차이가 커진다. 아동기에 비교적 지체가 두드러지지 않던 근육력이나 순발력, 몸의 조정능력에도 점차 지체가 나타나며, 동작이나 자세가 어색한 경우도 많다. 그리고 이미 아동기에도 평형감, 달리기, 민첩성, 정밀성이 뒤떨어지는 것으로 밝혀졌다(강갑원 등, 2008).

시각장애 아동들은 능동적으로 주변 환경을 탐색하는 데 어려움을 겪기 때문에 기기, 앉기, 걷기 등의 운동 발달이 지연되는 경우가 많다. 또 많은 시각장애 아동들은 근긴장도가 낮고 신체공간감각(proprioception: 공간에서의 신체 위치에 대한 지각)이 낮기 때문에 자세가 나쁘고 보행패턴도 어색하다(이소현, 박은혜, 2011).

시력은 운동기술 습득에 (1) 동기, (2) 공간지각능력, (3) 보호 및 방어, (4) 피드백 네 가지 중요한 기능을 한다(김진호 등, 2013). 시각장애 아동은 시각적 자극이 결여되어 있으므로, 자기 주변에 물체가 존재한다는 사실을 잘 알지 못하며, 물체를 향해 손을 뻗거나 움직이고자 하는 시도를 하지 않는다. 이처럼 시각장애아에게 신체나 운동발달 지체가 일어나는 것은 비장애아에 비하여 운동량이 부족하기 때문인 것으로 추측된다. 유치원에 다니는 시각장애아는 비장애아에 비하여 걸음을 걷는 양이 1/3 정도에 지나지 않는 것으로 조사되었다. 더욱이 달리기와 같은 것은 경험해 볼 수 없는 등 운동경험에 제한이 많다(강갑원 등, 2008). 따라서 어린 시절에 시각자극을 대체하는 다양한 감각훈련을 통해 운동발달을 촉진하는 지도가 필요하다.

2) 인지 및 언어발달 특성

시각장애 아동들의 지능은 일반아동들에 비해 낮지 않은 것으로 알려져 있다. 그렇지만 시각의 손상으로 인해 다른 감각들에 의존하여 주위환경에 대해 학습하게 되므로 사물의 영속성, 인과관계, 목적과 수단의 관계 등과 같은 개념을 습득하는 시기가 늦어지는 경우가 많다. 일반아동들에게 반복적으로 많이 제공되는 모방과 관찰의 기회가 없는 것도 시각장애 아동들이 같은 또래의 일반아동들에 비해 개념발달이 늦어지는 요인이 된다. 특히 선천적이거나 영아기에 시각장애가 생긴 경우에는 정보수집체계에 손상을 입게 되므로 개념 형성에 큰 영향을 받게 된다(이소현, 박은혜, 2011). 이렇게 볼 때, 시각장애 아동들은 일반아동에 비해 지능이 비슷한 수준임에도 불구하고, 경험의 부족으로 인하여 인지발달이 늦고 학습에서도 많은 어려움을 겪게 된다고 볼 수 있다.

시각장애 아동의 언어발달은 일반아동에 비해 일반적으로 뒤떨어지는 것으로 알려져 있다. 선천적 맹아는 언어발달이 지연되고 의미도 모르면서 사용하는 단어가 많고, 대화를 할 때 음성이 다양하지 못하고 말을 크게 하는 경향이 있으며, 말의 속도가 느리고 몸짓이나 입술의 움직임도 적은 편이다(이해균, 2009). 취학 전 약시아의 경우에도 언어기능이 일반아동에 비해 낮은 것으로 나타났다.

시각장애 아동의 언어발달이 일반아동에 비해 지체되는 이유는 다음과 같다. 첫째, 사람이나 사물이 보이지 않기 때문에 말을 걸려고 하는 동기가 결여되기 때문이다. 둘째, 말하고 있는 사람의 입 모양이나 움직임을 모방하는 것이 불가능하기 때문이다. 셋째, 자신이 소리 낸 대상의 반응을 시각적으로 확인할 수 없기 때문이다.

언어발달과 인지발달이 상호 영향을 주고받으면서 이루어지는 것을 감안하면, 시각장애 아동의 언어발달의 지연 역시 아동의 인지발달과 학습에 부정적인 영향을 미치는 것으로 볼 수 있을 것이다.

3) 사회 및 정서발달 특성

시각장애 아동의 사회성 발달은 일반아동과 몇 가지 점에서 차이가 있다. 시각장애 아동의 사회성 발달은 시각과 많이 관련되어 있으므로 일반아동과 다른 몇 가지 특성을 보인다. 이소현과 박은혜(2011)는 시각장애 아동의 사회성 발달의 특징을 다음과 같이 네 가지로 정리하여 제시하고 있다. 첫째, 부모나 친구들의 눈 맞추기나 미소와 같은 시각적 신호를 보지 못하므로 이러한 행동들을 배우지 못하고, 따라서 이들의 사회적 상호작용이 제한되거나 잘

못 해석되는 경우도 생긴다. 또한 이로 인해 시각장애 아동들에 대한 부정적인 태도가 형성되기도 하고, 시각장애 아동들이 사회적으로 고립되는 결과를 초래하기도 한다. 시각장애 아동이 나이가 들어감에 따라 얼굴표정을 적절하게 사용하지 못하는 등의 비구어적인 신호 사용의 부족은 일반인들에게 무관심으로 오인될 수도 있다.

둘째, 시각장애로 인해 사회적 상호작용을 시작하는 것과 유지하는 것이 어려워진다. 또래 친구들의 관심이 어디를 향하고 있는지 알기도 어렵고, 누군가가 자신에게 말하고 있는지 다른 사람에게 말하고 있는지, 또한 친구가 옆에 왔는지 떠났는지도 잘 알 수가 없다. 따라서 주위에 아무도 없을 때 말을 걸게 되기도 하고, 어떤 시각장애 아동은 눈 맞추기 대신 팔을 툭툭 치는 신체적 접촉을 사용하기도 한다. 이와 같은 시각을 대신하는 신체적 접촉은 일반 아동들에게 거부감을 주는 경우도 있다.

셋째, 시각장애 아동들은 일반 아동들이 시각적 관찰과 모방을 통하여 자연스럽게 습득하는 사회성 기술들을 잘 학습하지 못하기 때문에 구체적인 기술 습득을 위한 지도가 계획되어야 한다. 특히 성공적인 통합교육을 위해서는 이러한 사회적 기술들을 더욱 중요하게 지도해야 한다. 여기에는 말하는 상대방을 쳐다보기, 머리를 똑바로 들고 바른 자세를 하기, 말할 때 또래나 교사로부터 적절한 거리를 유지하기, 대화를 적절히 시작하기 등이 해당된다.

넷째, 시각장애 아동들 중에는 몸을 앞뒤 또는 좌우로 흔들거나 눈을 누르는 등의 행동을 지속적으로 보이는 경우가 있다. 이러한 자기 자극적인 행동과 매너리즘은 사회적으로 수용되기에는 부적절한 행동이다. 또 이러한 행동은 행동발생 초기에는 스트레스나 무료함에 대한 반응으로 시작되었다 하더라도 습관화되기 쉬우므로 적절한 지도를 필요로 한다.

한편 이해균(2009)에 의하면, 시각장애아는 소극적이고 수동적인 경향을 갖고 있다. 그 이유는 시각장애아의 부모가 유아와 관련된 모든 일에 소극적이고, 유아에게 사회적 반응을 할 수 있는 언어접촉이나 피부접촉 등 동기유발을 할 수 있는 행동을 하지 않았기 때문이다. 또 장선철(2007)은, 시각장애아는 자제력이 약하여 화를 자주 내고, 남을 의심하고 폐쇄적이며, 의존적이고 열등감이 높으며, 소극적이고, 일반아동과 함께 놀지 못하고 고립된 행동을 보이는 경향이 많음을 지적하고 있다.

지금까지 살펴본 시각장애 아동의 신체 및 운동발달 특징, 인지 및 언어발달 특징, 사회 및 정서 발달 특징은 이 아동들을 위한 교육지도와 상담에 있어서 보완적인 접근이 필요함을 시사한다. 그러므로 시각장애 아동을 상담하는 상담자는 시각장애 아동의 발달적인 특징을 충분히 이해하고 그에 적절한 상담 및 교육적 지도방법을 모색해야 할 것이다.

제2장 청각장애 아동의 이해

1. 정의

청각장애의 정의는 의학적 또는 생리학적 관점과 교육적인 관점으로 나누어 볼 수 있다. 먼저 의학적 관점은 소리의 강도를 기준으로 하여 어느 정도의 소리를 듣지 못하는가를 주요 기준으로 한다. 반면에 교육적 관점은 소리의 강도보다는 청력 손실이 아동의 말과 언어능력에 얼마나 영향을 미치는가를 기준으로 삼는다.

의학적인 관점에서는 음을 탐지할 수 있는 수준인 청력 역치를 기준으로 하여, 청각장애를 경도, 중등도, 중도, 최중도의 청각장애로 구분한다. Hallahan과 Kauffman(2014)에 의하면, 경도 청각장애의 청력 역치는 36-54dB, 중등도 청각장애의 청력 역치가 55-69dB, 중도 청각장애의 청력 역치는 70-89dB, 최중도 청각장애의 청력 역치는 90dB 이상이다.

교육적 관점에서는 청각을 통한 언어정보의 이해와 처리 능력에 기초하여, 일반적으로 청각장애를 농과 난청으로 구분한다. 청각장애, 농, 난청은 다음과 같이 정의된다(이소현, 박은혜, 2011).

- **청각장애(hearing impairment):** 경도에서 최중도에 이르는 청력 손실을 모두 지칭하는 일반적인 용어로서 농과 난청이 모두 여기에 속한다.
- **농(deaf):** 청력 손실이 심하여 보청기 사용 유무와 상관없이 청각을 통해 언어적 정보를 주고받지 못하는 정도의 청력상태를 말한다.
- **난청(hard of hearing):** 보청기를 사용할 경우의 잔존 청력이 청각을 통한 정보교환이 가능한 정도의 청력상태를 말한다.

미국농학교집행위원회(The Conference of American Schools for the Deaf, 1974; 장선철, 2007 재인용) 역시 이와 유사한 정의를 내리고 있다.

> 청각장애란 경도에서 최중도에 이르기까지 청각불능상태(hearing disability)를 가리키는 일반적 용어로서 농(deaf)과 난청(hard of hearing)을 포함하는 개념이다. 난청인이란 일반적으로 보청기를 사용하면 청각을 통해 언어 정보를 충분히 처리할 수 있는 잔존 능력을 지닌 사람을 말하며, 농인(農人)이란 청각불능으로 인해 보청기를 사용하더라도 청각을 통해 언어정보를 성공적으로 처리하는 데에 어려움이 있는 사람을 말한다.

이러한 의학적인 관점의 정의와 교육적인 관점의 정의를 기초로 하여 우리나라의 장애인복지법과 장애인 등에 대한 특수교육법에는 청각장애에 관한 정의가 다음과 같이 규정되어 있다. 먼저 장애인복지법시행령(2008)의 규정에 의한 청각장애인의 기준은 다음과 같다.

> 청각장애인은 청각장애로 인하여 장기간에 걸쳐 일상생활 또는 사회생활에 상당한 제약을 받는 자로서 대통령령으로 정하는 기준에 해당하는 자
>
> 가. 두 귀의 청력 손실이 각각 60dB 이상인 사람
> 나. 한 귀의 청력 손실이 80dB 이상, 다른 귀의 청력 손실이 40dB 이상인 사람
> 다. 두 귀에 들리는 보통 말소리의 명료도가 50% 이하인 사람
> 라. 평형기능에 상당한 장애가 있는 사람

다음으로 장애인 등에 대한 특수교육법 시행령(2008)에서는 청각장애를 지닌 특수교육대상자는 다음과 같이 규정하고 있다.

> 청력손실이 심하여 보청기를 착용해도 청각을 통한 의사소통이 불가능 또는 곤란한 상태이거나, 청력이 남아 있어도 보청기를 착용해야 청각을 통한 의사소통이 가능하여 청각에 의한 교육적 성취가 어려운 사람

2. 진단

청각장애의 조기발견은 청력이 중도나 최중도가 아닌 경우에는 쉽지 않다. 또 저음부의 상태가 좋은 경우나, 근거리 회화음 청취가 가능한 경우나, 청각장애 이외의 다른 장애를 가지

고 있는 경우에는 상식적 수준에서 발견하기 어렵다. 청각장애는 외관상으로는 발견하기 어렵다. 언어발달 시기에 언어발달 지체가 의심되면 청력검사를 받아보는 것이 좋다. 보청기에 의한 청각보상은 한 살 때부터 가능하고, 음성언어 획득에도 도움이 된다(강갑원 등, 2008).

우리나라에서 청력검사는 주로 이비인후과 병원이나 언어치료실 등에서 이루어진다. 청력검사의 방법에는 순음청력검사, 반사검사, 행동관찰법, 객관적 청력검사, 음차청력검사 등이 있다. 강갑원 등(2008), 고은 등(2012), 이소현과 박은혜(2011)의 견해를 중심으로 하여 주요 청력검사의 방법을 살펴보면 다음과 같다.

1) 순음청력검사

순음청력검사(pure-tone audiometry)는 청력검사의 방법 중에서 가장 많이 사용되며, 소리의 높이(주파수; Hz)와 강도(데시벨; dB)를 변화시키면서 개인의 청력 역치를 측정하는 방법이다. 청력 역치는 각 주파수대에서 처음 소리를 인식하는 데시벨 수준이다. 순음청력검사에서는 일반적으로 소리의 강도 1-110dB 사이와 소리의 높이 125Hz(저음)에서 8,000Hz(고음) 사이의 소리에 대한 반응을 측정한다. 0dB은 일반인이 소리를 들을 수 있는 최저 수준을 나타낸다. 사람이 들을 수 있는 소리는 125-8,000Hz이지만, 대부분의 말소리는 500-2,000Hz에 해당된다. 각 주파수대에서 개인의 청력역치를 그래프로 표시한 청력도(audiogram)를 통하여 평균청력수준, 청력형, 청력장애부위, 차폐음의 사용 유무 등을 알 수 있다.

순음청력검사는 대개 기도(또는 기전도)검사와 골도(또는 골전도)검사의 두 가지를 실시한다. 기도청력검사는 이어폰을 끼고 외이, 중이를 통하여 소리가 전달되는 순음청력을 측정하는 것이며, 골도청력검사는 이어폰을 사용하여 진동이 직접 두개골을 통하여 내이에 전해지도록 하여 검사하는 방법이다(이소현, 박은혜, 2011).

2) 어음청력검사

순음청력검사가 말이 아닌 단순한 소리를 얼마나 잘 듣느냐 하는 것을 검사하는 것이라면, 어음청력검사(speech audiometry)는 말을 어느 정도 잘 듣고 이해하느냐 하는 것을 검사하는 것이다. 우리나라에서는 일반적으로 말의 청취 정도를 측정하는 어음청취 역치 검사와 언어음의 이해능력을 측정하는 어음 명료도 검사를 한다. 어음청취 역치는 2음절의 36개 단어를 같은 음압으로 1,000Hz 수준에서 들려주었을 때, 50% 정도를 알아들을 수 있는 최저 수준을 말한다. 어음 명료도는 일상회화에서 흔히 사용되는 말의 비율에 따라 음성학적으로 균형을 이룬 50개의 단음절 단어에 대하여 알아듣는 정도를 말한다. 어음청력검사는 주로 보청기에 의한 청취능력을 평가하기 위한 검사이다. 청력이 같아도 어음청력은 일반적으로 같지 않다. 어음청력검사는 청각장애인이 어느 정도 청각활용이 가능한가를 알아보기 위해 꼭 필요한 검사이다(강갑원 등, 2008).

3) 신체반사검사

신체반사검사는 너무 어린 유아나 기타 장애로 인하여 청력검사가 어려운 아동에게 하는 대안적인 청력검사의 하나이다. 신체반사검사에는 눈 커플 반사검사, 모로 반사검사, 방향정위 검사가 있다. 눈 커플 반사검사는 출생 7일 내에 실시 가능하며, 귀 가까이에서 소리를 내면 눈 주위의 근육이 수축하는 행동을 통해 검사하는 방법이다. 모로 반사검사는 음 자극을 주면 팔과 다리를 벌리고 손가락을 펴다가 무엇을 껴안은 듯 몸 쪽으로 팔과 다리를 움직이는 행동을 통해 검사하는 방법이다. 방향정위검사는 소리가 나는 쪽으로 몸을 돌리는 행동을 통해 검사하는 방법이다.

4) 행동관찰법

행동관찰법 역시 대안적인 청력검사방법의 하나로서 유아가 소리에 반응하는 것을 행동관찰을 통해 알아보는 방법이다. 행동관찰법에서 주로 관찰하는 아동의 행동은 다음과 같다(고은 등, 2012).

- 같은 또래의 아동에 비하여 말을 잘하지 못하며 발음이 불분명하다.
- 라디오나 텔레비전을 들을 때 과도하게 음량을 높인다.
- 좀 더 잘 듣기 위해 말하는 사람 쪽으로 방향을 돌린다.
- 보통의 소리에 반응을 보이지 않는다.
- 음성 활동에 참여하기를 좋아하지 않는다.
- 금방 한 말을 다시 하라고 자주 요청한다.
- 큰 소리로 반응한다.

5) 객관적 청력검사

기계장치를 이용하여 아동의 청력을 보다 객관적으로 측정하는 방법으로서 심리전류검사, 뇌파검사, 뇌간유발반응검사, 전기와우청력검사 등이 있다. 심리전류검사는 조건형성의 원리를 이용한 검사로서 1세 이상 아동에게 사용된다. 약한 유도전기와 음을 함께 반복하여 들려주면 땀이 분비되는 현상을 얻을 수 있다. 나중에는 소리만으로 그 반응을 나타내는데, 그것을 그래프화하도록 하는 방법이다. 뇌파검사는 청각자극에 대한 뇌의 활동을 기록하는 방법이다. 뇌간유발반응 청력검사(BERA)는 음 자극에 따른 청신경계의 전기적 반응을 컴퓨터에 의해 기록하는 방법이다. 전기와우청력검사(ECGO)는 음 자극에 따른 와우의 전기적 반응을 기록하는 방법이다(고은 등, 2012).

3. 특성

청각장애는 난청부터 농까지를 포함해서 매우 다양한 정도로 나타난다. 또 청력손실이 청각장애인의 기능과 특성에 미치는 영향과 정도도 여러 가지 요인에 의해 달라진다. 즉 청력손실의 정도와 유형, 청력손실 발생 연령, 아동의 지능, 청력장애에 대한 가정과 지역사회의 대응 능력, 청각장애 아동의 언어적·교육적 경험 정도가 그것이다. 청각장애 아동의 특성을 언어적 특성, 인지적 특성, 학업적 특성, 사회·정서적 특성, 문화적 특성으로 나누어 살펴보면 다음과 같다.

1) 언어적 특성

청각장애 아동이 갖는 가장 큰 장애는 사회에서 일반적으로 사용하는 언어로 의사소통하기가 어렵다는 것이다. 언어표현 능력이 생기기 이전에 청력 손실이 발생한 경우(언어 전 청력손실)에는 구어 기술을 습득하는 데 어려움이 많다. 따라서 생후 3~4년이 지난 후 최중도의 청각장애가 생긴 경우가 출생 시부터 더 경도의 청각장애가 있었던 경우보다 말, 언어, 읽기, 쓰기 능력이 더 뛰어나게 된다. 청각장애 아동들의 국어, 특히 말하기 능력은 같은 또래의 일반 아동들에 비해 많이 뒤떨어진다. 일반 아동들은 다른 사람의 말을 들으면서 자연스럽게 말과 언어를 습득하지만, 청각장애 아동들은 이 모든 것들을 직접 반복과 교정훈련 등을 통해 배워야하기 때문이다. 일반적으로 경도, 중등도의 청력손실을 가진 아동들의 말이 중도나 최중도의 청각장애 아동들보다 더 알아듣기 쉽다(이소현, 박은혜, 2011).

언어를 습득하는데 있어서 상당부분이 모방, 확장, 추리, 강화 등에 의해서 이루어진다고 가정하였을 때, 청력 손상은 언어습득을 매우 어렵게 한다. 듣지 못한다는 사실은 소리의 모방을 어렵게 하며, 자신의 말을 피드백하지 못하고, 성인의 언어반응을 통한 강화도 되지 않는다. 문맥이나 운율을 통해 문법을 추리해 나가는 것도 어려워짐으로써 청각장애 아동에게 정상적인 언어발달이 자연스럽게 이루어지는 것을 기대하기는 어렵다(고은 등, 2012).

청각장애 아동의 말할 때의 문제점으로는 특정 음소를 탈락시키거나 다른 음소로 대치하기, 말의 억양이나 높이의 어색함, 속도나 운율의 부적절함 등이 있을 수 있으며, 말소리가 비음으로 나거나 지나치게 탁한 소리, 또는 숨찬 소리를 내기도 한다. 이러한 말의 조음적인 문제뿐만 아니라, 청각장애 아동들은 어휘, 문장구조의 습득에도 어려움을 겪는다. 문법적인 지식도 부족한 경우가 많으며, 한 단어에 두 가지 뜻이 있음을 모르는 경우도 많다.

또 수화는 일반 구어와 다른 또 하나의 언어체계이므로, 수화에 익숙한 청각장애 아동이 수화 통역자가 있는 일반 학교에서 공부한다고 하더라도 한국어를 모르는 외국인이 통역만으로 공부하는 것과 마찬가지로 학습에 어려움이 많다. 이러한 언어능력의 결여는 국어 교과뿐 아니라 다른 교과목에도 영향을 미치며, 전반적으로 학업성취가 뒤떨어지는 결과를 초래하기도 한다. 교재, 과제물, 시험 등이 모두 언어능력에 기초하고 있기 때문이다(이소현, 박은혜, 2011).

2) 인지적 특성

청각장애 아동의 인지능력에 대해서는 서로 다른 견해가 존재하였다. 첫째는 인지능력은 언어능력에 의해 결정되고, 청각장애 아동이 언어능력에 문제를 갖고 있기 때문에, 지적 능력에도 문제가 있다고 보는 견해였다. 둘째는 인지능력과 언어능력은 서로 별개이기 때문에, 언어경험에 의존하는 경우를 제외하고는, 청각장애 아동의 인지능력은 본질적으로 결함이 없다는 견해였다.

그러나 청각장애 아동의 인지능력에 대한 최근의 관점은, 언어경험에 의존하는 경우에 있어서도 청각장애 아동과 일반아동 간에는 지적 능력에 본질적인 차이가 없다는 것이다. 이 관점에 의하면, 수화 자체도 한글이나 영어와 같이 독립된 단어와 문법체계를 갖추고 있는 그 자체가 완전한 언어체계라는 것이다. 그러므로 언어개념과 관련된 과제에서 청각장애 아동이 어려움을 겪는 것은 일반 아동이 사용하는 언어와 자신들의 언어, 즉 수화 간에 차이가 존재하기 때문이며, 언어능력 그 자체에 있어서는 아무런 기능적 결함을 가지고 있지 않다는 것이다. 이렇게 볼 때, 기존의 지능검사에서 청각장애 아동이 차이를 보이는 것은 일반인들이 사용하는 언어에 대한 경험이 부족하기 때문이며, 청각장애와 지능 간에는 어떠한 인과관계도 존재하지 않는다(김동일 등, 2002).

그럼에도 불구하고 현실적으로 대부분의 청각장애아는 비장애아에 비하여 형식 조작적 사고가 뒤떨어진다. 이것은 논리적 사고와 형식적 사고의 도구가 되는 언어체계를 청각장애 아동이 잘 습득하지 못했기 때문이다. 즉 청각장애 아동이 본래적으로 사고력이 좋지 못한 것이 아니라 적기에 최적의 언어 양식을 일관되게 획득하지 못했기 때문이다. 아무래도 청각장애 아동이 사용하는 수화가 비장애인이 사용하는 표준 언어에 비하여 정밀한 언어체계를 가지고 있지 못하기 때문일 수도 있다(원영조 등, 1999).

또 지능의 측정에서 청각장애 아동의 지능이 일반아동에 비해 낮게 나오는 것은 무엇 때문일까? 여기에는 몇 가지의 본질적, 심리측정적 이유가 있다. 첫째, 지능검사가 지나치게 언어에 의존하기 때문이다. 비언어성 또는 동작성 검사가 하더라도 검사의 과정에서 언어적 요소를 배제하기 어렵기 때문에 언어능력이 제한적인 청각장애 아동에게는 불리하게 작용한다. 둘째, 많은 청각장애 아동이 갖고 있는 중복장애를 고려하지 않았기 때문이다. 많은 청각장애 아동은 다른 유형의 중복장애를 갖고 있는 경우가 많다. 그러므로 지능검사 결과를 보고하고 비교할 때, 순수한 청각장애 아동과 일반 아동을 비교하지 않고, 중복장애 아동까지 포함하여 비교하면 그 결과는 청각장애 아동의 지능이 일반 아동에 비해 낮게 나올 수밖에 없을 것이다. 셋째, 지능검사의 문항과 실시방법의 문제를 생각할 수 있다. 검사문항이 청각장애 아동에게 불리한 언어로 제작되었거나, 검사 실시 과정에서 검사자와 피검사자인 청각장애 아동 간의 의사소통이 원활하지 않았을 수도 있기 때문이다.

이렇게 볼 때, 청각장애 아동의 지적 능력은 한마디로 평가할 수 없다. 설령 표준화된 지능검사에서 낮은 점수가 나왔다 하더라도, 그 결과로써 청각장애 아동은 곧 낮은 지능을 갖고 있다고 결론을 내리는 것은 위험하다. 그러므로 앞에서 살펴본 여러 변인들을 충분히 고려하여 청각장애 아동의 지적 능력을 판단하여야 할 것이다.

3) 학업적 특성

청각장애 아동은 전반적으로 일반 아동에 비하여 학업성취도가 낮은 것으로 알려져 있다. 즉, 독해, 읽기, 쓰기, 계산능력 등 모든 면에서 뒤떨어진다. 청각장애 아동은 일반 아동에 비해 어휘 량이 적고 문자구조도 단순하고 경직되어 있다(강갑원 등, 2008).

또 청각장애 아동은 읽기에서 가장 많은 어려움을 경험한다. 연구결과에 의하면, 고등학교를 졸업할 때, 약 50%의 청각장애 아동들이 초등학교 4학년 수준의 읽기 능력을 나타내며, 이는 기능적으로 간신히 신문을 읽을 수 있는 수준에 해당한다. 읽기는 학습을 위한 도구로서 다른 교과목의 학습에도 중요한 영향을 미치기 때문에, 청각장애 아동은 다른 교과(과학, 사회, 역사 등)에서도 학습의 어려움과 낮은 성취도를 나타내게 된다. 그뿐만 아니라 청각장애 아동은 수학과목에서도 낮은 성취를 나타내 보인다. 청각장애 아동들은 고등학교를 졸업할 때, 약 50%가 중학교 2학년 수준의 수학 능력을 갖고 있는 것으로 나타난다. 그러나 이러한 연구결과는 청각장애 아동이 더 나은 학업성취를 할 수 있는 기본 능력을 갖고 있지 못하다는 의미라기보다는 더 집중된 체계적인 교육프로그램이 필요하다는 의미로 이해되어야 한다(김동일 등, 2002).

4) 사회·정서적 특성

청각장애 아동들의 사회적 발달은 일반 아동들과 유사하다. 유아기에는 청각장애 아동과 일반아동 간에 차이가 별로 없이 잘 어울리지만, 연령이 높아갈수록 서로 간의 상호작용과 친밀한 친구관계의 유지가 어려워진다. 이는 점차로 언어를 이용한 의사소통이 친구관계의 형성과 사회·정서적 발달에 큰 역할을 하게 되기 때문이다. 청각장애 아동들에게는 사소한 사회적 관습이나 태도도 구체적으로 가르쳐야 하는 경우가 많다. 일반 아동들은 주변에서 일어나는 일을 관찰하고 들음으로써 꼭 교사로부터 배우지 않아도 알게 되지만, 청각장애 아동들은 그러한 기회가 없거나 적기 때문이다. 이 때문에 청각장애 아동들이 같은 또래의 일반 아동들보다 순진하거나 덜 사회적인 것처럼 보이기도 한다. 수화를 이용하여 의사소통을 주로 하는 청각장애 아동들은 수화를 이용하는 아동의 수가 많지 않은 프로그램에 있을 때 사회적 고립을 흔히 경험한다. 그러므로 일반 아동들이 청각장애 아동과 좀 더 쉽게 의사소통을 할 수 있고, 서로에 대한 이해를 넓힐 수 있도록 다양한 노력을 기울일 필요가 있다(이소현, 박은혜, 2011).

청각장애 아동의 정서적 특성을 한 마디로 표현하기는 어렵다. 청각장애 아동들은 청각장애를 갖고 있다는 공통성을 제외하면, 다양한 특성과 배경을 가지고 있는 매우 이질적인 집단이기 때문이다. 그러므로 청각장애 아동의 정서적 특성은 일반 아동만큼이나 다양하다고 할 수 있다. 다만, 청각장애 아동은 자기중심성이 강하여 자기 행동이 타인에게 미치는 영향을 별로 고려하지 않으며, 고집이 강하고 융통성이 부족하고, 충동적인 경향이 많고, 대인관계 형성에서 일관성을 유지하기가 어렵다는 연구결과들이 보고되고 있다(고은 등, 2012 재인용). 그러나 이러한 정서·사회적 특성들은 청각장애 아동이 본래적으로 갖고 있는 특성이라기보다는 성장과정에서 제공되는 부적합한 환경으로 인하여 형성된 것으로 볼 수 있을 것이다.

5) 청각장애인의 문화적 특성

청각장애 아동은 일반아동과 다른 언어체계를 사용하기 때문에, 일반아동과 상호작용을 할 기회가 부족하고, 사회적인 관계형성에서 어려움을 겪게 된다. 따라서 청각장애 아동은 점차 소외와 고립을 경험하게 되면서 청각장애 아동들만의 공동체를 형성해 가는 경향이 강하게 나타난다. 그리고 청각장애인들의 공동체 형성을 주장하는 사람들은 청각장애 아동 교육에 있어서도 통합교육보다 분리된 특수학교체제를 선호하는 경향이 있다.

일반적으로 청각장애인들은 그들 간의 유대가 매우 깊고, 청각장애인 문화, 즉 농 문화라는 용어가 생길 정도로 그들만의 독특한 사회문화를 형성하고 있다. 그들은 수화를 공통적으로 사용함으로써 서로 효과적인 의사소통을 하고, 공동체 의식을 형성하며, 청각장애인에 대한 자부심과 긍정적인 자아개념을 발달시킨다. 또한 자신들만의 행동규범과 가치관을 가지고 있으며, 청각장애인 사회를 위한 많은 자발적인 단체들과 지원망을 가지고 있다(예: 미국의 경우, 청각장애인 올림픽, 청각장애인 국립극장, 청각장애인을 위한 갈로데 대학 등). 다시 말해서, 청각장애인 사회는 일반 사회에 포함된 하나의 소수 사회로서 기능한다고 할 수 있다(이소현, 박은혜, 2011).

제3장 지적장애 아동의 이해

1. 정의

1) 정의

그동안 지적장애에 대한 정의는 여러 번에 걸쳐 개정되고 보완되었다. 1950년대까지 지적장애는 '정신박약', '정신결함' 등으로 사용되었다. 1960년대부터 이러한 용어 대신에 '정신지체'라는 용어를 사용하기 시작하였다. 그러나 이러한 용어들은 치료가 불가능하다는 의미가 내포되어 있고, 그 명칭 자체가 사람에게 낙인을 찍는다는 의미가 내포되어 있다는 비판을 받았다. 미국 정신지체학회(American Association on Mental Retardation: AAMR)가 미국 지적 및 발달장애학회(American Association on Intellectual and Developmental Disabilities: AAIDD)로 이름을 바꾸었고, 또한 정신지체란 용어를 지적장애로 바꾸었다. 지적장애 용어는 인간 기능성을 강조하는 최근 장애의 개념을 반영하고 있는 용어이고, 기능적 행동과 맥락과의 관계에 초점을 두고 정의를 내리려고 하는 전문가들의 입장과 맥을 같이하며, 사회생태학적 체제에 기초해 있기 때문에 개별화지원에 대한 논리적 기초가 되며, 이 용어 자체가 장애인 당사자에게 덜 불쾌감을 주고, 국제적인 용어로 정신지체보다 이 용어를 더 많이 사용하기 때문이다(조홍중 등, 2013).

미국 지적 및 발달장애학회(American Association on Intellectual and Developmental Disabilities: AAIDD)의 지적장애에 대한 최근의 정의는 다음과 같다.

> 지적장애(Intellectual disabilities)는 지적기능과 개념적, 사회적, 실제적 적응기술로 표현되는 적응행동에서 유의미한 제한성을 보인다. 이러한 장애는 18세 이전에 나타난다. 이 정의를 적용하기 위해서는 다음의 다섯 가지 기본 가정이 전제되어야 한다.

- 현재 기능에서의 제한은 나이가 같은 또래나 문화의 전형적인 지역사회 환경의 맥락속에서 고려되어야 한다.
- 타당한 진단으로 문화적·언어적 다양성과 함께 의사소통·감각·운동기능·행동 요소들에서의 차이점을 고려해야 한다.
- 개인적으로 한계점과 함께 강점도 함께 갖고 있을 수 있다는 점을 고려해야 한다.
- 한계점을 기술하는 주된 목적은 개인에게 필요한 지원이 무엇인지를 파악하기 위함이다.
- 일정기간 동안 개별화된 적절한 지원이 주어지면 지적장애인의 생활기능은 일반적으로 향상될 수 있다.

이와 같은 정의에는 세 가지의 구성 요인이 포함되어 있다. 첫째는 낮은 지적 기능이며, 그 기준은 보통 지능지수 70이하를 의미한다. 둘째는 적응 기능의 결함이며, 여기에는 개념적 적응기술, 사회적 적응기술, 실제적 적응기술이 있다. 셋째는 인지적 기능과 적응 기능의 결함이 18세 이전에 존재해야 함을 의미하는 것으로, 지적장애는 두뇌가 계속적으로 성장하는 발달시기에 존재하는 발달장애임을 의미한다.

한편 우리나라 장애인 등에 대한 특수교육법시행령(2008)에서는 이러한 정의를 바탕으로 하여 지적장애 특수교육 대상자를 '지적 기능과 적응행동상의 어려움이 함께 존재하여 교육적 성취에 어려움이 있는 사람'으로 규정하고 있다.

지적장애를 어떻게 정의하든지 간에 지적장애로 판단할 때는 신중을 기해야 한다. 지적장애를 판단할 때 고려해야 할 세 가지 측면은 다음과 같다. 첫째, 지적장애의 개념을 넓게 보아야 한다. 과거에는 지적장애를 지능지수만으로 판단한 적도 있었다. 그러나 오늘날에는 지능 외에도 적응 기술을 함께 고려하고 있다. 즉 지능이 낮더라도 적응에 문제가 없으면 지적장애로 판단하지 않는다. 둘째, 지적장애에 해당하는 지능지수의 점수를 더 낮게 보고 있다. 1970년대 중반까지만 해도 지능지수 85를 지적장애의 판단 기준으로 삼았다. 그러나 오늘날에는 대부분 지능지수 70을 판단기준으로 삼고 있다. 셋째, 지적장애를 영구불변한 것으로 보아서는 안 된다. 과거에는 지적장애를 개선시킬 수 없는 것으로 보았다. 그러나 많은 교육프로그램의 효과가 입증되면서 이러한 생각은 점차 바뀌고 있다. 또 지적장애는 개인의 지적 능력, 적응기술이 환경과 상호작용하여 나타나는 것이므로 환경으로부터 충분한 지원을 받으면 좋아지고, 지체도 어느 정도 극복할 수 있다고 보게 되었다. 그러나 이러한 가능성에도 불구하고 교육프로그램과 환경지원의 효과에는 분명한 한계가 있음을 유념해야 할 것이다.

한편, 지적장애에 대한 일반인의 생각 중에는 오해하고 있는 부분이 많이 있다. 일반적으로 오해하고 있는 내용이 무엇이며, 그것에 대한 올바른 이해는 무엇인지를 일목요연하게 제시하면 [표 3-1]과 같다(최중옥, 2002).

[표 3-1] 지적장애에 대한 오해와 진실

오해	진실
지적장애는 지능지수로 판단한다.	지적장애는 지능도 낮아야 하고, 적응기술도 낮아야 한다. 지능만 낮아서는 지적장애로 보지 않는다.
한번 지적장애로 진단 받으면 바뀌지 않는다.	인간의 정신기능 수준은 변한다. 특히 경도 지적장애가 그러하다. 집중적 교육을 받으면 전혀 지적장애가 아닌 상태까지 갈 수 있다. 특히 사회 적응기능 면에서 그렇다.
대개의 경우 지적장애의 원인을 알 수 있다.	대개의 경우 특히 경도 지적장애나 많은 도움을 필요로 하지 않는 장애인의 경우, 그 원인을 잘 알 수 없다. 경도 지적장애아는 좋지 않은 환경이 원인이 될 수 있지만 확신하기 어렵다.
지적장애 아동은 대부분 비장애 아동과 다르게 생겼다.	대부분의 지적장애 장애 아동은 경도에 해당하고 비장애 아동과 비슷하게 생겼다.
대부분의 지적장애 아동은 아주 어릴 때 알 수 있다.	대부분의 지적장애 아동은 학교에 가기 전에는 잘 알 수 없다. 그 이유는 대부분의 지적장애아는 경도 수준이고, 어릴 때의 지능검사는 신뢰도가 낮고, 학교에 들어가고 나서야 지적 열망이 크게 증가하기 때문에 그 전에는 좀 늦은 아이라고 생각하기 쉽다.
지적장애 아동은 온화하여 친구를 쉽게 사귄다.	다양한 행동특성과 비교적 고립된 생활과 직업 환경 때문에 일부 지적장애 아동은 친구를 사귀는 데에 어려움이 많다.
지적장애 아동에게 직업 기술을 가르칠 최적의 시기는 중학교나 그 이후이다.	전문가들은 초등학교 때부터 시키는 것이 적합하다고 본다.
지적장애인 아동이 맡은 일을 못하는 것은 대개 적합한 일의 기술이 부족하기 때문이다.	일에 실패하는 이유는 능력 부족보다는 일에 대한 책임감이 부족하고 사회성의 제한, 즉 동료와의 인간관계가 원만하지 않기 때문이다.
지적장애 아동은 경쟁력이 요구되는 일은 하지 말아야 한다.	점점 많은 지적장애 아동들이 경쟁적 직업을 갖고 있다. 직업코치가 있어서 장애인과 고용인이 같이 적용할 수 있게 돕는 기구들이 있어서 많은 장애인이 도움을 받고 있다.

2) 분류

지적장애의 분류에는 지능지수에 의한 분류와 지원의 정도에 따른 분류가 있다. 정신장애의 진단 및 통계 편람 제4판(DSM-Ⅳ-TM, 1995)에서는 지능지수를 기준으로 하여 네 가지 수준과 그에 해당하는 지능지수를 다음과 같이 제시하고 있다. 첫째, 경도 또는 가벼운(mild) 지적장애이다. 이 수준은 지능지수 50–55에서 70에 해당하며, 지적장애 아동의 약 85%가 이 범주에 속한다. 이 수준은 '교육이 가능한' 범주라고 말할 때의 수준과 대체적으로 일치한다.

둘째, 중등도 또는 중간 정도의(moderate) 지적장애이다. 이 수준은 지능지수 35–40에서 50–55에 해당되며, 지적장애 아동의 약 10%가 이 범주에 속한다, 이 수준은 '훈련할 수 있는' 범주로 말할 때의 수준과 대체적으로 같다.

셋째, 중도 또는 심한 정도의(severe) 지적장애이다. 이 수준은 지능지수 20–25에서 35–40에 해당하며, 지적장애 아동의 약 3–4%가 이 범주에 속한다. 이 아동들은, 특별한 간호나 다른 보살핌을 필요로 하는 불리한 조건을 가지고 있지 않다면, 기초적인 자기보살핌의 기술을 훈련받아 생활할 수 있는 수준이다.

넷째, 최중도 또는 아주 심한 정도의(profound) 지적장애이다. 이 수준은 지능지수 20–25 이하에 해당하며, 지적장애 아동의 약 1–2%가 이 범주에 속한다. 이 아동들은 지속적인 도움과 지도감독, 보호자와 개별적인 관계가 유지되는 고도의 체계화된 환경 하에서의 생활이 요구된다.

지원의 정도에 따른 분류는 지적장애 아동이 실제 생활하는 환경에서 어느 정도의 지원을 받아야 기능을 향상시킬 수 있는지 그 정도에 따라 다음과 같이 네 가지로 분류한다(미국정신지체협회; AAMR, 1992). 첫째, 간헐적 지원(intermittent support)은 필요할 때 기초적인 사항만 지원하면 되는 수준이다. 지원은 한 번 정도 하며, 항상 지원이 필요한 상태는 아니다.

둘째, 제한적 지원(limited support)은 일정한 시간 동안만 일관성 있게 지원을 해주면 되는 수준이다. 제한된 시간 동안 제공하는 직업훈련이나 전환교육이 여기에 해당된다.

셋째, 장기지원(extensive support)은 적어도 일부 환경(일터나 가정 등)에서는 정규적으로 지원이 필요한 상태로서 지원하는 데 있어서 시간 제한을 할 수 없는 상태이다.

넷째, 전반적 지원(pervasive support)은 항구적으로 고강도의 지원을 해야 하는 상태이다. 이 수준은 대부분의 환경에서 지원이 필요하며, 삶을 유지하기 위한 지원이 대부분 필요한 상태이다. 지적장애 아동을 항상 이와 같은 네 가지 수준 중의 하나로 분류할 수 있는 것은 아니다. 아동의 발달 영역에 따라 서로 다른 수준의 지원이 필요한 경우도 있기 때문이다.

2. 진단

지적장애를 진단하고 평가하기 위해서는 지적장애의 두 가지 차원인 지적 능력과 적응행동을 진단하고 평가해야 한다. 일반적으로 많이 사용하는 지능검사와 적응행동검사를 제시하면 다음과 같다.

1) 지능검사

우리나라에서는 웩슬러(Wechsler) 지능검사와 카우프만 지능검사(Kaufman Assessment Battery for Children: K-ABC)를 많이 사용한다. 웩슬러 지능검사에는 유아용(K-WPPSI), 아동용(K-WISC Ⅳ), 성인용(K-WAIS) 검사가 있다. 웩슬러 지능검사는 언어성 지능지수, 동작성 지능지수, 전체 지능지수를 산출한다. 특히 아동용 검사는 지능지수와 함께 네 가지 지표점수(언어이해, 지각조직, 주의집중, 처리속도)를 제공한다.

카우프만 지능검사(K-ABC)는 인지처리과정 척도, 순차처리 척도, 동시처리 척도, 습득도 척도, 비언어성 척도의 점수를 제공한다. 기존의 지능검사들에 비해 아동의 지적 능력에 관한 보다 다양한 정보를 제공하며, 지능 평가에 있어서의 문화적 영향력을 최소화하고자 하였다. 또 언어장애나 청각장애가 있는 아동을 위해서는 판토마임을 통해 실시할 수 있는 비언어성 검사를 포함하고 있다. 과거에 많이 사용하였던 고대-비네검사는 최근에 표준화 작업이 이루어지지 않아 거의 사용되지 않고 있다.

2) 적응행동검사

아동의 적응행동 수준을 평가하기 위해 우리나라에서 많이 사용하는 평가도구는 국립특수교육원 적응행동검사(KISE-Scales of Adaptive Behavior: KISE-SAB)와 파라다이스 적응행동검사(Paradise Adaptive Behavior Scales-Korea Standard: PABS-KS)이다.

국립특수교육원 적응행동검사(KISE-SAB)는 지적장애 구성 모형에 제시된 적응행동을 평가하기 위해 검사영역을 개념적 적응행동, 사회적 적응행동, 실제적 적응행동을 측정하여 아동의 적응행동 수준을 평가한다. 개념적 적응행동검사는 언어이해, 언어표현, 읽기, 쓰기, 돈 개념, 자기지시의 6개 소검사로 구성되어 있다. 사회적 적응행동검사는 사회성 일반, 놀이 활동, 대인관계, 책임감, 자기존중, 자기보호, 규칙과 법의 7개 소검사로 구성되어 있다. 그리고 실제적 적응행동검사는 화장실 이용, 먹기, 옷 입기, 식사준비, 집안정리, 교통수단 이용, 진료받기, 금전관리, 통신수단 이용, 작업 기술, 안전 및 건강관리의 11개 소검사로 구성되어 있다.

KISE-SAB의 적용 연령은 지적장애 아동의 경우 만 5세부터 17세까지를 대상으로 적용하고, 일반 아동의 경우 만 21개월부터 17세까지를 대상으로 적용하도록 개발되었다. 이 검사는 아동을 직접 대상으로 하여 실시하지 않고, 아동을 6개월 이상 관찰하여 아동의 특성과 행동을 잘 파악하고 있는 부모나 교사 등의 정보제공자를 대상으로 하여 실시한다.

파라다이스 적응행동검사(PABS: KS)는 아동의 적응행동에 대한 상대적 수준을 알아보기 위한 검사로서 만2세 1개월에서 12세까지의 아동을 대상으로 한다. 검사는 유아용과 초등학생용 두 가지가 있다. 유아용 검사는 개념적 기술(기본인지, 의사소통), 사회적 기술(대인관계, 대처기능), 실제적 기술(식사, 용의, 위생, 일상생활), 운동기술(대근육 운동, 소근육 운동)을 평가한다. 초등학생용 검사는 개념적 기술(기본 학습, 추리), 사회적 기술(대인관계, 대처기능), 실제적 기술(용의, 식사, 일상기술)을 평가한다. 이 검사 역시 아동을 직접 대상으로 하여 실시하지 않고, 아동의 특성과 행동을 잘 파악하고 있는 부모나 교사 등의 정보제공자를 대상으로 하여 실시한다.

한편, 과거에는 적응행동 대신에 사회성숙도를 평가하는 사회성숙도 검사를 많이 사용하였다. 사회성숙도 검사는 Doll의 「바이랜드 사회성숙척도」를 모체로 구성되었다. 이 척도는 자도(SH: self help), 이동(L: locomotion), 작업(O: occupation), 의사소통(C: communication), 자기관리(SD: self-direction), 사회화(S: socialization) 등과 같은 적응행동의 표본이 된다고 할 수 있는 117개 문항으로 구성되어 있다. 이 검사의 결과는 사회연령(SA: social age)과 사회지수(SQ: social quotient)로 산출된다. 그러나 지적장애의 개념적 정의의 변화에 따라 오늘날에는 많이 사용되지 않고 있다.

3. 특성

지적장애 아동의 특성을 신체·운동적 특성, 인지적 특성, 정의적 특성, 언어적 특성, 행동적 특성으로 나누어 살펴보면 다음과 같다.

1) 신체·운동적 특성

지적장애 아동의 신체적 특성은 일반 아동의 특성과 크게 다르지 않다. 특히 중도 지적장애 아동에 비해 경도 지적장애 아동은 신체·운동적 특성이 일반 아동과 많이 다르지 않다. 다만, 신장, 흉위, 체중 등과 같은 형태적인 특성에 비해 신체기능이나 운동기능은 일반 아동에 비해 상대적으로 다소 낮은 경향이 있다.

2) 인지적 특성

지적장애 아동의 인지적 특성을 주의집중력 및 기억력, 학습능력, 학습동기, 전이 및 일반화 능력, 언어 발달적 특성을 중심으로 하여 살펴보면 다음과 같다.

첫째, 대부분의 지적장애 아동들은 정도의 차이는 있지만 주의력과 기억력의 결함을 지니고 있다. 적절한 곳에 주의를 기울이지 못하고, 엉뚱한 곳에 주의를 기울이거나, 주의집중 시간이 짧고, 장기 및 단기기억력도 일반아동보다 부족하다. 특히 단기기억력이 많이 부족한 것으로 알려져 있으며, 장기기억력은 단기기억력에 비해 덜 손상된 것으로 보는 견해가 많다(이소현, 박은혜, 2011). 지적장애 아동은 주의집중의 선택성, 주의집중의 이동, 주의집중의 범위와 관련하여 어려움을 나타낸다. 또 주의집중 시간이 짧고, 어느 하나의 요소나 과제에 오랫동안 주의집중을 하지 못한다. 그래서 한 가지 과제를 끝까지 마무리하지 못하는 경우가 많다.

둘째, 지적장애 아동은 학습능력이 낮다. 대부분 초등학교 6학년까지는 유치원 수준의 능력을 보이고, 학령기가 끝날 때쯤에도 초등학교 3학년 수준의 능력을 넘기 어렵다(강갑원 등, 2008). 지적장애 아동의 인지발달은 수준은 Piaget의 인지발달 단계의 구체적 조작기 이상으로 발달하지 못한다고 알려져 있다(고은 등, 2012). 관찰과 모방에 의한 관찰학습 능력이 부족하고, 누가 가르쳐 주지 않아도 우연히 알게 되는 우연학습의 능력이 부족하다. 지적장애 아동은 학습내용과 수행과제가 추상적이고 사회적일수록 어려움을 겪는다. 또 지적장애 아동은 일반아동에 비해 초인지(meta-cognition)의 사용 능력이 낮고, 사용하는 학습전략의 수도 적고 덜 정교하다.

셋째, 지적장애 아동은 학습동기가 낮다. 이는 처음부터 학습동기가 유발되지 않은 경우도 있지만, 반복되는 실패 경험으로 인하여 일종의 학습된 무기력(learned helplessness)을 보이는 경우도 많다. 또 어려서부터 늘 부모나 교사를 비롯한 주위사람들의 도움에 의지하여 스스로 학습하고 문제를 성공적으로 해결해 보는 경험을 갖지 못함으로 인하여 일반아동에 비해 낮은 동기수준을 보이게 되는 경우도 많다.

넷째, 지식의 습득과 기술의 숙달에 어려움을 겪는다. 지적장애 아동들은 지식과 기술들의 숙달과 전이/일반화를 성취하기 위해 더 많은 시간을 필요로 한다. 읽기영역에서의 충분한 학습을 이루지 못하는 것이 후속되는 다양한 학습과제에서 일반아동과의 격차를 지속적으로 더욱 크게 만들게 된다. 또 작업기술에 대한 충분한 숙달이 어렵기 때문에, 현재와 미래의 생활, 일(직업), 여가를 위해 필요한 기술들을 습득하고 유용한 방식으로 합성하는 데 큰 어려움을 겪는 경우가 많다.

3) 언어적 특성

지적장애 아동은 언어발달이 지체되거나 비정상적인 패턴을 보인다. 거의 모든 지적장애 아동들에게서 언어발달이 지체되거나 비정상적인 패턴을 보이는 현상이 나타난다. 예를 들면, 말을 정확하게 발음하지 못하는 조음의 문제는 지적장애 아동에게서 흔히 나타난다. 대부분의 지적장애 아동들은 정상적인 언어발달의 단계를 따르지만, 발달 속도가 일반아동에 비해 지체된다. 언어발달이 심하게 지체되거나, 구어가 아예 발달하지 않은 경우에는 대안적인 의사소통체계로 보완대체 의사소통 체계를 사용하기도 한다. 또한 언어를 통해 자기표현과 주변 환경의 통제를 충분히 할 수 없을 때에는 문제행동이 표출되기도 한다(이소현, 박은혜, 2011).

4) 행동적 특성

지적장애 아동의 행동적 특성을 대인관계(사회적) 행동, 상동행동, 자해행동, 기타 행동으로 나누어 살펴보면 다음과 같다.

첫째, 지적장애 아동은 타인과 사회적 관계를 잘 맺지 못한다. 지적장애 아동들은 다른 사람들과 어떻게 상호작용해야 하는가를 잘 몰라서 친구를 사귀지 못하는 경우가 많다. 또한 어렸을 때부터 자신이 친구들과 다르다는 것을 인식하고 자신에 대한 자아개념이 낮아져서 사회성 발달에도 부정적인 영향을 미치기도 한다. 그러나 어렸을 때부터 일반아동들과 함께 지내고 긍정적인 상호작용을 할 수 있는 기회를 제공해 줌으로써 지적장애 아동들의 사회성 발달에 도움을 줄 수 있다. 즉 대화 시작하기나 차례 지키기 등과 같은 다양한 사회성 기술들을 연습하고 습득할 수 있다. 또한 일반아동들이 지적장애 아동들에 대한 올바른 인식을 하는 데에도 도움이 된다. 단 이러한 긍정적인 상호작용 결과를 이끌어 내기 위해서는 교사의 구조화된 중재가 있어야 더 효과적이다(이소현, 박은혜, 2011).

둘째, 중도 지적장애 아동은 상동행동을 보이는 경우가 많다. 상동행동은 중도 수준의 지적장애 아동에게서 더 많이 발생하며, 유아기에서 청년기 사이에 보다 빈번히 나타나는 경향이 있다. 상동행동은 적응행동 점수를 낮게 만들 수 있다. 상동행동은 중재를 통해 개선될 수 있다(고은 등, 2012).

셋째, 중도 지적장애 아동은 자해행동을 보인다. 자해행동은 자신의 머리를 때리기, 의도적으로 넘어지기, 물기, 코나 귓구멍을 후벼 파기, 긁기와 같이 자기 자신에게 해가 되는 행동을 말한다. 자해행동은 중도 혹은 최중도 수준의 지적장애 아동에게서 빈번히 나타나는 경향이 있다. 또 자해행동이나 상동행동은 유아기에 나타나 지속되고 과도 혹은 과소 자극 상황에 주로 나타나며 다른 사람들을 통제하는 데 사용되는 학습된 행동일 수 있다(고은 등, 2012).

넷째, 이 외에도 지적장애 아동들 중에는 의존적 행동, 낮은 자아개념과 기대(포부)수준, 부적절한 놀이 행동, 타인동조 경향성, 학교기피 행동 등을 보이는 아동들이 많이 있다.

제4장 지체 및 건강장애 아동의 이해

1. 정의

지체장애와 건강장애는 신체에 이상이 있다는 공통점을 갖지만, 그 원인과 특성은 매우 다양하다. 우리나라에서 건강장애는 2005년에 개정된 특수교육진흥법에 새롭게 추가된 개념이다. 미국장애인교육법(IDEA, 1990)에는 지체장애와 직·간접적으로 관련되는 장애의 유형을 정형외과적 손상, 기타 건강장애, 외상성 뇌손상, 중복장애로 구분하고 있다. 이 중에서 정형외과적 손상이 지체장애에 해당하고, 외상성 뇌손상이나 중복장애도 지체장애를 포함하는 것으로 볼 수 있다. 그리고 기타 건강장애가 여기에서 말하는 건강장애에 해당하는 것으로 볼 수 있다. 그러나 이 두 가지 영역은 종종 중복되기도 한다. 지체장애와 건강장애의 정의를 좀 더 구체적으로 살펴보면 다음과 같다.

1) 지체장애

지체장애에 해당하는 미국 장애인교육법(Individuals with Disabilities Education Act: IDEA, 1990)의 정형외과적 장애란 심한 외과적 손상을 의미한다. 여기에는 선천적 이상에 의한 손상(만곡족, 사지결손증 등), 질병에 의한 손상(소아마비, 골결핵 등), 기타 다른 원인에 의한 손상(뇌성마비, 절단, 골절 및 화상에 의한 수축 등)이 포함된다.

한국특수교육학회(2008)의 지체장애의 분류는 신경성 증후군과 운동기 증후군으로 나누고 있다. 신경성 증후군의 범주에는 뇌성마비, 진행성근이영양증(근위축증), 척수성마비, 소아마비 등이 있고, 운동기 증후군에는 형태이상, 외상성 질환, 골질환, 관절질환, 결핵성 질환 등이 포함된다.

우리나라에서 지체장애에 관한 정의는 장애인 등에 대한 특수교육법과 장애인복지법에 규정된 정의가 대표적이다. 먼저 장애인 등에 대한 특수교육법시행령(2008)에서는 지체장애를 지닌 특수교육대상자를 '기능·형태상의 장애를 가지고 있거나 몸통을 지탱하거나 팔다리의 움직임 등에 어려움을 겪는 신체적 조건 또는 상태로 인해 교육적 성취에 어려움이 있는 사람'으로 규정하고 있다

장애인복지법시행령(2008)에서는 지체장애와 관련된 장애인의 유형을 지체장애인과 뇌병변 장애인으로 구분하고 있다. 지체장애인은 팔, 다리, 손가락, 몸통의 이상, 왜소증, 또는 척추변형과 기형 등의 내용과 관련하여 일곱 개 항목으로 자세하게 정의하고 있다(장애인복지법시행령, 별표 1. 장애인의 종류 및 기준 참조). 또 뇌병변장애인은 뇌성마비, 외상성 뇌손상, 뇌졸중 등 뇌의 기질적 병변으로 인하여 발생한 신체적 장애로 보행이나 일상생활의 동작 등에 상당한 제약을 받은 사람으로 정의하고 있다.

2) 건강장애

앞에서 언급했듯이, 건강장애는 미국 장애인교육법(IDEA)의 기타 건강장애(other health impairment)에 해당된다. IDEA에서 건강장애란 허약한 체력, 활기, 민첩성, 활동력을 가지고 있을 뿐만 아니라 심장병, 결핵, 류머티스, 신장병, 천식, 겸상 적혈구 빈혈, 혈우병, 경련장애, 납중독, 백혈병, 당뇨병과 같은 만성적 또는 급성 건강 문제에 의해 제한된 근력, 지구력, 민첩성을 가진 아동을 말한다.

우리나라에서 건강장애에 관한 정의는 '장애인 등에 대한 특수교육법'과 '장애인 복지법'에 규정된 정의가 대표적이다. 먼저 장애인 등에 대한 특수교육법시행령(2008)에서는 건강장애를 지닌 특수교육대상자를 '만성질환으로 인하여 3개월 이상의 장기입원 또는 통원치료 등 계속적인 의료적 지원이 필요하여 학교생활 및 학업수행에 어려움이 있는 사람'으로 규정하고 있다

장애인복지법시행령(2008)에서는 건강장애인을 내부 장애의 유형에 따라 신장장애, 심장장애, 호흡기장애, 간 장애, 안면장애, 장루·요루 장애, 간질장애의 일곱 가지로 구분하고, 각각 다음과 같이 정의하고 있다.

- **신장장애인:** 신장의 기능부전으로 인하여 혈액투석이나 복막투석을 지속적으로 받아야 하거나, 신장 기능의 영속적인 장애로 인하여 일상생활을 하는 데 상당한 제한을 받는 사람
- **심장장애인:** 심장의 기능 부전으로 인한 호흡곤란 등의 장애로 인하여 일상생활을 하는 데 상당한 제한을 받는 사람
- **호흡기장애인:** 폐나 기관지 등 호흡기관의 만성적 기능부전으로 호흡기능의 장애로 인하여 일상생활을 하는 데 상당한 제한을 받는 사람
- **간 장애인:** 간의 만성적 기능부전과 그에 따른 합병증 등으로 간 기능의 장애로 인하여 일상생활을 하는 데 상당한 제한을 받는 사람
- **안면장애인:** 안면 부위의 변형 또는 기형으로 사회생활을 하는 데 상당한 제한을 받는 사람
- **장루·요루 장애인:** 배변기능 또는 배뇨기능의 장애로 인하여 장루 또는 요루를 시술하여 일상생활을 하는 데 상당한 제한을 받는 사람
- **간질장애인:** 간질에 의한 뇌신경세포의 장애로 인하여 일상생활 또는 사회생활을 하는 데 상당한 제한을 받아 다른 사람의 도움이 필요한 사람

2. 진단

일반적으로 장애의 발견은 부모나 주위 사람들이 아동의 외관상 이상이나 운동발달의 지체로 인하여 병원을 찾아 진단을 받는 것이 일반적이다. 장애의 조기발견에 단서가 될 수 있는 예들은 다음과 같다(정재권, 1999). 첫째, 형태의 이상이다. 사지나 기타 신체부위의 형태 이상, 목이 서지 않는 경우 등이 해당된다. 둘째, 운동발달의 지체이다. 뒤집기, 기기, 앉기, 서기, 혼자 걷기 등의 운동발달이 비장애 아동의 발달에 비해 지체된 경우이다. 셋째, 손놀림의 지체이다. 식사동작, 의복 착·탈의 동작, 용변동작, 그리기 동작 등의 동작이 비장애 아동의 발달에 비해 현저하게 지체된 경우이다. 넷째, 기타 안면의 마비나 사시, 언어장애, 지능장애 등이 보이는 경우이다.

지체장애나 건강장애의 진단은 병원에서 의학적 판단에 의해 이루어지지만, 장애 아동에게 적절한 교육과 복지서비스를 제공하기 위해서는 특수교육학적, 심리학적, 사회복지학적 관점에서의 진단과 배치도 필요하다.

3. 특성

1) 지체장애 아동의 특성

(1) 인지적 특성

신체적 능력의 결함만 있는 지체장애 아동의 인지능력은 일반 아동과 같이 매우 다양하다. 심한 뇌성마비 아동의 경우라도 정상 또는 그 이상의 우수한 인지능력을 갖고 있을 수 있다. 그러나 다른 장애(예, 시각장애나 청각장애, 지적장애)를 함께 갖고 있는 경우에는 정보를 받아들이고 처리하는 데 어려움을 갖게 된다. 지체장애의 유형과 장애의 정도가 매우 다양하기 때문에 이들의 학업성취에 대하여 일반화시켜 말하기는 어렵다. 또 신경계통의 장애가 있는 경우에는 인지 및 지각능력에 동시에 결함을 가짐으로써 같은 또래보다 학업성취가 늦어질 가능성이 높게 보고되고 있다(이소현, 박은혜, 2011).

뇌성마비아동의 1/3 또는 1/4는 평균지능 또는 평균 이상의 지능을 갖고 있는데 반해, 그 나머지는 경도 또는 중도의 정신기능 손상을 나타내고 있다(장선철, 2007).

또 지체장애 아동은 하지운동 장애로 보행이 제약되어 경험영역이 좁혀지게 되고, 그로 인해 지적발달이 방해를 받을 수 있다. 상지기능 장애, 특히 손의 탐색활동이 곤란하게 되어서 개념형성 또는 사고와 같은 고차적 지적 활동이 방해를 받기도 한다. 그래서 지각 및 개념형성에서 어려움을 겪는 경우가 많다. 가장 흔한 지각 운동 발달 장애는 도형-배경 관계 장애이다. 이것은 주목할 대상과 그 배경 간 구분을 잘 하지 못하는 것이다. 또한 단순한 도형의 형태 변별, 대소변별, 색을 짝짓는 것이 곤란하고, 견본을 보면서 묘사하는 시지각이나 지각-운동 과제 수행이 어렵다. 따라서 학습에 어려움을 갖게 되고 궁극적으로 고차원의 개념 형성과 추상적 사고가 곤란해진다. 오늘날 개념형성을 포함한 고차적 학습의 기초로서 지각-운동발달을 촉진시키는 방법이 지체장애아 교육의 중심 과제가 되고 있다(강갑원 등, 2008).

(2) 신체 운동적 특성

지체장애 아동들은 근육의 협응이 어렵고 비정상적인 운동패턴의 영향을 받으며, 특정 근육이 마비 또는 위축되거나 신체 일부를 상실하는 경우도 있다. 이러한 신체적 손상으로 인해 이동성(mobility)의 어려움을 겪는 경우가 대부분이다. 휠체어, 목발, 교정도구 등을 사용하여 이러한 어려움을 어느 정도 경감시킬 수 있다. 또 일반적으로 신경근육계에 이상이 있으므로 정상적 운동발달이 이루어지지 않는다. 운동발달의 속도가 매우 느리거나 특정 발달

단계에서 더 이상 발달이 이루어지지 않는 경우도 있다. 장애가 심한 경우 적절한 관리와 치료가 제공되지 않는다면 척추 측만이나 탈골 등 골격계의 결함을 나타낼 수 있으므로 조기에 물리치료가 필요하다. 그 밖에 경련 장애로 인한 약물 복용이 다양한 후유증을 가져올 수 있으며 욕창이나 변비 등의 문제를 겪을 수도 있으므로 학교생활에서도 교사의 적절한 관리가 요구된다(이소현, 박은혜, 2011).

지체장애 아동들은 영아기에 사라져야 할 원시반사가 사라지지 않고 계속 남아있어서 다음 단계의 반사가 제 때에 나타나지 않게 되어 운동 발달에 나쁜 영향을 준다. 일반적으로 뇌성마비 아동은 목의 안정, 앉은 자세의 균형 유지, 보행 등 운동기능 발달의 지체를 보인다. 더군다나 신장, 체중, 앉은 자세의 체위, 평형성, 민첩성, 유연성 등의 기초적인 운동능력도 정상에 비해 크게 떨어진다(강갑원 등, 2008).

(3) 사회·정서적 특성

지체장애 아동은 성장기에 지체장애가 있음으로 인해서 정서적 발달에 많은 영향을 받는다. 수술, 입원 등으로 인한 심한 고통, 병원 치료 등은 지체장애 아동의 성격이나 학교생활에 영향을 미친다. 신체적으로 남에게 많이 의존하게 됨으로 인해 학습된 무기력이라 불리는 수동적인 양상을 보이게 되기도 한다. 진행성 근위축증과 같이 말기적 질병이 있는 학생에게는 더욱 특별한 배려가 필요하다. 이들은 우울, 공격성, 위축 등과 같은 특성을 보이기 쉬우며, 이들의 감정과 행동을 이해해 주는 교사와 가족, 친구들의 도움이 필요하다. 사고로 후천적인 지능장애를 가지게 된 아동들은 과거에 가졌던 신체능력과 생활스타일에 대한 상실감이 매우 크기 때문에 슬픔을 극복하고 장애와 이로 인해 달라진 생활에 적응하는 것에 따른 스트레스를 경험하게 된다(이소현, 박은혜, 2011).

또 지체장애 아동의 놀이를 보면 상당한 연령이 되어도 실내에서 하는 정적인 놀이가 많고, 상대도 소수이며, 대상도 가족 등으로 제한되는 경향이 있다. 이것은 운동장애 이외에도 부모의 과보호, 시설에서의 치료·훈련 등의 시간이 많은 것이 그 원인으로 알려지고 있다. 이러한 타인과의 접촉이나 주변 사회와의 접촉이 현저하게 제한되면 사회성의 발달에 지장을 받게 된다(고은 등, 2012).

강갑원 등(2008)은 지체장애 아동에게서 잘 나타나는 성격특성을 다음과 같이 제시하고 있다.

- **주의산만:** 특정 자극에 주의집중을 하지 못하고, 불필요한 자극에 반응을 나타내는 경향을 말한다.
- **충동억제곤란:** 자극에 대하여 즉시 반응하거나 운동 또는 행위를 억제하는 것이 곤란한 것을 말한다.
- **고집:** 어떤 특정한 한 자극에 대한 반응이 지속 또는 반복적으로 나타나는 것으로, 어떤 장면에서 다른 장면으로 전환이 쉽게 이루어지지 않는 경향 때문에 한 가지 반응에만 고착하게 되는 것을 말한다.
- **통합곤란:** 대상을 하나의 통합된 전체로서 또는 통일된 형태로서 인지하는 것이 곤란한 것을 말한다.

2) 건강장애 아동의 특성

건강장애 아동은 만성적이고 때로는 생명을 위협하는 조건의 질병으로 인해 집중적인 의학적 치료나 주기적인 치료 등 계속적인 의학적 관심을 필요로 한다. 예를 들면 신장장애 아동의 경우는 우울 및 자살기도, 불안, 공포, 강박적 사고와 신체개념의 왜곡 등의 정서반응을 보인다. 또 소아암의 경우는 주의집중, 순서화, 기억 및 이해 능력을 요구하는 과제수행에 곤란을 보인다. 다음은 한국특수교육학회(2008)에서 제시하고 있는 건강장애 아동의 특성이다.

- 자신이 가진 능력에 비해 더 낮은 수준의 성취를 보인다.
- 매일의 건강관리와 치료로 인해 급우들과 친밀한 관계를 유지하는 것이 어렵다.
- 학교생활과 관련하여 신체적 피로, 통증, 장애로 인한 어려움, 출석일수 미달로 인한 어려움을 겪는다.
- 병으로 인한 학습의욕의 손실, 식욕부진, 불안, 사회생활 경험의 협소, 자기중심적 경향, 사고력의 협소, 판단력의 결여 등을 나타낸다.
- 또래보다 두려움, 우울, 슬픔을 더 많이 경험하고 있고, 치료과정에서 약물복용으로 인해 기분이 저하되는 경우가 많다.

제5장 정서 및 행동장애 아동의 이해

1. 정의

정서·행동장애는 여러 분야에서 다양한 상태를 총괄하는 정의이기 때문에 정의하기가 매우 어렵다. 지난 수십 년 동안 수많은 정의들이 제시되었으며 각각의 정의는 행동주의 이론이나 생태학적 이론 등과 같은 나름대로의 이론과 목적에 의해서 사용되어 왔다. 그러나 공통적으로 받아들여지는 정의는 아직까지도 없는 실정이다. 정서·행동장애를 정의하기가 어려운 구체적인 이유들은 다음과 같이 몇 가지로 설명될 수 있다(Kauffman, 1993; 이소현. 박은혜, 2011 재인용).

첫째, 정서 및 행동장애를 정의하는 개념의 차이가 정의를 어렵게 만드는 요인으로 작용할 수 있다. 다시 말해서, 심리 역동적 모델, 생물학적 모델, 사회학적 모델, 행동주의적 모델, 생태학적 모델, 심리 교육적 모델, 교육적 모델, 현상학적 모델 등 여러 가지 개념모델들은 인간의 행동과 장애를 바라보는 견해를 서로 달리하기 때문에 인간의 정상행동과 이상행동을 하나의 통일된 정의로 집약할 수 없게 만든다.

둘째, 정서·행동장애를 정의하고자 하는 목적이 서로 다르기 때문에 하나의 통일된 정의를 내리기가 어렵다. 누가 무엇 때문에 정의를 필요로 하는가에 따라 그 정의는 달라질 수 있다는 것이다.

셋째, 정서·행동장애를 정의하기 위해서는 인간의 감정과 행동을 측정해야 하는 어려운 문제에 부딪치게 된다. 사람의 감정이나 행동을 측정하는 것은 매우 어려운 과정으로 이러한 측정 과정에서는 모든 사람에게 공통적으로 적용될 수 있는 측정기준을 선정해야 하는데 그 선정이 어려우며, 결과적으로 많은 부분이 관찰자의 주관적인 판단에 의해서 행해지게 된다.

넷째, 인간의 행동범위는 매우 다양하며 그러한 다양한 행동을 정상과 이상으로 분류하기 위한 경계가 불분명하다. 다양한 행동들이 어떠한 상황에서 어느 정도의 심각성을 지니고 나타나는가에 따라 그 문제의 정도가 달라질 수 있으며, 행동의 주체자가 그 행동을 보이는 나이에 따라서도 그 심각성은 달라질 수 있다. 그러므로 인간의 행동은 행동 자체의 다양함뿐만 아니라 그 행동에 영향을 미치는 환경의 다양함으로 인해 정상과 비정상으로 구분하는 경계를 설정하기가 어렵다는 것이다.

다섯째, 기타 장애와의 관계에서 오는 문제 때문이다. 경도 지적장애와 학습장애, 정서·행동장애 사이에는 많은 유사점들이 존재한다. 또한 이들 세 영역에 속하는 중도 장애 역시 그 행동 특성에 있어서 많은 공통점을 지닌다. 많은 장애 아동이 한 가지 이상의 장애를 동시에 복합적으로 보이기도 하며, 그 중에서도 특히 정서·행동장애는 다른 장애와 중복되어 나타나는 경우가 많으므로 다른 장애 상황과 분리해서 정의하는 일 자체가 비현실적일수도 있는 것이다.

여섯째, 문제로 지적되는 정서나 행동의 특성이 지속적이지 못하고 일시적인 경우가 종종 있으며, 이러한 행동의 일시성은 정서·행동장애를 정의하기 어렵게 만들고 있다.

마지막으로, 정서 및 행동장애의 정의를 어렵게 만드는 요인으로는 장애 용어 사용과 마찬가지로 장애의 정해진 정의에 의해서 아동에게 부정적인 표찰이 주어질 수 있으며 이로 인하여 교육적·사회적 적응 측면에서 아동에게 불이익이 뒤따를 수도 있기 때문에 이상행동의 정의 자체를 회피하려는 태도를 들 수 있다.

그러므로 정서·행동장애의 개념을 정의하고 아동의 장애 여부를 판별하는 과정은 그 아동을 포함하고 있는 환경 자체가 하나의 단위로 인식된 상태에서 아동의 행동이 관찰되어지는 과정이어야 한다.

우리나라의 장애인 등에 대한 특수교육법시행령(2008)에서는 정서·행동장애를 지닌 특수교육대상자를 다음과 같이 정의하고 있다.

> 장기간에 걸쳐 다음 각 목의 어느 하나에 해당하여, 특별한 교육적 조치가 필요한 사람
> 가. 지적·감각적·건강상의 이유로 설명할 수 없는 학습상의 어려움을 지닌 사람
> 나. 또래나 교사와의 대인관계에 어려움이 있어 학습에 어려움을 겪는 사람
> 다. 일반적인 상황에서 부적절한 행동이나 감정을 나타내어 학습에 어려움이 있는 사람
> 라. 전반적인 불행감이나 우울증을 나타내어 학습에 어려움이 있는 사람
> 마. 학교나 개인문제에 관련된 신체적인 통증이나 공포를 나타내어 학습에 어려움이 있는 사람

한편, 미국 장애인교육법(IDEA, 1990)에서는 특수교육을 받을 자격이 있는 정서장애의 정의를 교육 수행에 불리한 영향을 미칠 정도로 장기간에 걸쳐 다음 특성 중에서 한 가지 이상을 보이는 경우로 규정하고 있다(Heward, 2006; 강갑원 등, 2008 재인용).

가. 지능, 감각, 그리고 건강 요인으로도 설명할 수 없는 학습 무능력
나. 또래나 교사들과 만족스러운 대인관계의 형성 및 유지 곤란
다. 정상적 상황에서 부적절한 행동을 하거나 부적절한 느낌을 가짐
라. 일반적으로 만연된 불행감이나 우울한 기분
마. 개인 문제나 학교 문제와 관련하여 신체증상이나 두려움을 경험함

우리나라 장애인 등에 대한 특수교육법(2008)의 정의와 미국의 장애인교육법(IDEA)의 정의를 비교해 보면, 그 내용이 매우 유사하다. 이는 우리나라 장애인 등에 대한 특수교육법이 미국 장애인교육법의 정의를 거의 그대로 수용하였기 때문이다.

그러나 미국의 장애인교육법에 규정된 정서·행동장애의 정의는 다음과 같은 네 가지 점에서 비판을 받고 있다. 첫째, 정서·행동장애의 정의가 불명확하고 불완전하다. 둘째, 진단전문가가 정서·행동장애로 인해 학생의 교육적 성취에 부정적인 영향을 미친다는 것을 보이도록 규정하고 있다. 셋째, 아동의 장애가 장기간에 걸쳐 나타나지 않더라도 그 장애의 정도나 빈도가 심하면 정서·행동장애로 판정하도록 규정하고 있다. 넷째, 선별 및 진단 시 민족적·문화적 요인을 고려해야 한다는 사항이 없다(고은 등, 2012 재인용).

이러한 비판을 고려하여 미국 행동장애 아동 협회는 미국장애인교육법(IDEA)에 제시된 정서 및 행동장애의 정의가 다소 문제가 있다고 보고, 새롭게 정의를 하였다. 이 정의는 정서 또는 행동장애(emotional or behavioral disorder)를 하나의 장애로 간주하여 다음과 같이 정의하였다(Forness & Knitzer, 1992; 강갑원 등, 2008 재인용).

① 학교 프로그램에서 행동이나 정서반응이 연령, 문화, 인종의 규준에 비하여 너무 달라서 학업, 사회, 직업, 개인기술을 포함한 교육수행에 불리한 영향을 미치는 행동으로서 다음과 같은 특징이 있다.
- 주어진 환경에서 스트레스사건에 대한 반응이 지나치다.
- 서로 다른 두 장면에서도 일관되게 나타나는데, 그 중의 하나는 학교와 관련이 있다.
- 이런 장애 아동은 일반교육의 중재에는 반응하지 않고 충분하지도 않다.

② 다른 장애와 동시에 나타날 수 없다.

③ 교육수행에 영향을 미치는 정신분열적 장애, 정동장애, 불안장애, 기타 품행이나 적응장애가 있는 아동이나 청소년이 포함될 수 있다.

한편, 2007년에 개정된 장애인 등에 대한 특수교육법에서는 그동안 정서·행동장애의 정의에 포함되어 있던 자폐성 장애를 독립하여 새로운 장애영역(특수교육 대상자 영역)으로 분류하였다. 이는 자폐성 장애를 정서·행동장애로부터 분리하는 세계적 추세를 따른 것이다. 1980년과 1994년에 출판된 정신장애의 진단 및 통계편람 제3판(Diagnostic and Statistical Mental Disorders: DSM-Ⅲ)과 제4판(DSM-Ⅳ), 그리고 국제질병분류 제10판(International Classification of Diseases-10th)에서는 이미 자폐성 장애를 광범위성 발달장애라는 새로운 장애영역으로 분류하였다. 또 미국장애인교육법(IDEA, 1990)에서도 자폐성 장애를 정서장애에서 분리하여 새로운 특수교육대상자 영역으로 분류하였다.

2. 진단

1) 진단도구

정서·장애 아동을 진단하기 위한 방법에는 선별검사의 사용, 투사적 검사의 사용, 직접적인 행동관찰의 세 가지 방법이 있다. 이 방법들에 대해 간략히 살펴보면 다음과 같다.

(1) 선별검사도구

선별검사는 행동 체크리스트나 평정척도로 된 검사 도구를 말한다. 대부분의 선별검사 도구는 교사나 부모가 실시하는 행동평정척도 또는 검목표로 구성되어 있다. 정서·행동장애 아동을 진단하기 위해 일반적으로 많이 사용되는 선별검사 도구는 다음과 같다.

① 행동평정 프로파일(BRP-2)

행동평정 프로파일(Behavior Rating Profile 2: BRP-2)은 교사용, 부모용, 학생용이 있다. 여섯 개의 하위검사로 구성되어 있으며, 개별적 또는 몇 개를 선택하여 사용할 수 있다. 교사용 평정척도와 부모용 평정척도는 4점 척도의 30개 문항으로 되어 있다. 학생용평정척도는 진위형으로 구성되어 있다. 정대영과 박희찬(1996)이 한국판 자폐행동 체크리스트로 표준화하였다.

② 아동행동 체크리스트(CBCL)

아동행동 체크리스트(Child Behavior Checklist: CBCL)는 사회능력척도와 문제행동증후군 척도의 두 개의 척도로 나누어져 있다. 사회능력척도는 사회성, 학업수행, 총 사회능력을 알아보는 3개의 하위척도로 구성되어 있다. 문제행동증후군척도는 위축, 신체증상, 우울/불안, 사회적 미성숙, 사고의 문제, 주의집중문제, 비행, 공격성, 내재화문제, 외현화문제, 총 문제행동, 성문제, 정서불안정을 알아보는 13개의 하위척도로 구성되어 있다. 아동행동 체크리스트는 부모가 대상아동의 사회능력영역과 문제행동증후군 영역에 대해 평정하도록 되어 있다. 부모가 부재하는 경우에는 함께 거주하는 친척이 평정하도록 한다.

오경자 등(2008)이 표준화한 한국판 아동행동 체크리스트(K-CBCL)는 만4세부터 17세까지의 아동과 청소년을 대상으로 하여 정서·행동문제를 평가하며, 결과는 각 하위척도별로 백분위점수와 T점수를 제공한다.

③ 행동장애 종합선별검사(SSBD)

행동장애 종합선별검사(Systematic Screening for Behavior Disorders: SSBD)는 심각한 행동문제를 가지고 있다고 의심되는 아동의 수를 점진적으로 줄여나가는 3단계 선별 과정을 거치도록 되어 있다. 1단계에서는 외현화 문제(반사회적 행동, 무의식적 행동, 공격적 행동)와 내면화 문제(위축, 불안, 또래와 상호작용이 별로 없는 행동)의 두 차원의 행동 프로파일에 따라 검사한 모든 학생에게 순위를 매긴다. 2단계에서는 상위 세 명의 학생을 대상으로 주요 33개 사건의 지표로 구성된 검사를 한다. 이 문항은 사건을 기술하는 문항으로 되어 있는데, '다른 학생의 신체를 공격한다'와 같은 외현화 행동에 관한 문항과 '환청이나 환시가 있다'와 같은 내면화 장애를 가리키는 문항으로 구성되어 있다. 3단계에서는 이러한 주요 사건지표에서 규범적 준거를 벗어난 학생에 대하여 직접 관찰을 한다(강갑원 등, 2008).

(2) 투사적 검사

투사적 검사란 중성적 또는 불분명한 자극에 대한 개인의 반응을 검사하여 그 개인의 독특한 심리적 특성을 진단하는 검사를 말한다. 투사적 검사는 개인의 독특한 반응을 풍부하게 이끌어낼 수 있고, 무의식적 내용을 이끌어낼 수 있으며, 피검사자의 방어적 반응의 최소화할 수 있다는 장점을 지닌다. 반면에 객관적 검사에 비해 검사의 신뢰도와 타당도가 낮고 상황적 요인의 영향을 많이 받을 수 있다는 약점을 갖고 있다.

일반적으로 많이 사용되는 투사적 검사로는 로샤 검사(Rorschach Test), 주제통각검사

(Thematic Apperception Test: TAT), 아동용 주제통각검사(Children's Apperception Test: CAT), 문장완성검사(Sentence Completion Test: SCT), 집-나무-사람검사(House-Tree-Person Test: HTP)가 있다.

① 로샤 검사

로샤 검사(Rorschach Test)는 10장의 대칭적인 잉크반점 카드로 구성되어 있다. 피검자에게 카드 그림을 보여주고, 무늬가 무엇으로 보이는지 등을 물어서 대답하는 내용으로 미루어 피검자의 내면세계를 추론한다. 카드의 제시 순서와 위치는 정해져 있지 않지만, 각 카드들은 명확한 사물이나 대상을 지칭하고 있지 않으며, 카드마다의 의미나 해석도 정해져 있지 않다. 로샤검사는 개인의 사고, 정서, 현실지각, 대인관계 방식 등 성격의 다차원적인 정보를 제공한다. 이 검사는 정상적인 성격특성과 병리적인 성격특성에 관한 중요한 정보를 제공하므로 임상적인 유용성이 매우 높다.

② 주제통각검사

주제통각검사(TAT)는 흑백으로 인쇄된 30장의 인물 그림이 있는 카드와 한 장의 백색카드로 구성되어 있다. 카드에 그려진 인물의 표정이 어떤지 잘 알 수 없도록 그려져 있다. 실시방법은 31개의 카드 중 피검자의 성과 연령에 따라 20개의 카드를 보여주고, 각각의 그림에 대해 그림에서 보이는 사건이 어떻게 해서 일어나게 되었는지, 현재 무슨 일이 일어나고 있는지, 앞으로 어떤 일이 일어날 것 같은지를 중심으로 하여 극적인 이야기를 만들어내도록 한다. TAT는 대인관계와 환경지각에서 나타나는 개인의 성격의 역동적 요소를 알려준다. 이 검사는 개인의 성격 가운데 주요 동기, 정서, 기분, 콤플렉스, 갈등 등 다양한 요소들을 나타내 주고, 특히 개인이 자각하지 못하고 있는 억제된 요소들을 드러나게 해준다.

아동용 주제통각검사(CAT)는 3-10세의 아동들에게 실시하기 위해서 제작된 아동용 투사적 성격검사이다. 앞에서 살펴본 TAT는 카드의 자극장면들이 성인에게 적절하게 그려져 있기 때문에 아동들에게는 적합하지 않다. 아동용 주제통각검사는 아동의 주요 욕구와 갈등을 가족관계를 중심으로 이해하고자 할 때 유용한 검사이다. 10세 이전의 어린 아동을 대상으로 이들의 어머니/아버지와의 관계 및 형제/자매관계에서 가지고 있는 환상이나 역동을 파악하기 위한 것이다. CAT의 대표적인 특징은 카드에 사람이 아닌 동물이 주인공으로 등장한다는 점이다. 동물들을 등장시킨 이유는 어린 아동들에게는 인간자극보다 동물자극이 더 잘 동일시된다는 가정 때문이다(강문희 등, 2003).

③ 문장완성검사

문장완성검사(SCT)는 투사적 검사 중에서도 가장 간편하면서도 유용하게 사용할 수 있는 검사의 하나이다. 로샤검사와 주제통각검사가 모호한 형태의 시각적 자극을 제공하여 투사를 유도한다면, 문장완성검사는 미완성된 언어(문장)를 제공하는 형태의 검사라고 할 수 있다. 검사의 종류에 따라 문항 수가 다르지만, 대개 수행시간은 20-30분 정도면 충분하다. 자기보고식 검사이기 때문에 혼자서 수행할 수 있고 집단을 대상으로 할 수도 있다. "머릿속에 처음 떠오른 생각으로 뒤 문장을 가능하면 빨리 완성하십시오."라는 식의 간단한 지시문만 제시된다. 이런 식으로 피검자는 몇 개의 단어로 시작하는 불완전한 문장이 적혀 있는 용지를 받게 되고, 그 문장들의 뒷부분을 이어서 채우면 된다. 검사의 종류에 따라 다르지만, 앞부분에 미리 제시된 불완전한 문장은 대체로 피검자 내면의 동기와 갈등, 중요한 인물들에 대한 정서적 태도, 그의 가치관 등이 투사될 수 있는 단서가 포함되어 있다. 대부분의 문장완성검사는 4-15가지 주제를 담고 있는 40-100문항으로 구성된다(김재환 등, 2006).

④ 집-나무-사람검사

집-나무-사람검사(HTP)는 집, 나무, 사람그림을 이용하여 개인의 성격적 특성을 파악하고자 하는 검사이다. 이 검사 역시 투사적 검사로서 피검자 자신도 모르게 자연스럽게 성격발달과 관련된 정서적인 면들과 역동적인 특징을 나타내준다는 점에서 강점을 지니고 있다. HTP는 피검사자의 연령과 상관없이 폭넓게 사용할 수 있다. 집, 나무 사람 그림은 어린아동들에게도 친숙하며, 모든 연령대의 사람들이 그릴 수 있는 주제로 쉽게 받아들일 수 있다. 또 개인들은 자신이 그린 집, 나무, 사람 그림에 대해서 솔직하고 자유스럽게 이야기를 할 수 있어서 풍부한 무의식적 상징들을 나타낼 수 있다. 검사를 실시하기 위해서는 백색용지(16절지) 4장, HB연필, 지우개를 준비한다. 그림을 그리는 순서는 집, 나무, 사람 순으로 그리게 한다. 사람은 피검사의 동성과 이성을 모두 그리게 한다. 그림에 대한 해석은 인상주의적 해석과 구조적 해석 방법을 종합하여 사용한다(신민섭 등, 2007).

(3) 직접관찰

직접관찰이란 아동의 행동을 일련의 규칙에 따라 체계적으로 관찰하여 기록·기술함으로써 특정 현상에 대한 객관적인 자료를 수집하는 방법을 말한다. 관찰은 통제 여부에 따라 통제적 관찰과 비통제적 관찰, 조직성 여부에 따라 자연관찰과 조직적 관찰, 관찰자의 참여 여부에 따라 참여관찰과 비 참여관찰로 구분된다. 또 관찰의 기록방법은 서술기록, 간격기록, 사건기록, 평정기록으로 구분할 수 있다.

관찰결과를 기록할 때는 그 내용에 따라 적절한 기록단위를 사용한다. 흔히 사용되는 기록단위에는 행동의 발생빈도, 행동의 지속시간, 반응지연시간, 행동의 강도, 행동의 형태 등이 있다.

발생빈도는 어떤 행동이 얼마나 자주 발생하는지를 측정하는 것이다. 정서·행동장애 아동은 일반아동에 비해 어떤 행동(예: 자해행동)은 자주 하고, 어떤 행동(예: 친구와 협동하기)은 적게 한다. 행동의 지속시간은 주어진 시간동안 어떤 행동을 얼마나 오랫동안 하고 있는지를 측정하는 것이다. 일반아동에 비하여 어떤 행동(예: 자리이탈 행동)은 오래 지속되고, 어떤 행동(예: 수업에 대한 주의집중)은 아주 짧게 한다. 반응지연시간은 어떤 행동을 하기까지 걸리는 시간을 말한다. 장애아는 비장애아에 비하여 어떤 행동의 반응지연시간은 길고(예: 교사의 지시에 따를 때까지 걸리는 시간), 어떤 행동의 반응지연시간은 짧다(예: 친구의 놀림에 대하여 친구를 때리는 행동을 할 때까지 걸리는 시간). 행동의 강도는 행동의 크기를 의미한다. 어떤 행동은 크고(예: 문을 닫는 행동), 어떤 행동은 작다(예: 말소리). 행동의 형태는 아동이 하는 행동의 내용을 말한다. 정서·행동장애 아동은 일반아동이 하지 않는 행동(예: 자기학대)을 하는 경우가 있다.

(4) 행동기능평가

행동기능평가란 효과적이고 효율적인 전략을 개발하기 위하여 문제행동의 기능을 알아내고, 문제행동을 유발하고 유지하게 하는 요인을 찾는 과정이다. 행동기능평가는 다음과 같이 간접평가, 직접관찰, 기능분석으로 구성되어 있다(고은 등, 2012).

간접평가는 아동을 잘 아는 사람들(예: 교사, 부모, 보조교사, 전문가)에게 질문지, 평정척도 등을 사용하여 아동의 바람직하지 않은 행동에 대한 정보를 얻는 것이다. 간접평가에서는 일반적으로 문제행동은 무엇인지, 그리고 문제행동에 영향을 주는 상황적 사건과 선행사건은 무엇인지를 묻는다. 상황적 사건이란 문제행동이 일어날 가능성을 높이는 변인이고, 선행사건이란 문제행동을 직접적으로 일어나게 하는 변인이다.

직접관찰은 간접평가를 통하여 얻어진 정보를 검증하고 보충적인 정보를 찾는 보다 더 체계적인 관찰을 말한다. 보통 두 명의 관찰자가 현장(또는 교실)에서 아동을 직접 관찰하여 관찰시간, 장소, 아동을 지도하는 교사, 아동의 활동, 선행사건, 결과 등을 체계적으로 기록하는 것이다. 직접관찰을 통해 구조화된 면담보다 환경 변인과 문제 행동에 대해 더 자세하고 정확한 정보를 얻을 수 있다.

기능분석은 환경 변인과 문제행동 간의 기능적 관계를 알아보기 위해서 특정한 환경 변인을 체계적으로 조절하는 것을 말한다. 기능평가를 통해서 얻어진 정보는 개별화된 중재전략을 개발하는데 유용하게 활용된다.

2) 정서·행동장애의 분류

정서·행동장애는 내면화 장애, 외현화 장애, 저출현율 장애로 분류될 수 있다. 내면화 장애와 외현화 장애는 내면화 행동과 외현화 행동으로 설명될 수 있다. 내면화 행동은 염려, 공포, 사회적 위축과 같이 내부로 표출되는 모든 형태의 행동을 의미한다. 이러한 장애의 대표적인 형태로 신경성 식욕부진증(거식증과 신경성 과식증(폭식증)과 같은 섭식장애(Eating Disorder), 우울증, 불안장애가 있다. 외현화 행동이란 공격, 과잉행동, 불복종, 비행과 같이 외부로 표출되는 모든 형태의 행동을 의미한다. 학령기에 나타나는 대표적인 외현화 장애는 주의력 결핍 및 과잉행동장애(Attention-Deficit/Hyperactivity Disorder: ADHD)와 품행장애(Conduct Disorder: CD)이다. 저출현율 장애는 거의 발생하지 않지만, 일단 장애가 발생하면 심각한 증상을 보이는 것을 말한다. 이러한 장애의 대표적인 형태가 정신분열증이다. 다음은 내면화 행동과 외현화 행동의 대표적인 예를 제시한 것이다

[표 5-1] 내면화 행동 및 외현화 행동의 예(고은 등, 2012)

내면화 행동	외현화 행동
또래에게 놀림을 당함	남의 권리 침해
또래에게 무시당함	사회적 규칙 위반
우울	울화를 터뜨림
사회적 위축	적의 또는 반항, 논쟁
두려움이나 공포	교사의 훈계 무시
낮은 자긍심	집착/충동적인 행동
과도한 걱정	사람 또는 동물에게 신체적 위해 가함
공포	과잉행동

한편, 정서·행동장애의 가장 대표적인 유형의 하나로 알려져 있는 주의력 결핍 및 과잉행동장애(Attention-Deficit/Hyperactivity Disorder: ADHD)에 대한 정신장애의 진단 및 통계편람 제4판(Diagnostic and Statistical Mental Disorders: DSM-Ⅳ-TR, 2000)의 진단기준과 최근

출간된 DSM-5의 진단 기준 및 수정된 진단 기준을 요약하여 제시하면 다음과 같다.

DSM-IV-TR의 주의력 결핍 및 과잉행동장애 진단 기준

A. (1) 또는 (2) 가운데 한 가지:

(1) 부주의에 관한 다음 증상 가운데 6가지(또는 그 이상) 증상이 6개월 동안 부적응적이고 발달 수준에 맞지 않는 정도로 지속된다:

부주의

(a) 흔히 세부적인 면에 대해 면밀한 주의를 기울이지 못하거나, 학업, 작업, 또는 다른 활동에서 부주의한 실수를 저지른다.
(b) 흔히 일을 하거나 놀이를 할 때 지속적으로 주의를 집중할 수 없다.
(c) 흔히 다른 사람이 직접 말을 할 때 경청하지 않는 것으로 보인다.
(d) 흔히 지시를 완수하지 못하고, 학업, 잡일, 작업장에서의 임무를 수행하지 못한다(반항적 행동이나 지시를 이해하지 못해서가 아님).
(e) 흔히 과업과 활동을 체계화하지 못한다.
(f) 흔히 지속적인 정신적 노력을 요구하는 과업(학업 또는 숙제 같은)에 참여하기를 피하고, 싫어하고, 저항한다.
(g) 흔히 활동하거나 숙제하는 데 필요한 물건들(예: 장난감, 학습과제, 연필, 책, 또는 도구)을 잃어버린다.
(h) 흔히 외부의 자극에 의해 쉽게 산만해진다.
(i) 흔히 일상적인 활동을 잊어버린다.

(2) **과잉행동-충동**에 관한 다음 증상 가운데 6가지(또는 그 이상) 증상이 6개월 동안 부적응적이고 발달 수준에 맞지 않는 정도로 지속된다:

과잉행동

(a) 흔히 손발을 가만히 두지 못하거나 의자에 앉아서도 몸을 옴지락거린다.
(b) 흔히 앉아있도록 요구되는 교실이나 다른 상황에서 자리를 떠난다.
(c) 흔히 부적절한 상황에서 지나치게 뛰어다니거나 기어 오른다(청소년 또는 성인에서는 주관적인 좌불안석으로 제한될 수 있다).
(d) 흔히 조용히 여가활동에 참여하거나 놀지 못한다.
(e) 흔히 '끊임없이 활동하거나' 마치 '자동차(무엇인가)에 쫓기는' 것처럼 행동한다.
(f) 흔히 지나치게 수다스럽게 말을 한다.

충동성

(g) 흔히 질문이 채 끝나기 전에 성급하게 대답한다.
(h) 흔히 차례를 기다리지 못한다.
(i) 흔히 다른 사람의 활동을 방해하고 간섭한다(예: 대화나 게임에 참견한다).

B. 장해를 일으키는 과잉행동-충동 또는 부주의 증상이 7세 이전에 있었다.

C. 증상으로 인한 장애가 2가지 또는 그 이상의 장면에서 존재한다(예: 학교또는 작업장, 가정에서).

D. 사회적, 학업적, 직업적 기능에 임상적으로 심각한 장해가 초래된다.

E. 증상이 광범위성 발달장애, 정신분열증, 또는 기타 정신증적 장애의 경과 중에만 발생하지 않으며, 다른 정신장애(예: 기분장애, 불안장애, 해리성 장애, 또는 인격장애)에 의해 잘 설명되지 않는다.

DSM-5의 주의력 결핍 및 과잉행동장애 진단 기준

A. 개인의 기능이나 발달을 저해하는 부주의 및 과잉행동-충동성의 지속적 패턴이 나타나며, 다음 1항과 2항 중에서 하나 이상에 해당해야 한다.

1. **부주의:** 다음 증상 가운데 여섯 가지 (또는 그 이상의) 증상이 6개월 이상 발달 수준에 맞지 않으며, 사회적·학업적·직업적 활동에 직접적으로 부정적인 영향을 미친다.

   참고: 증상은 반항행동, 저항, 적대성 또는 과제나 수업의 이해 실패가 단독으로 나타나지 않음. 후기 청소년과 성인(17세 이상)에게는 다섯 가지 이상의 증상이 나타나야 함.

   a. 흔히 세부적인 면에 면밀한 주의를 기울이지 못하거나 학업, 직업 또는 다른 활동에서 부주의 실수를 저지른다(예: 세부적인 면을 간과하거나 놓침. 일을 정확하게 하지 못함).

   b. 흔히 일을 하거나 놀이를 할 때 지속적으로 주의를 집중할 수 없다(예: 강의, 대화 또는 오랜 시간의 독서 중에 초점을 유지하기 어려움).

   c. 흔히 다른 사람이 직접 말할 때 경청하지 않는 것으로 보인다(예: 분명한 방해요인이 없을 때조차도 마음이 딴 곳에 있는 것 같음).

   d. 흔히 지시를 완수하지 못하고, 학업, 잡일, 작업장에서의 임무를 수행하지 못한다(예: 과제를 시작하지만 금방 초점을 잃어버리거나 쉽게 옆길로 샘).

   e. 흔히 과업과 활동을 체계화하지 못한다(예: 계열적인 과제를 잘 다루지 못함, 자료와 소유물을 잘 정돈하지 못함, 일을 체계적으로 하지 못함, 시간 관리를 잘 못함, 기한을 맞추지 못함).

   f. 흔히 지속적인 정신적 노력을 요구하는 과업에 참여하기를 피하고 싫어하며, 저항한다(예: 학업 또는 숙제, 후기 청소년이나 성인의 경우에는 보고서 준비, 문서 작성, 장문의 논문 검토).

   g. 흔히 과제나 활동을 하는 데 필요한 물건들을 잃어버린다(예: 학습 자료, 연필, 책, 도구, 지갑, 열쇠, 서류, 안경, 휴대전화).

   h. 흔히 외부의 자극(후기 청소년이나 성인의 경우에는 관련 없는 생각을 포함하여)에 의해 쉽게 산만해진다.

   I. 흔히 일상적인 활동을 잊어버린다(예: 잡일하기, 심부름하기, 후기 청소년과 성인의 경우에는 전화 회신하기, 비용 지불하기, 약속 지키기).

2. **과잉행동과 충동성:** 다음 증상 가운데 여섯 가지 (또는 그 이상의) 증상이 6개월 이상 발달 수준에 맞지 않으며, 사회적·학업적·직업적 활동에 직접적으로 부정적인 영향을 미친다.

   참고: 증상은 반항행동, 저항, 적대성 또는 과제나 수업의 이해 실패가 단독으로 나타나지 않음. 후기 청소년과 성인(17세 이상)에게는 다섯 가지 이상의 증상이 나타나야 함.

   a. 흔히 손발을 가만히 두지 못하거나 의자에 앉아서도 몸을 움직거린다.

   b. 흔히 앉아 있도록 요구되는 교실이나 다른 상황에서 자리를 떠난다(예: 자리에 앉아 있도록 요구되는 교실, 사무실이나 작업장 또는 다른 상황에서 제자리를 떠남).

   c. 흔히 부적절한 상황에서 지나치게 뛰어다니거나 기어오른다(청소년 또는 성인에게서는 주관적인 좌불안석으로 제한 될 수 있음).

   d. 흔히 조용히 여가활동에 참여하거나 놀지 못한다.

   e. 흔히 '끊임없이 활동하거나' 마치 '모터에 의해 작동되는 것' 처럼 행동한다(예: 레스토랑이나 모임에서 오랫동안 조용히 있지 못하거나 불편해함, 다른 사람들에게 가만히 있지 못한다거나 따라잡기 어렵다고 인식될 수 있음).

   f. 흔히 지나치게 수다스럽게 말한다.

   g. 흔히 질문이 채 끝나기도 전에 성급하게 대답한다(예: 다른 사람의 말을 가로채서 함, 대화 할 때 차례를

기다리지 못함).

h. 흔히 차례를 기다리지 못한다(예: 줄을 서서 기다릴 때).

I. 흔히 다른 사람의 활동을 방해하고 간섭한다(예: 대화, 게임 또는 활동에 참견함, 부탁을 하거나 허락을 받지 않고 다른 사람의 물건을 사용함, 청소년이나 성인의 경우에는 다른 사람이 하고 있는 일에 함부로 끼어들거나 떠맡으려 함).

B. 몇 가지의 부주의나 과잉행동-충동성 증상이 12세 이전에 나타난다.

C. 몇 가지의 부주의나 과잉행동-충동성 증상이 두 가지 이상의 상황에서 나타난다(예: 가정, 학교, 또는 작업장에서, 친구나 친척과의 관계에서, 다른 활동에서).

D. 이러한 증상이 사회적·학업적·직업적 기능을 방해하거나 그 질을 저하시킨다는 명백한 증거가 있다.

E. 이러한 증상이 정신분열증이나 다른 정신증적 장애의 경과 중에만 나타나는 것이 아니며, 다른 정신장애에 의해 더 잘 설명되지 않는다(예: 기분장애, 불안장애, 해리성 장애, 인격장애, 약물중독이나 금단).

※ 참고자료: ADHD 진단 기준에 대한 DSM-IV-TR과 DSM-5의 주요 차이점

DSM-5에서 제시하는 ADHD에 대한 진단기준은 DSM-Ⅳ의 진단 기준과 유사하다. DSM-Ⅳ에서와 마찬가지로 똑같은 18개의 증상이 사용되고 있으며, 계속해서 두 가지 증상 영역(부주의와 과잉행동/ 충동성)으로 구분되고, 진단에는 두 영역 중 어느 한 영역에서 6개 이상의 증상이 요구된다.

DSM-5에는 다음과 같은 몇 가지의 변화가 있다. 첫째, 전 생애에 대한 적용을 용이하게 하도록 진단 기준 항목에 몇 가지의 예를 첨가했다. 둘째, 상황 간 요구가 각 상황에서 '몇 가지' 증상으로 강화되었다. 셋째, 발생 기준이 '장애를 일으키는 과잉행동-충동성 또는 부주의 증상이 7세 이전에 나타난다.'에서 '몇 가지의 부주의나 과잉행동-충동성 증상이 12세 이전에 나타난다.'로 변화되었다. 넷째, 하위 유형을 표현에 대한 구체적인 설명으로 대치하였다. 다섯째, 자폐 범주성 장애와의 동반장애가 허용되었다. 여섯째, 어른에 대한 최소 증상의 수가 변화되었다. 즉, 부주의와 과잉행동/충동성 모두 아동에게는 6개의 증상이 요구되지만, 어른에게는 5개의 증상이 요구된다. 일곱째, DSM-5에서는 ADHD와 두뇌발달의 관련성을 반영하기 위해 ADHD를 신경발달장애를 다루는 장애에 포함하였으며, DSM-Ⅳ에서 유아기, 소아기, 청소년기에 흔히 처음으로 진단되는 장애를 다루었던 장을 DSM-5에서는 삭제하였다.

3. 특성

1) 지능

정서·행동장애 아동들의 평균 지능은 일반 아동의 지능과 비슷하거나 약간 낮은 수준으로 보고되고 있다. 그리고 이러한 지능수준은 학업성취나 사회적 행동에 많은 영향을 미친다. 특히 평균 이하의 지능을 가진 많은 정서·행동장애 아동들은 학교나 다른 환경에서 학업이나 사회적 과제를 습득하는데 심각한 문제가 있다(고은 등, 2012).

다만 여기에서 정서·장애 아동들의 지능과 관련하여 한 가지 유의해야 할 점이 있다. 즉 정서·장애 아동들의 실제 지능은 일반 아동에 비해 낮지 않을지도 모른다는 점이다. 정서·장애 아동들의 지능이 낮게 보고되는 것은 아동들의 부적절한 행동 때문에 지능검사에서 제시된 과제를 학습할 기회가 상대적으로 적었기 때문인 것으로 볼 수도 있기 때문이다(강갑원 등, 2008).

2) 학업성취

정서·행동장애 아동들은 전반적으로 학업성취도가 낮은 경향을 보인다. 비장애아들은 적극적으로 교사의 지시를 따르고 과제를 제시간에 대략 85% 정도 수행하지만, 정서·행동장애 아동은 제시간에 60% 정도 수행하는 것으로 추정되고 있다. 이러한 과제 수행의 차이는 학업성취에 곧바로 영향을 준다고 볼 수 있다(강갑원 등, 2008).

또 정서·행동장애 아동들은 읽기를 잘 못하고, 수학문제를 푸는 데에도 어려움을 겪을 뿐만 아니라, 기타 과목들의 학습에서도 문제를 보이곤 한다. 정서·장애가 심한 아동들은 기초적인 학업기술 외에도 기본적인 자조기술(예, 용변기술, 식사기술)을 갖추지 못한 경우도 있다. 또 많은 정서·장애 아동들이 학습장애를 복합적으로 보이기도 하는데, 이는 부적절한 행동이 빈약한 학업성취를 초래하거나, 반대로 빈약한 학업성취로 인하여 부적절한 행동이 나타나기도 하기 때문이다. 또 정서·행동장애를 지닌 아동들의 약 50% 이상이 학습장애를 동시에 보이기도 하는데, 이는 학업과 사회적 행동이 상호적인 관계를 지님으로써 부적절한 행동이 빈약한 학업성취를 초래하거나 빈약한 학업성취로 인해서 부적절한 행동이 나타나기도 하기 때문이다(이소현, 박은혜, 2011).

3) 사회·정서적 특성

일반적으로 정서·행동장애 학생들은 또래에 비해 사회적 기술이 부족하다. 사회적 기술의 부족은 반사회적 행동 또는 충동성과 함께 정서·장애 아동이 특수교육대상자로 선정되는 가장 주된 이유이다. 정서·행동장애 아동들은 다른 장애를 가진 아동들보다 가족, 또래, 교사와의 관계에서 사회적 기술의 문제를 더욱 많이 나타낸다.

이러한 아동들의 행동 형태는 다른 사람과의 상호작용을 여러 가지 부정적인 방법으로 손상시켜 자기 자신을 좌절케 할 수 있다. 외현화 문제를 가진 아동들은 가끔 방화, 동물학대, 그리고 다른 사람을 공격하는 것과 같은 극단적인 행동을 하는 경우가 있다. 반면에, 내면화 장애를 가지고 있는 아동들은 우울, 위축, 그리고 불안을 나타내는 행동을 하는 경향이 있다(고은 등, 2012).

정신장애 진단기준 통계편람(DSM-Ⅳ-TR, 2000)에서 정서·행동장애로 진단되는 가장 보편적인 증상들에는 불안장애(anxiety disorder), 기분장애(mood disorder), 반항장애(oppositional defiant disorder), 품행장애(conduct disorder), 정신분열증(schizophrenia), 뚜렛증후군(Tourette syndrome) 등이 있다.

4) 행동적 특성

정서·행동장애 아동은 공격적이고 겉으로 드러나는 행동을 보이거나 미성숙하면서도 내부적으로 위축된 행동을 보이는 등 크게 두 가지로 구분되는 다음과 같은 행동 특성을 보인다(이소현, 박은혜, 2011).

먼저 공격적이고 겉으로 드러나는 행동인 외현적인(externalizing) 행동문제는 주로 반항장애와 품행장애의 형태로 나타나곤 하는데, 때리기, 싸우기, 친구 놀리기, 소리 지르기, 반항하기, 울기, 기물 파괴하기, 강탈하기 등의 구체적인 행동 특성들이 이에 속한다. 학교생활 실패와 품행장애 및 청소년 비행은 상당히 높은 상관이 있는 것으로 알려져 있다. 그러므로 외부적으로 드러나는 문제행동을 보이면서 학업성취가 낮은 아동들에 대해서는 각별한 관심과 지도가 필요하다.

또 사회적으로 미성숙하거나 위축되는 등의 내재적인(internalizing) 행동문제를 보이는 아동들은 아동기 발달에 심각한 영향을 미칠 뿐만 아니라, 성인이 된 후에도 정신건강 측면에서 좋지 않은 예후를 보이곤 한다. 이들은 만족스러운 인간관계를 발달시키지 못하고 사회적으로 고립되기도 하고, 신체적으로 고통을 호소하기도 하고, 초기 발달기로 퇴보하여 끊임없는 도움과 관심을 요구하기도 하고, 아무런 이유 없이 우울증 증세를 보이기도 한다. 이러한 사회적 위축 행동은 겉으로 드러나는 공격행동과는 달리 학급활동을 방해하지 않기 때문에 잘 발견되지 않는 경우가 많으므로 조기발견과 적절한 지원을 위한 노력이 필요하다.

한편, 앞에서도 언급하였듯이 정서·행동장애 아동들이 보이는 대표적인 행동 특성 중의 하나가 주의력 결핍 및 과잉행동장애(ADHD)이다. 그리고 ADHD의 주요 특성은 과다행동(hyperactivity), 부주의(attention deficit) 또는 산만함(distractability), 충동성(impulsivity)으로 대표된다.

정서·행동장애 아동들은 이러한 행동특성 외에도 기능적인 목적 없이 동일한 행동을 반복하는 행동(상동행동), 자신을 상해하는 행동(자해행동), 청소년 비행 등 여러 가지 부적절한 행동을 나타내 보이는 경우가 많다.

제6장 자폐성 장애 아동의 이해

1. 정의

자폐성 장애는 1943년 미국의 존 홉킨스 의과대학의 소아정신학 교수였던 Leo Kanner가 쓴 「정서적 접촉에 대한 자폐적 혼돈(Autistic Disturbance of Affective Contact)」이라는 논문을 통해 처음으로 임상증후군으로 소개되었는데, 그 이전에는 소아 정신분열증이나 지적장애로 진단 분류되었다. 그러나 Kanner는 자폐성향을 가진 아동 11명을 대상으로 관찰한 결과 그들이 소아정신분열증이나 지적장애와는 다르다고 확신하면서 이들의 증상을 '초기 유아 자폐증(early infantile autism)'이라고 불렀다. 행동 및 정서장애의 한 부류로 보는 경우도 있으며, 주 증상으로는 사회적 관계 형성의 결핍, 의사소통 능력의 결핍, 계속적인 강박적 행동, 상동행동, 변화에 대한 저항 등의 특징이 있다고 하였다(강갑원 등, 2008).

정신장애 진단 통계편람(DSM-Ⅳ-TR, 2000)의 분류에 의하면, 자폐성 장애는 의학적으로 광범위성 발달장애(Pervasive Developmental Disorders)의 하나이다. 광범위성 발달장애는 발달의 여러 분야, 즉 사회적 상호작용과 의사소통 기술에 있어서 심각하고 광범위한 결함이 있거나, 상동증적인 행동 및 관심, 활동이 있는 것이 특징이다. 이러한 상태를 정의하는 질적인 장애는 개인의 발달 수준이나 정신연령에 비해 명백하게 이탈되어 있다. 이 장애에는 자폐성 장애(Autistic Disorder), 레트 장애(Rett's Disorder), 소아기 붕괴성 장애(Childhood Disin- tergrative Disorder), 아스퍼거 장애(Asper's Disorder), 달리 분류되지 않는 광범위성 발달장애(Pervasive Developmental Disorder Not Otherwise Specified)가 포함된다. 하지만 최근 출시된 정신장애의 진단 및 통계편람 제5판(DSM-5)에서는 광범위성 발달장애라는 용어 대신 자폐스펙트럼장애라는 용어를 사용한다. 이들은 각기 독립된 장애가 아닌 동일한 연속선상에서 자폐 상태의 심각도나 지능 및 심리 사회적 발달의 정도에 따라 발현되는 임상 양상에 차이가 있다고 보아 자폐스펙트럼 장애로 개정하였다. 즉, 자폐스펙트럼장애는 이전 DSM-Ⅳ의 자폐성 장애, 아스퍼거 장애, 소아기 붕괴성 장애, 레트 장애, 달리 분류되지 않는 광범위성 발달 장애를 아우르는 새로운 DSM-5 장애다. 이는 2가지 핵심 영역에서의 결함, 즉 ① 사회적 의사소통 및 사회적 상호작용에서의 부족, ② 제한되고 반복적인 유형의 행동, 흥미 및 활동을 특징으로 갖는다.

자폐성 장애의 정의를 DSM-Ⅳ-TR과 DSM-5의 자폐성 장애 진단기준과 장애인 등에 대한 특수교육법(2008)의 정의로 나누어 살펴보면 다음과 같다.

DSM-Ⅳ-TR의 자폐성 장애의 진단기준

A. (1), (2), (3)에서 총 여섯 개(또는 그 이상) 항목, 최소한 (1)에서 두 개 항목, (2)와 (3)에서 각각 한 개 항목이 충족되어야 한다

(1) 사회적 상호작용에서의 질적인 결함이 다음 항목들 가운데 최소한 두 개 항목 이상 나타난다.
- ⓐ 사회적 상호작용을 조절하기 위한 눈 맞춤, 얼굴표정, 자세, 몸짓과 같은 다양한 비언어적 행동을 사용함에 있어서 명백한 결함
- ⓑ 발달 수준에 적절한 또래관계를 발달시키지 못함
- ⓒ 자발적으로 다른 사람들과 기쁨, 관심, 관심, 성공을 나누려고 하지 않음(예: 관심 있는 물건을 보여주기, 가져오기, 가리키기 등을 잘 하지 못함)
- ⓓ 사회적 또는 정서적으로 서로 반응을 주고받는 상호 교류의 결여

(2) 질적인 의사소통 결함이 다음 항목들 가운데 최소한 한 개 항목 이상으로 표현된다.
- ⓐ 구두 언어(말)의 발달 지연 또는 완전한 발달 결여(몸짓이나 흉내 내기와 같은 의사소통의 다른 방법에 의한 보상 시도가 수반되지 않는다)
- ⓑ 적절한 말을 할 수 있는 경우에도 다른 사람과의 대화를 시작하고 유지하는 능력에 있어서 명백한 결함을 보임
- ⓒ 언어나 특이한 언어를 상동 행동적이고 반복적인 형태로 사용함
- ⓓ 발달수준에 적절한 다양하고 자발적인 가상놀이나 사회적 모방놀이가 결여됨

(3) 제한적이고 반복적이며 상동적인 행동이나 관심, 활동이 다음 항목들 가운데 최소한 한 개 이상으로 표현된다.
- ⓐ 강도나 내용에 있어서 비정상적인 한 가지 이상의 상동적이고 제한된 형태의 관심 영역에 몰두함
- ⓑ 특이하고 비효율적인 일이나 의례적 행동에 고집스럽게 집착함
- ⓒ 상동적이고 반복적인 동작성 습관을 보임(예, 손이나 손가락 흔들기나 비틀기, 또는 몸 전체의 복잡한 움직임)
- ⓓ 특정 사물에 대해서 지속적인 집착을 보임

B. 다음 영역 중 최소한 한 가지의 이상의 발달지체나 비정상적인 기능이 3세 이전에 나타남
(1) 사회적 상호작용, (2) 사회적 의사소통을 위해서 사용되는 언어, (3) 상징놀이나 상상놀이

C. 레트 장애나 소아기 붕괴성 장애에 의해서 더 잘 설명되지 않는 장애이다.

DSM-5의 자폐스펙트럼장애 진단 기준

A. 다양한 맥락에 걸쳐 사회적 의사소통과 사회적 상호작용의 결함이 지속적으로 나타나며 현재 또는 과거에 다음과 같은 양상으로 표현됨(예시된 내용은 증례 중 하나일 뿐 절대적인 것은 아님).

1. 사회적-정서적 상호작용 및 범위에서의 결함. 예를 들어 비정상적인 사회적 접근; 상호 주고 받는 대화를 정상적으로 나누지 못함; 관심이나 감정, 정서를 공유하지 못함; 사회적 상호작용을 개시 또는 반응하지 못함.
2. 사회적 상호작용을 위해 사용되는 비언어적 의사소통 행동에서의 결함. 예를 들어, 언어적 비언어적 의사소통을 잘 통합하지 못함; 눈맞춤과 신체적 언어 사용이 비정상임 또는 제스처 이해와 사용에서의 결함; 얼굴 표정과 비언어적 의사소통이 전반적으로 결여.
3. 관계를 발달시키고 유지하고 이해함에 있어서 결함. 예를 들어, 다양한 사회적 맥락에 맞게 행동을 조정하는 데에 어려움을 보임; 상상 놀이를 공유하거나 친구 사귀기에 어려움을 보임; 또래들에 대한 흥미 결여.

현재의 심각도에 대한 세분화:
심각도(severity)는 사회적 의사소통의 손상 및 제한적이고 반복적인 행동 패턴에 근거함

B. 제한적이고 반복적인 행동 패턴이나 관심, 활동이 현재 또는 과거에 다음과 같은 항목들 중 적어도 두 가지 이상으로 표현됨(예시된 내용은 증례 중 하나일 뿐, 절대적인 것은 아님).

1. 상동증적, 반복적인 동작 운동, 사물의 사용 또는 언어 사용(예를 들어, 단순 상동증적 운동; 장난감을 줄 세워 놓음; 사물을 툭툭 던짐; 반향어증; 개인 특유의 문구 사용 등).
2. 같은 방식을 요구함, 일상적 활동을 융통성 없이 고수함, 의례적인 언어적 또는 비언어적 행동 패턴(예를 들어, 사소한 변화에도 극도로 고통스러워 함; 변화를 어려워함; 사고방식이 경직되어 있음; 의례적인 행동; 매일 같은 길로만 다니려고 하거나 같은 음식만 먹으려고 함).
3. 흥미가 매우 제한적이며 고정되어 있는데, 흥미의 강도나 초점 면에서도 비정상임(예를 들어, 특이한 사물에 대해 강한 애착 또는 집착을 보임; 흥미가 지나치게 한정되어 있고 반복적임).
4. 감각 입력이 과도하게 활성화되거나 과소 활성화됨. 또는 환경 내에서 특정 감각 양상에 특이한 관심을 보임(예를 들어, 고통/온도에 명백하게 무관심함; 특정 소리, 재질에 혐오 반응을 보임; 사물을 지나치게 냄새 맡거나 만짐; 빛이나 움직임을 주시하고 시각적으로 즐김).

현재의 심각도에 대한 세분화:
심각도(severity)는 사회적 의사소통의 손상 및 제한적이고 반복적인 행동 패턴에 근거함

C. 초기 발달 기간 동안 증상이 나타나야 함(다만, 제한된 능력을 넘어서는 사회적 요구가 있어야 비로소 명백하게 나타날 수 있음 또는 이후에 학습한 전략을 사용해 가장할 수 있음).

D. 증상이 사회적, 직업적 또는 현재 기능 중 여타의 중요한 영역에서 임상적으로 유의한 손상을 초래함.

E. 이러한 장해가 지적장애(지적 발달 장애) 또는 전반적 발달 지연으로 더 잘 설명되지 않음. 지적장애와 자폐스펙트럼 장애는 흔히 동반되어 나타남; 자폐 스펙트럼 장애와 지적장애, 사회적 의사소통 장애를 함께 진단 내리려면, 예상되는 일반적인 발달 수준 이하여야 함.

주의: DSM-IV의 자폐성 장애, 아스퍼거 장애, 또는 달리 분류되지 않는 광범위성 발달 장애로 확실하게 진단받은 사람이라면 자폐 스펙트럼 장애로 진단내릴 수 있다. 사회적 의사소통에 현저한 결함을 보이지만 자폐 스펙트럼 장애의 준거의 다른 증상에 해당되지 않는다면, 사회적 의사소통 장애에 대해 평가가 이루어져야만 한다.

자폐스펙트럼장애의 심각도 수준

심각도 수준	사회적 의사소통	제한적이고 반복적인 행동
3단계 "상당히 많은 지원을 필요로 하는 수준"	언어적·비언어적 사회적 의사소통 기술에 심각한 결함이 있고, 이로 인해 심각한 기능상의 손상이 야기된다. 사회적 상호작용을 맺는 데 극도로 제한적이며, 사회적 접근에 대해 최소한의 반응을 보인다. 예를 들어, 이해할 수 있는 말을 극소수의 단어뿐인 사람으로서, 좀처럼 상호작용을 시작하지 않으며, 만일 상호작용을 하더라도 오직 필요를 충족하기 위해 이상한 방식으로 접근을 하며, 매우 직접적인 사회적 접근에만 반응한다.	융통성 없는 행동, 변화에 대처하는 데 극심한 어려움, 다른 제한적이고 반복적인 행동이 모든 분야에서 기능을 하는 데 뚜렷한 방해를 한다. 집중 또는 행동 변화에 극심한 고통과 어려움이 있다.
2단계 "많은 지원을 필요로 하는 수준"	언어적·비언어적 사회적 의사소통 기술의 뚜렷한 결함, 지원을 해도 명백한 사회적 손상이 있으며, 사회적 의사소통의 시작이 제한되어 있고, 사회적 접근에 대해 감소된 혹은 비정상적인 반응을 보인다. 예를 들어 단순한 문장 정도만 말할 수 있는 사람으로서, 상호작용이 편협한 특정 관심사에만 제한되어 있고, 기이한 비언어적 의사소통이 뚜렷하게 나타난다.	융통성 없는 행동, 변화에 대처하는 데 극심한 어려움, 다른 제한적이고 반복적인 행동이 우연히 관찰한 사람도 알 수 있을 정도로 자주 나타나며, 다양한 분야의 기능을 방해한다. 집중 또는 행동 변화에 고통과 어려움이 있다.
1단계 "지원이 필요한 수준"	지원이 없을 때에는 사회적 의사소통의 결함이 분명한 손상을 야기한다. 사회적 상호작용을 시작하는데 어려움이 있으며, 사회적 접근에 대한 비전형적인 반응이나 성공적이지 않은 반응을 보인다. 사회적 상호작용에 대한 흥미가 감소된 것처럼 보일 수 있다. 예를 들어, 완전한 문장을 말할 수 있는 사람으로서 의사소통에 참여하지만, 다른 사람들과 대화를 주고받는 데에는 실패할 수 있으며, 친구를 만들기 위한 시도는 괴상하고 대개 실패한다.	융통성 없는 행동이 한 가지 또는 그 이상의 분야의 기능을 확연히 방해한다. 활동 전환이 어렵다. 조직력과 계획력의 문제는 독립을 방해한다.

다음으로 「장애인 등에 대한 특수교육법」의 정의를 살펴보면 다음과 같다. 이 법에서는 자폐성 장애를 지닌 특수교육 대상자를 다음과 같이 정의하고 있다.

사회적 상호작용과 의사소통에 결함이 있고, 제한적이고 반복적인 관심과 활동을 보임으로써 교육적 성취 및 일상생활 적응에 도움이 필요한 사람

여기에서 말하는 자폐성 장애는 자폐 범주성 장애(의학적으로는 광범위성 발달장애)를 의미하는 것으로서, 자폐 범주성 장애의 주요한 세 가지 특성을 포함한다. 이 세 가지 특성은 사회적 상호작용의 어려움, 의사소통의 결함, 반복적인 상동 행동을 의미한다.

2. 진단

자폐성 장애는 생물학적 원인에 의해 나타난다고 하지만 정확한 원인이 규명되지 않았기 때문에 여러 영역에 걸쳐서 나타나는 일련의 다양한 증상으로 제시된 행동기준에 근거하여 선별되거나 진단된다. 자폐성 장애의 선별 및 진단도구와 자폐성 장애의 분류에 대해서 살펴보면 다음과 같다.

1) 선별 및 진단도구

자폐성 장애 아동들을 조기에 선별 및 진단하면 증상을 완화시킬 수 있을 뿐만 아니라 이차적인 증상을 감소시킬 수 있다. 그리고 선별 및 진단이 조기에 이루어지면, 장애 아동의 치료와 교육이 효과적으로 이루어질 수 있다. 특수아동 평가에서 선별이란 더 심층적인 평가가 필요한 아동을 식별해 내는 과정이며, 진단이란 장애의 유무와 원인을 파악하는 과정을 의미한다. 고은 등(2012)은 자폐성 장애 아동을 선별하고 진단하는 데 유용하게 사용할 수 있는 도구들을 다음과 같이 제시하고 있다.

(1) 선별도구

① 한국판-영유아기 자폐증 선별검사

한국판-영유아기 자폐증 선별검사(K-CHAT)는 사회적 의사소통의 위험이 있는 18개월 자폐 영유아를 선별하기 위하여 영국판 CHAT(Baron-Cohen, Allen & Gillgerg, 1992)를 한국어로 번안하여 표준화를 위한 예비검사를 마친 도구이다. K-CHAT은 질문지와 관찰지로 구성되어 있다. 질문지는 9문항으로 부모가 작성하도록 되어 있고, 관찰지는 5문항으로 건강전문가가 아동을 관찰한 후 작성하도록 되어 있다. 이 검사 도구를 통과하지 못한 아동은 1

개월 후에 재검사를 받고, 2차 검사에서도 통과하지 못한다면 의학적 진단을 받는 것이 바람직하다.

② 부모용 자폐행동지표

부모용 자폐행동지표는 영아부터 학령전기 자폐아동을 조기에 선별하기 위한 도구로 표준화를 위한 예비 검사를 마친 도구다. 이 도구는 전체 4개 영역(사회성, 언어, 행동, 학습 및 자조발달) 127개 문항(33개 문항, 15개 문항, 64개 문항, 15개 문항)으로 구성되어 있다.

③ 한국판-자폐 행동 체크리스트

한국판-자폐 행동 체크리스트(K-ABC)는 자폐아동을 선별하기 위하여 미국판 자폐행동 체크리스트(ABC)를 한국어로 번안하여 표준화한 검사 도구이다. 미국판 ABC는 자폐아동들에게 흔히 나타나는 57개의 행동특성으로 구성되어 있다. 이 행동특성은 9개의 자폐 검사도구에서 선택되었고, 자폐성 장애 분야 연구의 국제적인 권위자 26명에 의해 검토되었다. 57개의 문항은 감각 영역(9문항), 관계 영역(12문항), 신체 및 사물 이용 영역(12문항), 언어 영역(13문항), 그리고 사회 및 자조 영역(11문항)으로 구성되어 있다. 자폐행동 체크리스트는 각 문항의 가중치를 1에서 4로 부여하고, 가중치가 높은 문항은 빈도가 높다는 것을 의미한다. 총 점수가 54점 이상이면 자폐성 장애를 가질 확률이 높고, 53점 이하이면 자폐성 장애가 아닐 확률이 높다.

④ 상호작용행동 체크리스트

상호작용행동 체크리스트는 영유아의 자폐아동을 조기에 선별하기 위한 도구이다. 이 도구는 10개의 예/아니오 문항으로 구성되어 있고, 세 문항 이상 '아니오'라고 표시되면 의학적 진단을 받는 것이 바람직하다.

(2) 진단 도구

자폐성 장애 아동들은 일반적으로 5살이 되어야 진단을 받아왔으나, 최근에는 3세 이전에 진단을 받는 것이 가능하게 되었다(Smith, 2010). 이렇게 영유아를 조기에 진단할 수 있게 된 이유는 위에서 언급된 새로운 사정도구가 개발되었기 때문이다. 진단을 위해 사용되는 검사도구에는 한국판 아동기 자폐증 평정척도(K-CARS: Korean-Childhood Autism Rating Scale)가 있다.

K-CARS는 미국판 아동기 자폐증 평정척도(CARS)를 한국어로 번안한 검사도구이다. 이

도구는 자폐아동을 진단하고 이 아동을 지적장애와 같은 다른 발달장애 아동들과 구별하기 위하여 만들어진 검사도구이다. K-CARS는 15개 항목으로 구성되었고, 각 문항은 1에서 4로 평가된다. 다른 도구와 달리 이 도구는 두 점수 사이에 중간점수(1.5, 2.5, 3.5)로 평가될 수 있고, 1은 정상을 의미하며, 자폐증상의 정도가 심해질수록 더 높은 점수를 받는다. 마지막 점수에 따라 자폐아님(15~29.5), 경증-중간 자폐(30~36.5), 그리고 중증자폐(37~60)로 나누어진다.

2) 자폐 범주성 장애의 분류

자폐 범주성 장애는 자폐성 장애(자폐증), 레트 장애, 소아기 붕괴성 장애, 아스퍼거 장애, 달리 분류되지 않는 광범위성 발달장애로 구분된다. 앞에서도 언급하였듯이, 이 다섯 가지 유형의 장애는 사회적 상호작용과 의사소통 기술에 있어서 심각하고 광범위한 결함이 있거나, 상동적인 행동과 관심이 있다는 점에서 공통성이 있다. 그러나 이러한 공통점을 제외하고 서로 조금씩 다른 특성을 갖고 있다. 각 자폐 범주성 장애의 특징을 간략히 비교하면 다음과 같다.

(1) 자폐성 장애(자폐증)

자폐성 장애는 자폐 범주성 장애의 가장 대표적인 유형이다. 일반적으로 언급되는 자폐증이 곧 이 유형에 해당한다. 자폐성 장애의 정의와 진단 기준은 앞에서 제시하였다. 이 장애에 대한 이해를 더하기 위해 미국의 장애인교육법(IDEA, 1997)에 명시된 정의를 소개하면 다음과 같다.

자폐성 장애는 일반적으로 3세 이전에 나타나며, 구어 및 비구어 의사소통과 사회적 상호작용에 심각한 영향을 미침으로써 아동의 교육적 성취에 부정적인 영향을 미치는 발달장애를 의미한다. 자폐성 장애와 관련되는 다른 특성들로는 반복적인 활동 및 상동적인 움직임, 환경적인 변화나 일과의 변화에 대한 저항, 감각적 경험에 대한 비전형적인 반응 등이 있다. 이 용어는 아동이 정서장애로 인하여 교육적 성취에 주요한 부정적인 영향을 받게 되는 경우에는 적용되지 않는다. 3세 이후에 자폐의 특성을 보이는 아동들도 앞에서 제시한 진단 기준에 해당되면 자폐를 지닌 것으로 진단될 수 있다.

(2) 레트 장애

레트 장애의 징후는 인생 초기에 나타나지만, 정상발달 후에 성장이 멈추고 퇴행이 시작된다. 다른 많은 유전적 장애와 다르게 레트 장애는 여성에게서만 나타난다. 이 장애의 대표적인 특징은 반복적이고 상동적인 손의 움직임의 점진적 표현, 근육통제의 부족, 의사소통 및 사회적 기술의 결함이다. 그래서 초기에는 종종 자폐성 장애로 오진되기도 한다. 그러나 자폐성 장애는 레트 장애와 다르게 손의 움직임과 점진적인 근육기술의 상실이 나타나지 않는다. 일반적으로 레트 장애 아동은 자폐성 장애 아동보다 사회적 기술이 좋은 경향이 있다. 그리고 자폐성 장애의 약 50%가 지적장애를 수반하지만, 레트 장애 아동은 대부분 지적장애를 수반한다. 레트 장애는 점진적으로 나타나지만, 자폐성 장애보다 더 심한 지적장애를 나타낸다(고은 등, 2012). 구체적인 진단기준은 DSM-Ⅳ-TR의 레트 장애의 진단 기준을 참고하면 된다.

(3) 소아기 붕괴성 장애

소아기 붕괴성 장애는 자폐성 장애보다 더 드물게 발생하는 장애이다. 소아기 붕괴성 장애의 가장 두드러진 특징은, 이 장애 아동이 5세 또는 6세까지는 비장애 또래아동과 같이 성장하다가 발달적 퇴행이 시작된다는 점이다. 이 장애 아동은 이미 습득한 언어와 사회적 기술을 상실한다는 점이 특별하다. 이 장애 아동의 행동이 궁극적으로는 자폐성 장애 아동의 행동 형태와 유사하지만, 퇴행이 계속되기 때문에 이 아동의 결과는 더 나쁘다. 소아기 붕괴성 장애는 자폐 범주성 장애 중에서도 가장 모르고 있는 장애이다(고은 등, 2012). 구체적인 진단기준은 DSM-Ⅳ-TR의 소아기 붕괴성 장애의 진단 기준을 참고하면 된다.

(4) 아스퍼거 장애

아스퍼거 장애는 사회적 기술이 부족하고 제한적 또는 비전형적인 관심과 관계가 있는 행동특성의 집합이다. 아스퍼거 장애 아동은 의사소통에 결함을 갖고 있지만, 이러한 결함이 언어발달의 지체에서 기인되는 것은 아니다. 아스퍼거 장애 아동은 비장애 아동과 거의 같은 정도로 언어발달이 이루어진다. 그러나 의사소통의 다른 면이 문제이다. 일반적으로 아스퍼거 장애 아동은 언어를 문자적으로만 이해하기 때문에 유머를 이해하는 데 어려움이 있다. 이러한 사람은 다른 사람의 감정과 정서를 이해하는 능력이 부족하기 때문에, 언어를 사회적으로 사용하기가 매우 어렵다. 다른 자폐 범주성 장애와 달리, 대부분의 아스퍼거 장애 아동은 지능이 정상이다. 또 아스퍼거 장애 아동의 언어가 정상적으로 발달함에 비해 반해, 자폐성 아동은 언어지체가 두드러질 때 진단된다(고은 등, 2012). 구체적인 진단기준은 DSM-Ⅳ-TR의 아스퍼거 장애의 진단 기준을 참고하면 된다.

(5) 달리 분류되지 않는 광범위성 발달장애

의사소통, 사회적 기술, 비전형적 행동(제한적 흥미) 영역에서의 문제는 자폐 범주성 장애의 세 가지 일반적인 특징이다. 자폐 범주성 장애의 각 유형은 이러한 행동특성이 나타나는 방법이 다르지만, 거의 모든 자폐 범주성 장애 아동은 이 세 가지 영역에서 어느 정도의 문제가 있다. 그러나 아동이 이 세 가지 모든 영역에서 문제를 보이지 않을 때, 또는 세 가지 영역에서 나타나는 문제가 경증일 때는 다른 진단을 한다. 이러한 경우에는 그 장애를 기타 전반적 발달장애로 진단한다. 이 명칭에서 '광범위성 발달장애' 부분은 자폐성 장애, 레트 장애, 소아기 붕괴성 장애, 아스퍼거 장애의 특징은 있지만 명확하게 나타나지 않은 특징을 의미한다. 그리고 '달리 분류되지 않는' 부분은 그 증상이 자폐 범주성 장애에서 나타나는 다른 장애와 일치하지 않는다는 것을 의미한다.

3. 특성

1) 사회적 상호작용의 결함

사회적 상호작용 기술은 다른 사람과의 관계를 생산적이고 서로에게 강화해 줄 수 있게 하는 능력이다. 이러한 사회적 상호작용의 결함은 자폐성 장애의 주요한 특성일 뿐만 아니라, 자폐성 장애 아동을 학교나 사회에 적응하지 못하게 하는 주요 요인이다. 자폐성 장애 아동들이 사회적 상호작용에 어려움을 보이기 때문에 교사들은 이들을 가르치기 어려워한다. 그래서 자폐성 장애 아동들은 제한된 환경에 배치될 확률이 높다(고은 등, 2012).

강갑원 등(2008)은 자폐성 장애 아동의 이러한 특성을 다음과 같이 정리하여 제시하고 있다. 첫째, 부모와의 애착이 형성되지 않는다. 둘째, 타인과의 신체적인 접촉을 싫어하고 피한다. 셋째, 타인과의 정서적인 관계가 잘 형성되지 않고 또래들의 놀이에도 무관심하다. 넷째, 타인의 감정을 이해할 줄 모르고, 공감을 하지 않으며, 다른 아동들의 권리나 입장을 고려하지 않는다. 다섯째, 또래집단과 어울리지 못한다. 여섯째, 타인과 눈을 마주치지 않는다.

2) 언어 및 의사소통 장애

자폐성 장애 아동은 언어체계를 습득하고 실용적인 규칙을 사용하는데 문제가 있다. 자폐성 장애 아동의 약 50%는 말을 하지 못하고, 생활 연령에 적합한 사회적 의사소통 능력을 가지고 있는 경우는 10% 미만이다.

자폐성 장애 아동은 말을 할 수 있는 경우에도 의사소통의 시작과 유지하기, 교사나 또래에게 정보나 자료 요청하기, 교사나 또래의 말을 경청하거나 반응하기, 그리고 기초적인 게임이나 다른 활동들을 하는 데에서 많은 어려움을 겪는다.

또 말을 할 줄 아는 자폐성 장애 아동의 약 80% 정도는 반향어(echolalia)를 보인다. 반향어란 다른 사람이 말한 단어나 문장을 의미없이 똑같은 억양으로 그대로 되풀이하는 것을 의미한다. 즉 자발적으로 하는 말이라기보다는 암기해서 하는 것이다. 반향어는 즉각 반향어와 지연 반향어로 나눠지는데, 즉각 반향어는 어떤 사람이 말한 단어나 문장을 반복하는 것이고, 지연 반향어는 이전에 들었던 것을 반복하는 것이다(고은 등, 2012).

과거에는 자폐성 장애 아동의 반향어가 비기능적일 뿐만 아니라 언어를 이해하지 못하기 때문에 나타나는 것으로 여겨졌으나, 현재는 반향어가 지닌 다양한 형태와 기능들이 보고되고 있다. 물론 많은 자폐성 장애 아동들이 의미 없는 반향어를 사용하는 것이 사실이지만, 이들 중에는 다음 단계로 발전하면서 다른 사람의 문장을 반복하여 상황에 맞게 적절하게 사용하기도 한다. 그러므로 교사들은 반향어를 단순한 비기능적이고 비정상적인 언어 결함으로 여겨서는 안 되며, 오히려 의사소통을 위한 시도로 인식해야 한다(이소현, 박은혜, 2011).

이러한 특징 외에도 전반적으로 언어발달이 늦고, 언어이해력이 부족하며, 완전한 문장을 구사하지 못하거나 의미 없는 말을 반복적으로 중얼거리며, 억양과 발음 등이 자연스럽게 나타나지 않은 경우가 많다.

3) 상동적인 행동과 변화에 대한 저항

자기자극 행동은 자폐성 장애 아동에게 흔히 나타나는 행동이다. 이러한 행동은 상체를 앞뒤 또는 옆으로 흔들기, 얼굴 앞에서 손 흔들기, 사물 돌리기, 물건 제자리에 놓기와 같이 명확한 기능이 없는 반복적이고 정형화된 행동이다. 이러한 상동적 행동은 감각적 자극을 얻기 위하여 하는 것 같다.

자폐성 장애 아동은 환경, 음식, 실내 배치, 일상적인 일과, 그리고 계획된 일과의 변화에 심하게 저항한다. 예를 들면, 자폐성 장애 아동에게 말을 하지 않고 교실 물건의 위치를 바꿔 놓으면 그 물건을 제자리로 갖다 놓아야만 일과를 시작할 수 있다. 자폐성 장애 아동들은 음식을 먹을 때 상 위에 음식을 일렬로 정렬하여 놓고 먹는다. 이 아동들이 음식을 먹고 있을 때 다른 사람이 정렬된 음식 하나를 집어 선 옆에 놓으면 그 아동들은 다시 음식을 정렬해

놓고 먹는다. 자폐성 장애 아동은 한 장소에서 다른 장소로 갈 때 항상 이용하는 길로 간다. 만약 다른 길로 가면, 다시 그 장소로 가서 자신이 항상 이용하는 길로 되돌아온다(고은 등, 2012). 놀이에서도 일정하고 한정된 놀이 활동만 하려고 하며, 특정한 물건에 강렬한 애착을 느껴서 그것이 없으면 저항을 한다. 대개 심한 편식증이 있고, 고집이 세다(강갑원 등, 2008).

4) 인지 및 학업적 특성

자폐성 장애로 진단된 아동들 중에는 평균이나 그 이상의 지적 기능을 보이는 아동도 있지만, 대체적으로 약 70-80% 정도는 지적장애를 지닌 것으로 알려져 있다. 자폐성 장애 아동들 중에서 지적장애를 함께 보이는 아동은 그렇지 않은 아동에 비해서 학업이나 일반적인 생활에 있어서 더 낮은 수행을 보인다. 자폐성 장애를 지닌 아동의 약 20% 정도는 평균 및 그 이상의 지적 기능을 보이는 고기능 자폐(high functioning)이다(이소현, 박은혜, 2011). 이들은 학업성취에 있어서 평균 이상의 성취를 보이는 경우도 많다. 그러나 자폐성 장애의 특징 때문에 학교생활과 일상생활에서 많은 어려움을 겪는다.

또 자폐성 장애 아동들 중에서 약 10% 정도는 특정 영역(음악, 미술, 암기, 계산, 또는 기계 조작 등)에서 뛰어난 능력이나 기술을 보이는 자폐적 우수성(austistic savant) 또는 우수성 증후군(savant syndrome)을 보인다. 이처럼 자폐성 장애를 지닌 아동들의 지적 수준은 다양하며, 지적 수준에 따라 학업성취 수준 역시 다양하게 나타난다.

제7장 의사소통 장애 아동의 이해

1. 정의

의사소통 장애에 대한 정의를 내리기 위해서는 의사소통, 말 그리고 언어의 개념적 차이부터 살펴보아야 한다. 왜냐하면 말과 언어, 그리고 의사소통은 서로 혼용되어 사용되고 있으나, 그 정의는 다소 다르기 때문이다.

우리는 일반적으로 '언어장애' 혹은 '언어치료'라고 말할 때 그 안에는 언어발달지체, 조음장애, 유창성장애, 기호장애 혹은 음성장애 등과 같이 매우 다양한 형태들이 포함되어 있다. 물론 용어들이 시대와 문화의 차이에 따라 그 정의와 사용이 조금씩 다르다 할지라도, 일반적인 개념은 다음과 같이 구분될 수 있다.

의사소통은 가장 상위 개념으로 말과 언어를 모두 포함한다. 말과 언어는 의사소통의 형식적인 방법에 해당하며, 몸짓, 눈짓, 제스처, 지적하기 등은 의사소통의 비형식적인 방법에 해당한다. 의사소통은 언어 이상의 것을 내포하며, 사물을 지적하거나 팔을 벌림으로써 자신의 요구를 전달하는 행동은 의사소통행위라 할 수 있다. 따라서 의사소통 장애란 구어나 비구어적인 방법을 통하여 자신의 의사나 감정을 전달하는데 어려움이 있는 경우를 말하며, 의사소통의 수단에는 말과 언어뿐만 아니라 비형식적인 방법으로서 자신의 욕구를 표현하고 전달하기 위한 몸짓과 특히 보완·대체 기구의 활용이 모두 포함된다.

의사소통 장애는 크게 말장애와 언어 장애로 분류할 수 있다. 첫째, 말장애는 다른 사람의 말과 달라서 그 자체로 주의를 끌 때, 의사소통에 어려움이 있거나, 화자나 청자에게 방해를 줄 때로 정의한다(Van Riper & Erickson, 1996). 말장애의 세 가지 기본 유형은 조음장애(말의 산출), 음성장애(목소리의 질), 유창성장애(말의 흐름과 리듬)이다. 둘째, 언어장애는 언어의 상징체계를 이해하거나 말하고 쓰는데 어려움이 있으며 언어의 형식(음운론, 형태론, 구문론), 언어의 내용(의미론), 언어의 기능(화용론)에서 장애를 가지게 된다. 언어장애는 주로 수용언어와 표현언어로 분류되며 언어발달장애, 단순언어장애, 실어증 등이 이에 포함된다.

즉, 의사소통 장애란 말이나 언어 또는 그 두 가지 영역에서의 결함으로 인하여 구어, 비구어 또는 기타 상징체계를 수용하고 전달하는 능력에 있어서의 장애를 말한다. 의사소통 장애는 호흡·발성·조음기관 등의 이상으로 인하여 말소리의 발성이나 흐름 또는 음성적 측면에서 문제를 보이는 말장애와 기억된 말과 문자 또는 상징체계를 이해하고 인출하는데 문제를 보이는 언어장애로 나눌 수 있다(고은 등, 2012).

우리나라의 장애인 등에 대한 특수교육법시행령(2008)에서는 의사소통 장애를 지닌 특수교육대상자를 다음과 같이 정의하고 있다.

다음 각 목의 어느 하나에 해당하여 특별한 교육적 조치가 필요한 사람

가. 언어의 수용 및 표현 능력이 인지능력에 비하여 현저하게 부족한 사람
나. 조음능력이 현저히 부족하여 의사소통이 어려운 사람
다. 말 유창성이 현저히 부족하여 의사소통이 어려운 사람
라. 기능적 음성장애가 있어 의사소통이 어려운 사람

또 장애인복지법시행령(2008)에서는 장애명칭을 '언어장애'로 규정하고, 다음과 같이 정의하고 있다.

음성기능이나 언어기능에 영속적으로 상당한 장애가 있는 사람

- 음성기능이나 언어기능을 잃은 사람(3급)
- 음성·언어만으로는 의사소통하기 곤란할 정도로 음성기능이나 언어기능에 현저한 장애가 있는 사람(4급)

2. 진단

언어장애의 진단과 관련하여 고은 등(2012)의 견해를 제시하면 다음과 같다. 언어평가는 우선 선별검사와 문제의 성격을 규명하는 진단검사로 구분된다. 선별검사는 아동의 현재 수준이 또래 아동들의 평균과 비교하여 정상 범위 내에서 있는지를 확인하는 목적을 가지고 있으

며, 만약 선별검사에서 문제가 있는 것으로 의심되는 경우에는 진단검사를 실시하여야 한다. 진단검사는 장애 유무, 그리고 지체 또는 결함 정도와 구체적인 특성 등을 알아낼 수 있다. 무엇보다도 진단과정에서는 아동의 배경정보를 충분히 수집하여야 한다. 아동의 경우에는 생육사와 의사소통 장애에 대한 일반적인 정보를 부모 혹은 보호자의 진술에 의존할 수밖에 없지만, 가능한 한 다양한 경로를 통해 아동의 사회·정서적 환경을 파악할 필요가 있다. 이렇게 수집된 정보는 정확한 진단과 앞으로의 중재 방향을 설정하는데 중요한 단서가 되기 때문이다.

검사의 형태는 공식적인 검사와 비공식적인 검사로 구분할 수 있다. 공식적인 검사는 아동의 점수를 규준과 비교함으로써 현재 아동의 언어수준이 얼마만큼 지체되었는가를 밝히는 반면에, 비공식적인 검사는 발달단계나 발달순서와 같은 준거와 비교하거나, 그 아동이 보인 언어 자체를 분석하여 그 결함의 특성을 찾아내는 것을 목적으로 한다.

또한 실시 대상에 따라 직접검사와 간접검사로 나눌 수 있다. 직접검사는 검사자가 아동에게 직접 검사를 수행하고 채점하는 반면에, 간접검사는 아동이 검사수행에 어려움을 가지고 있는 경우 부모 보고나 행동관찰과 같은 간접적인 방법으로 실시되는 검사형태이다.

검사는 다시 표준화 검사와 비표준화 검사로 나눌 수 있다. 표준화 검사는 가장 구조화된 검사절차로서 타당도와 신뢰도를 갖추고 있어서 규준 자료에 기초한 해석이 가능하다는 장점을 갖는다. 그러나 비표준화 검사는 간단하게 실시할 수 있으며, 문제영역에 대한 집중적인 평가와 아동에 맞는 설계가 가능하다는 장점을 가지고 있다.

언어장애의 진단과 관련된 대표적인 표준화 검사인 그림어휘력 검사, 문장이해력 검사, 영유아 언어발달 선별 검사, 구문의미 이해력 검사, 조음·음운평가, 취학 전 아동의 수용언어 및 표현 언어 척도에 대해 간략히 살펴보면 다음과 같다(고은 등, 2012).

1) 그림어휘력 검사

2세에서 8세 11개월 아동의 어휘이해력을 평가하는 검사도구로서 일반아동 뿐만 아니라 지적장애, 청각장애, 뇌 손상 등의 장애 아동의 수용어휘능력을 평가하는데 유용하다. 연령에 따른 시작문항이 주어지며, 만약 연속 8개를 맞추지 못하면 낮은 번호의 문항으로 내려가면서 기초선을 설정하게 된다. 기초선 설정의 장점은 기초선보다 낮은 문항들은 맞은 것으로 간주하여 시간적 손실을 막을 수 있다는 것이다.

또한 최고한계선을 설정하게 되는데, 이때 연속적으로 8개 문항 가운데 6개 문항을 틀리면 중지하고, 틀리게 반응한 마지막 문항이 최고한계선이 된다. 마찬가지로 최고한계선 번호보다 높은 번호의 문항은 틀린 것으로 간주하여, 검사의 효율성을 높일 수 있다.

2) 문장이해력 검사

4세~6세 아동들에게 문장을 듣고 이해하는 능력을 알아보는 검사로서, 일반아동 뿐만 아니라 장애 아동들에게도 사용할 수 있도록 제작되었다. 이 검사는 처음 1번 문항부터 시작하여 연속적으로 5문항 이상을 틀리게 지적하면 검사를 중단하고, 맞은 항목의 수를 각 1점씩 배점하여 원 점수를 산출한다. 총 36개의 문항으로 구성되어 있으며, 검사가 읽어주는 문장을 듣고 아동이 해당하는 그림을 지적하는 방식으로 이루어진다.

3) 영유아 언어발달 선별 검사

영유아 언어발달 선별 검사(SELSI)는 영유아의 행동을 관찰하고 양육자의 보고에 따라 이루어지는 간접 검사도구로서, 생후 5개월부터 36개월 사이에 있는 영유아의 언어발달 정도를 평가할 수 있다. 언어장애의 조기 선별의 목적을 가지고 있으며, 수용언어와 표현언어 발달을 나누어 평가한다. 아동의 생활연령에 맞는 시작문항이 기초선이 되고, "예"라는 응답이 연속적으로 8회가 나오지 않으면 한 단계 낮은 단계로 내려간다. 기초선보다 낮은 문항들은 모두 "예"로 간주하고, "아니오"라는 응답이 연속 8번이 나오면 최고한계선을 설정한다. 마찬가지로 최고한계선 위의 문제는 모두 "아니오"로 간주하고 0점을 준다.

4) 구문의미 이해력 검사

이 검사는 4세에서 9세 아동을 대상으로 구문이해 능력을 측정한다. 아동은 검사자가 읽어주는 문장을 듣고 세 개의 그림 중에서 가장 적합한 그림을 찾도록 하며, 모든 아동은 1번 문항부터 시작하여 연속해서 3개의 항목을 틀리면 검사를 중단한다. 총 57개로 구성된 이 검사는 의미, 문법, 음운, 화용적 요소와 같은 언어적 요소, 기억을 포함하는 인지적 요소, 청각적 요소 등이 복합적으로 적절하게 작용해야만 가능한 검사로서, 구문이해에 어려움을 보이는 언어발달장애나 단순 언어장애 아동의 구문이해평가로 사용될 수 있다.

5) 조음·음운 평가

조음·음운 평가(U-TAP)는 생활연령에 비해 조음발달이 늦거나 조음이 명료하지 않는 아동의 조음평가에 적합하다. 그림낱말검사와 그림 문장 검사로 구성되어 있으며, 비디오나 녹음기로 녹화 또는 녹음을 하면서 검사를 하도록 한다. 아동이 산출한 정조음과 오조음을 전사하고, 개별음소분석표와 음운변동기록표를 분석하면, 개별음소의 발달연령과 음소의 정확도, 그리고 음운오류 패턴 등을 알 수 있다. 발달연령이 1세 이상 늦거나 자음정확도가 −1SD 이하인 경우에는 조음치료를 권한다.

6) 취학 전 아동의 수용언어 및 표현언어 척도

취학 전 아동의 수용언어 및 표현 언어 척도(PRES)는 2세에서 6세까지 취학 전 아동의 전반적인 언어발달을 평가하기 위한 검사로서 인지능력과 관련된 의미론적 언어능력과 구문론적 언어능력, 그리고 화용론적 언어능력을 포함하고 있다. 검사는 수용언어 검사부터 시작하며, 기초선은 아동이 세 문항에서 모두 '+'를 받는 연령 단계로 하며, 세 문항에서 모두 정확하게 반응할 경우에는 '+', 반응이 일관성이 없거나 애매한 경우는 '±', 그리고 반응이 틀렸거나 무반응인 경우에는 '−'로 기재한다. 세 문항 중 하나라도 '+'나 '−'를 받게 되면 한 연령 단계 이전의 낮은 번호 문항으로 내려가는 방법으로 하여 기초선 이후 최고한계선까지 획득한 점수를 계산하여 언어발달 연령을 산출한다. 수용언어와 표현언어를 함께 평가할 수 있는 장점을 가지고 있으나 검사문항이 많고 검사방법이 다소 어려워서 실시시간이 다른 검사에 비해 오래 걸린다는 단점을 갖는다.

3. 특성

1) 언어적 특성

언어는 자신에게 말해진 의사소통의 내용을 이해하는 능력인 수용언어(receptive language)와 다른 사람에게 의미 있는 내용으로 이해되는 언어를 산출하는 표현언어(expressive language)로 나누어진다. 언어장애를 지닌 아동은 자신의 생각을 표현하거나 자신에게 말해진 다른 사람의 생각을 이해하기 어려워한다. 표현언어 기술에 있어서의 결함은 문법, 구문론, 유창성, 어휘, 따라하기 등에서 나타나며, 수용언어의 결함은 반응, 추상, 암기, 기억 등의 기술에서 나타난다. 예를 들어, 교사의 지시를 잘 따르지 못하는 학생들은 수용언어의 문제를 지녔을 가능성이 있으며, 불분명한 어휘나 불분명한 발음, 부정확한 문법 등으로 인하여 또래들과 잘 의사소통하지 못하는 학생들은 표현언어 장애를 지녔을 가능성이 있다. 언어장애 아동의 수용언어 및 표현언어에서 관찰되는 일반적인 문제들은 다음과 같다(이소현, 박은혜, 2011).

[표 7-1] 언어장애 아동의 수용언어 및 표현언어에서 관찰되는 일반적인 문제

수용언어	표현언어
▪ 질문에 적절하게 반응하지 못한다. ▪ 추상적으로 생각하지 못하거나 고나용구에 포함된 추상적인 개념을 이해하지 못한다. ▪ 말해준 정보를 기억하지 못한다. ▪ 구두 지시 따르기를 어려워한다. ▪ 의사소통이 중단되는 것을 인식하지 못한다. ▪ 말로 설명해 준 내용 중 관사와 같이 덜 구체적인 단어나 조동사 및 시제를 나타내는 단어들을 놓친다. ▪ 말로 설명한 이야기의 순서를 기억하지 못한다. ▪ 비슷한 소리의 글자를 혼돈하거나 단어의 소리나 음절의 순서를 바꿔서 이해한다. ▪ 유머나 은유적인 표현을 이해하기 어려워한다. ▪ 양, 기능, 크기 비교 시·공간적 관계를 나타내는 개념을 이해하기 어려워한다. ▪ 2개 이상의 문장이 연결된 중문이나 하나 이상의 종속절을 지닌 복합문을 이해하기 어려워한다.	▪ 부정확한 문법을 사용한다. ▪ 정확하게 설명하지 못한다. ▪ 말을 할 때 자주 멈칫거린다("있잖아, 저기, 음" 등의 주저하는 말을 자주 사용함). ▪ 주제를 이것저것 바꾸면서 말한다. ▪ 제한된 어휘를 사용한다. ▪ 정확한 의미를 전달하기 위한 적절한 단어를 찾기 어려워한다. ▪ 사회적 언어 사용이 빈약하다(특정 상황에 맞도록 의사소통 스타일을 변화시키지 못하며, 대화가 끊어질 때 회복시키지 못하고, 대화의 주제를 유지하지 못함). ▪ 질문하기를 두려워하며, 무슨 질문을 해야 하는 지를 잘 모르고, 어떻게 질문해야 하는지도 모른다. ▪ 대화 중에 동일한 정보를 반복해서 말한다. ▪ 추상적이거나 시·공간적 개념에 대하여 말하기 어려워한다. ▪ 상대방에게 충분한 정보를 제공하지 못한다.

2) 인지 및 학업적 특성

일반적으로 말이나 언어에 문제를 보이는 의사소통 장애를 지닌 아동들은 지적 능력이나 성취도 평가에서 평균보다 낮은 점수를 보이곤 한다. 그러나 의사소통 장애를 지닌 많은 아동들이 지적장애, 학습장애, 또는 기타 장애를 복합적으로 지니고 있기 때문에 이러한 결과만을 가지고 순수하게 의사소통의 장애가 지능이나 학업 성취에 영향을 미친다고는 말하기가 어렵다. 그러나 분명한 것은 의사소통 장애가 단어 인지력이나 독해력, 연산 능력 등과 같이 거의 모든 교과목 학습에 필요한 기술 습득에 방해가 된다는 사실이다. 이러한 사실 때문에 의사소통 장애를 지닌 아동들은 학교 교과목 성취에 어려움을 경험하게 된다(이소현, 박은혜, 2011).

특히 의사소통 장애의 하위 유형 중에서도 언어장애가 인지발달과 학업성취에 미치는 영향은 지대하다. 일반적으로 말장애의 경우에는 또래아동들과의 사회적 상호작용에는 영향을 미치지만, 학업성취에는 큰 영향을 미치지 않는다. 반면에 언어장애는 읽기학습이나 학습장애와 분명하게 관련되어 있다. 학습장애와 언어장애가 동시에 나타날 수 있는 경우는 약 35-60%로 추정되며, 영·유아기에 자연스러운 언어발달을 하지 못하고 언어장애를 갖는 아동들의 약 50%는 초등학교, 중학교, 성인기에 이르기까지 계속해서 언어적인 문제를 갖게 되고, 언어장애가 지속되면 학습장애, 지적장애 또는 정서 및 행동장애로 분류될 가능성이 높다(박현옥 등, 2010 재인용). 이처럼 말장애와는 다르게 언어장애는 학업성취를 저해하는 부정적인 영향을 미친다.

3) 사회·정서적 특성

의사소통 장애 중에서도 말장애를 보이는 아동들은 흔히 상대방으로부터 거절당하거나 창피를 당하거나, 열등감을 당하게 되며, 심하게는 말을 제대로 하지 못한다는 이유로 벌을 받는 경험까지도 하게 된다. 이로 인하여 많은 의사소통 장애아들이 낮은 자존감을 형성하게 된다. 이러한 부정적인 경험들은 아동으로 하여금 좌절감과 분노를 경험하게 하고 때로는 적대감이나 위축행동까지도 보이게 한다. 특히 말장애 중에서도 말더듬을 지닌 아동들은 사회적 어려움을 심각하게 경험할 수 있다. 말더듬은 자신감과 자존감에 부정적인 영향을 미친다.

언어장애 역시 사회적 관계를 형성하고 유지하는 데에 결정적인 역할을 한다. 다른 사람이 하는 말을 이해하고 상대방과 의사소통하는 능력은 또래와의 상호작용에 있어서 매우 중요한 요소이다. 언어장애 중에서도 화용론적 사용에 어려움을 지닌 아동들은 대인관계 갈등 해결을 위한 기술 발달에 부정적인 영향을 받는다. 또 성공적인 의사소통 기술을 지니지 못한 아동들은 불편한 상황을 피하기 위하여 상호작용 자체를 회피하기도 한다. 이들은 대화를 시작하지 않으려고 하고, 언어적 상호작용에 있어서 지나치게 성인에게 의존하려는 태도를 보이기도 한다. 따라서 이들은 또래에게 무시되거나 낮은 사회적 지위를 보이게 된다(이소현, 박은혜, 2011).

제8장 학습장애 아동의 이해

1. 정의

학습장애(learning disabilities)는 비교적 최근에 분류되기 시작한 장애영역이다. 학습장애라는 용어는 1963년 Kirk에 의해 제안된 이후, 일반적인 지적 기능을 가지고 있으면서도 특정 영역에서의 학습문제를 지니고 있는 아동의 문제를 지칭하는 용어로 사용되어 왔다. 이처럼 학습장애라는 용어의 등장이 오래되었고, 또 학습장애가 특수교육 대상자의 약 절반을 차지할 정도로 출현율이 높음에도 불구하고, 아직까지도 그 정의에 대한 완전한 합의가 이루어지지 못하고 심각한 논의가 여전히 진행 중에 있다. 여기에서는 학습장애를 정의할 때, 일반적으로 가장 많이 인용하는 미국 장애인교육법(IDEA, 2004)과 학습장애연합회(NJCLD, 1988)의 정의를 살펴본 후, 우리나라의 장애인 등에 대한 특수교육법(2008)의 정의를 제시한다.

먼저, 최근에 개정된 IDEA(2004)에서는 학습장애라는 용어를 대신하여 특정학습장애(specific learning disability)라는 용어를 사용하고 있으며, 다음과 같이 학습장애를 정의하고 있다.

> 특정학습장애란 듣기, 생각하기, 말하기, 읽기 쓰기, 철자법, 수학계산의 수행에서 불완전한 능력으로 표현될 수 있는 것으로서, 구어나 문어를 이해하고 사용하는 것과 관련된 기본적인 심리과정 중에서 하나 이상의 장애를 보이는 것을 의미한다. 이 용어에 지각장애, 두뇌 손상, 미세 뇌기능 장애, 난독증, 발달적 실어증은 포함되지만, 시각·청각·운동 기능상의 장애, 지적장애, 정서장애, 환경적·문화적·경제적 불이익으로 인한 학습문제는 포함되지 않는다.

또, 미국의 학습장애 관련 단체인 학습장애연협회(NJCLD, 1991)에서 제시한 정의는 다음과 같다.

학습장애란 듣기, 말하기, 읽기, 쓰기, 생각하기, 산수능력의 습득과 사용에 있어서의 심각한 어려움을 겪는 다양한 사람들의 집단을 지칭하는 포괄적인 용어이다. 이러한 장애들은 중추신경계의 기능장애가 원인인 것으로 추정되며, 그것은 일생에 걸쳐 나타날 수도 있다.
자기-조절 행동, 사회적 지각, 사회적 상호작용 등의 문제가 학습장애와 함께 나타날 수도 있지만, 이러한 문제들만으로 학습장애로 판정되지는 않는다.
학습장애는 기타장애(예: 감각장애, 지적장애, 심각한 정서장애)와 동시에 발생할 수도 있고, 또는 외부의 영향(예: 문화적 차이, 부적절하거나 불충분한 교수)을 받을 수도 있지만, 이러한 기타장애나 외부적인 영향의 결과에 의해서 직접적으로 발생하는 것은 아니다.

한편, 우리나라의 장애인 등에 대한 특수교육법시행령(2008)에서는 학습장애를 지닌 특수교육대상자를 다음과 같이 정의하고 있다.

개인의 내적 요인으로 인하여 듣기, 말하기, 주의집중, 지각, 기억, 문제해결 등의 학습기능이나 읽기, 쓰기, 수학 등 학업 성취 영역에서 현저하게 어려움이 있는 사람

앞에서 지적하였듯이, 아직까지 학습장애에 관한 포괄적인 합의가 이루어지지 않았다. 그래서 현재 학습장애 정의와 관련하여 10여개 이상의 정의가 사용되고 있으며, 하위 구성 요소에 다소 차이가 있다. 그렇지만 이 정의들은 다음과 같은 몇 가지의 공통적인 내용을 포함하고 있다(이소현, 박은혜, 2011).

첫째, 학습장애는 정상적인 범주에 속하는 지적 기능을 보인다.

둘째, 학습장애는 학습 영역, 특히 듣기, 말하기, 읽기, 쓰기, 수학 등의 영역 중에서 한 가지 이상에서 어려움을 지닌다. 즉, 한 개인 내에서 다른 영역에서 평균이나 평균 이상의 성취 수준을 보이나 하나의 특정 영역에서 평균 이하의 심각한 성취 결함을 나타내는 경우를 의미한다.

셋째, 학습장애는 학습의 문제가 일차적으로 지적장애나 정서 및 행동장애 등의 기타 장애나 문화적인 차이, 교육 기회의 결여, 빈곤 등의 외부적인 요인에 의하여 발생하는 경우는 제외한다. 물론 학습장애가 이들 기타 요소들과 동반되어 나타날 수는 있지만, 아동의 주 장애가 학습장애로 간주되기 위해서는 학습문제가 일차적으로 학습장애에 의한 것이어야 한다.

넷째, 학습장애는 정보처리 능력이나 학습 능력과 같은 중추신경계의 기능 이상으로 인하여 발생하는 개인 내적인 문제로 추측되고 있다. 학습장애 아동들의 행동 특성(예, 산만함,

과다행동, 지각장애)이 뇌손상 아동들의 행동특성과 유사하기는 하지만, 실제로 대부분의 학습장애 아동들은 뇌손상에 대한 신경학적 증거를 거의 보이지 않는다. 그러므로 신경검사에 의한 손상을 보이지 않는 한 학습장애를 뇌손상으로 분류하지 않고 있다. 현재 학습장애 아동들은 중추신경계의 기능 이상으로 인하여 학습장애를 지닌 것으로 인식하고 있다.

다섯째, 학습장애는 잠재적인 능력과 학업성취 간에 심각한 차이를 보이는 장애를 의미한다. 이것은 표준화된 지능검사에서 측정되는 잠재력과 실제로 나타나는 성취도 간에 차이가 있음을 말하는 것으로 지능-성취도 간 차이(IQ-achievement discrepancy)라는 용어로 표현된다. 일반적으로 지능검사와 학업성취도 검사에서 2년 이상의 차이가 있는 경우 학습장애를 지닌 것으로 진단되어 왔다. 그러나 이러한 불일치 모델(discrepancy model)의 적절성에 대한 문제 제기가 꾸준히 이루어져 최근에는 중재에 대한 반응모델(response to intervention)의 사용이 권장되고 있다. 중재에 대한 반응 모델은 아동이 학업 성취 수준에서 향상을 보이지 않을 때 점점 더 강도를 높이는 다양한 수준의 교수 중재를 제공하는 과정을 거치면서 장애를 지녔는가를 결정하는 모델이다.

한편 학습장애를 정의할 때, 학습부진의 개념과 구분할 필요가 있다. 학습부진아의 경우 정상지능을 가지고 있으며 신경계에 이상은 없으나 정서문제나 사회 환경적인 원인들 때문에 학업성취도가 떨어지는 아동이다. 반면 학습장애의 경우 정상 또는 정상이상의 지능을 가지고 있고 정서문제, 사회 환경적 원인 등의 원인이 없음에도 학업성취도가 떨어지는 아동이다. 대게 신경학적 기능장애로 인하여 유발되는 것으로 추정된다. 일반적으로 학습장애를 지닌 아동들은 단순히 학습부진을 보이는 아동에 비해 지능검사에서 더 높은 점수를 받지만, 학업성취도 검사에서는 더 낮은 점수를 받는 경향이 있다.

2. 진단

앞에서 지적하였듯이, 학습장애의 정의에 대해서는 아직까지 일반적인 합의에 이르지 못하고, 계속해서 논쟁 중에 있다. 따라서 학습장애의 진단 기준 역시 변화되고 있다. 그 대표적인 변화가 미국의 장애인교육법(IDEA, 2004)에서의 학습장애의 판별기준과 진단과정의 변화이다. 여기에서는 학습장애의 진단기준과 진단에 많이 사용하는 진단도구 등을 살펴보고자 한다.

1) 진단 기준

학습장애를 진단할 때는 다음과 같은 다섯 가지의 준거를 많이 사용한다(김동일 등, 2010, 박현옥 등, 2010). 첫째, 능력-성취 불일치 준거이다. 이 준거는 학습장애를 규정하는 방법으로 오랫동안 사용되어 왔다. 이 준거는 학습 영역에서 아동이 얼마나 잘 성취하고 있는가와 아동의 능력에 비추어 기대되는 성취 정도(아동의 능력은 일반적으로 지능검사로 결정됨) 사이에 심각한 차이가 존재하는가 하는 것(불일치 기준)이다. 불일치 정도를 결정하는 방법으로는 학년이나 연령수준에 비교하여 학업성취 수준의 차를 보는 방법, 검사 간 표준점수 불일치를 보는 방법, 회귀에 근거한 불일치를 보는 방법이 있다. 또래의 학년 수준에 비교하여 지체 정도를 볼 경우에는 초등학교의 경우 1.5, 중학교의 경우 2, 고등학교의 경우 2.5학년 이상의 차이를 기준으로 한다. 지능검사로 측정하는 잠재적 지적 능력과 학업성취도 검사로 측정하는 성취 수준의 차이를 비교할 때는 두 검사 간의 표준점수를 비교하여 표준점수 간 차이가 1-2 표준편차 이상인 경우에 학습장애로 판별한다. 회귀분석에 근거한 잠재능력과 현 성취수준 간의 불일치를 비교하는 방법은 지능점수에 대해 회귀방정식을 사용하여 기대되는 성취수준을 계산한 다음 실제 성취수준과의 차이를 비교하는 것이다. 그러나 이러한 불일치 준거는 지능검사 자체의 문제, 성취수준이 되기 위해 초등학교 2-3학년이 될 때까지 기다려야 하는 문제, 학습장애의 기준에 합당할 정도의 불일치를 보이기 전에 이미 교과목에서 자주 낙제를 해야 하고 상당한 시간이 지난 후에야 비로소 판별을 받을 수 있다는 문제 등을 안고 있다.

둘째, 제외 준거이다. 즉, 학습장애 아동은 경도 지적장애나 시각장애 등 학업문제를 유발할 수 있는 다른 장애를 가지고 있지 않아야 한다는 준거이다. 제외 준거는 환경적, 문화적, 경제적 불이익에서 비롯되는 학업상의 문제도 제외시키고 있다. 이 준거는 학습장애가 기본적으로 학업문제가 있음을 분명히 하면서(즉, 학업적 미성취는 시각장애나 문화적 배경에 의한 것이어서는 안 됨), 학습장애가 다른 장애영역과 중복되지 않음을 분명히 하고 있다.

셋째, 기본적 심리과정의 문제에 관한 준거이다. 즉, 학습장애 아동은 지능검사, 시지각 검사, 청각처리 검사 등의 결과에서 작업 기억, 명명 속도, 주의력과 같은 다양한 인지기술에 결함을 보인다.

넷째, 적절한 학습경험에 대한 준거이다. 즉, 학습장애 아동을 진단하는 준거는 아동이 적절한 학습경험을 하고 있는 상태여야 함을 의미한다. 이 준거는 아동의 학습 기회와 관련이 있는데, 잘못된 교육에 의해 학습에 문제를 보이는 경우는 학습장애로 진단받아서는 안 된다고 제안한다. 최근까지도 이 준거는 학습장애 아동의 진단에 널리 사용되지 않았다. 그러나 중재반응 접근이 학습장애 아동의 진단에 점차 널리 사용됨에 따라 가까운 미래에는 보편적으로 사용될 것으로 예상된다.

다섯째, 중재반응모형(response to intervention: RTI)과 관련된 준거이다. 불일치 준거에 대한 문제점이 계속 지적되면서 중재반응모형에 의해 학습장애를 판별해야 한다는 주장이 제안되었다. 이 모형은 교육이 실제로 이루어지고 있는 교실 현장에서 아동에게 과학적이고 실험적 방법에 근거하여 가르치고 아동이 반응하는지를 측정하여 학습장애를 판별하는 방법이다. 학생이 지닌 학습문제가 수업의 질 때문인지 특수교육이 필요한 학습장애에 기인하고 있는지를 결정할 수 있다. 중재반응 모형에 따른 학습장애 진단과정을 보면, ① 아동에게 과학적으로 타당한 방법으로 수업을 한다. ② 아동의 진전도를 점검한다. ③ 진전도를 점검한 결과 반응하지 않는 아동에게는 좀 더 집중적인 수업지도를 한다. ④ 다시 진전도를 점검한다. ⑤ 집중적인 중재에도 반응하지 않는 아동을 학습장애로 판별한다.

2) 진단 도구

학습장애를 판별하기 위한 진단 도구에는 지능검사 도구, 학습영역 진단 도구, 지각-운동 능력 진단 도구가 있다. 대표적인 지능검사 도구에는 웩슬러 지능검사와 카우프만 지능검사(K-ABC)가 있다. 학습영역 진단 도구로는 국립특수교육원 기초학력검사(KISE-BAAT), 학습준비도검사(FGST), 기초학습기능검사 등이 있다. 또 지각-운동 능력 측정을 위한 검사로는 시지각 발달 검사(K-DTVP-2), 지각-운동 발달 검사, 시각-운동 통합 발달 검사 등이 많이 사용된다.

3. 특성

학습장애 아동들은 학습기술의 발달에서 불균형적인 모습을 보인다는 공통 특성을 제외하고는 개인 간 차이와 개인 내 차이가 다양하다. 개인 간 차이란 아동에 따라 나타내 보이는 학습장애의 특성이 다르다는 점을 말한다. 즉 어떤 아동은 학습장애의 여러 가지 특성을 동시에 보이지만, 다른 아동은 한두 가지의 특성만 보인다. 개인 내 차이란 한 아동 내에서도 강점과 문제점이 동시에 나타난다는 것을 의미한다. 즉 한 아동이 수학에서는 강점을 보이지만 읽기에서는 심각한 문제를 보이는 경우가 이에 해당한다. 그러므로 학습장애는 몇몇 범주나 하위유형으로 구분되어야 한다. 다음은 학습장애 아동들이 많이 보이는 학습, 인지, 사회, 행동적 측면의 보편적 특성들을 살펴본 것이다.

1) 학습 특성

학습장애의 대표적인 특성 중의 하나는 학업성취가 낮고 학습기술의 불균형적인 발전이 초래된다는 점이다. 그러므로 학업에서의 문제가 없다면 학습장애도 존재하지 않는다는 말이 있다. 학습장애 아동들 중에는 한두 과목에서만 문제를 보이는 경우도 있지만 대부분의 경우 학과목 전반에 걸쳐서 성취의 문제를 보이곤 한다. 학습장애로 진단되는 아동의 대부분이 어려움을 호소하는 학습 분야는 읽기 영역으로, 50%이상의 학습장애 아동들이 읽기 문제를 보인다.

학습장애를 가진 아동들을 언어적 기술이 부족하여 읽기를 학습하는 데 어려움을 겪는 것으로 알려져 있다. 읽기 영역에서 보편적으로 나타나는 문제는 단어 재인의 문제와 본문에 나타나는 정보를 기억하기 위하여 효과적으로 학습전략을 사용하지 못하는 문제이다. 이외에도 읽기 이해력이나 소리내서 읽기 등의 전반적인 읽기와 관련된 문제를 보일 수 있다. 일반적으로 초등학교 저학년 아동들은 1-2년 정도의 지체를 보이며, 중학교에 진학해서는 기대치보다 3년 이상의 지체를 보인다. 읽기 문제가 심각한 경우에는 난독증(dyslexia)으로 불리기도 한다(이소현, 박은혜, 2011).

읽기는 학교 학습과정에 필수적인 기초기술이다. 따라서 학년이 높아짐에 따라 학습에서 읽기의 중요성은 점점 더 커진다. 예를 들면, 초등학교 저학년의 수학학습은 주로 숫자를 인식하고 수학적 사실과 기본 계산방법을 배우는 데 치중해 읽기기술은 크게 영향을 미치지 않는다. 그러나 초등학교 고학년이 되면, 수학에서 문장제 문제의 비중이 늘어나면서 읽기 능력이 수학능력에 영향을 미치게 된다. 따라서 학습장애 학생의 읽기 문제는 학령기 동안 여러 학업영역에서의 문제를 야기하게 된다(박현옥 등, 2010).

학습장애를 가진 많은 아동들은 쓰기영역에서도 지속적이고 심각한 결함을 보이는 경우가 많다. 이들은 글자쓰기, 맞춤법, 창의성, 본문구조, 문장구조, 단어사용, 작문 등 모든 글쓰기 과정에서 어려움을 보인다. 일반적으로 읽기 기술은 쓰기기술이 발달하기 전에 발달되므로 쓰기에 문제를 가지는 학습장애 아동의 경우 읽기장애가 원인이 되기도 한다. 그래서 읽기학습에서 어려움을 겪는 아동은 쓰기에서도 어려움을 겪는 경우가 많다. 아마 쓰기 기술이 읽기기술과 마찬가지로 음운인식 능력을 필요로 하기 때문에 읽기와 쓰기 간에 연관성이 있는 것으로 추측된다. 그러나 학습장애를 가진 아동들 중에는 읽기는 잘 하면서도 쓰기에서만 문제를 보이는 경우도 있다(박현옥 등, 2010; 이소현, 박은혜, 2011).

수학영역 역시 학습장애 아동들이 어려움을 보이는 영역의 하나이다. 학습장애로 진단된 아동의 약 1/4이 수학에 있어서 문제를 보이는 것으로 보고되고 있다. 이들은 일반적으로 취학 전 기본 수학개념(크기, 순서, 양, 거리, 공간)의 습득 정도가 불충분 하며 공간지각 능력이 불충분 하다. 또 사칙연산, 0의 개념, 분류, 자릿수 알기, 수학문제 풀기 등에서 어려움을 겪는다. 그러나 수학에서 문제를 보이는 모든 학습장애 아동들이 동일한 문제를 보이는 것은 아니며 개별적으로 독특한 유형의 문제를 보이기도 한다. 즉 어떤 아동은 숫자 쓰기, 도형 그리기, 공간 개념, 연산, 문장제 문제 등에서 어려움을 보이는 반면에, 다른 아동은 시간, 분수, 소수, 측정 등에서 어려움을 보이기도 한다. 앞에서도 지적하였듯이, 학습장애 아동들은 읽기의 어려움 때문에 수학 문장제 혹은 지시문의 이해에 어려움을 겪는 것으로 보인다. 이는 수학 장애 아동의 약 43%가 읽기문제를 지니고 있다는 사실에 의하여 뒷받침된다(김동일 등, 2010; 이소현, 박은혜, 2011).

2) 인지 기술적 특성

학습장애 아동들에게서 주로 나타나는 문제 중 하나는 기억력 결함이다. 많은 학습장애 아동들은 장기기억에 문제가 있고, 학교활동 중 기본 정보를 습득하고 재생하는 데 어려움을 느낀다. 그래서 오늘 배운 내용이나 철자법 등을 다음날 잊어버리거나, 수학적 사실을 배우는 데 어려움을 겪는다. 또 학습장애 아동의 기억 문제 중 가장 자주 나타나는 것은 작동기억(working memory)의 문제이다. 예를 들어, 읽기 활동 중 잘 모르는 단어를 보면 단어를 구성하는 문자와 소리에 관한 장기기억 속 정보를 떠올려서 이를 조합하고 읽고 있는 내용의 문맥을 고려하여 정보를 재생하면서 글자를 읽게 된다. 그런데 학습장애 아동들은 이러한 과정에 결함을 갖고 있다. 이러한 작동기억의 문제가 읽기, 쓰기, 수학 영역에서 나타나는 학습장애의 원인이 된다. 또 학습장애 아동은 초인지 기술에서도 문제를 보이기도 한다(박현옥 등, 2010).

또 학습장애 아동은 평균범주의 지능을 보이면서 지적 능력이 떨어지지는 않으나 인지처리 과정이나 기억 능력 등에서 부족함이나 결함을 보인다. 그래서 단어목록을 기억해야 하는 학습과제를 수행할 때 군집화하거나 암송하는 전략, 정교화와 같은 기억전략을 더 적게 그리고 비효율적으로 사용하는 경향이 있다. 또 인지전략을 언제, 왜, 어떻게 사용할 지에 대한 지식이 부족하고, 전략을 사용하는 데 수동적이어서 전략적 지식을 사용해 개관하기, 참고자료 활용하기, 요약하기, 메모하기 등의 전략을 사용하는 능력이 부족하다(김동일 등, 2010).

3) 주의집중 및 신체 지각적 특성

학습장애 아동들 중에는 주의집중에 문제를 보이는 아동들이 많다. 즉 많은 아동들이 과제에 주의집중하기 어려워하거나 지나치게 많이 움직이고 활동하는 충동적 과잉행동의 문제를 보인다. 이 아동들은 과제를 수행하거나 완성하기 어려워하며, 지시를 따르는 데 문제를 보이고, 일정 시간 이상 한 가지 과제에 집중하지 못하며, 쉽게 방해를 받고 산만해지는 등의 행동 특성을 보인다. 그리고 학습장애 아동들 중에는 전반적으로 신체 운동적 동작이 어설프고 운동기능의 통합이 잘 이루어지지 않아 손놀림이 부자연스럽고 어색해서 쓰기능력에 영향을 미치는 경우도 있다. 또 시각적 정보처리나 청각적 정보처리의 문제로 인하여 자극을 받아들이고 정리하고 해석하는 데 있어서 결함을 보이고, 이러한 문제로 인하여 읽기를 비롯한 학업성취에서 많은 어려움을 겪는다(김동일 등, 2010; 이소현, 박은혜, 2011).

4) 사회·정서적 특성

모든 학생장애 아동들이 사회적 기술이 부족한 것은 아니지만, 일반적으로 25-75%의 학습장애 아동들이 심각한 사회·정서적 문제를 보이는 것으로 나타났다(김동일 등, 2010). 학습장애 아동들 중에는 사회적응 문제를 보이지 않고 또래들 사이에서 인기가 있는 아동들도 있다. 그러나 많은 학습장애 아동들은 자신이 지닌 학습상의 어려움으로 인하여 좌절감, 낮은 자아개념, 낮은 학습동기, 또래들로부터 거부 등을 경험하는 경향이 있다.

학습장애 아동들의 사회·정서적인 문제는 사회적 인지능력의 결함과 부적절한 귀인에 기인하는 바가 크다. 학습장애 아동들은 상대방과의 대화 등의 사회적 상호작용 중에 사회적 단서를 잘 해석하지 못하고, 다른 사람의 입장을 조망하는 능력이 부족하고, 다른 사람들의 감정이나 느낌을 잘못 해석하는 경우가 많기 때문에 성공적인 사회적 상호작용을 유지하기 어렵다. 또 가정과 학교에서의 실패를 자신의 무능력으로 귀인하고, 성공을 운으로 귀인하는 부적절한 귀인패턴을 갖고 있기 때문에 스스로 노력하지 않고 무기력에 빠지는 경우가 많다.

[제Ⅱ부 _ 상담의 이해]

제9장 상담의 기초

1. 상담의 정의

상담은 전문적인 지식을 갖춘 상담자가 도움이 필요한 사람들에게 사고와 행동의 변화를 통한 문제해결을 이루고, 더 나아가 자기이해와 자기수용을 촉진시켜 보다 개선된 행동을 하도록 돕는 활동이다. 즉 내담자로 하여금 자신이 처한 현재의 문제를 효과적으로 해결할 수 있도록 도움을 주고, 내담자의 삶을 개선시키는 체계적이고 전문적인 행위라 할 수 있다.

상담의 정의를 구체적으로 설명하면 다음과 같다(노안영, 송현종, 2007).

첫째, 상담활동의 공동 주체는 상담자와 내담자다. 상담은 상담자가 내담자에게 일방적으로 전문적 기술을 적용하는 활동이 아니라 함께 노력하는 과정이다. 상담자와 내담자는 상담활동의 주체로서 책임감을 갖고 변화를 위한 노력을 함께 한다. 상담자는 변화에 대한 믿음을 갖고 자신의 변화모델을 바탕으로 내담자의 변화를 위해 실천하는 사람이다.

둘째, 상담자는 전문적 훈련을 받는 사람이다. 상담자는 내담자를 조력하기 위한 전문적 훈련의 중요성을 인식하고 자신의 전문성 향상을 위해 노력한다. 상담자는 인간 행동을 이해하기 위해 끊임없이 연구하는 과학자이면서 한편으로는 연구를 통해 발견한 지식을 인간변화를 위해 행동하는 실천가다.

셋째, 내담자는 조력을 필요로 하는 사람이다. 우리 모두는 조력을 필요로 하는 잠재적 내담자로서, 내담자라는 용어가 어떤 심각한 문제를 가진 사람이라는 의미를 함축하지 않는다.

넷째, 상담은 내담자의 자각확장을 이루도록 조력하는 활동이다. 상담자는 자신에 대한 이해 부족으로 힘들어하는 내담자를 자기탐색과 이해를 통해 문제해결을 할 수 있도록 조력한다. 상담의 일차적 목적은 내담자가 자신의 감정, 생각, 행동에 대한 자각을 확장하게 하는 것이다.

다섯째, 상담은 내담자의 문제 예방, 발달과 성장, 문제해결을 달성하는 것으로써, 상담의 목적은 내담자가 현재보다 더 나은 상태의 삶을 살 수 있도록 조력하는 것이다.

여섯째, 상담은 내담자의 삶의 질을 향상하기 위해 노력하는 것으로써, 상담자는 상담을 통해 단순히 부적절한 문제를 제거하는 것 이상으로 그가 행복이나 성공 등 최적의 기능을 수행하도록 조력하도록 해야 한다.

일곱째, 상담은 과정을 강조하는 활동으로써, 상담자는 조력과정을 통해 내담자의 문제예방, 발달 및 성숙, 문제해결을 위한 힘과 기술을 증진시키는 노력을 한다.

2. 상담자

상담은 내담자의 심리적 갈등이나 현실적인 문제들을 합리적이고 올바른 방법으로 대처하고 해결해 나갈 수 있도록 돕는 전문적인 활동이다. 따라서 상담자는 상담활동을 잘 수행하기 위해서 인격적 성숙과 전문적인 능력을 갖춰야 한다. 상담자의 전문적 자질 및 상담자의 인간적 자질은 다음과 같다(천성문 등, 2009).

1) 상담자의 전문적 자질

상담자는 심리학적 지식과 다양한 상담이론을 잘 알고, 그것을 토대로 내담자에 따라 적절하게 사용할 수 있는 능력이 있어야 한다. 내담자의 심리적 불편이나 증상을 경감시키기 위해서는 내담자가 왜 그런 문제를 경험하는지, 그리고 그런 문제를 효율적으로 해결하는 방법과 절차는 어떤 것이 있는지 충분한 이론적 지식을 갖추고 있어야 한다. 또한 이론적 지식을 실제로 적용해 본 풍부한 경험이 있어야 한다(김환, 이장환, 2006).

(1) 심리학적 지식과 상담 이론의 활용

상담자는 발달심리, 성격심리, 학습심리, 사회심리, 지역사회심리 등을 통해서 인간과 관련된 다양한 주제에 대한 연구와 개념을 알아 내담자를 이해하는 데 활용해야 한다. 종교나 철학 역시 인간을 이해하기 위해 오랜 시간 동안 노력해온 학문이므로 상담자들이 공부해야할 중요한 부분이다.

상담이론은 인간관, 문제의 발생 배경, 상담목표와 과정, 상담기법 등 내담자를 이해하는 틀을 제공한다. 상담과정에서 상담 이론은 지도역할을 한다. 그러나 인간의 다양한 심리적인 문제를 모두 해결할 수 있는 완전한 상담이론은 없다. 효과적인 상담을 위해서는 통합적인 접근이 필요하다. 내담자의 상황과 특성에 따라 최선이라고 생각되는 상담이론을 적용하여 상담하는 것이 좋다.

(2) 상담기술 훈련

상담자는 효과적으로 상담을 진행하기 위해서 상담이론에 대한 충분한 이해를 바탕으로 다양한 상담기술을 적용할 수 있어야 한다. 상담기술을 익히는 것은 관련 이론서에 대한 학습뿐만 아니라, 오랜 기간 동안 실제적인 상담기술 훈련을 거쳐야 한다. 상담 사례 모임에 참석하여 상담실제에 대한 공부를 하고, 실제로 상담을 하면서 슈퍼비전도 받아야 한다. 이런 방법으로 상담기술을 익히는 데는 많은 시간이 걸리며 인내심이 필요하다.

상담자는 충분한 훈련을 받으면서 많은 다양한 이론에 대해 연구를 통해 여러 이론들에서 개발되어 온 많은 유용한 기법들과 생각들을 습득하여 이를 자신의 개인적 스타일로 통합하는 방법을 학습해야한다.

(3) 문화적 차이에 대한 이해

내담자는 다양한 환경에서 성장하며, 각기 다른 경험을 통해 현재의 모습으로 존재하고 있다. 문화란 집단 구성원들이 공유하고 있는 가치관이나 행동을 의미하는 것으로 나이, 성, 지역, 사회경제적 계층에 따라 모두 다르다. 동일한 가정에서 성장한 형제간이라 하더라도 각기 다른 경험의 세계를 가지고 자기만의 감정 양식을 발달시키게 되듯 지역, 민족, 국가에 따른 문화적 차이는 크게 작용한다. 상담자는 내담자의 문화적 특징을 이해하는 것이 매우 중요하며, 이는 내담자의 세계를 더욱 잘 이해할 수 있고 상담을 촉진시킬 수 있다.

(4) 상담자의 윤리

상담자는 자격 요건을 갖춰야 할 뿐만 아니라 그 업무를 수행함에 있어 정해진 윤리규정을 지켜야 한다. 윤리 규정을 위반하는 경우에는 자격을 몰수당할 수 있으며, 경우에 따라서는 법적인 책임을 추궁당할 수도 있다. 각 상담전문가의 자격윤리조항은 해당 학회의 홈페이지, 자격 검정 시행기관의 홈페이지에서 찾아볼 수 있다. 상담자의 윤리는 다음과 같다(김계현 등, 2011).

첫째, 상담자는 자신의 능력에 대해 한계를 인정하는 정직한 태도를 갖고, 감당하기 어려운 내담자나 자신이 극복하지 못한 문제 혹은 다루기 어렵다고 판단되는 문제를 가진 내담자와 무리하게 상담을 진행해서는 안 된다. 자신의 한계 내에서 최선을 다하는 것이 중요하다.

둘째, 상담자는 상담 과정에서 알게 된 내담자의 정보에 대해 반드시 비밀을 지켜야 한다. 내담자의 이익을 최대한 보장해주는 데 관심을 갖고, 허락 없이 어떠한 내용도 공개해서는 안 된다. 비밀을 누설하여 내담자에게 피해를 입힌다면 당연히 책임을 져야한다.

셋째, 상담에서 내담자에게 해를 끼쳐서는 안 된다. 상담자는 내담자에게 의식적, 무의식적으로 공격적이거나 성적인 감정을 가질 수 있다. 상담자와 내담자는 다양한 사회적 관계와 연결되어 있을 가능성이 있다. 상담자는 될 수 있으면 이중적인 관계를 피하는 것이 좋다. 특히 상담관계에서 형성된 친밀감이 성적 관계로 변질되는 경우를 경계해야 한다. 상담자는 직업상 높은 수준의 윤리의식이 요구되며, 내담자가 심리적으로 약해져 상담자에게 의존하기 때문에 건강한 인간관계가 중요하다.

상담자의 윤리에 대해 이외에도 먼로 등(Munro et al., 1983)은 상담관계에 대한 내담자의 자발성을 강조한다. 상담과정에서 자발성의 강조는 내담자가 스스로의 행동에 책임감을 갖도록 하여 상담을 효과적으로 이끌게 한다. 그러나 만약 내담자가 도움을 원하지 않고 변화를 바라지 않는다는 태도가 명백하다면, 상담자는 자신의 기술, 통찰 혹은 결과를 미리 알 수 있는 능력과 관계없이 내담자들에게 그의 견해를 강요할 어떤 권리도 갖지 않는다. 때때로 내담자가 도움을 바라는 욕구 그 이상으로 상담자의 욕구가 지나치게 강하면 오히려 내담자의 자발성을 해칠 수 있다. 이런 의미에서 상담자는 다른 사람에 대해서뿐만 아니라 자신의 욕구나 감정 등에 대해 자각하는 것이 꼭 필요하다.

2) 상담자의 인간적 자질

효과적인 상담자가 소유해야할 바람직한 자질이나 특성들이 어떤 것인지 분명하게 합의된 것은 없지만, 여러 학자들이 제시하고 있는 견해를 종합해보면 대체로 다음과 같다. 그것은 진솔성, 인간에 대한 깊은 관심, 정서적 성숙, 심리적 안정감, 민감성, 유연성, 온화함, 타인수용, 개방된 마음, 공감, 자각, 타인 존중, 비지배성, 객관성 등이다. 상담자의 바람직한 자질은 다음과 같다(노안영, 송현종, 2006).

(1) 일관성 있는 모델이 되는 상담자

상담에서 내담자들은 상담자의 행동을 모방하고 상담자의 신념과 태도를 자신의 것으로 동일시하기도 한다. 이는 필수 불가결한 과정이며 상담자가 통제할 수 없는 영역이다. 상담자가 자신과 자신의 가치와 행동을 인식하고 수용할 때, 효과적인 관계와 문제해결을 위한 일관성 있는 모델을 보여 줄 수 있다. 그렇게 되었을 때 개방적이며, 편견을 갖지 않고, 비판단적이며, 민감하고, 타인을 배려하는 자세들이 효과적인 조력으로 직접 연결될 수 있을 것이다. 효과적인 상담자는 모델로서 내담자의 본보기가 되어야 한다.

(2) 적절한 상담관계를 형성하는 상담자

효과적인 상담자는 내담자와 우호적이면서 전혀 위협을 느끼지 않는 관계를 형성할 수 있다. 이러한 신뢰관계 속에서 내담자는 현실적이고 자발적인 사람이 되어서 충분히 상호작용하면서 안전함을 느낄 수 있다. 이러한 관계는 그 자체가 치료적이다. 특히 Rogers는 내담자와 상담자의 상담관계에서 상담자가 보이는 진실성, 무조건적인 존중, 공감의 태도가 내담자를 변화시킨다는 것을 강조하였다.

(3) 상담을 이끌어가는 용기가 있는 상담자

상담자가 내담자를 돕기 위해서는 용기와 자신감이 필요하다. 타인을 돕겠다고 선언하는 일은 책임감과 불확실성을 동반하는 일이다. 진심으로 효과적인 상담자가 되고자 하는 사람은 책임감과 불확실성을 기꺼이 수용해야 한다. 그리고 개인적, 정서적, 직업적으로 또는 인간관계 측면에서 자신이 위험상황에 처할 수 있음을 감수할 수 있어야 한다. 다시 말해 상담자는 안전이 보장된 제한적 상황에서 행동하기보다는 자신이 전인적이고 실제적인 존재로서 기능할 수 있도록 준비해야만 한다.

그 외에도 상담자는 다양한 경험을 쌓는 것이 필요하다. 상담자의 다양한 경험은 삶을 바라보는 관점이 넓어지고, 내담자를 이해하는 데 큰 힘이 된다. 또한 상담자는 인격적으로 완성된 사람이 아니다. 상담자는 한 인간으로서 자신을 존중하고 사랑하는 태도를 가져야만 내담자를 진정으로 돕게 될 수 있다. 마지막으로 상담자는 올바른 가치관을 지니도록 노력하고, 자신의 가치관을 명확하게 인식해야 한다. 상담자가 가치중립적인 입장을 취해야 한다는 것은 자신의 가치관을 노출하지 말아야한다는 의미가 아니라, 자신의 가치관을 내담자에게 강요하지 말아야 한다는 것이다. 때로 상담자는 상담의 진행과정에서 자신의 가치관을 솔직하게 개방해야 될 때라고 판단되면 내담자에게 개방할 필요도 있다. 그리고 필요한 경우 내담자의 가치관에 도전할 수 있으며, 특정 행동이 파괴적이라고 느낄 때에는 행동의 결과나 대가를 검토해 보도록 직면시킬 수 있다(Corey, 2001).

3. 상담의 원리

1) 상담의 기본 원리

상담은 내담자가 가진 문제를 해결하고 적응성을 증진시킴으로써 건강한 자아형성을 통한 성장을 돕는 데 목적을 둔다. 이를 위해 상담 진행 시 상담자가 고려해야할 기본 원리들이 있다. 다음은 고영남, 박선영(2013)에서 발췌한 것이다.

(1) 주체적 개별화

상담자는 개인의 개성과 차이를 인정하는 범위 내에서 상담을 한다. 인간은 모두 각자의 고유성과 독자성을 지닌 개별적 주체이다. 이 원리가 실현되기 위해서 다음과 같은 내용에 근거를 두고 상담이 전개되어야 한다. 첫째, 내담자에 대해 편견이나 선입견을 갖지 않는다. 둘째, 인간행동의 유형과 원리에 대해 전문적 지식과 이해를 갖춘다. 셋째, 내담자와의 대화에 가능한 깊게 몰입한다. 넷째, 내담자의 말과 행동을 경청하고 세밀하게 관찰한다. 다섯째, 내담자의 욕구와 문제, 특성에 맞추어 상담을 진행한다. 여섯째, 내담자의 감정 변화를 민감하게 포착한다. 일곱째, 내담자와 견해차가 있을 때 바람직한 조율을 이끌어낸다.

(2) 적극적이고 의도적인 감정 표현

사람은 누구나 자신의 긍정적·부정적 감정을 표현할 수 있어야 한다. 상담자는 이러한 기본적 원리 속에서 내담자로 하여금 자유롭게 의도적인 표현이 가능하도록 온화한 분위기를 조성해줄 필요가 있다. 따라서 내담자의 감정표현을 비난하거나 낙심시켜서는 안 된다. 내담자의 정서변화에 민감하게 반응하고 인내심을 가지고 경청함으로써 내담자가 느끼는 사회적·심리적 압력과 긴장을 완화시켜준다.

(3) 억제된 정서에의 몰입과 표출 도와주기

상담에서 정서의 범주는 중요한 위치를 차지한다. 내담자의 감정에 대한 상담자의 민감성, 그 감정이 의미하는 것에 대한 이해, 그리고 내담자의 감정에 대한 상담자의 의도적이고 적당한 반응을 통해, 내담자는 억제된 정서에 몰입하고 이를 적절하게 표출할 수 있다. 정서의 정화만으로도 상담의 효과를 높일 수 있다.

(4) 적극적 수용과 온정적 태도

내담자를 수용한다는 것은 그를 하나의 인격체로 존중하고 인정한다는 의미이다. 상담자는 내담자에게 따뜻하고 친절하면서 수용적이어야 한다. 만약 내담자의 의견에 상담자가 동의하지 못하는 일이 있더라도 동의하지 않는다는 사실을 분명히 전달하되, 그 표현이나 자세는 온화하고 따뜻한 태도를 취한다. 즉 상담자와 내담자 간에 의견이 일치되지 않는 것과 수용하지 않는 것은 분명히 구분되어야 한다. 내담자의 장단점, 성격의 긍정적·부정적 측면, 긍정적 정서와 부정적 정서, 건설적 태도와 파괴적 태도 등을 있는 그대로 인정해야 한다.

(5) 내담자의 자기결정성

상담은 상담자가 내담자 개인의 가치와 존엄성을 존중하고, 내담자가 자신의 힘으로 문제를 해결해 나아갈 수 있다는 신념에서 시작되어야 한다. 상담자의 지도와 조언, 개입이 있지만 궁극적으로 결정을 내리는 사람은 내담자이다. 상담자는 내담자가 자신의 삶의 주인공으로서 자기책임과 자기결정성을 가지고 삶의 방향과 태도를 결정할 수 있도록 격려하고 도와야 한다.

2) 상담에서 변화를 촉진하는 요인

상담에서 내담자의 변화를 촉진하는 요인은 대체로 ① 자기의 확인(self validation), ② 진정성의 확보(authentic experience), ③ 패턴의 자각과 수용(patten change), ④ 다양한 지식과 기술의 습득(acquisition of knowledge and skills), ⑤ 실존적 선택과 책임의 수용(taking existential position) 등으로 요약할 수 있다(김창대, 2009).

(1) 자기의 확인(self validation)

일반적으로 심리학에서 자기는 자아개념, 자긍심 등으로 표현된다. 그러나 상담 영역의 이론에서는 정신역동 접근에서 Freud의 자기애 개념, Erikson의 자아정체감을 필두로 하여 여러 이론가에 의해 그 중요성이 강조되고 있다. Rogers나 Ellis의 수용 개념도 자기 존재의 타당성의 확인이 중요함을 강조한다. 특히 Heinz Kohut은 자기애 개념을 소개하면서 모든 사람에게는 자기 자신이 온전한 존재로 확인되고 타당화되는 경험이 중요함을 강조하고 있다. 인간중심이론의 Rogers나 대상관계이론의 Winnicott 등이 제시한 공감과 버텨주기(holding), 충분히 좋은 엄마 되기(good enough mothering) 등도 결국 참자기를 확인하는 과정임을 감안하면, 자기를 확인하는 경험은 내담자에게 매우 중요하며 자신의 경험세계에 발붙일 수 있는 심리적 대지를 마련해주는 것 같다.

(2) 진정성의 확보(authentic experience)

진정성의 확보란 내담자 자신의 현상학적 경험세계를 부정하지 않고 있는 그대로 경험하게 한다는 의미이다. 이는 게슈탈트 상담이론의 창시자인 Fritz Perls가 진정성을 경험하는 주체로서의 자기를 강조하면서 염두에 두었던 개념이다. 게슈탈트 이론에서 중시하는 자각(awareness)이나 접촉 개념은 현상학적 세계가 아무리 고통스럽고 힘들더라도 피하지 않고 접촉하는 것이 중요하다는 것을 보여준다. 진정성을 확보하지 못하는 것은 자신의 경험을 충분히 자각하지 못하는 것을 의미한다.

진정성을 확보하는 것, 즉 정서적 측면을 접촉하는 것은 첫째, 개인의 속마음에 근접하여 자신이나 그 개인을 깊이 이해하게 한다. 생각이나 사실은 바꾸어 말할 수 있어도 정서적 반응은 속이기 어렵기 때문에 당사자의 본 모습을 좀 더 깊이 이해할 수 있다. 둘째, 정서적 반응을 어려워하는 사람은 대체로 정서적 반응은 취약하고 부끄러운 것이라고 보는 경향이 많은데, 정서적 반응을 한 이후에는 그것이 수용되는 경험을 동시에 함으로써 자신을 좀 더 많이 수용하게 된다. 셋째, 특정 상황에서 보이는 정서적 반응을 통해 그 상황에서 그 사람이 진정으로 무엇을 원하는지, 어떤 가치관을 가지고 사는지에 대해 깊이 이해할 수 있다. 즉 정서적 경험의 실제 내용이 무엇인지 깨닫고 접촉함으로써 진정성을 확보하는 것은 자신이나 내담자를 더 깊이 이해하는 데 도움이 된다.

(3) 패턴의 자각과 수용(patten change)

대부분의 상담이론은 패턴과 관련된 개념들을 가지고 있다. 패턴이란 개인의 특성에 의해 상황의 변화에 상관없이 지속되고 반복되는 습관을 의미하며, 이러한 습관은 정서, 관계, 사고, 행동의 측면으로 구분된다. 이러한 패턴이 상황과 시점, 발달 단계에 적절할 때 적응적이라고 하는 반면, 상황이나 현실에 맞지 않고 유연하지 않으며 경직되었을 때는 부적응적이라고 한다. 부적응적 패턴을 좀 더 유연하고 적응적인 것으로 수정할 때 사람들은 더 나은 패턴으로 변화할 수 있다.

정신분석이론의 방어기제, 대상관계이론이나 애착이론의 관계표상(representation)이나 내적 작동모델(internalized working model), 인지상담이론의 비합리적 신념체계, 인지적 패턴인 스키마(schema), Adler가 제시한 생활양식 개념, 교류분석이론에서의 생활각본(life script)이나 게임(game) 등은 모두가 개인의 인지, 행동, 관계 중 어느 한 패턴을 의미한다. 상담자는 내담자의 심리적·성격적 문제를 경감시키기 위해 이러한 패턴과 기제들을 변화시키는 것을 상담의 목표로 삼는다.

(4) 다양한 지식과 기술의 습득(acquisition of knowledge and skills)

다양한 지식과 기술의 습득이란 일상생활에서 직면하는 다양한 문제들을 해결하는 능력과 지식, 기술을 배운다는 의미이다. 기존의 상담이론에서는 구체적이고 행동적인 능력의 습득을 중시하는 행동주의나 주변상황에 대한 올바른 판단, 문제 해결을 위한 자원의 동원 등의 구체적 기술을 중시하는 인지상담이론을 제외하고 문제 해결력이나 관리기술을 그리 많이 강조하지 않는다. 이는 기존의 상담이론과 국내에서 이루어지는 상담 실무가 정신역동과 인간중심이론의 관점에 뿌리를 두고 주로 심리치료적 접근을 강조하며, 그 결과 지적인 내용의 전달보다는 상담관계에서의 상호작용 경험을 강조하여 내담자의 외상 경험에 초점을 맞추거나 내담자와의 관계를 중시해왔기 때문이다.

그러나 지식과 기술의 습득을 통해 내담자의 변화를 촉진하는 것은 중요한 조건이며 내담자가 건강한 삶을 살기위해 꼭 필요하다.

(5) 실존적 선택과 책임의 수용(taking existential position)

실존적 선택이란 변화를 앞둔 시점에서 새로운 행동을 할 것인지, 아니면 이전 방식대로 살아갈 것인지에 대한 내담자의 선택을 의미한다. 대체로 내담자는 변화를 앞둔 시점에서 선택을 해야 한다는 것에 대해 불안해하거나 다양한 감정을 갖게 되어 주저하거나 변화를 꾀하려는 상담자의 시도에 대해서 저항하는 경우가 많다. 이 시점에서 상담자는 내담자가 행동 패턴을 바꾸어 새로운 시도를 할 것인가, 아니면 새로운 행동을 시도하기가 두려워 이전의 행동 패턴을 유지할 것인가에 대해 내담자가 스스로 선택하도록 도와주어야 한다. 이것은 매우 실존적인 선택이며, 이러한 요소는 현실치료이론과 실존주의 이론에서 매우 강조된다.

실존적 선택과 책임의 수용이란 내담자로 하여금 실존적 태도를 가지게 하고, 중요한 선택과 결정을 스스로 하게하며, 그 결과에 대한 책임을 수용하게 하는 것을 의미한다. 이것은 특별한 기법이 있기보다 상담자가 실존적 태도를 이해하고 그러한 태도를 가지고 상담을 함으로써 내담자에게 은연중에 전달되도록 하는 것이다.

3) 상담 기법

상담활동의 공통적인 핵심요소는 상담자와 내담자간의 의사소통이다. 상담은 근본적으로 인간의 성장과 발달을 촉진시킬 수 있는 진정한 인간적 만남을 전제로 하기 때문에 상담관계에서의 의사소통은 다른 일상적이고 습관적인 의사소통과 다르다. 상담에서의 의사소통은 조력과정에서 단순히 개인의 문제해결에 멈추는 것이 아니라 더 나아가 인간의 잠재능력까지 성장, 발달시키려는 의사소통이다. 그래서 상담관계에서의 의사소통은 흔히 촉진적이며 치료적인 의사소통이라 할 수 있다.

따라서 긍정적인 상담효과를 나타내기 위해서 상담자는 의사소통을 촉진하는 다양한 상담기법을 익힐 필요가 있다. 효율적인 의사소통을 통해 상담자는 내담자와의 기본적인 조력관계를 형성하고 이를 바탕으로 내담자의 내면세계를 이해하고 탐색하여 문제 상황을 규명하고 명료화함으로써 스스로 자신의 문제를 해결해 나가도록 도와줄 수 있을 것이다. 특히 Rogers는 상담관계에서 갖추어야 할 핵심적인 조건으로 상담자의 일치성, 무조적인 긍정적인 관심과 수용, 정확한 공감적 이해 등에 대해 언급했다(11장에서 제시). 상담과정에서 내담자의 자기 탐색과 통찰을 돕는데 사용되는 상담기법은 다음과 같다.

(1) 즉시성

즉시성(immediacy)은 지금까지 설명한 다른 어떤 인간관계 변인보다 상담자와 내담자의 상호작용에 더 초점을 맞추고 있다. 즉시성이란 상담과정에서 지금-여기(here-and-now)에서의 인간관계에서 일어나고 있는 것에 관하여 직접적이고 공개적으로 논의하는 것이며, 즉시성의 본질은 직접적이고 상호적인 의사소통이라 할 수 있다. 즉시성은 조력과정에서 내담자가 상담자의 관계에 대하여 어떤 표현을 할 때, 상담자는 이를 민감히 지각하여 직접적으로 이에 대하여 반응을 보이고 논의하는 것을 의미한다.

(2) 반영

반영은 내담자의 탐색을 돕는 상담기법으로서 내담자가 한 이야기와 행동을 경청한 후 내담자의 감정이나 정서를 파악하여 핵심내용을 간략하게 재진술하거나 바꾸어 말하는 기법이다. 내담자가 이야기한 내용에 대한 반영뿐만 아니라, 내담자가 직접 언급하지 않은 감정을 즉시 파악하여 반영할 수 있고, 자세의 변화, 표정을 통해서도 반영해줄 수 있다. 예를 들어 눈빛의 변화, 말의 속도가 변하는 것, 시선을 돌리는 것, 한숨을 쉬는 것, 특정 단어를 강조하는 것, 입술의 떨림, 눈동자의 변화 등이다. 상담자가 내담자의 숨은 마음을 읽고 정확하게 이를 반영해주면 내담자는 '오, 맞아요.', '어떻게 아셨어요?'와 같은 반응을 보인다.

상담자는 내담자가 자신의 감정을 파악하고 표현하도록 돕기 위해 반영을 사용한다. 상담자의 반영을 통해 내담자는 좀 더 깊이 자신의 감정을 탐색할 수 있게 된다(Hill & O'Brien, 1999). 이를 통해 궁극적으로 내담자는 상담에서 자기노출을 심화시킬 수 있고, 감정에 대한 자각이 생겨나면서 자기 통제와 조절이 가능해지기 쉽다. 반영을 통해 정서적 배출이 이루어지므로 내담자는 자신의 정서가 포용되고 정화된다고 느끼게 된다. 자신 외 상담자에 의한 감정의 수용을 경험하게 되므로 내담자는 자신의 감정과 경험에 대해 자신감을 가지고 개방적인 태도를 취하게 되며, 내면세계의 탐색에 좀 더 몰입할 수 있다(고영남, 박선영, 2013).

(3) 재진술

재진술은 내담자의 이야기를 듣고 상담자가 자기의 표현양식으로 바꾸어 말해주는 기법이다. 상담자는 내담자의 말을 간결하게 요약해서 말함으로써 내담자의 말을 경청하고 있음과 이해하고 있음을 보여준다. 재진술은 감정을 읽어주는 반영 기법과 달리 내담자가 한 대화의 내용적 측면을 주로 다룬다. 내담자의 이야기를 정리하여 다시 요약해줌으로써 내담자는 계속해서 자기 탐색을 할 수 있게 된다. 상담자의 재진술을 통해 내담자는 자신이 이해받고 있음을 확인하여 상담관계의 신뢰를 형성하고 보다 적극적인 대화를 할 수 있게 된다.

문제를 경험하는 내담자는 스스로 혼란된 심리상태에 있기 때문에 생각이 미처 정리되지 않은 채로 상담자에게 말하는 경우가 있다. 상담자는 내담자의 말을 재진술해줌으로써 내담자로 하여금 자신이 한 말을 객관적으로 검토해줄 수 있는 기회를 갖게 할 수 있다. 그러나 내담자의 말을 기계적으로 거의 그대로 반복할 경우 내담자에게 성의 없음으로 느껴질 수 있다. 상담자는 수용적인 태도와 표정을 유지하면서 민감하게 반응할 필요가 있다.

그리고 내담자의 말이 길 경우, 그 말을 상담자가 이해한 방식으로 핵심을 살려서 간략하게 바꾸어 말함으로써 내담자로 하여금 이해받고 수용 받고 있음을 느끼게 할 수 있다. 이러한 바꾸어 말하기는 '요약하기'와 유사하다. '요약'은 내담자가 말하는 내용의 초점을 단순하고 명확하게 진술하는 것이다. 상담자는 대화의 방향이 바뀌거나 상담을 마치고자 할 때 그동안의 내용을 요약하여 확인함으로써 내담자로 하여금 상담내용이 제대로 이해되었는지 분명히 할 수 있다.

(4) 자기노출

자기노출이란 상담자가 자신의 사적인 경험이나 생각, 느낌 등을 내담자에게 표현하는 것을 말한다. 상담자의 솔직한 자기노출은 내담자로 하여금 동질감과 친밀감을 형성하여 도움이 될 수 있지만 반면 상담의 주의를 내담자에서 상담자로 벗어나게 할 수 있으므로 상담자는 자신을 노출하는 기술을 활용할 줄 알아야 한다. 즉 상담자는 적절한 시기에, 내담자의 자기탐색과 자기노출을 촉진하는데 도움이 될 때, 적절한 수준으로 자신을 보여줄 필요가 있다. 상담자의 자기를 노출할 때 혹시 자신의 감정을 내담자에게 투사할 수 있음에 주의를 기울이고, 또 자기개방을 하고 바로 내담자에게로 주의를 돌려야 한다.

자기노출이 적시에 적절하게 이루어진 경우, 내담자는 상담자의 가식 없는 진술하고 인간적인 자기개방에 위로받고 안도하며 나아가 자기탐색과 통찰을 촉진시킬 수 있다. 무엇보다도 상담자의 이러한 기법이 기술이 아니라 상담자의 인간적인 성숙함과 진실함에서 비롯될 때, 내담자에게 마음 깊은 곳에서 교감하며 인간적인 귀감과 모범이 될 수 있을 것이다.

(5) 직면

상담자는 내담자의 말을 경청하고, 내담자의 감정이나 정서를 잘 읽어주는 반영, 재진술 등을 통해 내담자의 말을 수용하고 이해하며 내면의 탐색을 자연스럽게 도왔다. 직면은 이와 달리 보다 적극적인 개입방법이라 할 수 있다. 상담자는 내담자가 모르고 있거나 받아들이기를 거부하는 생각과 느낌을 내담자로 하여금 맞닥뜨리게 할 필요가 있다. 직면이란 내담자의 모순이나 불일치를 직접적으로 이야기함으로써 상담자는 내담자로 하여금 현실을 직시하여 자기이해와 수용을 돕는 기법이다.

직면은 내담자의 적극적인 변화를 촉구하는 목적으로 활용하는데, 반드시 적절한 타이밍에 요구되는 기법이기도 한다. 상담자의 표현방법이 강요적이거나, 직면의 시기가 적절하지 못하거나, 구체적이고 사실적인 상황에 바탕을 두고 진술하지 않으면 내담자는 상처를 받을 수 있기 때문이다. 그러므로 직면은 내담자가 자신을 위해서 말한 것으로 인식하고 받아들여질 수 있도록 상담 관계의 신뢰와 래포가 잘 형성되어 있음을 전제로 실행될 필요가 있다.

(6) 해석

해석은 내담자가 자신의 문제를 새로운 관점에서 이해할 수 있도록 내담자의 언행의 의미를 설명하는 것이다. 내담자는 자신의 표면적인 말과 행동에 숨겨진 무의식적 동기나 의미를 알아차리지 못할 수 있다. 이때 상담자는 해석을 통해 내담자의 생각, 행동, 감정에 대해 새로운 의미를 부여하거나 새롭게 설명해줄 수 있다. 해석은 내담자로 하여금 새로운 통찰을 촉진하고 미처 몰랐던 자신의 감정을 충분히 이해할 수 있게 돕는다. 또한 상담자의 해석을 통해 내담자는 자신의 문제의 근원이 자신에게 있음을 깨닫고 스스로의 행동에 책임감과 통제력을 갖게 된다.

상담자는 해석의 기법을 사용할 때 먼저 내담자가 그것을 이해하고 받아들일 수 있는 준비가 되어있는 적절한 시기인지 확인해야 한다. 그리고 온전히 내담자의 입장에서 도움이 되는 시기에, 단정적인 표현이 아니라 가정형의 형태로 부드럽게 제시할 필요가 있다. 단정적이고 직접적인 해석은 내담자에게 저항이나 부담감을 줄 수 있기 때문이다. 그리고 상담자는 해석을 하고 나서 그것이 내담자에게 어떻게 받아들여지는지 반응을 신중하게 탐색할 필요가 있다.

(7) 질문

질문은 상담자가 내담자를 좀 더 탐색하고자 할 때 사용된다. 상담자는 질문하기를 통해 내담자를 더 깊이 이해할 수 있는 정보를 얻고, 내담자는 질문에 답함으로서 생각해보지 않은 내용을 스스로 탐색하는 기회를 갖기도 한다. 그러나 질문이 적절한 방식으로 적절한 시기에 이뤄지지 않는다면 결코 유용한 기법이 될 수 없다. 질문을 함으로써 내담자의 자유로운 자기탐색을 방해하지 말아야 하며, 심문하듯이 세련되지 못한 질문방식으로 내담자로 하여금 부담감이나 불편함을 주어서도 안 될 것이다.

질문의 종류에는 개방적 질문과 폐쇄적 질문이 있다. 개방적 질문은 내담자로 하여금 자유롭게 자신의 관점, 생각, 감정 등을 표현할 수 있게 하는 반면 폐쇄적 질문은 '예/아니오'나 단순한 답변을 하게 하는 것으로 한계를 지니고 있다. 상담에서는 주로 개방적 질문이 더 필요할 것이다.

질문은 또한 직접적인 물어보는 질문과 우회적으로 물어보는 간접적인 질문 방식이 있다.

직접 질문: "아버지의 태도에 대해 어떻게 생각하십니까?"
간접 질문: "아버지의 태도에 대해 어떻게 생각하는지 궁금합니다."

위의 예에서 보듯이 직접 질문은 직선적이고 강하게 느껴지는 데 반해, 간접 질문은 내담자에게 부담을 덜 주는 방식으로 부드럽게 대답을 이끌어낼 수 있게 한다.

마지막으로 상담자는 내담자에게 두 가지를 동시에 질문하는 방식으로 혼란을 줄 수 있는 '이중질문'은 피하는 것이 좋다.

제10장 정신역동적 상담이론

정신역동적 상담이론은 다양한 이론으로 접근한다. Sigmund Freud의 정신분석을 중심으로 Alfred Adler, Carl Jung, Melanie Klein, Heinz Kohut 등은 이론의 형태는 다르지만 결정론적 관점과 무의식 개념을 수용한다는 점에서 공통점을 가지고 있다. 정신역동적 상담이론에서는 인간의 현재 성격이나 문제증상의 근본적인 것들은 6세 이전의 경험에 큰 영향을 받으며, 이러한 어릴 적의 경험이 거대한 빙산을 이루며 무의식을 형성하고 현재에 영향을 미친다고 가정한다. 그러나 정신역동적 상담이론은 그 외에 인간의 핵심욕구, 문제를 촉발하는 기제, 문제해결의 과정에 대한 관점에 대해서는 각각 상이한 입장을 취하고 있다.

Freud는 정신분석 과정을 통해 자신의 내적 욕구를 자각하고 의식적으로 통찰하게 될 때 증상이 사라지거나 완화되는 것을 경험하였다. 그는 인간의 핵심 욕구를 성욕과 공격성으로 간주하고, 이러한 내적 욕구나 무의식적 소망이 억압되어 역기능적으로 표출된 결과 신경증, 히스테리 등의 정신장애가 발생한다고 믿는다. Freud는 풍부한 치료적 경험과 관찰을 토대로 정신분석적 성격이론과 개념을 발달시켜 오늘날 정신분석의 토대를 마련하였다.

Jung은 Freud의 무의식의 개념을 확장시켜, 인간은 개인 경험에서 억압되었거나 망각된 개인 무의식뿐 아니라 인류 역사를 통해 모든 인간이 선조에게서 물려받은 집단무의식이 있다고 주장하였다. 그는 무의식의 탐구를 통해 집단무의식, 원형, 아니마와 아니무스, 그림자, 만다라 등의 상징의 개념을 소개하며 '분석심리학'이라는 자신의 독자적인 정신분석체계를 발전시켰다. 그는 무의식의 흐름을 탐구하고 의식화하는 작업을 통해 정신병리를 치료할 수 있으며, 나아가 자신의 전체성을 되찾으려는 개성화와 자기실현의 길에 이를 수 있음을 강조하였다.

Adler는 인간이 공동체와 협력하는 사회적 존재임을 강조하고 인간은 사회적 관심, 우월성의 추구 등을 통해 자신의 열등한 부분을 보상해 나가고 성취를 지향해간다고 주장하였다. 그의 이론은 개인심리학이라 불리며, 그의 핵심개념들은 한 개인의 통일성과 독특함을 강조한다. 그는 한 사람을 이해하기 위해서는 개인 목표와 욕구, 가족구도, 사회적 맥락, 생활양식을 알아야한다고 믿었다. 개인심리학의 목표는 독특한 개성을 가진 개인을 이해하고 돕는 것이며, 그럼으로써 인간은 힘과 용기를 얻고, 자기실현을 하며, 긍정적으로 사회적 관계를 형성하고 적극적으로 사회적 기여를 할 수 있게 된다.

대상관계이론은 초기 관계의 중요성을 강조하며 관계 형성의 욕구가 인간 행동의 가장 근원이 되는 욕구라고 본다. Klein은 대상관계이론의 어머니라 할 수 있다(Cashdan, 1988). 그녀는 어린 시절 내재화된 대상이 이후의 대인관계에 영향을 미치며, 내면의 대상세계로부터 기원한 상상과 불안이 이후의 마음, 행동, 그리고 자기 이미지의 근본이 된다고 믿었고 이러한 개념이 바로 대상관계이론의 토대가 되었다. 대상관계이론에 뿌리를 둔 Kohut의 자기심리학이라는 독자적인 이론으로 발전되었다. Kohut은 건강한 자기애에 대한 욕구, 공감, 자기이미지, 현재 경험, 사람들에게 대해 전체적인 관점을 가지는 것에 대한 중요성을 강조하였다.

1. Freud의 정신분석이론

1) Freud의 생애

Sigmund Freud(1856~1939)의 생애 전반기를 차지한 19세기는 물리학, 생물학, 철학 분야에 위대한 영향을 준 인물들의 사상이 지배적인 시기였다. Freud는 특히 저명한 생리학자였던 Ernst Wihelm von Brücke의 영향으로 이후 성격에서의 에너지 변환 및 교환에 관한 연구를 하여 정신역동심리학을 창조하였다. 그는 비엔나 대학교에서 의사자격을 획득한 후 29세에 Jean Charcot과 최면치료를 연구하면서 신체적으로 설명할 수 없는 증상이 심리적 원인으로 발생할 수 있음에 관심을 갖게 되었고, 30대에 들어서 마음의 본질과 기능을 연구하려는 노력으로 히스테리 증상에 대한 연구를 시작하였다. 그는 Josrf Breuer와의 공동 연구를 통해 히스테리 증상이 '억압된 생각'으로부터 자신을 보호하려는 방어라는 히스테리 이론을 제시하였다. 히스테리 증상은 자신에게 수용될 수 없는 무의식적 소망을 억압한 결과이며, 이는 결국 어린 시절의 성적인 주제와 관련된다고 주장하고 성적 외상에 접근할 수 있는 자유연상법을 사용하였다.

Freud는 내면의 동기를 분석하고 관찰한 결과 꿈과 무의식적 동기를 밝히는 1900년 『꿈의 해석(Interpretation of dream)』(1938), 『일상생활의 정신병리(Psychopathology of every life)』(1938) 등을 저술하였다. Freud는 그의 여생을 그의 정신분석 이론을 정교히 이론화하고 확장하는 데 헌신했다. Freud는 자신의 학파를 만들어 Alfred Adler, Carl Jung과 함께 정신분석학의 분야에서 성과를 거두었으나, 그의 통제적이고 독선적인 성격으로 이후 결별하게 된다. 그러나 정신분석의 아버지로서의 그의 관점은 여전히 상담 및 심리치료, 예술, 종교, 인류학, 사회학, 생물학 등 사회문화 전반에 큰 영향을 미치고 있다.

2) 인간관

정신분석 이론의 창시자인 Freud는 인간을 비합리적이고 비관적인 결정론적인 존재로 보았다. Freud는 내담자에 대한 치밀한 관찰과 자기분석을 통해 모든 심리적 사건과 행동에 대한 원인을 찾았다. Freud는 인간의 행동이 비합리적인 힘, 무의식적 동기, 생물학적 및 본능적 충동, 생의 초기 6년 동안의 심리성적 발달에 결정되는 것을 발견하였다. 인간의 행동을 결정짓는 생물학적 본능적 충동을 리비도(libido)라고 하는데, 이는 궁극적으로 개인과 종족의 생존을 추구하는 힘이다(양명숙 등, 2014).

정신분석 상담에서 추구하는 건강한 인간이란 본능, 즉 리비도가 개인과 종족의 생존을 추구하는 본연의 기능을 효과적으로 수행하게 함과 동시에 그 본능이 초래할 수 있는 파괴적인 영향을 최소한으로만 받으며 살 수 있는 사람을 의미한다. 즉 건강하고 바람직한 인간이란 원시적인 본능에 무의식적으로 휘말려 선택과 결정 과정이 없이 반응적으로 행동하기보다 그 본능들이 미치는 영향을 인식하고 이를 바탕으로 자기 행동을 의식적으로 선택할 수 있는 선택권을 가진 인간을 의미한다. 반면 자신의 원시적 본능의 파괴적 힘을 올바로 다루지 못할 때 정신적으로 건강하지 못하게 된다. 따라서 심리사회적으로 건강하려면 성욕이나 공격성 같은 본능적 욕구를 과도하게 따르거나 완전히 부정할 것이 아니라 자신에게 본능적 욕구가 있다는 사실을 인정하면서 적절한 수준에서 충족할 수 있어야 한다(김계현 등, 2011).

3) 주요 개념

(1) 의식과 무의식

Freud에 의하면 인간의 정신세계는 의식, 전의식, 무의식이라는 세 수준으로 이루어져있다. 의식은 우리가 늘 자각할 수 있는 부분이고, 전의식은 기억의 저장고에 존재하며 현재 자각할 수는 없지만 주의를 기울여 노력하면 의식할 수 있는 부분이다. 마지막으로 무의식은 정신세계의 대부분을 차지하는 영역으로 억압된 충동이나 기억 등 특별한 노력 없이는 자각하기 힘든 정서적인 자료들이 저장되어, 꿈이나 문제증상에서 상징적이거나 왜곡된 방식으로 표출되는 정신 영역이다.

(2) 성격구조

Freud에 의하면 인간의 성격은 원초아(id), 자아(ego), 초자아(super ego)로 구성되어 있다. 원초아는 인간이 생물학적 존재로서 태어나면서 유전적으로 내재되어 있는 것으로 본능의 지배를 받으며, 세 가지 자아 중 가장 힘이 크며 생물학적 욕구로서 쾌락의 추구가 주요한 목적이다. 자아는 원초아와 달리 객관적인 현실세계를 고려하여 원초아의 욕구를 조절해가는 조정자 역할을 맡는다. 초자아는 쾌락이나 현실의 원리보다는 도덕이나 사회의 가치관의 원리에 따라 작동된다. 주로 부모나 사회환경의 영향을 받아 인생 초반기에 형성되며 성격의 도덕적, 사회적, 판단적 측면을 나타낸다.

(3) 방어기제

불안은 자아에게 닥친 위험을 알리는 신호로서 세 자아의 갈등으로 끊임없이 야기된다. 자아가 위협받는 상황이 되면 방어기제를 사용하게 되는데, 만일 자아가 불안을 적절하고 합리적으로 다룰 수 없다면 비현실적인 방어기제가 작동된다. 방어기제는 어려운 문제에 직면하거나 실수했을 때 적절한 대처로 우리를 보호해주기도 하지만 때로 자기성장을 방해하기도 한다. 즉 예전에는 도움이 되었지만 현재에는 도움이 안 되는 방어기제를 무의식적으로 반복적으로 사용하는 것은 현실을 부정하고 왜곡시킴으로써 병리적인 결과를 초래하기도 한다. 주요한 방어기제(defense mechanism)를 요약하면 다음과 같다.

- **억압(repression):** 의식하기에는 현실이 너무 고통스럽고 위협적이어서 의식 밖으로 억눌러 버리는 것이다. 억압은 다른 방어기제나 신경증적 증상의 기초가 된다.
- **투사(project):** 자신의 심리적 속성이 타인에게 있는 것처럼 생각하고 행동하는 것이다. 예를 들어 자기가 화가 나 있는 것은 의식하지 못하고 상대방이 자기에게 화를 냈다고 생각하는 것이다.
- **합리화(rationalization):** 현실에 더 이상 실망을 느끼지 않으려고 그럴 듯한 구실을 붙이는 것을 말한다. 예를 들어 먹고 싶지만 먹을 수 없는 포도를 보면서 '신포도이기 때문에 안 먹겠다.'고 말하는 경우이다.

- **반동형성(reaction formation):** 무의식적 충동과 정반대의 것을 표현하고 행동하는 것이다. '미운 놈에게 떡 하나 더 준다.' 라는 속담처럼 실제로 자기를 학대하는 대상인데도 그 대상을 좋아하는 것처럼 보이는 행동을 하는 것이다.
- **부정(denial):** 고통스런 현실을 인정하지 않는 것이다. 예를 들어 사랑하는 사람의 죽음이나 배신을 인정하려들지 않고 사실이 아닌 것으로 여기는 행동을 하는 것이다.
- **퇴행(regression):** 초기의 발달단계나 행동양식으로 후퇴하는 것을 말한다. 예를 들어 동생을 본 아동이 나이에 어울리지 않게 응석을 부리는 행동을 하는 것이다.
- **동일시(identification):** 자신을 가치 있는 존재로 받아들이기를 원하는 마음에서 성공적 이념, 조직, 사람들과 자신을 같은 것으로 생각하는 것을 말한다.
- **치환(displacement):** 욕구충족 대상에 접근할 수 없을 때 다른 대상에게 에너지를 돌리는 것을 뜻한다. 예를 들어 교수에게 꾸중을 들은 학생이 대신 동료에게 화를 내는 행동이다.

4) 심리성적 발달단계

Freud의 성격발달에 관련된 심리성적 발달 이론은 구강기, 항문기, 남근기, 잠복기, 성기기 등 5단계로 나뉜다. Freud는 처음의 세 단계가 개인의 기본 성격을 결정하는 바탕이 된다고 보았다(이장호, 2001). 심리성적 발달단계를 간단히 정리하면 다음과 같다.

(1) 구강기(口腔期): 생후 1년간 입과 입술을 통해 만족을 얻는 시기로서, 이 시기에 만족을 얻지 못하면 불신감을 갖게 된다.

(2) 항문기(肛門期): 1~3세 시기로 배변훈련과 관련된 시기인데 이때 부모가 보이는 감정 태도, 반응은 성격형성에 큰 영향을 미치게 된다. 지나치게 엄격한 배변훈련은 강박적이고 의존적인 성격을 초래한다.

(3) 남근기(男根期): 3~5세 시기로 아동은 자신의 육체에 호기심을 갖게 되며 이성과의 차이점을 발견하려고 한다. 아동은 같은 성의 부모를 동일시하고 부모의 가치를 내재화함으로써 초자아를 발달시키게 된다.

(4) 잠복기(潜伏期): 6~12세 시기로 이전 시기에 비해 특별한 관심의 대상이나 성적 표현이 드러나지 않는 잠재적 단계이다. 성적 관심은 학교, 친구, 스포츠 등 외적 세계로 대치된다.

(5) 생식기(生殖期): 12~18세 시기로 사춘기부터 성적으로 성숙되는 성인기 이전까지의 시기로 심한 생리적 변화가 특징이며 격동적인 단계이다.

5) 상담 과정

Freud의 정신분석적 상담의 목표는 어린 시절의 경험에서 비롯된 부적응적인 패턴을 의식화하여 현재의 행동, 감정 및 사고들이 무의식적 충동에 의해 지배되지 않도록 하는 것이다. 상담을 통해 내담자의 건강한 자아가 강화되면, 무의식적 충동과 욕구가 성숙한 방식으로 표출되고 타인과 친밀한 관계를 형성할 수 있게 된다. 긍정적인 상담관계를 형성함으로서 내담자들은 과거에는 잘 다루지 못했던 경험을 재경험하고 성공적으로 다루게 되어 부적응적 패턴을 바꿀 수 있게 된다(Seligman, 2011).

고전적 정신분석가들이 자기노출을 거의 하지 않고 중립성을 유지하여 전이관계를 촉진시키며 통찰력을 기르게 하는 반면, 현대적 정신역동적 상담에서는 상담자가 양육적인 태도와 관심을 가지고 내담자를 만날 때 내담자는 근원적으로 변화하며, 새로운 인간관계를 경험할 수 있게 된다고 본다(Ainslie, 2007). 이러한 상담자의 태도는 첫 만남에서부터 이루어져야 하며, 상담자가 오로지 내담자를 위해서 존재한다는 느낌이 전달되어야 한다. 상담의 과정을 요약하면 다음과 같다.

(1) 시작 단계: 내담자의 과거의 발달사를 알아보는 과정으로 가능한 많은 정보를 파악하여 내담자를 진단하고 치료계획을 세우는 단계이다.

(2) 전이발달 단계: 내담자가 과거 아동기의 무의식적 갈등과 현재의 문제를 연관시킬 준비가 될 때 전이분석을 통해 내담자는 과거와 현재, 환상과 현실을 구별하게 한다.

(3) 훈습 단계: 전이분석을 통한 통찰을 공고히 하는 단계로 반복, 정교화, 확대하는 과정이다.

(4) 전이해결 단계: 상담의 종결단계로, 앞서 이루어진 해석의 재구성을 확인하게 되지만 저항이 일어나기도 한다. 저항은 증상으로 얻었던 만족을 유지하려는 시도이기도 하지만 문제가 제대로 짚어졌다는 증거이기도 하다.

정신분석적 상담에서 내담자가 자신의 정서적 문제를 명료화하고 수용하며, 문제의 역사적 원인을 이해하고 자신의 현재 대인관계와 과거의 문제를 통합할 수 있게 되면 상담이 종결된다.

6) 상담 기법

Freud의 정신분석 상담에서 활용되는 상담기법을 요약하면 다음과 같다.

(1) **통찰(insight)**: 내담자가 행동의 원인과 해결방법이 무엇임을 깨닫고 수용하게 되는 과정으로 무의식 속에 있던 것들의 진정한 의미를 깨닫는 것을 의미한다.

(2) **자유연상(free association)**: 무의식에 접근하는 방법으로 내담자 마음에 떠오르는 내용을 자연스럽게 이야기하도록 하는 것으로 내담자의 억압된 기억을 수집하는데 도움이 된다.

(3) **전이(transference)**: 과거의 중요한 사람과의 관계에서 느꼈던 감정을 현재의 상담자에게 경험하는 것으로서, 상담자는 이러한 전이를 분석하고 해석함으로써 내담자의 무의식적 감정, 갈등, 패턴 등을 통찰하도록 돕는다.

(4) **저항(resistance)**: 상담의 진행 및 무의식적 자료에 접근하는 데 방해가 되는 것으로, 상담자는 내담자의 저항을 분석하고 해석함으로써 내담자의 통찰을 돕는다.

(5) **훈습(working through)**: 통찰 후 자신의 심리적 갈등을 깨달아 실생활에서 자신의 사고와 행동을 수정하고 적응방법을 실행해나가는 과정이다.

7) 평가

정신분석 상담이론은 상담과 심리치료 영역에 큰 공헌을 했다. 그 공헌점은 다음과 같다. 첫째, 정신분석 이론은 현상의 발견과 탐구에 큰 기여를 하였다. 인간행동의 피상적인 이해를 넘어서서 인간은 자신이 인지하지 못하고 수용할 수 없는, 무의식적 갈등에 의해 사고와 행동이 동기화된다는 사실을 밝혔다. 둘째, 인간행동의 복잡성을 설명하는 포괄적인 이론적 체계를 만들었다. 방어기제, 성과 공격성의 추동 등 인간을 이해할 수 있는 틀을 제시하였다. 셋째, 성격발달에 있어 유아기의 중요성을 강조한 정신분석 이론은 자녀양육에 대한 각성과 연구를 자극하였다. 마지막으로 신경증 치료과정에서 불안의 기능을 처음 확인하였고, 해석, 저항, 전이현상의 중요성을 강조하여 정신건강과 장애에 대한 이해와 치료적 접근에 대한 기법을 확대시켰다(양명숙 등, 2014).

그러나 정신분석 상담이론의 주요한 비판은 이론의 전체적 틀과 하위구성요소에 대해 과학적이고 객관적 검증이 어렵다는 것이다. 그리고 인간의 개인 내적 경향성에 대한 결정론적 관점은 인본주의 이론가들에게 비판받아왔다. 또한 남근선망 등 남성중심적인 이론적 편향성 역시 비판의 대상이 되고 있다.

2. Jung의 분석심리학

1) Jung의 생애

Carl Gustav Jung(1875~1961)은 어려서부터 꿈, 공상 속의 무의식적 현상에 호기심이 많았고 신비로운 경험을 많이 하였다. 청소년기 이래로 Jung은 스스로 철학, 인류학, 비학(occult), 초심리학을 공부했으며 1900년 바젤대학교 의학대학에서 학위를 받고 취리히 정신병원에서 일하게 된다.

Jung은 1900년 Freud의 『꿈의 해석(Interpretation of dream)』을 읽고 감명 받아 Freud와 서신교환을 시작하고 이후 Freud와 깊은 친분을 맺게 되었으나, 1913년 무의식에 대한 이견으로 결별하고 자신만의 독자적인 정신분석의 길을 걷게 된다. Jung은 Freud가 무의식을 억압된 성적 욕구나 충동으로만 보는 데 반해, 무의식은 다른 창조적 가능성, 즉 종교적 원천과 같은 보편적 원형을 반영한다고 보았다.

Jung은 자신의 꿈과 환상을 분석해가며 무의식을 탐구하기 시작하고, 이후 그의 생애를 통틀어 18권이라는 전집을 집필할 정도로 열정적인 이론가였다. Jung은 개인무의식, 집단무의식, 아니마, 아니무스, 자기실현, 개성화 등의 이론을 구축해나가면서 '분석심리학'이라는 정신분석의 체계를 완성시켰다. Jung이 "나의 생애는 무의식의 자기실현에 관한 이야기다,"라고 말했듯이, 그의 분석심리학은 자신이 추구한 정신의 전체성의 실현임을 보여준다(이죽내, 2000).

2) 인간관

Jung은 인간의 성격을 깊이 이해하는데 큰 공헌을 했다. Jung은 인간이 과거 사건에 의해 만들어진다는 결정론적 관점을 뛰어넘어 끊임없이 발달하고, 성장하며, 조화롭고 완전한 수준으로 나아가는 존재이며, 자신의 모든 역량을 성취하고 실현하는 방향으로 나아간다고 보았다. Jung은 이를 '개성화와 자기실현'이라고 설명한다. Jung에 의하면 인간은 내면의 파괴적인 힘과 창조적인 힘을 동시에 가지고 있으며, 무의식적 본성을 수용하고 의식과 조화롭게 통합해가는 과정을 통해 개성화와 자기실현을 성취해나가는 존재이다.

특히 Jung은 인간의 삶을 두 가지 시기로 나누었다. 즉 인생의 전반부는 배우자와 직업을 선택하는 등 우리의 위치를 발견하고 가치와 흥미를 발전시키는 기본적인 과제를 달성하는 시기이다. 그리고 나머지 후반부는 전반부의 토대 위에 개성화(individuation)를 향해 나아가는 과정인데, 개성화의 발견은 한 사람이 "심리적인 개인화, 즉 분할할 수 없는 전체"가 되는 일생의 과정이다(Jung, 1953). 그 과정에서 인간은 자신의 무의식과 잠재적 가능성에 접근하게 되고 더 큰 균형과 조화를 향해 발전해간다. 그리고 더욱 자기(Self)다운 삶을 지향하며 삶의 목적과 의미는 점점 더 명확해진다. 그는 정신병리를 성장하려는 성공적이지 않은 시도라고 보았으며, 삶을 통해 인간은 자신만의 독특한 자기가 되어간다고 보았다. 이렇듯 인간에 대한 Jung의 관점은 영적이고 긍정적이며 낙관적이라 할 수 있다.

3) 주요 개념

(1) 집단무의식/개인무의식

집단무의식은 개인적 경험을 초월하여 조상으로부터 물려받은 근원적인 기억이나 동기, 이미지이다. 집단무의식의 원형은 꿈, 신화, 전설, 종교적 경험, 예술적 영감, 신비한 체험 등에서 상징을 통해 나타난다. 원형은 인류의 경험에서 반복되어 축적된 무의식의 보편적인 에너지이며 문화와 세대를 통해 전달되며, 대표적인 원형은 페르소나, 그림자, 아니마와 아니무스, 자기 등이다.

이와 달리 개인무의식은 개개인의 독특한 것이며 인간의 일생을 통해 형성되며, 잊어버리거나 억압된 사고, 감정, 경험 등이 여기에 포함된다. 개인무의식은 일상의 자극으로 촉발될 수 있으나, 억압된 요소는 꿈이나 상징을 통해 왜곡된 형태로 발현된다. Jung은 Freud와 달리 개인무의식은 부정적이거나 용인될 수 없는 기억뿐만 아니라, 창조성과 성장의 원동력을 제공한다고 여겼다.

(2) 페르소나(persona)

인간이 외부세계에 자신의 존재를 드러내는 방식으로 자아가 바깥 세계와 접촉할 때 작용하는 정신적인 요소이다. 원래는 매우 유용하고 병적인 것과 거리가 있지만, 우리가 진정한 자아로 착각하여 지나치게 페르소나에 동화될 경우에는 위험성을 드러낸다.

(3) 그림자

어느 누구도 그렇게 되기를 원치 않으며 다소 열등하고 거북하게 느껴지는 존재로서 본래 나쁜 존재는 아니다. 자아의 원초적이고 본능적인 측면으로 이 측면을 억압하고 의식으로부터 멀리 격리시킬수록 이 측면이 부지불식간에 갑자기 분출하는 것을 막기는 쉽지 않다. 무의식의 내용이 밖에 있는 어떤 대상에 투사되면, 우리는 최소한 우리 안에 있는 것을 외부의 대상을 통해 경험하게 되고 그런 경험을 통해서 인간은 마음속의 무의식적 내용을 깨달을 수 있는 기회를 갖게 된다. 그림자의 수용을 통해 더욱 확장된 자기를 만날 수 있다.

(4) 아니마(anima)와 아니무스(animus)

아니마는 남성의 무의식 속에 있는 여성적 요소로서, 남성에게 있어 아니마는 기분, 느낌으로 나타난다. 아니무스는 여성의 무의식 속에 있는 남성적 요소를 의미하는데 여성에게 있어 아니무스는 생각, 의견 등으로 나타난다. 사람은 외적 인격인 페르소나로써 외부세계와 관계를 맺는 것처럼, 내적인격인 아니마·아니무스를 통해 내면세계와 관계를 맺는다.

(5) 콤플렉스(complex)

개인무의식에 위치한 성격의 역동적 구조로서 감정, 사고, 지각, 기억의 연관되고 감정적으로 결합된 집합체이다. 콤플렉스에 빠지게 되면 주의의 다른 것을 생각할 수 없고 객관적으로 볼 수 없게 된다. 분석심리학의 목적은 이러한 콤플렉스를 해소하고 개인을 해방시키는 데 있다. Jung은 1905년 단어연상 실험을 통해 콤플렉스 개념을 발견하였는데 이것은 분석심리학의 기초적인 개념이 되었다(이부영, 2007).

(6) 개성화(individuation)

의식의 중심인 '자아'가 자아의식과 무의식을 모두 포괄한 전체정신의 중심핵인 자기(self)로 향해 가는 것이다. 다시 말해 전체가 되는 것은 자아가 무의식을 적극적으로 의식화함으로써 가능하며 이것을 '자기실현' 또는 '개성화'라 한다. 개성화과정은 개인무의식에서 시작하여 집단무의식으로 단계별로 심화된다. 개성화 과정은 개인이 자신의 그림자와 아니마, 아니무스, 집단무의식의 원형을 인식하고 자신의 것으로 수용할 때 이루어질 수 있다.

4) 상담 과정

Jung은 신경증이란 개성화 혹은 자기실현을 향한 개인의 성장이 멈춘 심각한 질환이라고 믿었다. 그래서 분석심리학의 상담 목표는 내담자로 하여금 무의식적으로 작동하는 정신 원리를 의식화하고 개성화를 촉진하는 것이라 할 수 있다. 개성화는 인생의 전반기에는 분화를 통해 이루어지고 인생의 후반기에는 통합을 통해 달성된다. 분석심리학적 상담은 무의식 안에 내재된 콤플렉스와 그 핵심을 이루는 원형의 작용을 내담자와 함께 탐색함으로써 내담자가 스스로 자신을 찾아가게 하는 개성화의 여정이다.

상담의 1단계는 '의식' 단계로서 내담자의 가족관계, 대인관계, 환경에 대처하는 능력 등 표층(현실)의 문제를 다룬다. 상담의 2단계는 '개인무의식' 단계로서 현실에서 발생한 억압적 내용이나 콤플렉스의 내용을 다루면서 인격의 어두운 면인 그림자를 탐색하는 과정이다. 상담자와 내담자는 공감적 토대 위에서 무의식적으로 발생하는 전이와 역전이 현상을 경험하게 된다. 마지막으로 상담의 3단계는 '집단무의식' 단계로서 정신의 심층세계를 다룬다. 상담자는 내담자와 함께 확충(amplification)이나 적극적 상상(active imagination)을 통해 무의식의 심층에 내재된 원형을 탐색하면서 집단무의식의 내용에 접근하게 된다. 이러한 상담의 3단계 과정은 시간적 순서라기보다 모든 회기에 적용되는 심리분석의 수준을 의미한다. 이는 의식적 차원에서 발생하는 모든 요인을 파악한 다음 무의식의 내용을 개인무의식 차원에서 집단무의식 차원으로 확대시키는 심리분석의 과정이라 할 수 있다. 이 과정은 내담자의 성향에 따라 다르게 적용되는데 결국 상담치료의 본질은 상담자의 이론적 배경과 치료적 기술보다는 내담자 자신의 성향이 치료방향을 결정짓는다는 것을 의미한다(박종수, 2009).

5) 상담 기법

무의식을 의식에 통합할 수 있는 방법론으로서 분석심리학자들이 사용하는 기법은 꿈 분석, 상징, 단어연상법 등이 있다.

(1) 꿈 분석

꿈 분석은 분석심리학에서 무의식을 이해하는 가장 중요한 방법으로 사용된다. Jung은 꿈이 미래를 예시한다고 생각하고, 기대하는 경험과 사건을 준비하도록 도와준다고 보았다. 꿈의 예시 기능은 동시성의 개념이 뒷받침해준다. 동시성이란 근접한 시간에 독립적으로 일어난 두 사건이 논리적으로 인과관계가 없어 보이지만 서로 관련된 의미를 가지는 현상을 의미한다.

또한 꿈은 어떤 정신구조의 지나친 발달을 보완함으로써 상반되는 정신과의 균형을 유지하도록 도와주는 역할을 한다고 보았다. 이런 점에서 꿈은 적응을 위한 노력이며, 성격의 결함을 교정하려는 시도라 볼 수 있다.

(2) 상징

정신에 대한 Jung의 모델은 자기(self)와 원형(archetypes)의 개념에 의존한다. 그래서 융학파의 작업은 내담자의 사고, 감정, 행동을 추동하는 역동성과 패턴을 상징적으로 생각하고 이해할 능력을 강조한다. 이러한 패턴은 내담자의 꿈, 증상, 환상 등에서 상징적이거나 간접적으로 나타날 수 있다. 그러므로 상담자는 신화, 동화, 예술작품, 문학, 종교 등에서 발견되는 상징을 이해할 필요가 있다.

(3) 단어연상검사

이 검사는 개인이 어떤 자극단어에 대해 마음에 떠오르는 어떤 단어로 반응하는 투사 기법이다. 이것은 무의식적 정서확인에 유용하며, 단어 연상의 응답시간은 피실험자의 정서에 의해 영향을 받는다. 피험자가 자극단어에 즉각적으로 마음에 떠오르는 단어로 반응하는 단어연상검사는 실험적, 임상적 도구로 활용이 많이 된다.

6) 평가

Jung의 분석심리학은 감각 세계를 넘어선 의미 세계를 추구하고 인간 본성의 전체성을 파악하려했기 때문에 과학적 사고만 가지고는 이해하기 어려운 철학적 성격을 띠고 있다(이죽내, 2000). Jung은 과거보다는 미래, 그리고 삶의 목적과 의미, 자기실현을 강조함으로써 인본주의나 실존주의에 중요한 영향을 미쳤다.

또한 Jung은 집단무의식이라는 개념을 도입하여 무의식의 개념을 확장시켰다. 즉 성과 억압, 인간의 병리적 측면을 지나치게 강조한 Freud와 달리 Jung은 자율적이고 보상적이고 초월적인 정신 기능이 무의식에 있음을 주장했다. 그는 이러한 정신요소의 통합하는 무의식의 창조적이고 긍정적인 측면을 강조하였다. 그리하여 인간이 과거 경험에 지배받는 비관적 존재가 아니라, 무의식과 의식을 통합함으로서 정신의 전체성을 찾고 자기실현을 이룰 수 있는 미래지향적 존재임을 강조하였다. 또한 Jung의 연구에 기반한 MBTI는 널리 사용되는 성격검사로서 실제 상담현장에서 유용하게 활용되고 있다.

그러나 분석심리학의 개념은 실험실에서 과학적으로 연구하기가 어려워, Jung의 이론은 종교적이고 관념적이며 신비한 내용으로 오해되는 경향도 있다. 또한 분석심리학의 수련 과정은 광범위한 훈련과 슈퍼비전을 요구하기 때문에 많은 시간과 비용을 필요로 한다.

3. Adler의 개인심리학

1) Adler의 생애

Alfred Adler(1870~1937)는 오스트리아의 비엔나 근교의 펜징에서 태어났다. 그는 5남 2녀 중 셋째였으며, 그의 형제 중 1명은 어려서 죽었다. 동생의 죽음은 Adler로 하여금 어린 시절부터 의학에 관심을 가지게 했다. 또한 어린 시절의 병약함과 형제관계에서 느꼈던 열등감은 그의 생애뿐만 아니라 이론에도 매우 중요한 의미를 주었다. 그것은 신체적 열등감 및 학업에 대한 열등감을 느끼게 하는 근거가 되었고, 이를 극복하고 보상하기 위해서 끊임없이 노력하는 그의 생활양식을 만들었다. 이러한 경험은 열등감과 우월성의 추구라는 개념이 주가 되는 Adler의 독특한 이론체계의 밑바탕이 되었다.

1902년에 Freud의 꿈 분석이론의 공격을 방어하는 것을 계기로 Freud와 교류하게 되었다. 그는 1911년까지 Freud의 곁에서 연구하는 활동적인 일원이었으나 견해 차이로 비엔나 정신분석학회를 탈퇴하고, 1912년 자신의 이론을 개인심리학이라 명명하고 '개인심리학회(Society for Individual Psychology)'를 창립하였다. Adler는 제1차 세계대전에 군의관으로 참전하였고 이후 오스트리아 정부의 부탁으로 신경증 아동과 그들 부모들이 상담을 받을 수 있는 아동상담센터를 설립하였다. 아동상담센터에서 Adler는 부모교육, 부모상담 프로그램, 교사교육, 집단상담의 새로운 장을 개척하였고, 미국과 유럽 등을 순회하면서 수없이 많은 강연을 하여 많은 추종자를 만나게 되었다.

1937년 스코틀랜드 애버딘에서 순회강연 중에 사망한 이후, 잠시 개인심리학 연구는 정체기를 맞이하였으나, 제 2차 세계대전 이후 다시 르네상스를 맞이하였다. 특히 Rudolf Dreikurs(1897~1972)는 아들러 학파의 심리학을 미국으로 가져가서 발전시킨 핵심적인 인물로서, Adler의 개인심리학을 교육, 심리치료, 상담에 적용시켰다.

2) 인간관

인간은 분리하여 생각해볼 수 없는 전체적 존재이며, 본질적으로 사회적 존재이기에 사회적으로 동기화되며, 목표를 추구하는 목표지향적이고 창의적인 존재이며, 독립적인 행동을 할 수 있는 주관적 존재이다(양명숙 등, 2014).

Adler는 사람의 행동, 사고, 감정을 하나의 일관된 전체로서 전체주의적(Holism) 관점에서 볼 때, 각각의 사람은 독특하면서 독립적인 존재로 접근해야한다고 주장했다. 이처럼 개인의 독특성과 통일성을 강조한 점에서 Adler의 이론을 '개인심리학'이라고 부른다.

인간은 사회적 존재로서 '사회적 관심'을 발달시킬 능력을 갖고 태어나며 사회적 관심이 있기 때문에 타인을 공감하고 이해하고 협동하고 기여할 수 있다고 생각했다. Freud가 인간을 무의식적 갈등을 합리화하는 행동으로써 과거에 의해 움직이는 존재라고 보았다면, Adler는 인간은 목표지향적인 존재이며 자신의 삶을 창조할 수 있고 선택할 수 있으며 자기결정을 내릴 수 있는 존재로 보았다. 즉 인간은 자기 운명의 희생자가 아니라 주체이며 변화와 성장의 가능성을 지닌 존재임을 강조하였다.

Adler는 상담을 통해 개인이 보다 나은 생활양식을 개발하고, 잘못된 생활양식을 긍정적인 관점으로 대치하고, 또한 사회적 관심을 발달시킬 것을 강조하였다.

3) 주요 개념

(1) 생활양식

생활양식이란 삶에 대한 개인의 기본적 지향이나 성격을 말하며, 성격을 움직이는 체계적 원리로서 부분에 명령을 내리는 전체의 역할을 한다. 생활양식은 한 개인이 어떻게 그의 인생의 장애물을 극복하고, 문제의 해결점을 찾아내며 어떠한 방법으로 목표를 추구하는지에 대한 방식을 결정해 준다. 이러한 생활양식은 우리의 독특한 열등감을 극복하기 위한 노력을 나타내며, 인생 초기에 형성된 생활양식은 계속 유지되어 그 후의 행동방식의 뼈대가 된다.

(2) 인생과제

Adler는 인간은 누구나 세 가지의 주요 생활과제, 일과 여가(work & Leisure), 사랑(love), 우정(Friendship)에 직면하게 되며 이 세 가지 주요 인생과제가 건강과 안녕의 핵심이라고 주장하였다.

(3) 허구적 최종 목적론

허구적 최종 목적론이란 허구 또는 이상이 현실을 보다 더 효과적으로 움직인다는 Hans Vaihinger의 말에 영향을 받은 개념으로 인간의 행동이 과거 경험에 의해 좌우되기보다는 미래에 대한 기대에 의해서 더 좌우된다는 것으로 미래에 실재하는 것이기 보다 주관적으로 또는 정신적으로 현재의 행동에 영향을 주는 여기-현재에 존재하는 것을 의미한다.

Adler는 개인의 모든 심리현상이 그의 허구적 최종 목적을 이해함으로써 설명될 수 있으며 인간의 궁극적 목적은 허구로서 실현이 불가능할 수 있으나, 행동의 원인, 충동, 본능, 힘을 넘어서 행위의 최종 설명이 될 수 있다고 보았다.

(4) 열등감

인간은 사회적 존재로서 다른 사람들과 비교하여 자신을 평가하고 현재보다 나은 상태인 완전성을 실현하기 위해 노력하는 존재이므로 인간은 누구나 어떤 측면에서든 열등감을 가지고 있다. Adler는 자기완성의 필수요건인 열등감을 극복해야한다고 강조하며 열등감을 긍정적인 관점에서 보았다. 인간은 자신의 부족한 점을 스스로 인정하고 극복하려는 의지와 노력을 통해 자기완성을 이루기 위해 노력함으로써 자신의 열등감을 지배하도록 해야 한다. 반면에 열등감의 노예가 된 사람은 열등감이 자신을 지배하게 되고 열등감 콤플렉스에 빠져버리게 된다.

(5) 우월성(Superiority) 추구

우월성이란 자기완성 혹은 자아실현의 의미로 인간이 추구하는 궁극적인 목적, 삶에 일관성과 통일성을 설명하는데 사용된 개념으로, 1908년에는 '공격성', 1910년에는 '힘에 대한 의지(will to power)' 그리고 이후에는 우월성 추구라는 개념이 사용되었다. 즉 우월성의 추구는 모든 사람의 선천적 경향성으로 일생을 통해 환경을 적절히 통제하며 동기의 지침이 되어 심리적인 활동은 물론 외적 행동을 안내한다. Adler는 우월성의 추구가 모든 인생의 문제 해결의 기초에서부터 인생의 문제에 부딪히는 양식에서 나타난다고 보고 출생에서 사망에 이르기까지 우월성 추구의 노력이 인간을 다음 단계의 발달로 이끌어 준다고 보았다.

(6) 가족구도와 출생 순위

가정에서 부모를 중심으로 자녀와의 가족관계가 어떠한 가족구조를 형성하고 있는가는 자녀의 생활양식 형성에 중요하며 출생 순위 역시 성격형성에 많은 영향을 주게 된다. 특히 출생 순위와 가족 내 위치에 대한 해석은 어른이 되었을 때 세상과 상호작용하는 방식에 큰 영향을 끼치게 되므로 Adler 학파 치료에서는 가족역동 특히 형제간의 관계를 매우 중요시한다. 가족 구도는 가족지위 뿐만 아니라 나이, 성, 자녀수, 성역할에 대한 문화적 가치 등 개인의 심리적 지위를 이해하는데 필요하다.

(7) 초기회상

초기회상은 개인의 생활양식을 파악하는데 필수적인 요소로서 내담자가 회상하는 실제적인 사건에 대한 기억을 뜻한다. Adler 학파에서는 기억은 우연히 발생하는 것이 아니라 자신의 삶 속에 내재되어 있다가 기본적인 인생관들에서 강화하거나 반영하므로 가능한 세부적이고 많은 것을 얻으려고 한다.

4) 상담 과정

Adler의 개인 심리학은 아동지도, 부모교육 그리고 역기능적인 생활양식을 가진 사람들을 돕는데 광범위하게 적용되고 있다. Adler 학파의 상담자는 내담자에게 자신·타인·삶을 보는 새로운 방식을 교육시켜 내담자의 생활양식을 바람직한 방향으로 수정하고 변화시킬 수 있도록 노력한다. Mosak과 Maniacci는 상담목표를 다음과 같이 제시한다.

- 사회적 관심을 증진시킨다.
- 실망감과 열등감을 극복하도록 내담자를 돕는다.
- 내담자의 견해나 목표(생활양식 등)를 수정한다.
- 잘못된 동기를 변화시킨다.
- 내담자가 타인과 동등하다는 느낌을 갖게 만든다.
- 사회에 기여하는 구성원이 되도록 돕는다.

Adler 학파의 상담 과정은 다음과 같이 네 단계로 설명할 수 있다.

(1) 관계 형성과 목표 설정: Adler는 긍정적인 치료관계의 중요성을 강조하고, 진정한 돌봄, 격려, 공감, 언어적·비언어적 경청 기법이 매우 중요하다고 확신하였다. 내담자와 상담자가 협력적인 관계를 만들어감으로써 문제를 확실히 규명하고, 의미 있고 현실적인 목표를 설정할 수 있게 된다.

(2) 평가 및 분석: 상담자는 내담자의 가족배경, 생활양식, 사적 논리와 목표를 이해하고, 내담자의 부적절한 생활양식에 영향을 준 요인들을 평가하고 분석한다. 이를 위해서는 내담자의 삶에 대한 심층적인 분석 즉, 초기회상, 가족구도, 기본적 오류, 꿈 등을 평가

및 분석하여 내담자의 역동성을 파악하고 신념과 감정, 동기와 목표를 이해한다.

(3) 해석: 상담자는 파악한 생활양식조사의 내용에 대한 평가와 분석을 바탕으로 내담자의 부적응에 대한 해석을 한다. 상담자는 해석을 통해 내담자의 자기이해 및 통찰 촉진하며, 내담자로 하여금 자신의 잘못된 목표와 자기 패배적 행동을 통찰하도록 돕는다.

(4) 재정향: 내담자는 삶에 대한 책임이 자신에게 있으며 새로운 이해를 바탕으로 다른 선택을 할 수 있다는 인식을 갖도록 격려를 받는다. 상담자는 내담자가 새로운 방향(목표를 성취할 신념과 행동의 변화)을 갖도록 조력하고 이전에 가졌던 비효율적인 신념과 행동에 대해 대안적인 방안을 찾도록 도와준다. 상담자는 행동변화보다는 동기변화를 더 강조하며 내담자가 삶의 유용한 측면에서 전체적으로 변화하도록 격려한다.

5) 평가

Adler 학파의 기본 목표는 내담자가 자신의 잘못된 신념을 확인하고 변화시킴으로써 사회라는 세계에서 더 완전히 참여할 수 있도록 돕는 것이다. Adler 이론은 성격의 사회적 요인을 강조함으로서 상담의 영역을 개인에서 집단의 영역으로 확장시켰다. 즉 학교, 부모교육, 부부상담, 가족상담 등에 많은 공헌을 하였다. 또한 실존 접근 및 행동치료 접근, 인간중심접근, 형태치료, 현실치료, 합리적 정서적 치료 등 다른 치료법에도 큰 영향을 미쳤고, Adler는 단기상담 또는 시간제한적 상담치료법의 제안자로서도 인정받고 있다.

그러나 Adler는 자신의 이론을 잘 다듬고 체계적으로 조직하기보다는 실행과 교수를 강조하였다. 따라서 그의 저술은 대부분 강의의 사본에서 나온 것이 많으며, 다소 상식심리학에 근거하고 있고 지나치게 간결한 경향이 있다.

또한 Adler의 이론적인 개념은 실제적인 연관이 상당히 높은 것으로 인정되는 반면, 이 개념들의 경험적인 검증은 수적으로 빈약하다. 개인주의 심리학 개념이 검증하기 어려운 이유는 이론적 체계가 구체적인 하위수준에 대한 개념이 부족하고 너무 일반적인 특성을 지녔기 때문이다. 예를 들어 우월성의 추구, 열등감, 허구적 목표, 생활양식, 사회적 관심 등은 조작적으로 정의하기가 어렵다. 따라서 이러한 개념들은 지속적인 연구를 통해 명료하게 정리할 필요가 있다. 또한 Adler 이론은 발달이나 학습에 대한 이론이 없다는 평가도 받는다.

마지막으로 위급한 상황에 처한 내담자들에게 Adler 상담의 적용은 적절하지 않을 수 있다. 그런 내담자들은 자신의 아동기, 초기기억, 가족 내의 역동을 탐색하는데 별 관심이 없기 때문이다.

4. 대상관계이론

대상관계이론은 Freud 이후 정신분석학 안에서 발전한 이론이다. Freud의 정신분석이론과 달리 대상관계이론은 관계의 문제에 집중하면서 인간행동의 동기를 생물학적 추동이 아닌 사람 사이의 관계성 추구로부터 찾으려한다. 따라서 대상관계이론에서는 생물학적 요소인 추동에 의한 발달의 중요성은 감소하고 유아와 부모관계의 성질과 초기 관계에서의 장애 등이 더욱 강조되었다.

Freud의 고전적 정신분석 이후 자아심리학, 대상관계이론, 자기심리학에 이르기까지 다양한 이론과 이론가가 존재하는데, 이들은 때로 중요한 부분을 공유하기도 하지만 어떤 측면에서는 상충하기도 한다. 대상관계이론은 어느 한 이론가에 의하여 완성된 것이 아니라 Melanie Klein, Ronald Fairbairn, Donald Winnincott 등 여러 이론가들의 기여로 이루어졌다.

대상관계이론가들은 Freud 학파의 성격 모델과는 다른 방법으로 관계와 성격의 구조와 그 구조적 발달에 대해 연구해 왔다. 이들은 대상관계 이론가와 자기심리학 이론가로 분류된다. 대상관계와 자기심리학 이론가들은 모두 자신을 정신분석학의 주류 내에 있는 것으로 간주하지만 그들의 중요한 이론적 부분에 있어서는 그 흐름을 달리하고 있다.

1) 인간관

대상관계이론에서 건강한 사람이란 인간에 대해 통합적인 관점과 태도를 형성한 존재이다. 인간은 자아의 독립과 자율성에 의한 자기실현을 지향하는 주관적 존재로서 자율성을 통해 자기를 확인하려는 실천적 욕구와 의지를 가지고 있다. 인간에게는 관계를 형성할 수 있는 대상이 필요하며 대상과 형성하는 관계의 질에 따라 개인의 심리내적 특성이 크게 좌우된다. 관계 형성의 욕구는 '의미 있는 대상'과 '좋은 관계'를 맺으려는 욕구를 의미하는데, 여기서 대상관계란 사람뿐 아니라 개인이 의미를 부여한 가치, 행동, 사물 등과의 관계도 포함한다. 대상관계이론은 대인관계에 대한 욕구가 바로 인간행동의 동기이며, 인간을 환경 속의 존재이면서 관계지향적 존재로 본다.

대상관계이론은 내담자의 심리사회적 문제의 원인이 분열(splitting)현상에 있다고 본다. 분열이란 자기나 타인을 전체로서 보기보다 '좋음'과 '나쁨'으로 나누어 경험하는 것을 의미한다. 원래 분열은 일종의 방어기제로서 관계에서 경험하는 불안으로부터 자신의 심리적 안녕을 확보하기 위한 노력이다(김계현 등, 2015). 예를 들어 어려서 중요한 타자로부터 불안정한 관계 경험을 한 사람은 주요 타자로부터 인정받거나 좋은 관계를 유지하려면 자신의 '좋은 모습'만 보여주어야 하고 그렇지 못할 때는 관계의 불안을 경험하게 된다.

2) 주요 개념

(1) 대상(object)

대상이란 주체에 상대되는 개념으로 '주체가 관계를 형성하는 어떤 것'(Clair, 1996)으로서 주체와 어떤 정서적 색조가 가미된 관계를 형성한다. 정신적 에너지(사랑이나 미움, 혹은 사랑과 미움의 복합)가 부여되는 사람이나 장소, 사물, 관념, 공상, 기억 등도 대상의 기능을 하기도 한다. 대개는 무생물보다 자기가 맺는 사람을 지칭한다.

(2) 대상관계(object relations)

자신이 느끼는 관계로 객관적 외적인 관계가 아니라 내면화된 관계. 즉, 관계에 대한 개인의 지각, 감정, 기억 등을 의미한다. 따라서 대상관계란 타자와의 관계가 내면화되는 것이다. 즉, 자기가 주요한 타자들과의 관계에서 경험한 것이 어떤 정신적이 표상과 상호작용 모델로 내면화되는 것을 의미한다.

(3) 대상항상성(object constancy)

긍정적인 정서가 부여된 내적 존재로서 타자에 대한 일관된 지각을 말한다. 생후 24–36개월 사이에 형성되기 시작한다. 엄마에 대한 내면화된 긍정적인 상이 존재함으로 인해 아이는 엄마가 없는 동안 심리적 위안을 받고 또한 한동안 떨어져 기능할 수 있다. 이는 대인관계에서 타인에 대한 지각과 경험이 부분적, 극단적으로 되지 않고 타인에 대한 부정적인 감정이 느껴지는 상황에서도 긍정적인 특면과 관련된 지지적이고 긍정적인 정서를 발동시킬 수 있기 때문이다.

(4) 타인표상(other-representation)과 자기표상(self-representation)

표상이란 외부 세계에 대해 자기가 갖는 어떤 정신적인 상(image)으로 주체가 이 세계를 이해하거나 자신을 표현할 때 사용하는 인지적, 정서적, 행동적 요소를 모두 포함한 틀이다. 발달초기에 유아는 대상과 자신을 구분하지 못하다가 점차 자기와 대상을 구분하면서 자기표상과 타인표상을 분별한다. 타인표상이란 주요한 타자들과의 경험을 통해 내면화 된 타인에 대한 생각, 느낌, 감각, 기억 등을 의미한다. 자기표상이란 주요 타자들과의 대인관계 경험을 바탕으로 내면화된 자신에 대한 생각, 느낌, 감각. 기억 등을 의미하며 대상과의 관계를 지속시켜나가는 무의식 세계의 자기를 지칭한다.

(5) 충분히 좋은 엄마(good-enough mother)

일관되게 애정을 표현하며 안아주는 환경을 제공할 뿐 아니라 본능 욕구를 충족시켜주는 어머니를 의미한다. 이러한 어머니는 아기의 공생적 필요를 충족시켜주고, 아기의 '몸짓' 신체 자기를 형성하는 것을 돕는 등 대상을 사랑하는 근본을 제공한다. 시간이나 필요를 강요하지 않고, 적합한 시간에 아이가 원하는 것을 제공한다. 그리고 유아가 좌절, 공격성, 상실을 경험할 때 감정이입과 안아주기의 환경 안에서 지지를 제공한다.

(6) 부분대상(part object)과 전체대상(whole object)

부분대상이란 주관적인 느낌상으로 좋은지 나쁜지, 쾌감을 주는지 주지 못 하는지 식으로만 판단을 하게 되는 대상표상을 말한다. 즉 한 대상을 단지 만족과 좌절의 관점에서만 체험하는 것이다. 반면 전체대상은 만족시킬 수도 있고, 좌절시킬 수도 있다는 양 측면으로 대상을 보는 것이다. 유아가 형성하는 최초의 대상표상은 부분대상들이다. 유아는 지각적, 감정적으로 미숙하기에 한 순간에 한 특징만을 지각한다. 성장과 발달을 거치면서 점차적으로 '좋기도 하고(만족시키기도) 나쁘기도 한(좌절시키기도 한)' 대상의 전체모습을 통합한다.

(7) 중간대상(transitional object)

내부대상이나 주관적 대상이 아니면서, 그렇다고 단순히 외부에 실재하는 대상도 아닌 대상이다. 예를 들어 엄마와 같은 안전한 감정을 일으키게 하는 담요, 곰 인형, 베개 등은 유아로 하여금 강한 애착관계를 느끼게 하는 중간 대상물이라 할 수 있다.

3) 상담 과정

대상관계이론의 상담목표는 내담자의 자기(self)가 보다 효과적으로 기능할 수 있도록 대상관계 구조를 바꾸는 것이다. 즉 내담자의 방어기제들에 의해 분열된 자아의 부분들을 결합시켜 자아의 재통합을 성취하고, 문제가 일어난 지점을 확인하고 적절한 환경적 반응을 제공해줌으로써 역기능적인 의존관계에서 상호의존관계로 발달한 성숙한 대상관계를 갖도록 공감적인 치료자 곁에서 현실에 맞는 발달과 성숙을 실현하고자 하는 것이 상담의 목표라 할 수 있다.

따라서 치료의 궁극적 목표는 내담자가 역기능적인 개인내적역동에 대한 통찰을 얻고 온전한 대상관계(whole object relations)를 형성함으로써 자신과 다른 사람들에 대해 좀 더 현실적이고 수용적인 태도를 갖게 하는 것이다.

상담자는 내담자의 내적 역동을 이해함으로써 내담자의 역기능적 행동패턴을 예측하여 내담자로 하여금 주변사람들과의 관계에서 나타나는 특징적 행동과 문제가 지금-여기 상담관계에서 재연되는 것을 주목하고 그 역동을 이해하고 극복해나가도록 돕는다. 대상관계에서의 치료는 해석이나 통찰에만 의존되는 것이 아니라 좋은 대상과의 반복적인 깊은 만남과 경험에 의해 일어난다. 즉 해석을 통한 통찰과 함께 상담자와 갖는 관계의 질적 경험이 중요한 치유요소다. 상담자는 상담을 통해 새로운 방식으로 내담자와 연결되어, 내담자의 '자기' 와 접촉함으로써 내담자와 새로운 유형의 애착을 형성하게 된다.

4) 상담 기법

상담자는 상담과정에서 심리적으로 발달하기 위한 필수조건인 '수용적 환경(holding environment)'을 제공하여 내담자가 좌절했던 발달 과정을 재활성화하여, 내담자의 현재 있는 그대로의 욕구와 미성숙과 의존에 대해 반응해주고 담아주어 내담자가 새로운 발달을 할 수 있도록 돕는다.

(1) 안아주는 환경(holding environment)

안아주는 환경은 따스하고 부드럽게 내담자를 긍정하고 내담자 내면의 요소들을 있는 그대로 안아주고 받아주는 환경이다. 이런 환경은 상담자의 공감에서 조성된다. 이런 안전기지 속에서 내담자는 자신의 감정을 표현하고 경험한다.

안아주는 환경은 좀 더 근원적 차원에서 내담자 경험의 본질에 대한 깊이 있는 이해와 수용적 태도, 내담자의 불안이나 갈등을 감당해낼 수 있는 능력을 보여줌으로써 내담자에게 전달된다. 상담자가 내담자와의 관계에서 받아주기를 일관되게 보여주면 내담자도 점차 자신과 다른 사람들을 좀 더 근원적으로 이해하게 되고 버텨주는 능력을 키워나갈 수 있다.

(2) 반영하기(mirroring)

Donald Winnincott은 건강한 발달을 위해서는 짧은 시기 동안이지만 완벽한 환경이 필요하다고 했다. 완벽한 환경이란 모성에 몰두함으로써 유아의 욕구와 몸짓을 매우 정확하게 이해하는 어머니를 의미한다. 이는 공감적 이해 능력이며 어머니는 유아의 뜻을 정확히 반영해주는 역할을 한다. 불완전한 반영은 아기의 자기 표현능력과 통합의 능력을 방해하고 정신과 신체의 결합과정인 '인격화' 과정을 방해한다.

(3) 담아주기(containing)

Wilfred Bion은 상담자와 내담자 사이의 상호교환에 있어서의 상담자의 역할을 '담아주기'라고 표현한다. 상담자는 무의식적 불안을 내포하고 있는 내담자의 의사소통을 직감적으로 이해하고 그 내용을 덜 불안한 것으로 변형시켜주어야 한다. 이런 의미에서 상담자는 '담아주는 사람'이다.

(4) 견뎌주기(surviving)

상담초기에 내담자는 자신을 지키기 위해 솔직한 마음을 드러내지 않고 상담자를 끊임없이 시험한다. 상담자가 자신을 받아줄 사람인지, 믿을 만한지, 지켜줄 것인지에 대해 저항하고 공격하는 등 탐색하는 행동을 한다. 이때 상담자는 공격성의 형태로 나타나는 내담자의 미숙한 참자기의 일면을 수용하고 넉넉한 시선으로 봐주고 견디어 줌으로써 통합될 수 있는 기회를 제공한다.

5) 평가

대상관계이론은 정신분석이론에 뿌리를 두고 있지만 인간의 관계 형성 욕구에 초점을 맞추는 새로운 영역을 열었다. 이 이론은 다음과 같은 점에서 상담 영역에서 중요한 기여를 했다(김계현 등, 2015). 첫째, 성욕이나 공격성과 같은 다소 음울한 욕구가 아닌 초기의 대상관계 경험이 정신병리, 신경증 등에 영향을 미친다고 주장함으로써, 대상관계의 중요성을 강조하여 인간의 사회적 욕구를 발굴했다. 둘째, 무의식의 결정론을 받아들인다는 점에서 정신분석학의 계열이라 할 수 있지만, 내부 대상의 개념을 도입함으로써 인지행동적 접근의 연결점을 마련하여 이론 간의 교류에 도움을 주었다. 셋째, 외디푸스 이전 시기의 환경과 거기서 발달하는 대인관계 경험을 강조하여 초기 어머니와 아동의 상호작용에서 형성된 경험적 잔재를 강조하고, 아동의 개인관계 경험이 추동 모델이 생각했던 것보다 더 이른 시기에 시작된다고 주장하여 좀 더 깊은 내면적 과제를 이해할 수 있는 기반을 마련하였다. 넷째, 신경증적 정신과정과 정상적 정신과정에 대한 연구에 공헌하고 놀이치료를 발달시켰다.

그러나 대상관계이론은 다음과 같은 한계를 가지고 있다. 첫째, 추동 모델의 근본적인 전제를 변화시키기보다는 대상관계가 시작되는 시기를 앞당김으로써 추동 모델의 세부 사항만을 수정하였다. 둘째, 대상관계이론의 주요 개념들은 구체적으로 확인하거나 조작화하기 어려워 과학적 연구가 어렵다. 따라서 이러한 용어적 불확실성 때문에 설명이 모호하게 느껴질 수 있다.

그러나 대상관계이론은 정신분석학 이론과 임상 모두에 혁신적인 영향을 미쳤고, 아동과 어머니의 초기 관계로부터 발달해 나오는 자기(self)에 대한 복잡하고, 미묘한, 그리고 종종 시적이기까지 한 통찰은 삶과 관계에 대한 깊이 있는 이론적 영향력을 주고 있다.

제11장 행동주의 상담이론

행동주의적 접근은 1950년대와 1960년 대 초반에 생겨났다. 당시 우세했던 정신분석적 관점의 강한 저항과 비판에도 불구하고 행동주의적 접근은 과거보다는 현재, 무의식보다는 관찰 가능한 행동, 단기치료, 명확한 목표와 빠른 변화에 초점을 두는 이론으로 전통적 치료의 강력한 대안으로 등장했다. 이러한 접근은 이후 1970년대에 이르러 교육학, 치료, 정신의학 등에 중요한 영향을 미치면서 상담의 주류로 떠올랐고 다양한 문제행동의 치료적 원리로 효과적으로 사용되어 다양한 행동기법들이 발달되고 확장되었다. 오늘날 행동주의적 접근은 그 치료분야가 커지고 복잡해졌으며, 다양한 견해가 등장하여 더욱 진화되고 개발되고 있다.

현대의 행동주의적 상담이론의 접근 방법은 크게 네 가지 영역을 포함하고 있다. 먼저 행동주의의 새로운 장을 마련한 I. P. Pavlov의 고전적 조건형성이론, 행동주의이론을 일상생활과 상담에 쉽게 적용할 수 있도록 체계화한 B. F. Skinner의 조작적 조건형성이론, 그리고 고전적 조건형성과 조작적 조건형성이론을 사회학습에 적용시킴으로써 행동치료의 발전에 중요한 접근을 한 A. Bandura 등을 통해 행동주의적 접근의 발전이 이루어졌다. 마지막으로 최근의 행동주의적 접근에서는 인지적 사고과정을 중요하게 다룬다. 즉 행동의 문제를 이해하고 상담하는 데 인지적 요인을 중추적 역할로 간주하여 외적 사건이 개인에게 영향을 미치는 정도가 인지과정에 의해 결정된다고 보며, 이러한 인지과정은 행동이 가져오는 사회적이고 환경적인 결과와 끊임없이 상호작용한다고 본다. 이 영역은 인지행동적 상담에서 구체적으로 언급될 것이다.

행동주의는 학습에 초점을 두고 있으며, 선행 조건과 결과에 의해서 행동이 형성된다는 입장이다. 또한 행동은 욕구에 의해서 동기화되고 보상과 처벌이라는 형태의 강화에 의해서 견고해지거나 약화된다. 행동주의 접근은 성격의 구조나 성격발달 특징보다 수정 가능한 행동에 초점을 두기 때문에, 인간의 모든 행동은 학습된 것이며 상담방법은 잘못 학습된 행동을 소거하고 바람직하고 효과적인 행동의 학습에 도움이 되는 조건을 형성하는 것을 목표로 삼는다.

따라서 내담자가 그의 행동을 한 단계씩 변화시켜 나가도록 돕는 다양한 행동지향적인 방법들을 제공해준다. 행동주의 상담은 실험적 연구에서 밝혀진 학습 원리를 심리치료에 응용한 것이며 객관적으로 관찰할 수 있는 측정 가능한 행동을 상담 대상으로 삼기 때문에 상담의 효율성과 성과 및 진전 정도를 객관적으로 평가할 수 있다. 행동 상담이 다른 접근법과 분리되는 중요한 특성은 이와 같은 과학적 방법의 원리에 엄격히 의존한다는 것이다.

행동주의 상담의 기본 특징을 요약하면 다음과 같다(조현춘 공역, 2010). 첫째, 과학적 방법과 절차에 의거한다. 둘째, 과거를 중요시하지 않으며, 내담자의 현재문제를 다루고 현재 문제에 영향을 주는 요인들을 다룬다. 셋째, 내담자에게 자신의 문제를 다루기 위해 구체적인 행동을 하도록 요구한다. 넷째, 행동변화는 높은 수준의 자기이해를 이끌어내며 근원적인 역동의 통찰 없이도 변화가 가능하다. 다섯째, 변화를 평가하고 문제를 확인하며 외현적·내현적 행동을 직접 평가하는 것을 강조한다. 마지막으로 행동절차는 내담자의 욕구에 맞게 만들며, 내담자의 문제를 다루는 데에는 내담자와 그가 처한 상황에 적합한 다양한 치료기법이 사용된다.

1. 인간관

전통적인 행동주의자들은 인간을 환경적이고 유전적인 영향에 의해서 결정되는 수동적인 존재로 보았다. 인간의 모든 행동은 학습되며, 인간은 본질적으로 그들의 사회문화적 환경에 의해 결정된다고 보았다. 이들의 기본 가정은 다음과 같다(천성문 등, 2009).

- 인간은 좋지도 나쁘지도 않은 상태로 이 세상에 태어났다.
- 인간의 행동은 환경적 자극에 의하여 반응하는 유기체이다.
- 인간의 행동은 학습된 부정적 혹은 긍정적 습관으로 구성된다.
- 인간은 행동은 유전과 환경의 상호작용에 의해 형성된다.
- 인간의 행동은 생활환경이 제공하는 강화의 형태와 그 빈도에 의해 결정된다.

한편 현대의 행동주의적 접근은 체계적이고 구조화된 인간 행동에 대한 과학적 견해에 기초한다. 이 관점은 인간은 단지 사회문화적 조건의 산물이라는 결정론적 관점이 아니라 그 자신의 환경을 변화시키는 주체자라는 것이다. 즉 인간은 환경에 영향을 줄 수 있으며 자신의 자유와 의지에 의해 능동적인 선택을 할 수 있는 측면을 강조한다. 따라서 인간은 스스로 행동수정을 선택하고 적용함으로써 자신을 변화시켜 나갈 수 있는 존재이다. 이에 근거한 가정은 다음과 같다.

- 인간은 자기 효능감을 성취하는 방향으로 행동을 규제할 수가 있다.
- 새로운 행동의 학습은 외적인 강화가 없이도 이루어질 수 있다. 모델을 관찰하거나 대리강화를 통해서도 새로운 행동이 학습뿐 아니라 혁신적인 행동을 창조할 수 있다.

2. 행동주의의 상담이론과 주요 개념

행동주의적 접근은 Pavlov의 고전적 조건형성 이론과 행동주의이론을 일상생활과 상담에 쉽게 적용할 수 있도록 체계화한 Skinner의 조작적 조건형성이론, 그리고 사회학습과 관련하여 인지적 측면을 강조한 Bandura의 관찰학습이론이 대표적이다.

1) 고전적 조건형성(classical conditioning)

고전적 조건형성은 1904년 노벨 생리, 의학상 수상자인 Ivan Petrovich Pavlov(1849~1936)의 고전적 실험에서 나온 이론으로, Pavlov는 개의 타액분비 실험을 통해 무조건자극과 조건자극을 연합시켜 새로운 행동이 형성되는 고전적 조건화(classical conditioning)를 확립하였다. 즉 어떤 반응을 일으키는 무조건자극이 중성자극과 함께 반복적으로 제시될 때 중성자극도 무조건적자극이 일으켰던 반응과 동일하게 반응을 일으키게 되고 이때 중성자극은 조건자극이 되며 조건자극에 대한 반응은 조건반응이 되는 것을 말한다.

고전적 조건형성의 학습원리는 다음과 같다.

(1) 연합

중성자극과 무조건자극을 반복적으로 짝짓기를 하면서 즉, 연합을 통하여 중성자극이 조건자극이 되어 조건반응을 유발하게 된다.

(2) 소거와 자발적 회복(extinction and spontaneous recovery)

조건반사가 획득된 후에 조건자극이 무조건 자극 없이 반복해서 주어지면 조건반사가 사라지는 데 이를 소거라고 한다. 소거가 얼마나 빨리 되는가는 동물, 반사, 자극 그리고 조건형성시행의 시간간격에 의존한다. 조건반사는 강화가 없을 때 시간이 흐름에 따라 소거되지만 완전히 사라지는 것은 아니다. 소거된 조건반사가 일정 휴식기간 후에 다시 나타나는 것을 자발적 회복이라고 한다.

(3) 자극 일반화(stimulus generalization)와 변별(discrimination)

Pavlov는 조건형성과정에서 사용된 종소리와 유사한 부저나 메트로놈 소리에도 개가 많은 양은 아니지만 타액을 분비하는 사실을 발견하였다. 이처럼, 개는 원래의 조건자극과 닮은 다른 자극에도 조건반사를 했는데 이러한 현상을 자극일반화라고 한다. 자극간의 유사성이 크면 클수록 일반화가 더 잘되며 이는 조건형성의 범위를 넓힌다. 변별은 한 가지 자극에 한 가지 반응만을 하는 경우를 말한다. 즉, 조건형성동안에 제시된 자극에만 조건반응을 하고 유사한 다른 자극에는 다른 반응을 하거나 반응을 하지 않는다.

2) 조작적 조건형성(operant conditioning)

행동주의의 대표적 학자인 B. F. skinner(1904~1985)는 급진적 행동주의자로 알려져 있다. 그는 기존의 심리학에서 다룬 무의식, 방어기제, 특질 등의 개념은 관찰될 수 없기 때문에 과학적 학문으로서 심리학의 영역에서 배제되어야 한다고 주장하였다. 행동주의 학자들은 심리학이 인간을 이해하기 위해서는 관찰할 수 없는 내적인 마음의 상태를 연구해서는 안되며, 객관적으로 관찰 가능한 인간의 외현적 행동만을 강조하였다. 감정, 사고 등의 내적인 것들이 인간에게 존재하나 그것이 행동의 원인이라고 인정하지 않으며 인간을 둘러싼 외부 환경의 조건이 인간의 행동을 결정하는데 매우 중요하다고 생각하였다. 그리고 외부 환경의 조작은 인간의 외적인 행동뿐만 아니라 내적인 행동도 통제하고 결정한다고 보았다.

한편 고전적 조건화는 유기체가 자극에 대하여 반사적인 행동을 함으로써 학습하는 수동적인 존재로 보는 반면, 조작적 조건화는 유기체가 강화를 받기위해 환경을 조작하고 행동하는 능동적인 존재로 본다. 따라서 조작적 조건화에서는 유기체의 행동과 그 행동을 유발시키는 환경적 조건과의 관계를 중요하게 생각한다. 조작적 조건형성의 학습 원리는 다음과 같다.

(1) 조작적 행동(operant behavior)

고전적 조건화에서는 유기체가 자극에 대하여 반사적 반응을 보임으로서 수동적이고 비자발적인 행동을 끌어낸다. 이러한 행동을 반응적 행동(respondent behavior)이라고 한다. Skinner는 고전적 조건화를 인정하였지만, 인간의 중요하고 복잡한 행동은 조건반사적인 행동이 아닌 유기체가 환경과의 상호작용을 통해 능동적으로 방출하는 행동으로 보았고, 그 행동은 보상과 벌함으로써 강화되거나 소멸될 수 있음을 설명하였다. 이러한 행동을 조작적 행동이라고 한다.

(2) 강화(reinforcement)

조작적 조건형성 과정에서 행동의 빈도를 증가시키는 것을 강화라고 하며, 행동의 빈도를 증가시킨 유인요소인 결과를 강화물(reinforcer)이라고 한다. 강화의 종류에는 정적 강화(positive reinforcement)와 부적 강화(negative reinforcement)가 있다. 정적 강화는 긍정적인 강화물의 제시로 인해 행동이 증가하는 것을 말하며 부적 강화는 혐오자극을 제거함으로써 행동이 증가하는 것을 말한다. 정적 강화물에는 칭찬, 안아주기, 음식, 자유시간, 돈 등이 있으며 부적 강화물에는 밥을 잘 먹도록 하기 위해 아이가 싫어하는 콩을 밥에서 제거해 주는 것이 있다.

(3) 벌(punishment)

벌은 행동을 강화하려는 것이 아니라 제거하려는 것이다. 즉 혐오자극을 주거나 강화인을 박탈함으로써 행동의 빈도를 감소하도록 만드는 것을 벌이라고 하며, 체벌, 전기쇼크, 큰소리 등과 같이 반응을 감소시키는 자극을 처벌물(punisher)이라고 한다.

벌을 적용할 때는 주의해야 할 점은 유기체가 스스로 바람직하지 않다고 여기는 행동을 했는데도 벌을 제공하지 않는다면 유기체는 그 행동이 옳은 행동이라고 믿는다는 것이다. 벌의 가장 대표적인 부작용은 벌을 받은 유기체는 다른 유기체에게 공격적인 행동을 자주 보인다는 것이다. 또는 부정적인 정서반응, 거짓말, 변명 등의 회피반응을 보이기도 한다.

(4) 정적 처벌(positive punishment)과 부적 처벌(negative punishment)

벌에는 정적 처벌(positive punishment)과 부적 처벌(negative punishment)이 있다. 정적 처벌은 행동을 감소시키기 위해 혐오자극을 제시하는 것이며, 부적 처벌은 강화물이나 긍정적 자극을 제거함으로써 행동을 약화시키거나 감소하는 것을 뜻한다. 정적 처벌물에는 전기쇼크, 신체적 고통, 큰소리, 야단치기 등이 있다. 부적 처벌물은 좋아하는 장난감을 뺏어버리거나 벌금 물리기, 일정 장소에서 움직이지 못하도록 하는 타임아웃(time-out)기법 등이 있다.

(5) 강화계획((reinforcement schedules)

Skinner의 조작적 조건형성에서 강화는 매우 중요한 조건형성 요소이다. 그런데 이러한 강화를 제공하는 방식에 따라 강화의 효과는 달라진다. 강화에는 바람직한 행동이 일어날 때마다 일관성 있게 강화물을 제공하는 연속 강화와 부분적으로 강화하는 간헐강화가 있다. 연속강화는 각 행동마다 강화물을 주어 행동을 빨리 변화시키기 때문에 학습 초기단계에서는 가장 효과적이다. 간헐적 강화는 가끔씩 강화를 하여 행동의 소거에 대한 저항이 강해지기 때문에 학습된 행동을 유지하는 데에 보다 유용하다.

(6) 자극변별(stimulus discrimination)과 자극일반화(stimulus generalization)

유기체가 이전에 학습한 것을 바탕으로 어떤 상황에서 행동이 강화(처벌)될 것인지 혹은 강화(처벌)되지 않을 것인지를 구별해내는 것을 자극변별이라고 한다. 즉, 특정자극과 유사자극의 차이를 구분해 내는 것이다. 예를 들어 교통신호등의 경우, 우리는 신호등의 불빛에 따라 어떻게 행동해야 하는가에 대한 변별을 학습한다. 만약 적절한 자극변별을 하지 못하면 교통신호(자극)를 위반하여(행동) 사고를 내거나 벌금을 무는 어려움(결과)에 처할 것이다. 변별과정은 특정반응은 강화되고, 다른 것은 무시되어 소거되면서 일어난다.

자극 일반화는 어떤 상황에서 강화된 행동이 유사한 다른 상황에서 일어나는 것을 말한다. 예를 들어 '자라보고 놀란 가슴 솥뚜껑보고 놀란다.' 라는 속담처럼 자극을 변별해내지 못하고 유사한 자극에도 반응을 보이는 것이다. 일반화는 유기체가 유사한 상황에 적응할 수 있는 중요한 능력이 되어주나 서로 다른 상황들을 구별할 수 있는 능력도 중요하다.

일반화와 변별은 대립되는 개념으로 개인이 다른 두 상황을 변별하면 그의 반응은 일반화를 실패했다는 것을 의미하며 반대로 다른 두 상황을 일반화하면 변별을 실패했음을 뜻한다.

(7) 소거(extinction)

강화를 통해 빈도가 증가된 행동이 강화를 완전히 중단하면 조작행동이 줄어들거나 나타나지 않는 것을 소거(extinction)라고 한다. 소거는 이전에 학습되었던 바람직하지 않는 행동의 제거를 위해 사용될 수 있다. 특정행동을 할 경우 강화하지 않거나 무시함으로써 그 행동을 통제할 수 있다. 그러나 과거에 여러 번 강화를 받은 행동은 소거하기 쉽지 않다. 즉, 한번 배운 행동을 완전하게 없애기는 어렵다고 한다. 한편 소거를 통해 완전히 감소된 어떤 행동이 다음에 발생할 기회가 주어졌을 때 다시 나타날 수 있는데, 일정한 기간이 지난 후에도 소거된 행동이 다시 나타나는 것을 자발적 회복(spontaneous recovery)라고 한다.

(8) 조성(shaping)과 점진적 접근법(successive approximation)

조성(shaping)이란 정교화 되고 복잡한 행동을 위해 처음은 쉬운 행동부터 시작하여 단계적으로 차근차근 학습하여 정교한 기술을 갖게 하는 것이며, 점진적 접근법(successive approximation)은 바람직한 행동에 가까워지기 위해 필요한 요소를 논리적으로 구성하고 목표행동에 도달하기까지 단계적으로 강화되는 절차이다. 예를 들어 돌고래가 재주를 부리는 행동이나 서커스 단원의 절묘한 행동기술을 형성하는 데 있어서 조성 혹은 점진적 접근법이라는 개념이 필요하다. Skinner는 행동조성의 방식은 조각가가 조각품을 만드는 방법과 유사하다고 지적했다. 목표행동이 복잡할 경우 단번에 달성할 수 없다. 조성은 그러한 목표행동에 접근하는 반응들을 강화함으로써 새로운 행동을 가르치는 것을 말한다. 일반적으로 우리는 강화된 단순한 행동의 집합들이 아니라 단계적으로 쉬운 행동부터 학습하여 갖게 되는 많은 기술에 의하여 살아간다.

(9) Premack 원리

Premack은 물질적 자극이 아닌 스스로의 행동도 강화물 역할을 할 수 있음을 알게 되었다. Premack에 의하면, 유기체가 자주 하는 행동은 잘하지 않는 행동을 증가시키기 위한 강화물로 사용할 수 있다. 인간은 취미에 맞고 흥미 있는 일은 자주 하게 되지만, 재미없고 귀찮은 일, 의무적으로 해야 하는 일은 잘 하지 않으려 한다. 이러한 인간의 특성을 이용하여 아동이 좋아하는 활동(컴퓨터 게임 등)을 제공해 아동이 싫어 하지만 꼭 해야 하는 행동(과제 등)을 강화하는 방법이다. Premack의 원리를 사용하고자 할 때는 아동의 여러 행동의 빈도를 조사하여 빈도표를 만들어야 한다. 표가 완성되면 빈도가 높은 행동을 빈도가 낮은 행동을 강화하는데 사용한다.

3) Bandura의 사회학습이론

A. Bandura(1925~)는 사회학습 이론의 주요 인물로서, 행동수정의 개척자로서, 또한 공격성 이론의 학자로서 인정받고 있다. 특히 인간이 환경과의 접촉을 통하여 행동 유형을 어떻

게 발전시켜 나가는가 하는 이론을 발전시킨 학자이다. 초기에 그는 모델링과 대리학습의 개념에 집중하였으나, 이후 상호적 결정론이나 자기효능감과 같은 개념을 소개하였다. 그는 미국심리학회 회장, 캐나다 심리학회 명예회장 등 여러 학술단체를 이끌며, 심리학 교육에 크게 공헌하였기에 1999년 미국심리학회로부터 손다이크(Thorndike)상을 받기도 하였다.

특히 Bandura의 이론은 행동 변화를 위한 기법들을 창출하는 데 큰 공헌을 하였으며 최근에는 발달심리학이나 건강심리학 분야 등에도 적용하고 있다. 주요 개념은 다음과 같다.

(1) 사회학습 이론

유기체가 직접 행동함으로써만 학습이 이루어지는 것뿐만 아니라 학습은 사회적 상황에서 타인들의 행동을 단순히 관찰함으로써도 그러한 행동을 학습한다는 이론이다. 이는 기본적으로 강화이론에 토대를 두나, 다른 사람의 보상이나 벌을 받는 것을 관찰함으로써 간접적으로 강화를 받기 때문에 학습이 이루어진다는 이론으로 관찰학습, 모방학습이라 한다. 관찰학습이론에 기초한 상담기법으로 모델링, 역할극, 주장훈련, 인지적 행동수정, 자기지도 등이 있다.

1986년 즈음 Bandura는 자신의 이론의 특성상 사회학습이론보다는 사회인지이론이 더 적절하다고 밝혔다. 이처럼 명칭을 바꾼 것은 자신의 이론을 다른 행동주의 심리학이나 사회학습이론과 차별화하기 위함이었다(이수현 등, 2014).

(2) 관찰학습

인간은 관찰학습을 통해 자신이 실제 수행하지 않았어도 새로운 행동에 대한 정보를 얻을 수 있다. 이러한 정보는 상징으로 부호화되어 미래 행동의 안내자 역할을 한다. 모방학습은 신속하게 행동 표상을 만드는데 필수적이며 시행착오로 시간을 낭비하는 것을 최소화하는 효율적인 학습이다. 관찰학습은 주의집중 → 기억·파지 → 운동재생 → 동기화 등 네 가지 과정을 통해 이루어진다.

① 주의집중 과정(attentional process)

주의집중은 개인이 처한 환경에서 드러난 모델의 행동들을 선택하여 관찰할 수 있는 능력이다. 이때 무엇보다도 먼저 모델에 주의를 기울이지 않으면 모델을 모방할 수 없다. 주의의 강도는 모델의 매력적인 특성과 관찰자의 욕구, 흥미에 따라 좌우된다.

② 기억·파지 과정(retention process)

관찰된 행동이 관찰자의 기억으로 회상되어야만 모방이 이루어진다. 이는 모델의 행동을 기억할 수 있는 인식과정으로서 정보가 심상적 및 어문적 방법의 상징적 기호로 저장되는 것을 의미한다. 인지적으로 저장된 정보는 관찰학습이 일어난 후 오랫동안 내면에서 강화된다.

③ 운동재생 과정(motor reproduction process)

기억이 실제 행동으로 전환되기 위해서는 운동으로 재생되는 과정이 필요하다. 관찰한 행동을 정확하게 재생하려면 필요한 운동 기술을 갖추어야 한다. 운동 재생 과정은 심상과 언어에 의해 상징으로 부호화된 기억을 적절한 행동으로 전환시키는 것이다.

④ 동기화 과정(motivation)

관찰한 행동이 실제 행동으로 나타나려면 관찰자에게 동기가 있어야 한다. 타인의 행동을 관찰한 후 수행여부는 강화, 동기적 변인에 의해 좌우된다. 타인이 강화 받는 것을 관찰함으로써 수행 여부를 결정한다. 운동재생 능력이 있더라도 동기가 없으면 행동을 수용하지 않게 된다. 직접 강화, 대리 강화, 자기 강화 등과 같은 다양한 형태의 강화가 동기화를 이룬다.

(3) 실행학습

Bandura는 대부분의 행동이 관찰학습이나 실행학습의 두 가지 형태로 습득된다고 보았다. 실행학습은 자신의 직접 경험에 의해 학습되는 것으로, 자신이 행한 행동에 대한 사고와 그 결과에 대한 평가에 의해 복잡한 형태의 행동을 습득하는 것을 말한다. 유기체는 행동의 결과에 대한 인지적 사고와 평가가 미래 행동을 조절하게 된다. 이것은 Skinner의 행동주의에서 강화와 유사하지만, 강화가 무의식적이고 자동적으로 이루어지는 경우가 많다면 복잡한 행동의 실행학습은 의식적이고 인지적으로 작동된다.

3. 행동주의 상담의 과정

행동주의 이론의 상담 목표는 잘못 학습된 행동을 소거하고 바람직하고 효과적인 행동의 학습에 도움이 되는 조건을 형성하는 것을 목표로 한다. 모든 내담자에게 해당될 수 있는 가장 적절한 상담목표란 있을 수 없지만 상담목표는 명료하고 구체적이며, 이해하기 쉽고, 관찰될 수 있는 구체적인 행동목표로 진술해야 하며 상담자의 도움을 받아 내담자 자신이 상담

목표를 설정하여 내담자 개개인의 문제에 따라 다르게 진술한다.

상담과정은 다음과 같다.

1) 상담관계의 형성

행동주의 상담접근에서 상담자들은 공감이나 온정 등의 관계변인이 행동 변화를 위한 충분조건은 아니나, 내담자의 어려움을 파악하고 내담자가 필요로 하는 도움을 주기 위해서 인간중심적 접근에서처럼 온정, 긍정적 존중, 공감 등의 상담관계의 형성이 필요조건이라고 생각한다.

2) 문제행동의 규명

상담관계가 형성되면 상담자는 내담자로 하여금 분명히 알지 못하거나 추상적으로 알고 있는 문제들에 대하여 겉으로 드러나는 구체적인 문제행동으로 규명할 수 있도록 돕는다. 문제행동은 구체적이고 관찰가능하며 측정 가능한 행동으로 세분화되어야 한다.

3) 현재의 상태 파악

내담자의 문제행동이 규명되면 그 문제행동과 관련된 내담자의 현재의 느낌, 행동, 가치, 생각 등의 약점과 강점을 파악한다. 내담자의 현재 상태를 파악할 때 고려해야 할 사항은 다음과 같다.

- 내담자가 지나치거나 부족하다고 하는 구체적인 행동을 분석한다.
- 문제행동과 관련된 선행(antecedent), 결과(consequence), 사건(event)을 분석한다.
- 일상생활에서 문제행동을 강화하는 사태를 분석한다.
- 문제행동을 변화시키는데 도움이 되는 내담자의 발달적 측면들에 대한 정보를 수집한다.
- 자신의 문제행동을 어느 정도 스스로 통제할 수 있는지를 분석한다.
- 내담자의 생활에 의미 있는 영향을 미치는 사람과의 관계 및 관계유지방식을 분석한다.
- 사회적, 문화적, 물리적 환경의 제한점을 분석한다.

내담자의 현재 상태가 규명되면 상담자는 내담자의 문제행동을 명확하게 기술하고, 적절한 상담목표를 설정하고, 내담자의 전체적 정보를 토대로 유용한 상담기법을 선정한다.

4) 상담목표의 설정

내담자로부터 얻어진 정보와 이에 대한 분석을 토대로 상담자와 내담자가 서로 받아들일 수 있는 상담목표를 설정한다. 이는 내담자의 행동을 변화시키는 동기를 제공하는 것임과 동시에 상담에 필요한 기술을 조직적이고 체계적으로 구성하는데 도움을 준다. 상담자는 상담목표 설정의 취지를 설명하고 다음 사항을 고려하여 내담자와 함께 목표를 설정한다.

- 달성 가능한 목표 수준 고려
- 내담자가 원하는 구체적인 목표 결정
- 달성 가능성, 측정 가능성, 목표달성의 이점, 목표달성의 어려운 점 등 고려, 그리고 정해진 목표에 대한 재고
- 목표 수정 혹은 확정 여부 결정
- 최종 결정된 목표에 대한 구체적 목표 내용 및 순서 설정

5) 상담기술의 적용

구체적인 상담목표에 기초하여 내담자에게 효과적인 학습방법을 제공할 수 있는 개별화된 상담기술을 창의적으로 개발하고 적용한다. 내담자가 처해 있는 현재의 내·외적 환경조건을 고려한 구체적인 환경에서 내담자의 행동수정을 도울 수 있는 상담기술로 구성하여 적용한다.

6) 상담결과의 평가

상담결과를 알아보기 위한 행동평가는 상담의 전 과정이 얼마나 효과적이었는지를 알아보는 것이며, 평가결과에 따라 상담기술을 수정할 수 있는 것이므로 평가는 상담이 끝날 때는 물론 상담과정의 단계마다 계속된다.

7) 상담의 종결

상담의 종결은 최종 목표 행동에 대한 최종 평가 후에 이루어진다. 상담종결은 추가적 상담이 필요한지를 파악하고, 내담자가 상담과정에서 학습한 원리를 자신의 삶에 적절히 적용할 수 있도록 돕는 것에 초점을 둔다.

4. 행동주의 상담 기법

1) 체계적 둔감화(systematic desensitization)

공포 및 불안을 제거하는 데 쓰이는 상담기법이다. 불안 때문에 근육이 긴장 된다면 반대로 근육을 이완시킴으로써 불안을 감소시키는 방법이다. 불안을 유발시키는 경험을 상상하게 함으로써 불안 유발 자극의 영향을 점차적으로 약화시키는 방법이다. 체계적 둔감화에 사용되는 훈련절차는 다음과 같다.

가. **이완훈련:** 근육이 이완된 상태에서는 불안이 일어나지 않는다는 원리에 따라 주로 공포나 불안을 제거하는데 사용한다.
나. **불안 위계표 작성:** 공포나 불안을 일으키는 장면과 관련된 장면의 목록을 작성하고 주관적인 불안 정도를 수치로 표시하고 불안과 관계된 장면이 약한 것에서부터 강한 순서로 위계를 정한다.
다. **불안 위계표에 따른 이완훈련:** 이완훈련을 통해 불안을 제거하는 훈련으로, 불안이 낮은 장면에서부터 시작하여 불안이 높은 장면으로 올라가면서 실시한다.

2) 역조건형성(counter-conditioning)

하나의 좋은 자극과 하나의 약한 혐오자극을 짝지어서 혐오자극에 의해서 일어난 불안을 극복하는 방법이다. 예를 들면, 학교, 병원 등에 가기 싫어하고 불안해하는 아동에게 그가 좋아하는 것(사탕)을 충분히 보상해 줌으로써 학교나 병원으로 인해서 일어나는 불안을 줄이는 것이다.

3) 혐오 조건형성(aversive conditioning)

부적응적 반응이나 행동이 일어날 때 혐오적인 자극을 주는 것이다. 그러나 혐오자극이 제시될 때 공격적으로 변하거나 불안해하는 등 부작용이 발생할 수 있으므로 문제의 성질, 내담자의 협력 등을 고려하여 신중하게 선택하여 사용하여야 한다. 혐오자극은 내담자의 바람직한 행동을 위해 효과적으로 사용하고 있는 것이지만 그 내용에 있어서 논쟁의 여지가 많다.

4) 용암법(fading)

변별력을 가르칠 때 자극을 점진적으로 조절하여 결과적으로 새로운 자극에 대해 반응할 수 있도록 하는 절차이다. 즉 한 행동이 다른 사태에서도 발생할 수 있도록 그 조건을 점차적으로 변경해 주는 과정으로 대상자를 잘 탐색하여 원하는 행동이 어떤 다른 자극 하에서 일어날 경우 사용이 바람직하다. 정신지체나 자폐증 아동들의 학습 프로그램에 효과적으로 사용된다.

5) 토큰법(token economy)

바람직한 행동을 하면 토큰이나 점수를 얻게 된다. 사회적으로 부적합한 행동을 하면 토큰이나 점수를 잃을 수도 있다. 토큰이나 점수는 별표, 딱지, 자유 시간, 게임하기, 사탕 등과 같이 주기적으로 교환할 수 있다. 토큰 보상치료는 병원에 수용되어 있는 정신장애자, 청소년감화원에 있는 비행청소년, 학습부진아나 정서장애 아동 집단 등에 효율적으로 쓰일 수 있다.

6) 행동계약

상담자와 내담자, 또는 부모나 친구를 포함해서 의논의 과정을 거쳐 정해진 기간 내에 각자 해야 할 행동을 분명하게 (기록하여) 작성한다. 정해진 계약조건이 지켜지면 정해진 보상에 의해 강화자극이 주어지는 것이다. 계약내용의 명확성, 계약실천 가능성, 보상의 시기, 보상 기회의 빈도, 보상의 무게, 계약관계 등을 고려해야 한다.

행동계약은 행동주의적이며 인본주의적인 원칙에 근거하고 있다. 따라서 계약 당사자들은 자발적인 의사를 존중하고 목표행동과 그에 대한 보상에 대하여 활발한 의사소통을 통하여 합의에 이르게 된다.

7) 자극 통제

자극통제는 문제행동과 관련된 환경적 요인을 미리 재조정하여 행동의 변화를 촉진하는 기법이다. 자극통제는 부적절한 행동을 일으키는 환경 자극의 빈도를 줄이고 바람직한 행동을 일으키는 환경자극을 증가시키는 것을 목적으로 한다. 자극통제 기법은 환경의 변화로 행동변화의 기초를 마련해준다. 자극통제의 기본원리는 다음과 같다.

- 물리적 환경을 변화시킴으로써 문제행동을 실행하기 어렵게 만든다. 예를 들어 금연을 목표로 하는 사람에게 담배와 관련된 물건을 가지고 다니지 않게 한다.

- 문제행동을 제한된 환경에서만 하도록 통제한다. 예를 들어 몸무게를 줄이고자 하는 사람은 반드시 식탁에서만 먹도록 계획한다.
- 물리적 환경뿐만 아니라 사회적 환경도 함께 통제한다. 예를 들어 학생이 공부하는 동안 가족들 역시 TV시청을 금지한다.
- 개인의 신체적 생리적 조건을 변화시켜 문제행동을 약화시킬 수도 있다. 예를 들어 불면증 환자가 긴장이완 기법을 활용한다.

8) 모델링

아동이 배워야 할 행동의 모델을 실제상황이나 비디오, 책, 영화, 등을 통해 제공하는 것이다. 이런 과정을 통해 내담자는 시행착오를 거치지 않고도 바람직한 행동을 하는 법을 배울 수 있다. 아동에게는 또래의 영향을 이용하면 효과적이다. 모델 유형으로 내담자가 적절한 행동을 하도록 가르칠 수 있으며 내담자의 태도와 가치에 영향을 주고 사회적 기술을 가르칠 수 있는 '살아있는 모델', 영상이나 다른 매체를 통한 '상징적 모델', 그리고 집단에서 성공적으로 행동하는 동료의 행동을 관찰함으로써 자신의 태도를 바꿀 수 있으며 새로운 기술을 학습할 수 있는 '복합적 모델' 유형 등이 있다.

9) 홍수법(flooding)

실제로 혹은 상상으로 유발된 불안 자극에 오랫동안 노출시키는 것을 의미한다. 내담자는 노출 동안 불안을 경험하지만, 두려워하고 불안해했던 결과가 실제로 일어나지 않는다는 것을 체험하게 된다. 일반적으로 불안이 높은 내담자는 부적응적 행동을 통해 불안을 억제하려는 경향이 있다. 홍수법에서는 내담자가 불안 상황에 대해서 평소에 하던 부적응적 행동을 하지 않게 된다.

5. 평가

행동주의 상담이론은 내담자가 변화하고자 하는 구체적인 행동에 초점을 두고, 인간 내적인 심리적 구조보다는 환경과의 상호작용을 중시한다. 행동주의 상담이론의 공헌점을 요약하면 다음과 같다. 첫째, 학습이론을 사람에게 적용함으로써 상담에 있어 객관적이고 과학적인 접근을 시도하였다. 둘째. 행동주의의 조건형성 원리는 부적응 행동의 수정기법으로 매우 효과적으로 사용되고 있다. 셋째, 구체적인 행동의 변화를 가져오는 과학적 접근을 통해 교육 장면이나 치료 현장에서 지도상의 변화를 가져왔다. 넷째, 과거의 행동보다는 현재의 행동에 초점을 두어 비교적 짧은 시간 내에 개입의 효과를 기대할 수 있으며, 상담결과에 대한 객관적인 평가가 가능하다.

그러나 행동주의 상담이론은 다음과 같은 점에서 비판을 받고 있다. 첫째, 행동주의는 기본적으로 인간의 내면성을 무시하거나 소홀히 취급하고 있다. 즉 인간의 내면, 행동 이면의 특성에 관한 문제에 대한 통찰이 없어 내담자의 문제행동을 일시적으로 제거하는 데는 효과적이나 근본적인 치료를 기하기 어렵다. 둘째, 행동주의의 자극-반응, 반응-강화의 도식은 인간을 기계적으로 표현하고 인간의 자유의지나 자율성을 배제함으로써 존엄성을 파괴한다. 즉 인간을 단순히 자극에 반응하는 유기체로 보기 때문에 다른 상담방법에 비해 비인간적인 측면이 있다. 셋째, 행동주의는 그 기본 이론과 법칙들이 동물실험을 통해서 밝혀진 것이기 때문에 그 결과를 인간에게 일반화시키는 데에는 근본적 한계가 있다. 또한 행동주의 상담이론은 문제행동의 수정에는 적합하나 인간의 자유나 자기실현 등을 주장하는 인본주의 학자들에게 많은 비판을 받고 있다.

제12장 인본주의 상담이론

1960년대에서 1970년대에 걸쳐 인본주의 관점은 정신분석의 생물학적 인간관과 행동주의의 기계적 인간관에 반대하여 개인의 주관적인 경험과 의미 있는 삶을 추구하고자 하는 인간의 의지를 강조하였다. 이러한 움직임은 실존주의 상담, 인간중심 상담, 게슈탈트상담 등을 발전시켰다. 이러한 관점은 내담자의 주관적인 경험을 존중하고, 긍정적이고 건설적이며 의식적인 선택을 할 수 있는 내담자의 능력을 신뢰하며 자유, 선택, 가치, 개인의 책임, 자율성, 목적, 의미와 같은 개념을 강조한다.

실존주의 상담은 실존주의 철학에 그 뿌리를 두고 있지만 단일체계로 정립된 상담이론이라기보다는 인간에 대한 존재론적 세계관을 기반으로 다양한 학문분야에서 발달한 인간이해에 대한 이론적 체계라고 할 수 있다. 서구 유럽에서 심리학의 제 3세력으로 등장한 실존주의 심리학은 인간을 외적 환경의 산물로 보는 행동주의적 견해와 내적 충동의 산물로 보는 정신분석학적 견해에 대한 비판과 보충으로서 태동되었다. 실존주의 상담은 인간의 정신적 차원에 대한 본질과 존재론적 의미에 초점을 맞추고 있다(한재희 등, 2014).

인간중심상담은 1940년대 Rogers에 의해 창시된 상담이론이다. Rogers의 이론은 1940년대에는 비지시적 상담으로, 1950년대와 1960년대에는 내담자중심상담으로 불리었고, 1960년대 이후에는 인간중심상담으로 불리게 되었다. 인간중심상담은 현상학과 실존주의 철학에 그 배경을 두고, 인간을 태어나면서부터 자기잠재력을 실현하려는 경향성과 가능성을 가지고 있는 존재로 본다. 따라서 인간을 현상학적 장에서 이해하고 인간을 실존적으로 도와야 한다고 주장한다. 인간중심상담은 정신분석상담과 행동주의상담과 더불어 대표적인 상담이론으로 자리매김하였고, 나아가 교육, 정치, 경제 등 우리 삶의 전 영역에 적용되어 하나의 인간중심적 삶의 원리이자 철학으로 발전하였다(김형태, 홍종관, 2014).

게슈탈트 상담은 Fritz Perls와 Laura Perls 등을 중심으로 1950년대에 창시된 실존주의적이고 인본주의적인 접근이다. 1940대와 1950년대의 실존적, 현상학적, 전체론적 사조로부터 영향을 받아서 고전적 정신분석을 개혁하며 이론적 모델이 발전되었다. 게슈탈트 상담이론은 현상학적 방법론, 장(field) 이론, 실존적 대화 및 실험적 자유를 특징으로 한 접근으로, 게슈탈트 상담에서 내담자는 자신의 있는 그대로의 상태를 자각하며 자신의 미해결 과제를 해결해가며 자신의 고유하고 창조적인 삶을 살아갈 수 있도록 도움 받는다.

1. 실존주의 상담

Viktor Frankl(1905~1997)은 유럽을 대표하는 실존치료자로 비엔나에서 태어나서 교육받았다. 1928년 비엔나에서 청소년 심리상담 치료소를 설립했으며 거기에서 1938년까지 청소년들을 지도했다. 그러나 1942년부터 1945년까지 아우슈비츠의 나치 포로수용소에 갇혀 있었으며 거기에서 부모, 형제, 아내, 아이들을 모두 잃었다. Frankl은 죽음의 나치 수용소의 모진 세월을 보내기 전부터 실존적 접근을 임상 실제에 적용해 왔으며, 나치 수용소에서의 끔직한 경험은 그의 사고에 심대한 영향을 미쳤다.

Frankl은 인간의 본질은 의미와 목적추구라 믿고 이러한 자신의 접근을 '의미치료'라 불렀다. 인간은 가치, 고통을 경험하는 우리의 행동이나 행위를 통해서 이 의미를 발견할 수 있다. 그는 인간은 어떤 상황에서든 자신의 태도를 선택하고, 자신의 방식을 선택할 수 있는 자유를 가진 존재라고 생각했다.

실존주의 상담이론을 체계화하고 임상적 실제에 구체적으로 적용한 실존주의 상담자로는 Frankl 외에도 Rollo May, Irivin Yalom, Ludwig Binswanger, Medard Boss 등이 있다.

1) 인간관

실존주의는 인간 모두를 설명하는 객관적 진리가 아닌 특정 상황에서 각 개인에게 존재하고 있는 주체적 진리에 초점을 맞추고 있다. 실존주의 상담의 인간관은 개인의 특성들을 범주화하는 진단 틀을 활용하기보다는 인간 실존의 기본적인 차원을 설명해주는 틀을 제시해주고 있다(Deurzen, 2008). 실존주의는 인간의 존재에 대해 다음과 같이 가정한다.

- 인간은 영적 의미를 지닌 정신적 존재이다(영적이라는 의미는 종교적 용어가 아닌 선택, 자유, 책임 등 인간 안에 존재하는 진정한 인간성을 의미한다).
- 인간은 의미에 대한 의지로 살아가는 존재다.
- 인간은 상황뿐만 아니라 자기 자신으로부터 분리할 수 있는 자기초월 능력을 가진 실존적 존재다.
- 인간은 이 세상에 우연히 내던져진(被投的) 존재이다.
- 주체와 객체는 별개의 것으로 생각할 수 없으며 이 양자가 상호연관을 갖는 참 만남 속에서 자각이 가능하다.
- 인간은 의미 있는 전체로서 끊임없이 생성되어지고 변천되는 상태에 놓여있다.

2) 주요 개념

(1) 의지의 자유

의지의 자유란 인간이 처한 어떤 환경이나 상태로부터의 자유가 아니라, 어떠한 상태에 대해 각 개인이 취할 수 있는 태도에 대한 자유를 말한다. 인간은 자신에 대한 자기의 태도를 선택할 수 있는 존재로서 최악의 상태에서도 자신을 분리시킬 수 있는 것은 인간에게만 있는 특별한 능력이다. 이것은 새로운 차원, 곧 정신적 차원을 여는 것이며 독특한 인간현상들이 존재하는 차원으로서, 인간은 최악의 조건하에서도 영적인 자유와 존엄성을 유지하는 능력을 가진다.

(2) 의미에의 의지

인간은 쾌락과 권력의 종속을 거부하고 진정한 의미를 추구하는 존재로서 의미에의 의지를 지니고 있다. 삶의 근본적인 힘은 본능적인 충동이 아니라 의미에의 발견과 의미에의 역동적인 의지에서 흘러나온다. 인간에게 의미는 존재를 앞서고 자기초월적인 것이기 때문에 외부로부터 주어지는 것이 아니라 개인이 스스로 탐색하는 것이다. 여기에는 반드시 자유와 책임이 따른다.

(3) 삶의 의미

인간은 본질적으로 의미와 개인적 주체성을 추구한다. 의미는 삶의 기본적인 동기로서 사람이 필요로 하는 것은 긴장이 없는 상태가 아니라 그에게 가치가 있는 어떤 의미를 추구하는 긴장이다. 실존으로서의 인간은 주어진 생활 상황에 내재한 잠재적 의미를 충족하는데 책임이 있는 존재를 의미한다. 실존주의자들은 사람들이 자신의 삶에 목적과 가치를 부여할 수 있는 능력을 사용하면 삶은 의미 있게 될 수 있다고 믿는다.

(4) 실존적 불안

실존적 불안은 인간의 존재의 유한성에서 느끼는 깊은 불안으로 그것은 병리적인 상태이기보다는 긍정적 신호라 할 수 있다. 실존주의 이론은 실존적 불안과 신경증적 불안을 구분한다. 자신의 삶을 의미 있고 가치 있게 만드는 것에 대한 책임을 지지 못할 때 신경증, 우울 그리고 삶에 무관심한 실존적 공허감 등이 만연하게 된다.

3) 상담 과정

실존주의 상담은 치료과정에 초점을 두기보다 사람들이 직면하는 보편적인 이슈들과 사람들이 이를 향상시키고 실현하게끔 다루는 방식을 탐색하는 데 초점을 준다. 전통적 의미에서 내담자를 치료하고 증상을 개선시키려고 하는 것이 아니라 죽음, 고독, 무의미와 같은 삶의 필연적인 도전에 직면할 수 있도록 돕는다. 즉 상담의 목표는 내담자로 하여금 실존적 공허를 통해 갖는 무의미감이나 신경증에서 벗어나 삶의 의미를 발견하도록 하고, 자유의지를 가진 선택자로서 자신의 삶에 건설적인 의미 있는 선택을 할 수 있도록 하는 데 있다.

상담자는 내담자가 주관적 세계를 이해하여 새로운 이해나 선택을 할 수 있도록 도와주는 데 관심을 갖고 내담자가 '집착'의 원인을 발견할 수 있도록 도와준다. 실존주의 상담에서의 상담기법은 이차적인 문제이며 내담자를 효과적으로 독려하고 이해할 수 있게 해주는 관계의 설정이 일차적인 과제이다. 상담자는 특히 내담자의 책임회피에 관심을 두고 내담자가 개인적인 책임을 수용하고, 제한된 실존을 가진 내담자들에게 생활방식이나 집착하고 있는 방식에 이러한 상황을 만들게 한 자신의 역할을 인식하도록 돕는다.

4) 상담 기법

일반적으로 실존주의 상담은 특별한 상담기법을 강조하지 않는다. 실존주의 상담은 상담에서 중요한 요인을 상담자와 내담자의 진실한 만남에 두고, 상담기법에 대한 의존보다는 인격적인 접근을 강조한다. 실존주의 상담에서 활용되는 기법을 살펴보면 다음과 같다.

(1) 역설적 의도(Paradoxical intention)

역설적 의도는 강박증이나 공포증에 대한 치료기법이다. 강박증이나 공포증 환자는 주로 예기 불안을 가지게 되는데, 이는 내담자가 하나의 사건에 반응할 때 다시 그 사건이 일어날 것에 대한 불안을 갖고 반응하는 것을 의미한다.

예기 불안은 지나친 주의나 지나친 의도의 원인이 되며, 불안에 대한 불안이 불안을 증폭시킨다. 역설적 의도는 이러한 악순환을 극복하기 위해 가장 공포나 불안을 느끼는 그 일을 하도록 용기를 북돋아 주거나, 혹은 그 일이 일어나도록 바라도록 격려하는 것이다. 자기분리와 초월의 능력을 활용하여 불안을 객관화시킬 때 태도의 변화가 시작되고 내담자는 증상에서 벗어나게 된다.

(2) 탈숙고(dereflection)

탈숙고는 사람들이 무의감에 대처하도록 도울 수 있는 역설적 의도의 한 유형으로, 자신에게 초점을 맞추지 말고 자기 밖에서 의미를 찾는 데 초점을 두는 것이다. 지나친 숙고는 자발성과 활동성에 방해가 된다. 자기 외의 것에 초점을 두도록 격려함으로써 자기 몰두와 불안을 줄이는데 도움이 되고, 삶에서 의미를 찾는 노력을 촉진한다. 탈숙고는 강박적인 자기성찰에서 벗어나도록 고안된 상담기법이다. 이와 같은 상담기법은 인간 속에 내재화된 책임과 자유를 일깨워 삶의 의미와 연결시킨다.

5) 평가

실존주의 상담은 기계적인 인간관에 반대하고 인간이 정신적인 존재임을 강조하며, 다른 어떤 상담보다도 상담자와 내담자의 관계적 질을 중요시하였다. 그래서 실존주의 상담의 가장 큰 공헌은 상담에서의 인간관계의 질을 강조한 것이라 할 수 있다.

그러나 실존주의 상담은 상담이론이나 실제에 대한 체계적인 진술이 결여되어있다는 점을 비판받고 있다. 또한 실존주의 상담이론의 용어 역시 모호하고 포괄적으로 기술되어 과학적 검증이 어려운 점이 있다. 이론의 정확성의 부족은 때로 연구의 혼란을 야기하며, 상담과정이나 결과에 대한 연구를 어렵게 한다.

2. 인간중심 상담

1) Rogers의 생애

Carl Rogers(1902~1987)는 친밀하고 따뜻하면서도 종교적 규범을 엄격히 따르는 청교도 집안에서 성장하였다. 대학시절에는 여러 가지 학문에 관심과 흥미를 가져 농학, 사학, 종교학 등을 거쳐 임상심리학을 전공하였으며, 1931년에 콜롬비아 사범대학에서 철학박사 학위를 받았다. 1940년부터 오하이오 대학, 시카고 대학, 위스콘신 대학교 등지에서 교수직을 역임하였다.

1951년에 『내담자중심치료(Client-centered therapy)』를 출판하여 기존의 자신의 접근인 비지시적 상담에서 내담자 자신의 성장유발적 요인을 강조하였다. 1970년대 이후 자신의 상담이론을 심리치료나 교육학에만 머물게 하지 않고, '인간중심이론(Person-centered therapy)'이라 명명하여 인간 삶의 전 영역에서 인간관계에 적용하였다.

Rogers는 자신의 인간중심이론을 세계 공동체가 직면한 문제해결을 위해 적용하고자 노력하고, 생애 마지막 15년 동안 정책 입안자, 지도자, 갈등집단을 훈련시킴으로써 정치에 인간중심접근을 적용하기도 하였다. 특히 인종 간 긴장완화와 세계평화에 힘썼고 이런 업적에 힘입어 노벨 평화상 후보자로 지목되기도 하였다.

2) 인간관

Rogers는 인간을 자기실현 경향성을 가진 존재로 보았다. 그에 의하면 인간은 신뢰할 수 있고 자원을 만드는 존재이고, 자기이해와 자기-지시적 능력을 갖고 있으며, 건설적인 변화를 일으킬 수 있는 존재이다. 그리고 현상적 관점에서, 현재의 존재를 결정짓는 것은 어제 가졌던 비관적인 생각들이 아니라 바로 지금의 현상적 장에서 가지고 있는 나와 세상에 대한 희망이다. 인간은 끊임없이 변화하고 성장하는 존재이므로, 상담자의 역할은 인간 본성의 건설적 측면과 내담자의 참모습에 초점을 두어 내담자가 충분히 자기실현을 할 수 있도록 돕는 역할을 해야 한다고 주장했다.

3) 주요 개념

(1) 유기체

유기체는 각 개인의 신체, 정서, 지성을 모두 포함하는 통합된 전체로서 개인(유기체)은 모든 경험의 총체이다. 유기체의 본성은 그 자체를 실현시키려는 것으로 유기체는 그 자체를 실현하는 과정에서 가치 있는 과정에 참여한다. Rogers는 "경험은 나에게 최고의 권위다."라고 말하며 전체로서의 개인, 유기체의 경험을 중시했다.

(2) 자기

자기(self)란 자신의 개인적 특성, 또는 타인과의 관계 속에서 형성한 특성에 대해서 스스로에 대한 모든 생각과 태도들의 집합체로서 끊임없이 변화하는 과정으로 이해되는 개념이다. 자기개념은 현실적 자기(the real self)와 이상적 자기(the ideal self)로 구분되는데 현실적 자기란 현재 자신에 대한 인식이며, 이상적 자기란 한 개인이 가장 많이 소유하고 싶어 하고 가장 높은 가치를 부여하는 특성들에 대한 자기개념이다. 두 가지 자기개념의 일치 여부에 따라 건강하거나 병리적인 성격을 갖게 된다.

(3) 실현경향성과 충분히 기능하는 인간(fully-functioning person)

실현경향성이란 자신의 잠재력과 가능성을 실현하려는 유기체의 타고난 경향성으로 이는 유기체를 유지할 뿐만 아니라 성장과 향상, 즉 발달을 촉진하고 지지한다. Rogers는 인간은 본래부터 고통이나 성장 방해요인을 극복하고 정신적 건강상태를 되찾을 수 있는 자기실현 경향(self-actualizing tendency)을 가지고 있다고 보았다.

충분히 기능하는 인간이란 Rogers가 말한 이상적 인간상으로서, 현재 진행되는 자신의 자기를 완전히 지각하고, 자신의 능력을 발휘하여 자신의 경험을 풍부히 하는 방향으로 나아가는 사람이다. Rogers는 자기실현을 하는 사람의 특징을 다음과 같이 보았다.

- 경험에 대해 개방적이다.
- 방어를 하지 않는다.
- 자신과 세상을 정확하게 인식한다.
- 무조건적으로 자기를 존중한다.
- 다른 사람들과 새로운 관계를 맺는다.

4) 상담 과정

인간중심 상담이론의 가장 중요한 상담목표는 내담자가 자기를 실현하도록 돕는 것이다. 즉 상담자의 역할은 '충분히 기능하는 인간(fully functioning person)'이 되도록 상호 신뢰적인 분위기를 조성해주는 것이다. 내담자를 변화시키는 것은 이론이나 기법 보다 내담자를 대하는 상담자의 태도로서, 상담자는 내담자와의 관계에서 인간 대 인간으로 내담자를 진실하게 만남으로써 성장을 돕는 분위기를 만들어야 한다.

인간중심상담의 기본 가정은 다음과 같은 Rogers의 말로 요약할 수 있다. "상담자가 어떤 유형의 관계를 제공하면 내담자는 이러한 관계를 이용하여 자신에게 성장하고 변화하는 능력이 있다는 것을 발견하고, 개인적인 발달을 할 수 있게 된다(Rogers, 1961).” 이렇듯 상담자가 상호 신뢰적인 분위기를 조성하여 내담자와 진실하고 인간적인 관계를 맺게 되면, 내담자는 자기방어적 태도를 버리고 자신의 감정을 깊고 넓게 탐색할 수 있게 된다. 내담자가 본연의 자기가 되어갈 때 내담자는 자기 자신에 대한 신뢰감이 커지고 자신의 경험에 비추어 자유로운 판단과 결정을 내리게 된다. 따라서 상담종결 시기가 되면 내담자가 가지고 있었던 상담자에 대한 의존적인 태도는 사라지게 된다(김계현 등, 2015).

5) 상담 기법

인간중심 상담이론은 기법보다는 태도를 강조하며 무엇보다도 상담관계의 중요성을 강조한다. Rogers는 이러한 긍정적인 관계 형성을 위한 핵심 조건으로 일치성, 무조건적인 존중, 정확한 공감적 이해가 필요하다. 이러한 세 가지 상담자의 태도를 내담자가 잘 지각할 수 있도록 하는 것이 바로 인간중심 상담이론의 핵심기법이 된다.

(1) 일치성(congruence)

일치성은 상담관계에서 상담자가 순간순간 경험하는 자신의 감정이나, 태도를 있는 그대로 진솔하게 인정하고 개방하는 것으로 내담자로 하여금 개방적 자기탐색을 촉진하여 그가 지금-여기에서 경험하는 감정을 자각하도록 하는 요인이 된다. 상담자가 내담자와의 관계에서 스스로 직업적인 모습이나 개인적인 가면을 벗고 진정한 자기 자신이 될수록 내담자 역시 상담자의 일치성에 영향을 받아 점점 더 건설적인 모습으로 변화하고 성장하게 된다.

(2) 무조건적 긍정적 존중(unconditional regard)

무조건적 긍정적 존중이란 상담자가 내담자를 그 어떠한 가치 기준도 적용하지 않은 채 있는 그대로 수용하고 존중해 주는 것이다. 내담자는 이를 통해 자유롭게 자신의 감정을 경험하고 표현할 수 있게 되어, 더 이상 자기 방어의 필요성을 느끼지 않고 자신의 내면을 탐색할 수 있게 된다.

(3) 정확한 공감적 이해(accurate empathy)

상담자가 내담자의 내면세계에서 진행되는 심층적인 경험 내용을 정확히 이해하고 의사소통하는 것이다. 정확한 공감적 이해를 위해서는 내담자의 정서적 내용과 거기에 포함된 의미를 알 수 있는 내담자의 내적 세계관을 정확히 이해하는 것이 필요하다.

상담자는 내담자의 입장이 되어 거기에서 보고 느낀 것의 의미를 깊고 정확하게 이해하면서도, 결코 자기 본연의 태도는 잃지 않고 내담자에게 전달해주어야 한다. 이는 상담자로서 갖추어야 할 가장 기본적인 대인관계적 능력이다. 이러한 공감은 내담자에게 자신의 있는 모습 그대로가 가치 있다는 느낌을 갖게 하며 보다 깊이 있게 자기탐색을 가능하게 한다. 그리하여 내담자는 자신의 이전 경험을 새로운 관점으로 보고 자신의 세계관을 수정할 수 있게 된다.

6) 평가

Rogers의 인간중심 상담이론은 다음과 같은 측면에서 상담분야에 큰 공헌을 하였다.

첫째 Rogers는 심리학이 인간의 주관적 경험을 다룰 수 있는 새로운 과학적 연구 모형을 고안하려고 했다. 그는 치료회기를 냉철하고 비판적으로 검토하며 치료과정과 결과에 대해 집중적으로 연구했다. 이러한 노력은 상담연구를 과학적으로 접근하도록 하였다.

둘째, 인간중심상담은 상담의 초점을 기법중심에서 상담관계중심으로 돌려놓았다. 상담자에게 요구되는 내담자에 대한 일치성, 무조건적인 존중, 공감적 이해는 누구나 할 수 있는 효과적 상담방법으로서, 전문가들의 독점물이었던 상담을 모든 사람이 이해하고 활용할 수 있는 방향으로 발전시키는 데 공헌하였다(김형태, 2005).

셋째, 인간중심상담은 다문화적 상담에 기여하였다. Rogers는 자신의 인간중심이론을 세계공동체가 직면한 문제해결을 위해 적용하고자 노력하고, 정책 입안자, 지도자, 갈등집단을 훈련시킴으로써 정치에 인간중심접근을 적용하기도 하였다. 그의 인간중심상담이론을 서로 반목하는 집단들간의 긴장을 감소시키는 데 적용하였다(Corey, 1991).

그러나 인간중심상담은 경험적 연구에서 관찰되는 방법론적 오류에 대해 많은 비판을 받아왔다. 통제집단을 사용하지 않고 상담효과 평가에서 자기보고에 의존하는 등 경험적 연구의 한계점은 자주 지적의 대상이 되고 있다. 또한 내담자가 성장할 수 있는 관계를 제공하는 능력이 치료관계의 핵심이라는 점은 상담자의 인간적 성숙과 소양을 지나치게 강조한 것으로, 공식적인 훈련이 필요한 상담자의 인지적, 경험적, 직업적 전문성을 간과하고 있다는 관점에서 비판받고 있다. 그리고 상담 초심자가 갖추기 어려운 인격적 조건을 요구하면서도 구체적이고 체계적인 지침이 거의 없어 초심자가 배우기에 가장 어려운 상담이론이 될 수도 있다.

3. 게슈탈트(gestalt) 상담

Fritz Perls(1893~1970)는 게슈탈트 상담(형태치료)의 창시자이며 개발자이다. 독일 베를린에서 태어나서 그곳에서 성장하였으며, 28세에 의학박사 학위를 받았다. 그리고 1925년부터 7년간 정신분석 수련을 받았다. Goldstein과 함께 일하면서 인간은 별개로 기능하는 부분들의 합이 아니라는, 전체로서 통합된 유기체 이론을 접하고 매우 감명을 받았다. 골드스타인 연구소에서 아내 Laura Perls를 만나 공동연구의 결과로 게스탈트 상담이론의 이론적 토대가 탄생하였다. 그는 Goldstein의 유기체 이론과 스마트의 생태학 이론을 토대로 개체와 환경을 하나의 전체적인 통합체로 보는 새로운 시각을 확립하기 시작했다. 1952년 Perls와 동료들은 뉴욕 게스탈트 치료 연구소(New York Institute for Gestalt Therapy)를 열었다. 그는 불교의 선종에 관심이 있어서 일본의 불교사원에서 잠시 수행하기도 하였다. 이후 캘리포니아 에살렌 연구소에서 워크숍과 세미나를 활발하게 개최하면서 사람들에게 큰 영향을 주었다. 1960년대에 들어서면서부터 정신분석이 점차 퇴조하기 시작했으며, 때를 맞추어 유럽으로부터 실존주의 정신의학 사조가 들어오기 시작하면서 게슈탈트 치료도 점차 인정을 받기 시작했다.

1) 인간관

게슈탈트 상담의 인간관은 총체주의, 실존주의 철학, 현상학, 장(field) 이론에 근거한다. 게슈탈트 이론은 정신분석을 포함은 요소주의 심리학에 반대하여 전체의 관점에서 인간을 통합적으로 이해하고자 하였으며, 인간은 개인이 삶을 살아가면서 스스로 자신의 길을 찾아내고 삶에 대한 책임을 질 수 있는 존재라는 점을 강조한다. 건강한 삶이란 분명하고 강한 게슈탈트를 형성할 수 있는 능력이며, 건강한 유기체는 자신에게 가장 필요한 것이 무엇인지 스스로 자각하고 해결해나갈 수 있는 능력이 있다(김정규, 1996).

인간은 출생에서 사망에 이르기까지 환경에 창조적으로 적응하며 자신의 정체감을 형성해 간다(Yontef, 2008). 인간은 모든 과거의 상호작용을 통하고, 현재의 유기체-환경의 장에서 생태학적으로 상호의존하며, 지속적으로 새로운 환경에 적응하고 이를 조절하기도 하면서 새로운 자기를 체험하게 된다. 게슈탈트 상담에서는 인간의 심리적인 성장과 변화, 발달 전체의 한 부분으로서 영적 차원을 포함시킨다. 특히 Erving Polster는 인간을 본질적으로 연결성(connectedness)을 추구하는 영적 존재로 파악했다(Polster, 2006).

요약하면, 게슈탈트 상담에서 인간은 생물학적 유기체로서 생태학적 상호의존성을 지니고 현재에 생생한 나와 너의 만남에서 실존적 관계를 경험하고, 매 순간 자신만의 고유한 삶을 살아가는 용기를 내며, 다양한 차원과의 연결성을 이루어 삶의 의미를 찾는 영적 존재이다(양명숙 등, 2014).

2) 주요 개념

(1) 게슈탈트(gestalt)

독일어인 게슈탈트(gestalt)는 '전체', '완성', '형태' 등을 뜻하는데 게슈탈트는 부분으로 나누어지면 본질을 잃게 된다. Perls는 '전체로서의 유기체' 라는 개념을 도입하여 게슈탈트 상담에 통합시켰다. 인간은 자신의 유기체 욕구나 감정을 하나의 의미 있는 전체로 조직화하여 지각한다.

(2) 전경과 배경(figure & ground)

게슈탈트 이론에서는 개체가 게슈탈트를 형성하여 지각하는 것을 전경과 배경의 개념으로 설명한다. 우리가 대상을 인식할 때 우리에게 관심 있는 부분은 지각의 중심부분으로 떠올리지만 나머지는 배경으로 보낸다. 게슈탈트를 형성한다는 말은 개체가 어느 한 순간에 가장 중요한 욕구나 감정을 전경으로 떠올린다는 말과 같은 뜻이다. 건강한 개체는 매순간 자신에게 중요한 게슈탈트를 선명하고 강하게 형성하여 전경으로 떠올릴 수 있는데 반해, 그렇지 못한 개체는 전경을 배경으로부터 명확히 구분하지 못한다.

(3) 알아차림과 접촉(awareness & contact)

게슈탈트 이론에서는 유기체의 알아차림을 통한 접촉을 중요시한다. 알아차림이란 개체가 자신의 유기체적 욕구나 감정을 알아차리고 게슈탈트를 형성하여 전경으로 떠올리는 행위를 말하며, 접촉(contact)이란 전경으로 떠오른 게슈탈트를 해소하기 위해 환경과 상호작용하는 행위를 뜻한다. 우리의 유기체적인 삶은 지속적으로 게슈탈트가 형성되고 해소되는 반복 순환 과정으로 전경과 배경의 교체에서 알아차림과 접촉이 매우 중요하다. 만약 게슈탈트가 형성되어 전경으로 떠올라도 이를 환경과의 접촉을 통해 게슈탈트를 해소하지 않으면 유기체는 건강하게 게슈탈트를 완결지을 수 없으며, 완결되지 않은 게슈탈트는 미해결과제로 남게 된다.

(4) 지금-여기(here & now)

게슈탈트 이론에서는 현재만이 유일한 시제이며, 치료에서 가장 중요시하는 시제이다. 과거와 미래는 우리의 현재와 관련되어 있는 것으로서만 중요하다. 상담자는 내담자의 과거가 현재 개인의 태도나 행동에 중요한 의미를 지닌 것으로 보이면 이 과거를 현재로 가지고 와서 마치 그 사건이 지금-여기 일어나고 있는 것처럼 다루어야 한다.

(5) 미해결 과제

완결되거나 해소되지 않은 게슈탈트로서 개체는 미완성의 게슈탈트를 자각하면 이를 완결지으려는 경향을 가지고 있으므로 해소되지 못한 게슈탈트는 계속 전경으로 떠오르게 된다. 해결되지 못한 미결 감정은 원한, 분노, 증오, 고통, 불안, 슬픔, 죄책감, 자포자기 등과 같은 표현되지 못한 감정들로 나타난다. 이 감정들은 완전히 자각되지 않았기 때문에, 사라지지 않고 자신과 타인의 효과적 접촉을 방해하며, 때로 신체의 증상을 일으키기도 한다.

(6) 접촉과 접촉에 대한 저항

효과적 접촉이란 개성을 상실하지 않으면서도 자연이나 타인과 상호작용하는 것을 의미한다. 좋은 접촉의 전제 조건은 분명한 인식, 완전한 활력, 자신을 표현할 수 있는 능력이다(Zinker, 1978). 저항은 해결기제로 개발했으나 현재를 있는 그대로 완전히 경험하는 것을 방해한다. 저항은 접촉경계 혼란을 야기하여 유기체의 창조적 자아가 환경과의 관계에서 게슈탈트를 형성 및 파괴의 주기를 통해 건강하게 기능하는 것을 방해한다. 주요 저항을 요약하면 다음과 같다.

- **내사(introjection)**: 타인의 신념과 기준을 자신과 조화되도록 동화시키지 못한 채 무비판적으로 수용하려는 경향
- **투사(projection)**: 개체가 자신의 생각이나 욕구, 감정 등을 타인의 것으로 지각하는 것
- **반전(retroflexion)**: 개인이 타인이나 환경에 대하여 하고 싶은 행동을 자기 자신에게 하는 것, 혹은 타인이 자기에게 해주기를 바라는 행동을 스스로 하는 것
- **융합(confluence)**: 밀접한 관계에 있는 두 사람이 서로 간에 차이점이 없다고 느끼도록 합의하는 것. 내면적으로 서로 독립적으로 행동하지 못하고 의존관계에 있는 경우가 많음
- **편향(deflection)**: 감당하기 힘든 내적 갈등이나 외부 환경적 자극에 노출될 때, 이러한 경험으로부터 압도당하지 않기 위해 자신의 감각을 둔화시킴으로써 자신 및 환경과의 접촉을 약화시키는 것

3) 상담 과정

게슈탈트 상담에서는 중요한 목표는 알아차림과 접촉을 증가시키는 것이다. Perls는 특히 알아차림 그 자체가 바로 치료적일 수 있다고 강조하였다. Perls는 상담의 궁극적 목표가 통합을 충분히 이루는 것, 즉 투사되거나 내사된 에너지를 내담자가 자각하여 통합하는 것이라 하였다. 상담자는 내담자가 자신의 삶을 책임지고 접촉을 통해 게슈탈트를 완성하고, 내담자가 느끼는 불안을 삶의 부분으로서 수용하고 처리하도록 조력하는 역할을 맡는다.

상담자는 내담자와 인간 대 인간의 관계를 통해 진실하고 애정 있는 관계를 맺는다. 상담자는 상담관계에서 자신을 개방하고 내담자와의 지금-여기 만남에 대한 자신의 자각과 경험을 내담자에게 적극적으로 공유할 수 있어야 한다. 이를 통해 내담자는 자신의 고통과 성장을 회피하는 태도에서 벗어나 있는 그대로 자기 경험에 접촉하고 통합하여 균형을 이루는 것을 배우게 된다. 게슈탈트 상담은 내담자가 자신의 생각, 감정, 행동에 대해 더욱 많은 책임을 져야 한다는 가정에 기초한다. 상담자는 내담자가 지금 여러 가지 방법으로 자신의 책임을 회피하고 있다는 것을 깨닫게 하여 치료를 계속할 것인지, 치료에서 무엇을 배우기 원하는지, 그리고 치료시간을 어떻게 이용하기를 원하는지에 대해 결정을 하도록 요구한다(김계현 등, 2015).

4) 상담 기법

(1) 자각

개체가 자신의 욕구와 감정을 자각함으로써 게슈탈트 형성을 원활하게 할 수 있고 환경과의 생생한 접촉이 가능해진다. 자각을 세분화하면 다음과 같다.

- **현재 감정의 자각:** 지금-여기에서 일어나는 욕구와 감정을 자각하는 것이 가장 중요하다.
- **신체자각:** 신체감각에 자각함으로써 자신의 감정이나 욕구, 혹은 무의식적 생각을 알아차릴 수 있다.
- **환경자각:** 주위 환경을 자각함으로써 환경과의 접촉을 증진시킬 수 있다. 환경 자각 연습은 공상과 현실에 대한 분별력을 높여준다.
- **언어자각:** 내담자가 활용하고 있는 언어를 수정시켜 자신의 감정을 자각하고 통합하도록 도와주는 방법이다.
- **책임의 자각:** 자신의 감정을 다른 사람에게 투사시키는 대신에 그 감정을 인식하고 받아들이는 것을 돕도록 하는 것이다.

(2) 감정에 머물기

내담자가 불쾌한 감정에 대해 이야기하고 거기서 도망치려는 강한 욕구를 느낄 때 상담자는 내담자로 하여금 이 감정을 지속하도록 한다. 감정에 직면하고 대면하며 경험하는 것은 내담자의 용기만 나타내 주는 것이 아니라 장애물을 제거하고 성장의 새로운 단계에 이르는데 필요한 고통을 견디려는 의욕을 나타내 주는 것이기도 하다.

(3) 과장하기

신체동작이나 행동, 언어적인 표현을 더욱 과장시켜 표현하도록 하는 방법으로 내담자로 하여금 행동과 관련된 감정을 보다 강렬하게 경험하고 그것의 내적 의미를 보다 잘 자각하도록 만든다.

(4) 빈 의자 기법

게슈탈트 상담에서 빈 의자 기법은 내담자의 양극성, 투사 및 내사를 탐색하기 위한 방법이다(Joyce & Sills, 2001). 내담자는 빈 의자에 있는 가장의 타인에게 자신의 욕구와 감정을 말로 표현하고, 상담자는 내담자가 체험하는 감정을 자각하도록 돕는다. 감정이 내담자 자신의 일부라는 것을 인식하게 도와줌으로써 내담자가 가진 내적 갈등과 대인관계 갈등을 해결하는데 유용하게 사용된다.

(5) 꿈 작업

개인이 자신의 에너지와 감정을 투사한 것이 꿈에서 가장 잘 나타나기 때문에 꿈작업은 게슈탈트 상담에서 가장 중요시하는 기법 중 하나이다. Perls는 꿈을 통합을 위한 왕도라고 했다. 정신분석의 꿈 분석과 달리 게슈탈트 상담에서는 꿈을 마치 지금 일어나고 있는 것처럼 상상하면서 직면하고 꿈의 일부가 되어 본다. 꿈 작업을 할 때 투사된 사람, 사물 등과 동일시하는 연습을 통해 접촉이 발생한다(Perls, 1985). 꿈을 언어적으로 설명하는 것을 넘어서 그림을 그리거나 찰흙 작업을 하거나 드라마 등에서 신체적 표현을 통해 다뤄볼 수 있다. 또한 악몽을 꾸거나 꿈의 결말이 아쉬운 경우에는 새로운 결과를 만들어서 자신이 능동적으로 실존적인 선택을 실험해볼 수 있다.

5) 평가

게슈탈트 상담은 1950~60년대 꽃을 피웠고, 1980년대 이후 이론적으로나 임상 실제에서 더욱 성장하고 발전해왔다(Clarkson, 2010). Cain(2002)은 게슈탈트 상담이론의 중요한 공헌을 다음과 같이 제시한다.

- 자기 자신, 타인, 환경과의 접촉의 결정적인 중요성
- 진정한 관계의 중심적 역할과 치료에서의 대화
- 현장이론, 현상학, 인식의 강조
- 현재, 내담자가 지금-여기에서 경험하는 것에 대한 치유적 관점
- 경험을 통해 학습을 하는 통로로 활동적인 실험의 창의적이고 자발적인 사용

한편, 게슈탈트 이론은 상담자와 내담자의 접촉이나 대화를 중요시하므로, 게슈탈트 이론이 효과적이기 위해서는 상담자의 인간적 발달 수준이 높아야 한다. 즉 상담자가 자신의 욕구를 인식하고, 이 욕구들이 내담자의 과정을 방해하지 않는다는 사실을 아는 것, 현재 순간에 존재하는 것, 비방어적이면서 자기개방을 할 의지를 갖는 것 등이 상담사에게 필요한 역할이다. 그래서 숙련된 상담자가 되기 위해서는 자신이 치료를 받고, 고급임상훈련과 지도감독을 받을 필요가 있다(조현춘 공역, 2011).

그리고 게슈탈트 상담은 상담자와 내담자 간의 상담관계가 상담 성공의 요인으로 본다. 특히 알아차림은 실존적 대화관계 속에서 실현되어야 할 부분이므로, 지나친 기법 사용은 상담자와 내담자 사이를 소외시켜 새로운 문제를 야기할 수 있다. 그러므로 기법을 사용할 때는 내담자의 특성과 내적 상태와 상담자와의 관계적 측면을 고려하여 알맞은 기법을 적시에 사용하는 것이 필요하다. 예컨대, 경계선적 환자와 정신증 환자의 경우 빈 의자 기법이 오용될 경우를 주의해야한다(양명숙 등, 2014). 그러므로 게슈탈트 상담에서는 무엇보다도 상담자의 지도감독과 훈련 수준의 문제가 상담의 중요한 관건이 될 수 있다.

제13장 인지행동적 상담이론

20세기 초반에는 Freud의 무의식의 발견과 더불어 정신분석상담이 대세를 이루었고 뒤이어 외현적인 행동수정을 위한 행동치료(behavior therapy)가 주로 행해졌다. 인지행동적 상담이론은 행동주의의 역사에서 보면 행동치료, 인지치료에 이어서 나타난 제3세대에 해당된다. 제1세대는 1950년대에 활성화된 고전적 조건화나 조작적 조건화를 통해서 행동을 수정하는 행동주의가 여기에 해당된다. 이들은 관찰 가능한 행동에 초점을 맞추고 인간의 정서를 학습으로 설명하면서 강화나 체계적 둔감법과 같은 이완 기법을 주로 사용한다.

정신분석훈련을 받았던 Albert Ellis는 정신분석을 통해 내담자가 호소하는 문제의 원인을 이해할 수 있었지만 구체적인 문제해결방법은 찾지 못했다. 그는 정신분석이 피상적이고 비과학적인 치료라고 생각하여, 1950년대 중반 인본주의적, 철학적, 행동적 치료를 결합하여 합리적 정서치료를 만들어 냈다. 1990년대 들어서 그는 자신의 이론을 합리적 정서행동치료(Rational Emotive Behavior Therapy: REBT)로 명칭을 변경했고, 인간의 심리적인 문제를 해결함에 있어서 인지, 정서, 행동 기법들을 동시에 활용할 것을 강조하였다.

1960년대 들어서 미국 펜실베이니아 대학의 정신과 교수인 Aaron T. Beck은 Ellis의 접근에 영향을 받아 인지치료(Cognitive Therapy)라는 심리치료 이론을 정립하였다. 인지치료는 자극과 반응의 조건화보다는 주로 사고 작용의 역할에 초점을 맞추고 있다. 특히 자동사고와 비합리적인 신념을 발견하여 그것을 수정하는 기법을 주로 사용한다.

1990년에 본격적으로 대두한 제 3세대 인지행동치료는 동양의 명상기법을 전폭적으로 수용하였다. 전통적인 인지행동상담의 전략에서는 불안을 통제하거나 불안을 야기한 생각을 바꾸려는 치료적인 전략을 선택한다. 하지만 제 3세대 행동치료에서는 이런 치료 전략이 오히려 불안을 감소시키기보다는 오히려 불안을 증가시킨다고 말한다. 불안에 대한 통제나 회피를 문제의 해결이 아니라, 오히려 불안문제의 본질로 보는 것이다(Georg H. Eifert, John P. Forsyth, 2005). 이런 점에서 제3세대의 행동치료에서는 통제보다는 수용, 학습보다는 명상의 기술을 더 잘 활용한다.

최근 심리도식치료(Schema Therapy), 변증법적 행동치료(Dialectical Behavior Therapy: DBT), 마음챙김에 근거한 인지치료(Mindfulness-Based Cognitive Therapy: MBCT), 그리고 수용전념치료(Acceptance and Commitment Therapy: ACT) 등이 제 3의 흐름을 표방하는 대표적인 이론들이다.

인지행동적 상담에서는 '인지(cognition)', 즉 우리의 사고가 감정과 행동을 야기하여 대인관계에 중요한 영향을 미친다고 가정한다. 따라서 역기능적인 사고가 심리적 문제를 발생시키므로 상담과정에서 다양한 기법을 사용하여 내담자의 인지 변화를 촉진한다. 인지행동적 상담은 지금-여기(here and now)를 강조하는 목표지향적이고 해결중심적인 치료로서 내담자의 과거보다는 현재의 삶에 더 초점을 맞추고, 체계적으로 구조화된 방식의 훈련을 통해 내담자가 현재 겪고 있는 문제의 해결을 촉진하는, 단기적인 상담접근을 시도한다. 인지행동적 상담을 통해서, 내담자는 자신의 왜곡된 생각을 찾아내는 기술, 부적응적인 믿음을 수정하는 기술, 예전과는 다른 방식으로 사람들과 관계 맺는 기술, 감정을 인식하고 조절하는 기술, 그리고 문제가 되는 행동을 변화시키는 기술을 익힐 수 있다.

이 장에서는 Albert Ellis의 합리적 정서행동치료(Rational Emotive Behavior Therapy: REBT)와 Beck의 인지치료(Cognitive Therapy), Eric Berne의 교류분석, William Glasser의 현실치료에 대해 살펴보고자 한다.

1. 합리적 정서행동치료

1) 인간관

합리적 정서행동치료(REBT)에서는 인간이 합리적이고 올바른 사고와, 비합리적이고 올바르지 못한 사고를 할 수 있는 가능성을 모두 가지고 태어난다고 가정한다. 인간은 본래 자기보존적이고 행복을 추구하는 존재이나, 반면 자기 파괴적이고 자기비난적인 경향도 있어 성장을 회피하는 존재이기도 한다.

Albert Ellis는 인지정서행동 치료가 인본주의적 치료라고 주장한다. 인간이 합리적 삶을 이끌기 위한 기본적 원리는 자신의 어떤 수행에 의해서 자신을 평가하는 것이 아니라 자신의 실존적 존재를 있는 그대로 수용하는 것이기 때문이다. 인간은 끊임없이 자기대화와 자기평가를 하면서 자신의 삶을 유지하는 존재이므로, 합리적 신념에 의한 자기대화와 자기평가는 인간으로 하여금 건전한 인생목표를 달성하게 한다. 또한 인간은 자신의 한계를 자각하는 힘을 지녔으며, 아동기에 무비판적으로 주입된 기본관점과 가치를 변화시킬 능력과 자기패배적 경험에 도전할 능력을 갖고 있는 존재이다. 그러므로 인간은 실수할 수 있으며, 실수를 계속하면서도 끊임없이 자신을 수정함으로서 성장과 자기실현을 행해 나아가는 존재이다.

2) 주요 개념

(1) 비합리적 신념

비합리적 사고의 특징은 인간을 파괴적이고 자기패배적인 행동에 이르게 하며, 타인이나 자신에게 비현실적이고 비생산적인 고통과 괴로움을 지속시키는 것이다. 또한 인간의 성숙이나 발전을 저해하고 불필요한 정체나 퇴보를 가져온다. 비합리적 사고는 자신과 타인 그리고 세상에 대한 당위적 요구(반드시~ 해야 한다)를 수반한다. 이러한 사고의 예는 다음과 같다.

- 나는 가치 있는 사람이기 때문에 타인의 사랑과 인정을 받아야 한다.
- 스스로 가치 있는 사람이라 생각할 수 있기 위해서는 모든 면에서 유능하며 반드시 성공을 거두어야 한다.
- 악하고 죄를 지은 사람은 반드시 벌을 받아야 한다.
- 세상 일이 내가 원하고 계획한 대로 이루어지지 않으면 큰일이 난다.
- 인생의 불행은 외부에 있기 때문에 이를 통제할 수 없다.
- 자신에게 닥쳐올 잠재적인 위험에 대해 항상 걱정하고 대비해야 한다.
- 인간은 누군가 의지할 수 있는 강력한 사람이 필요하다.
- 모든 문제는 항상 정확하고 완벽한 해결책이 있으며 만약 이를 발견해내지 못하면 큰일이다.

(2) A-B-C-D-E-F 모델

ABCDEF 모델은 Ellis의 REBT 이론의 핵심적 요소이다. A(activating events)는 선행사건으로 사실, 사건, 개인의 행동이나 태도, B(beliefs)는 신념체계, C(consequences)는 정서적, 행동적 결과 혹은 반응을 의미하며 반응은 적절할 수도 있고 부적절할 수도 있다. 그리고 D(dispute)는 논박, E(effects)는 효과, F(feeling)는 대로운 감정을 의미한다.

먼저 C를 분석해서 문제를 확인하고 구체화한 다음 선행사건인 A를 분석한다. A와 C의 관계를 기능적으로 관련시켜 분석해보면, 동일한 A가 다양한 C를 유발시킬 수도 있음을 알게 된다. 이는 지각이나 해석 등 각각의 인지과정이 다르기 때문이며 그 이면에서는 자기의 개인적인 신념이 자리 잡고 있다. 즉 A와 C의 관계를 B의 측면에서 기능적으로 분석한 뒤에 B자체와 그것을 지원하는 많은 사고체계를 검토하여 비합리적인 신념이 부적응적인 결과(C)를 가져옴을 통찰할 수 있게 된다.

A–B–C의 분석 이후에 D(논박)를 행한다. 여기서 내담자들은 논리적 원리들을 배우고, 이 원리를 통해 비현실적이고 증명할 수 없는 가설을 파괴할 수 있다. 이때의 논박은 내담자를 설득할 정도로 강력한 논박으로서, 이를 통해 내담자는 자신이 비합리적 신념을 가지고 있다는 것을 알게 된다. 이를 도표화하면 다음과 같다.

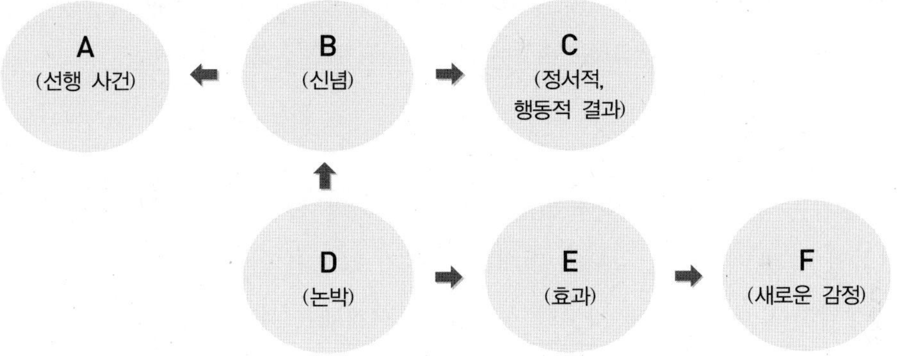

3) 상담 과정

REBT 상담의 목표는 내담자의 비합리적이고 왜곡된 사고의 수정을 통한 부적응 해결이라 할 수 있다. 상담자는 내담자가 더 현실적이고 실현가능한 인생철학(사고)을 갖도록 돕는다.

상담의 과정에서 내담자는 비합리적 신념과 합리적 신념을 구분해내는 것을 배우고, 자신이 비합리적으로 생각함으로써 자신의 정서장애를 능동적으로 유지시키고 있다는 것을 알게 된다. 상담자는 내담자가 사고를 수정하고, 비합리적인 생각을 포기하도록 가르침으로써 미래에 내담자가 또 다른 비합리적인 신념의 희생자가 되는 것을 피할 수 있도록 인생의 합리적인 철학을 발전시키도록 격려하는 것이다.

4) 상담 기법

REBT 상담자는 다양한 인지적·정서적·행동적 기법을 내담자에 맞게 적용한다. 그 기법을 요약하면 다음과 같다.

(1) 인지적 기법

① 비합리적 신념을 논박하기

상담자는 내담자의 비합리적 신념을 증거를 찾아 적극적으로 논박해서 이 도전을 스스로 받아들이는 방법을 가르친다. 내담자들이 비합리적 신념을 버릴 때까지 또는 적어도 강도가 약화될 때까지 구체적인 '해야 한다', '하지 않으면 안 된다', '당연히 해야 한다' 라는 당위를 검토한다.

내담자가 스스로에게 말하도록 배워야 하는 질문이나 진술의 예들은 다음과 같다.

- "왜 사람들이 나를 정당하게 대해야만 하는가?"
- "내가 하고자 하는 중요한 일을 성공하지 못한 것이 어떻게 내가 완전히 실패한 것인가?"
- "인생이 뜻대로 되지 않더라도 그것은 끔찍하지 않다. 단지 불편할 뿐이다."

② 과제

REBT 내담자는 자신의 문제 목록표를 만들고, 절대적 신념을 찾고, 그 신념을 논박해야 한다. 내면화된 자기 메시지의 일부인 절대적인 '하지 않으면 안 된다.'나 '해야 한다.'를 밝혀내기 위해 상담자는 내담자에게 과제를 부과한다. 과제에는 내담자가 일상생활에서 부딪히는 많은 문제들을 A-B-C 이론에 적용하도록 한다.

③ 내담자의 언어 변화시키기

REBT는 부정확한 언어가 왜곡된 사고과정의 원인 중 하나라고 간주한다. 내담자들은 '해야 한다.', '하지 않으면 안 된다.'라는 말들을 '~하고 싶다, ~하겠다.'로 대처할 수 있게 된다. 즉 그렇게 되면 좋겠지만 그렇게 되지 않을 수도 있다는 것을 인식하는 것이다. 내담자는 '하지 않으면 안 된다.'나 '해야 한다.'라는 진술을 '~하겠다.'로 대치함으로써 개인적인 힘을 가질 수 있다.

내담자들은 자신들의 언어패턴을 변화시키고 새로운 자기 진술을 만들어 가는 과정을 통해서 다르게 생각하고 행동하게 되며 그 결과 다르게 느끼기 시작한다.

④ 유머의 사용

REBT에서는 사람들이 너무 진지하게 생각하거나 생활 사상들에 대한 균형감이나 유머감각을 잃으므로 정서적 혼란이 생긴다고 본다. 상담자는 내담자가 세상을 보는 관점을 느슨하게 할 수 있도록 과도하게 심각한 측면을 반박하고 '법칙적' 생활 철학을 논박하기 위해 유머를 사용한다. 상담자는 유머를 통해 내담자로 하여금 자신의 사고가 불합리하다는 것을 보여주고, 덜 진지하게 생각하도록 돕기도 한다.

(2) 정서적 기법

① 합리-정서 상상

이 기법은 새로운 정서 패턴을 확립하도록 설계된 강렬한 정신 훈련이다. 내담자는 그들이 실제 생활에서 생각하고 느끼고 행동하고자 하는 바로 그 방식으로 생각하고 느끼고 행동하는 자신을 상상한다. 내담자는 이를 통해 긍정적 정서를 경험하게 된다.

② 역할 연기

역할 연기에는 정서적 요소와 행동적 요소가 모두 포함되어 있다. 내담자는 어떤 행동을 시연함으로써 그 상황에서 느끼는 것을 알아볼 수 있다. 내담자는 역할 연기를 통해 자신의 불안과 비합리적 신념을 알아보고 그 신념에 도전한다.

③ 수치심-공격 연습

Ellis는 누군가가 우리를 멍청하다고 생각하더라도 그것이 비극적인 것은 아니라고 우리 자신에게 말함으로써 우리가 수치감을 느끼는 것을 거부할 수 있다고 생각한다. 내담자들은 수치감이나 굴욕감을 느끼지 않기 위해서 스스로 연습한다. 이를 위해 일부러 수치감을 유발하는 상황을 만들어 경험하고, 그를 통해 스스로의 수치감을 공격한다. 이러한 과제를 통해서 내담자들은 다른 사람들이 자신의 행동에 실제로 그렇게 많은 관심을 가지고 있지 않다는 것을 알게 된다.

(3) 행동적 기법

REBT는 인지행동치료의 한 형태이기 때문에 상담자는 대부분의 행동기법, 특히 조작적 조건형성, 자기관리, 체계적 둔감법, 이완 기법, 강화와 처벌, 모델링 등을 사용한다. 인지행동치료는 행동의 변화를 통해 인지의 변화를 가져오고 변화된 사고에 따라 정서와 행동을 변화시키게 된다.

5) 평가

REBT 이론은 인간의 문제 행동에 인지적 요인의 중요성을 강조한 최초의 상담이론이라 할 수 있다. REBT 이론은 인간의 인지와 신념에 초점을 맞춰 행동주의적 접근의 한계를 극복하고, 인생의 철학적 측면에 대한 깊은 이해와 통찰을 유도하였다. 또한 치료 후에도 내담자들이 스스로 자신의 문제를 해결하며 효율적인 삶을 살아갈 수 있도록 도움을 주었다.

그러나 인간의 인지는 다양한 구조와 과정으로 이루어지는 복잡한 심리적 기능이다. 이 기법은 역기능적인 신념이 모든 문제의 원인이라고 보는 까닭에 내담자의 과거나 환경을 소홀히 다루거나 무시할 수 있다. 즉 REBT 이론은 다양하고 복잡한 심리적 장애를 설명하기에는 너무 단순한 경향이 있다. 또한 REBT는 이론적 주장에 대한 과학적이고 실증적 지지 근거가 부족하며, 또한 상담이론 적용 범위에 있어 교육수준이 높거나 지적인 내담자에게 잘 받아들여진다는 측면에서 그 한계가 있다. 그리고 내담자의 비합리적 사고를 찾고 논박하는 데 주된 시간을 보내기 때문에 비합리적 신념에 집착하게 되는 과거의 정서적 경험이나 내면적 갈등을 소홀히 여길 수 있다.

그러나 인지행동상담은 현대의 상담이론에서 가장 많이 활용되고 있는 이론이며, 상담의 단기적 측면에서 효율적이기 때문에 많은 전문가들이 선호하는 상담이론이기도 하다.

2. 인지 치료

상담과 심리치료에 대한 인지적 접근은 정신과 의사인 Beck에 의해 개발된 기법으로 인간의 인지나 사고가 심리적 장애의 주요 근원의 하나라는 개념에서 출발한다. Beck의 인지치료(Cognitive Therapy)는 능동적이고, 지시적이고, 시간제한적이고, 현재중심적이고, 구조적 접근이라는 점에서 REBT와 많은 유사성이 있지만, 이론의 기초가 되는 철학과 치료의 진행 과정에서는 Ellis와 차이가 있다. 또한 George Kelly의 개인 구성개념이론은 인지의 역할을 강조한 점에서 Beck의 인지치료에 많은 영향을 주었다. Kelly는 개인은 자신의 세계관을 표현하는 구성개념을 가진다고 믿었다. Kelly의 개인구성개념과 Beck의 스키마는 개인의 신념체계를 특징짓는 방식을 기술한다는 점에서 서로 유사하다고 할 수 있다(노안영, 2006).

인지치료의 주요한 초점은 왜곡된 신념을 이해하고 부적절한 사고를 변화시키는 것이다. Beck의 인지치료(Cognitive Theapy)는 자유스러운 대화를 통해 스스로 자기모순을 깨닫도록 한다. Beck은 불안, 공포, 우울의 치료에 선구자적 역할을 했다.

1) 인간관

사람들은 살아가면서 자기 나름대로 자기와 세상을 이해하는 생각의 틀을 발달시킨다. 인지치료는 개인의 생각이 개인의 감정과 행동을 결정한다는 전제에 근거한다. 개인의 성격은 개인이 학습해서 형성한 가치와 지각에 의해서 형성되었으며, 이러한 가치와 지각은 살아가는 동안 체계화 된다. 이를 인지도식이라 하며, 한 개인 내에는 여러 인지 도식이 위계적인 구조를 이루고 조직화되어 있다. 이러한 조직화된 도식은 자신과 타인 그리고 세상에 대한 의견을 구성하고 있다.

개인의 문제는 잘못된 가정과 추측에서 오는 현실 왜곡 때문이며 이러한 부정확한 사고는 주로 인지발달과정에서의 잘못된 학습에서 비롯된다. 인간은 스스로에 대한 자각과 의식 기능을 갖고 있어 자신의 인지 도식을 수정할 수 있으며 문제나 장애를 해결할 수 있다

2) 주요 개념

(1) 인지치료의 원리

다음은 인지치료의 주요 원리이다(김영혜 등, 2011).

- 인지치료는 생각의 변화가 감정과 행동의 변화를 이끈다는 결론에 근거한다.
- 치료는 견고하고 협력적인 치료동맹을 필요로 한다.
- 치료는 일반적으로 단기적이고 문제중심적이며 목표지향적이다.
- 인지치료는 치료에 적극적이고 구조화된 접근법이다.
- 필요시에는 과거에 관심을 두기도 하지만 인지치료는 현재에 초점을 둔다
- 신중한 평가, 진단, 치료계획은 필수적이다.
- 인지치료는 자신의 인지를 평가하고 바꿀 수 있도록 광범한 전략과 개입을 사용한다.
- 귀납적 추론과 소크라테스식 질문은 특히 중요한 전략이다.
- 이것은 사람들에게 그들 자신의 인지를 확인, 평가, 수정하는 것을 가르침으로써 정서적 건강을 촉진하고 재발을 방지하는 심리교육적 모델이다.
- 과제 부여, 후속 상담, 내담자 피드백은 이 접근법의 성공을 확실히 하는 데에 중요하다.

(2) 자동적 사고

자동적 사고란, 우리의 감정과 행동에 결정적인 영향을 미치면서도 쉽게 의식되지는 않는

사고를 뜻한다. 말 그대로 자동적으로 드는 생각이고, 매우 신속하게 스치고 지나가는 생각이어서, 우리 스스로는 자신이 그러한 생각을 했는지조차 잘 인식하지 못하는 생각이 바로 자동적 사고이다.

그런데 우리의 내면에서 감정과 행동을 좌지우지하는, 역기능적인 자동적 사고를 인식하지 못하고 무비판적으로 수용한다는 것은 문제가 된다. 인지행동상담에서는 정서적인 문제를 해결하는 데 중요한 것은 이러한 왜곡되거나 역기능적인 자동적 사고를 정확히 찾아내고, 이를 현실적으로 평가해보는 것이라고 강조한다. 체계적이고 효과적인 훈련과 노력을 통해, 현실적이고 합리적인 사고를 선택하는 것이 바로 인지행동상담의 핵심이다.

(3) 인지왜곡

사건이나 상황을 왜곡해서 그 의미를 해석하는 정보처리 과정의 체계적 오류를 의미한다. Beck은 정서장애를 가지고 있는 사람들이 객관적 현실을 자기 비하의 방향으로 왜곡하는 오류를 범하는 경향이 있다고 한다. 틀린 가정과 잘못된 개념을 낳는 체계적 오류, 즉 인지적 왜곡의 예를 요약하면 다음과 같다.

① 근거 없는 추론

지지할 만한 적절한 증거 없이 부정적 결론에 도달하는 것이다. 예를 들어 모든 사람들이 당신이 한 행동을 꿰뚫어보고 있다고 확신하는 것이다.

② 선택적 추론

사상의 부분적인 세부사항을 근거로 결론을 내리는 것이다. 이 과정에서 다른 정보가 무시되고 전체적 맥락이 간과되기도 한다(긍정적인 요소를 무시하고 부정적인 요소만을 토대로 추론한다).

③ 과잉 일반화

현재의 상황의 한두 부분에 근거해서 부정적인 결론을 내리는 것이다. 즉 한두 하나의 사건을 근거로 형성된 극단적인 신념을 유사하지도 않은 다른 사상이나 장면에 부적절하게 적용하는 과정이다.

④ 확대와 축소

어떤 경우나 상황을 실제 가치보다 더 크게 또는 더 작게 지각하는 것이다(부정적인 요소를 확대하고 긍정적 요소는 축소한다).

⑤ 개인화

관련지을 만한 근거가 없을 때조차 외적 사상들과 자기 자신을 관련 짓는 경향이다. 일종의 망상과 비슷하다.

⑥ 꼬리표 달기와 잘못된 꼬리표 달기(잘못된 명명)

불완전성과 과거의 실수에 근거해서 자신의 정체감을 묘사하고 이를 자신의 진정한 정체감으로 정의하는 것이다. 심지어는 성공조차 실패로 명명한다.

⑦ 극단적 사고(이분법적 사고)

흑백논리로 사고하고 해석하거나, 경험을 어느 한 극단으로 범주화하는 것이다. 완전한 실패 아니면 대단한 성공과 같이 극단적으로 분류하는 경향이다.

3) 상담 과정

인지치료의 목표는 내담자가 중심 도식에 이르는 자동적 사고를 이용함으로써 생각하는 방식을 변화시키고 도식을 재구성하는 사고를 시작하도록 변화시키는 것이다. 이러한 목표는 내담자들이 그들의 신념을 지지해주는 증거를 모으고 그것을 중시하도록 격려함으로써 달성된다. 상담자는 내담자의 생각 중에서 왜곡된 부분은 시정하고 생활경험을 보다 현실적으로 소화하는 대안적 안목 및 태도를 학습하도록 돕는 것이 기본 목표이다

인지치료는 REBT와 달리 상담자와 내담자의 관계를 중요시한다. Beck은 상담관계의 질이 인지치료 적용의 기초라고 강조한다. 성공적 상담은 진정한 온정, 정확한 공감, 무비판적 수용, 내담자와의 신뢰와 친밀 관계를 수립하는 능력과 같은 상담자의 바람직한 특성에 기초한다. Beck은 자신의 치료법이 비교적 단기간에 좋은 결과를 나타내고 내담자와의 관계를 중시하며 내담자 스스로 답을 찾아가게 하는 소크라테스식의 질문을 사용하고 문제 중심적이며, 교육적이고, 지시적이며 숙제를 중요시한다고 하였다. 상담자와 내담자의 협동적 작업은 다음과 같다.

- 내담자가 자기의 생각이 무엇인지를 자각하게 한다.
- 내담자가 자각한 생각 중에서 부정확하고 왜곡된 관념이 무엇인지를 규명한다.
- 현실에 근거하지 않은 부정확한 관념을 대치할 수 있는 정확하고 객관적인 인지(사고)내용이 무엇인지를 발견하고 학습하도록 한다.
- 상담자는 내담자의 인지적, 행동적 변화에 대한 피드백과 강화를 한다.
- '추측되는 것과 사실로 확인되는 것' 을 구별하는 등의 구체적 행동계획 및 단계적 활동과제를 연습한다.

인지치료는 주로 잘못된 결론으로 도달하게 되는 정보처리 과정의 오류를 수정하고 핵심 신념을 수정하는 데 주로 목표를 두고 있다. 상담자는 내담자의 왜곡된 사고 패턴을 바로잡기 위해 내담자가 주로 쓰는 단어의 의미를 재평가하기, 내담자가 사용하는 인지왜곡의 종류를 명명하게 해보기, 흑백논리에 도전하여 폭넓게 생각해보게 하기, 일어나지 않을 것 같은 일을 두려워하는 내담자에게 '만약 일어났다면'을 가정해보게 하여 자신의 과잉반응을 알아차리게 하기, 예행 연습해보기 등을 활용한다.

4) 상담 기법

인지치료의 기법들은 주로 왜곡된 결론으로 도달하게 되는 정보처리 과정의 오류를 수정하고 핵심신념을 수정하는데 목표를 두고 있다. 인지기법은 내담자의 신념을 확인해 조사하고 이 신념의 기원을 탐색하며 내담자가 이 신념을 더 이상 지지할 수 없다면 신념을 바로잡는다. 일반적으로 사용되는 행동치료에는 기술훈련과 역할놀이, 행동 연습, 홍수법 등이 있다. 인지치료 기법은 구체적 문제의 본질과는 관련 없이 내담자가 일상의 사고를 기본의 방식과는 다르게 해석할 수 있도록 해주는 절차들을 사용하는데 관심이 있다. 이러한 기법을 통해 상담자는 내담자의 자동적 사고를 검토함으로써 인지의 왜곡을 내담자 스스로 인식하도록 한다.

5) 평가

Beck의 인지치료는 상담과 심리치료에 중요한 공헌을 했다. 특히 우울과 불안, 공포 등 다양한 정서 장애를 개선하는 데 있어 취학 전 아동부터 나이든 사람까지 다양한 연령층에서 매우 효과적으로 활용되고 있다. 오늘날 불안과 우울증에 대한 경험적으로 입증된 치료와 연구는 인지적 치료의 효율성을 입증하고 있다. 그만큼 인지치료는 상담과 심리치료에 적극적이고 협력적으로 참여하고 회기 사이에 부과된 과제들을 완수하기를 요구하는 구조화된 접근법이며, 현재지향적이고 상대적이고 단기적인 치료를 강조하기 때문에 시간 및 비용 측면에서도 유용한 이론이다.

그러나 Beck의 인지치료는 긍정적 사고의 힘을 지나치게 강조하고, 너무 피상적이고 단순하며, 과거의 중요성을 부정하고 지나치게 기법에 의존한다. 또한 치료관계를 제대로 활용하지 못하고 증상 제거에 관해서만 치료하여 문제의 근원을 탐색하지 않고 무의식적 요인의 역할을 무시했고, 감정을 역할을 무시했다고 비판받아 왔다(Freeman & Dattillio, 1992; Weishaar, 1993).

그리고 인지치료가 복잡한 해결책보다 현재에 기반을 둔 간결하고 직접적인 해결책을 제시하지만, 상담의 실제에서 보면 생각보다 그리 단순하지는 않다. 내담자가 현재 경험하고 있는 문제는 삶의 초기에서 초래된 경우가 많으며, 인지치료에서 중요하게 부과되는 과제 역시 내담자의 기질 상 제대로 해내지 못 하는 경우가 많기 때문이다. 내담자의 적극적인 개입과 참여가 없는 상담자의 일방적 노력으로는 성공적인 치료효과를 기대할 수 없을 것이다.

다양한 심리치료 이론과 방법들은 각기 독특한 장단점을 지니고 있어서 우열을 가리는 일은 어렵다. 하지만 인지행동치료는 이 중에서도 가장 주목받는 치료법이며, 충실한 이론과 경험적으로 입증된 치료효과를 기반으로 나날이 발전하며 진화하고 있는 대표적인 심리치료이다.

3. 교류분석

교류분석(Transactional Analysis: TA)은 1950년대 미국의 정신의학자인 Eric Berne(1910~1970)에 의해 만들어지고 발전되었다. Berne은 1910년 5월 10일 캐나다 몬트리올에서 의사인 유태인계 아버지와 작가인 어머니 사이에서 남매 중 둘째로 태어났다. 1935년 McGill대학교에서 의학박사 학위를 받았고, 1936년 예일대학교의 의과대학 소속 뉴욕 시온 병원에서 정신분석학자가 되기 위해 수련의 과정을 거쳤고, 1941년 뉴욕 정신분석연구소에서 훈련받으면서 정신분석에 대한 발전적 비판능력을 길렀다. 군의관으로 2차 대전에 참가하여 집단치료에 대한 다양한 경험을 쌓았으며 이후 Erik Erikson과 함께 집단치료방법을 모색하였고, 전통적인 정신분석적 방법과 달리 치료자가 보다 능동적으로 환자에게 접근할 것을 주장했다.

Berne은 교류분석이라는 새로운 치료를 시작하게 되면서 1956년 정신분석학회의 회원자격을 거부당했다. 1950년대 교류분석 개발에 있어서 정신분석과 커뮤니케이션이론, 그리고 집단치료는 특히 중요한 역할을 하였다. Freud는 ego, superego가 id에서 파생된 것으로 보는데 비해 Berne은 부모 자아, 어른 자아, 어린이 자아가 각각 독립적으로 생성되었다고 본다.

교류분석은 처음에 의학 분야를 중심으로 보급되었으나 점차 일반사회에 광범위하게 보급되었다. 오늘날 TA는 개인의 성장과 변화를 조력하는데 활용할 수 있는 심리치료의 체계적인 이론과 방법을 제공해 주고 있으며 집단치료로서 뿐만 아니라 개인 치료 및 상담의 방법으로서도 그 효과와 유용성을 인정받게 되었다.

교류분석은 성격이론이며 인간행동에 대한 이해체계로서 고통의 경감, 자기성장 및 자각증진기법뿐만 아니라 대인관계의 개선방법을 제시해 준다. 그리고 대부분의 사람들에게 자기 자신을 이해하는 사고와 판단의 기준이 되는 틀을 제공해 준다. 또한 교류분석은 인간에 대한 견해의 문제로 성격발달, 정신 내적 기능과 대인관계에 대한 행동이론이며 인간을 이해하고 그들의 감정과 행동을 변화시키기 위해 도움을 주도록 고안된 이론체계이다.

1) 인간관

교류분석의 인간에 대한 이해는 크게 세 가지로 설명할 수 있다. 첫째 인간은 자율적인 존재이다. 인간은 현실세계를 인식할 수 있으며, 자발적으로 행동할 수 있다. 또한 인간은 환경의 영향으로부터 완전히 자유로울 수는 없지만 완전히 환경의 영향에 의해서 결정되지도 않는다.

둘째, 모든 인간은 변화하고 성장할 수 있는 존재이다. 그러므로 인간은 자신의 성격을 바꿀 수 있는 능동적 존재이다.

셋째, 인간은 원래 긍정적인 존재이다. 인간이 갖고 있는 부정적인 태도는 본래 인간의 것이 아니다. 그래서 인간은 생활자세(Life Position)에 있어서 '자기긍정, 타인긍정'(I'm OK-You're OK)의 태도를 회복해야 한다.

이와 같이 교류분석에서는 인간이 자신의 행동 유형에서 벗어나 새로운 목표와 행동을 선택할 능력을 갖고 있다고 가정한다. 그러나 이것이 인간이 사회적인 힘의 영향력에서 완전히 벗어날 수 있다거나 또는 전적으로 자신의 힘으로 삶의 중요한 결단을 내릴 수 있다는 것을 의미하는 것은 아니다. 인간은 자유롭게 태어났지만 그가 처음 배우게 되는 사실은 남들이 시키는 대로 행동하는 것은 행동해야 한다는 것이다. 그러나 이러한 결정은 검토되고 수정될 수 있으며, 인간은 이미 조건화된 상태나 어린 시절에 형성된 성품과 행동 특성을 변경시킬 수 있는 능력을 가지고 있다(천성문 등, 2009).

2) 주요 개념

(1) 성격의 구조

인간의 성격은 세 가지 자아 상태로 구성된다. 그 인격을 이루고 이 세 개의 자아 상태마다 고유한 사고, 행동 및 감정을 나타낸다.

① 부모 자아(P: parent)

부모를 포함한 의미 있는 연장자들의 말이나 행동을 무비판적으로 받아들여서 내면화시킨 것이다. 기능상 비판적 부모 자아(cp: critical parent)와 양육적 부모 자아(np: nurturing parent)로 나뉜다. 비판적 부모 자아는 단정적, 조소적, 강압적, 교훈적인 성격을 나타낸다. 양육적 부모 자아는 자녀를 사랑하고 돌보는 말이나 행동이 그대로 내면화 된 자아로서, 온화하고 부드러우며 자세도 수용적 보호적이다.

② 어른 자아(A: adult)

어른 자아는 생애초기에 자신에 대한 자각과 독창적 사고가 가능해지고 혼자서도 어떤 일을 해 낼 수 있다는 능력감을 갖게 되면서 점진적으로 나타난다. 어른 자아는 객관적, 합리적, 분석적, 사실적, 논리적인 성격을 지니고 있다. 어른 자아는 어버이 자아나 어린이 자아에 의한 기능장애를 방지하며, 어른 자아가 기능 정도에 따라 그 개인의 기능정도가 결정된다.

③ 어린이 자아(C: child)

출생 후 5세경까지 부모와의 관계 및 외적인 일에서 경험한 감정과 그에 대한 반응 양식이 내면화된 것이다. 어린이 자아는 기능적인 면에서 자유로운 어린이 자아(fc: free child)와 적응적 어린이자아(ac: adapted child)로 나누어진다. 자유로운 어린이 자아는 어른들의 반응에 구애되지 않고 자유롭게 자신을 나타내며 적극적, 창조적, 직관적, 감정적, 자발적이다. 적응적 어린이 자아는 부모나 권위자에 의해 훈련된 것으로 순응적, 의존적, 반항적 특징을 보인다.

(2) 교류패턴분석

교류분석에서 교류란 '두 사람 혹은 그 이상의 사람들이 관계상황에서 일어나는 사회적 상호교섭의 한 단위'를 말한다. 교류패턴분석이란 관계에서 P, A, C를 사용해 자신이 다른 사람들과 주고받는 교환이나 성격을 분석하는 것을 의미한다. 자신의 교류 경향을 이해하고 거부하거나 혹은 거부당하게 되는 상황에서 벗어나는 방법을 배우면 대인관계를 만드는 데 도움이 된다.

두 사람이 교류를 할 때 자극과 반응을 주고받는 양상에 따라 상보적 교류, 교차적 교류,

이면적 교류로 나눈다. 상보적 교류란 발신자가 기대한 대로 수신자가 반응했을 때 예상된 반응으로 되돌아오는 것으로, 의사소통이 원만하고 건전한 인간관계의 패턴이다. 교차적 교류란 자극과 반응이 기대한 자아 상태로 되돌아오지 않아 자극과 반응이 교차하여 두 사람간의 의사소통은 중단되는 패턴이다. 이면적 교류란 말로 표현된 것은 아무렇지도 않게 보이나 실제로 숨겨진 뜻이 있어 상대의 반응을 불러일으키는 교류를 말한다. 숨겨진 심리적 메시지에 주의하지 않으면 대상의 진의를 이해할 수가 없다.

(3) 스트로크(stroke)

인간은 본질적으로 타인의 관심과 인정을 받으려는 욕구가 강하다. 교류분석에서 상대방의 현존을 인정하는 행위를 스트로크라 한다. 접촉과 인정은 자기존중감을 느끼게 하고 자신을 긍정적인 존재로 인식하게 하며 애정과 보살핌에 기초한 인간관계를 맺게 할 수 있다. 스트로크는 신체적, 상징적/ 긍정적/부정적, 조건적/무조건적 스트로크로 나눌 수 있다. 관심, 애정, 칭찬과 같은 긍정적인 인정자극은 건강한 심리적 발달을 위해 필수적이며, 가치와 존중감을 발달시킨다. 타인의 변화를 위한 부정적 스트로크가 필요할 때도 있지만, 부정적 스트로크를 비효율적으로 사용하면 성장을 방해하여 가치감과 자존감을 손상시킨다. 그러나 스트로크가 전혀 없는 무관심 상태보다 부정적인 스트로크라도 받는 것이 더 낫다. 사람들은 어릴 때부터 추구한 스트로크로 자신의 생활을 구조화하며 생의 후반에도 계속 재연하게 된다.

(4) 인생극본(life-script)

인생극본이란 일생동안 살아갈 인생계획으로서, 교류분석에서는 인생을 한 편의 드라마와 같이 보고 그 속에서 자신이 연출하고 있는 역할을 극본이라 부른다. 극본은 어린 시절에 기초한 삶의 계획 또는 유아기에 형성된 무의식 또는 전의식적 생활계획이라고 볼 수 있다. 극본은 어린 시절에 결정되며 자각하지 않으면 우리는 거의 무의식적 수준에서 이 각본에 따라 살아가게 된다. 극본분석을 통해 자신이 어떤 각본을 연출하고 있는가를 확인하고 지금까지의 비건설적인 극본을 수정함으로써 잘못된 각본의 지배를 벗어나서 참된 자신의 삶을 실현하는 것이 교류분석의 목표라 할 수 있다.

인생 극본은 어린 시절의 결단에 따라 '승리자' 각본, '비승리자' 각본, '패배자' 극본으로 나누고, 시간의 구조화에 따라 '결코' 극본, '항상' 극본, '까지' 극본, '그 후' 극본, '거의' 극본,

'무계획' 극본으로 나누며, 내용과 결말에서 본 극본은 '평범한' 극본, '비극적' 극본으로 나눌 수 있다.

(5) 생활자세(life position)

Berne은 어린이가 태어나 극본을 쓰기 시작할 때, 이미 자신과 세상에 대해 어떤 확신을 가지게 된다고 말한다. 이는 6세 이전에 부모를 포함한 의미 있는 주위 사람들에 의해 크게 영향을 받는다. 초기결단은 네 가지의 생활자세를 형성하게 한다. 네 가지의 생활자세는 다음과 같다.

- **제 1 유형:** I'm OK – You're OK (자기긍정·타인긍정)
- **제 2 유형:** I'm OK – You're NOT OK (자기긍정·타인부정)
- **제 3 유형:** I'm NOT OK – You're OK (자기부정·타인긍정)
- **제 4 유형:** I'm NOT OK – You're NOT OK (자기부정·타인부정)

이러한 네 가지 유형의 생활자세는 무의식적으로 삶에 작용하게 되고, 삶속에서 이러한 생활자세에 맞는 극본행동이 드러나게 한다. 우리 모두는 '자기긍정–타인긍정'의 자세로 얼마든지 변화될 수 있다. 그러나 모든 사람이 자연히 이렇게 변화되지는 않는다. 지속적인 노력과 함께 정신적 신체적으로 대상을 건전하고 건설적으로 대하게 되면, 다른 존재의 의미를 충분히 인정하는 건설적인 생활자세를 가진 사람이 된다.

(6) 게임(game)

일반적으로 게임이란 합리적인 방식의 유쾌한 활동을 생각한다. 그러나 교류분석에서 말하는 게임은 심리적 게임으로 사람들에게 불쾌한 감정을 안겨주는 역기능적인 의사소통을 의미한다. Bern은 게임을 명료하고 예측가능한 결과를 향해 진행하는 일련의 상보적, 이면적 교류라고 정의한다. 게임은 혼자서는 이루어지지 않으며(상보성), 숨겨진 동기가 있고(이면성), 일정한 코스를 거쳐 종착점에 도착하게 되며(클라이막스), 반드시 불쾌감을 가져오는 특징이 있다.

게임을 하고 있는 사람은 자신이 게임을 하고 있다는 것을 거의 의식하지 못한다. 게임은 어른 자아상태의 의식 없이 연기되며, 연기자들은 불유쾌한 감정을 경험하면서 예상 가능한 결과를 향해 일련의 반복적인 교류활동을 계속하게 된다. 교류분석에서의 게임은 평범한 사람들이 무의식 상태에서 행하는 것으로 평행적 교류에 의해 연출되는 무의식적인 게임을 의미한다. 이런 게임에 대한 분석은 개인을 게임에서 벗어나게 하는데 그 목적이 있다.

3) 상담 과정

교류분석 상담의 목표는 내담자를 도와 내담자의 현재 행동과 그의 삶의 방향에 대하여 새로운 결단을 내리도록 하는 것이다. Berne은 상담의 주된 목적이 내담자가 자신의 삶에 책임을 지고 자신이 원하는 인생을 선택할 수 있는 자율성을 갖도록 하는 것이라고 하면서, 자각(awareness), 자발성(spontaneity), 친밀성(intimacy)이 대단히 중요하다고 말했다. 상담자는 내담자에게 교류분석이론과 주요 개념을 가르쳐 내담자 스스로 자신의 사고, 행동, 감정 및 행동유형을 분석하여 변화시켜 나가도록 돕는다.

교류분석 상담의 과정은 계약, 구조분석, 교류패턴분석, 게임분석, 극본분석, 재결정의 단계 등을 거치게 되는데 이 단계들을 요약하면 다음과 같다.

(1) 계약단계

계약은 내담자와 상담자의 계약체결을 통해서 내담자의 어른 자아를 강화시키는 역할을 한다. 계약관계는 상담자와 내담자를 동등한 입장에 서도록 한다. 계약을 통해 상담자와 내담자는 상담에 적극적으로 임하게 된다. 계약은 명료하고 간결해야 하며, 단도직입적이어야 하고, 단순하고 쉬운 말로 기술되어야 한다.

(2) 구조분석

상담자는 자아상태에 대해 설명하고, 내담자가 자신의 행동특징을 자아상태와 관련시켜 이야기하도록 한 후 내담자의 내부대화를 분석하고, 에고그램(egogram)을 통해서 내담자의 자아상태를 객관적으로 파악한다. 그리고 이러한 것들을 근거로 내담자의 자아상태에 오염(contamination)이나 배타(exclusion)가 있는지 확인한다. 오염이란 하나의 자아상태가 다른 자아상태의 경계 속에 침입하는 것이다. 배타란 정신에너지가 특정 자아 상태에만 머물러 다른 자아상태가 기능하지 않는 것을 의미한다.

(3) 교류패턴분석

교류패턴분석이란 내담자가 다른 사람과 어떤 교류를 하고 있는지를 알아보는 것이다. 상담자는 먼저 교류의 의미와 유형을 내담자에게 이해시키고, 내담자와 의미 있는 관계를 가진 사람들과의 교류를 분석하여 이 교류에서 내담자가 어떤 스트로크를 받고 있는지를 확인한다. 또한 내담자의 문제행동과 관련된 교류를 찾아내서 분석하고 장애를 제거하여 원활한 교류가 가능할 수 있도록 돕는다.

(4) 게임분석

상담자는 게임, 게임의 종류 그리고 라켓 감정(raket feeling)에 대해서 내담자를 이해시킨 후 일상에서 자주 체험하는 자신의 게임, 교류방식, 라켓감정 등을 발견하게 하고 그것에서 벗어날 수 있도록 돕는다. 개인마다 가정에서 강화되던 문제해결에 전혀 도움이 안 되는 감정이 있다. 이를 라켓감정이라 한다. 라켓 감정은 어려움에 처할 때 습관적으로 튀어나오는 감정으로, 상담자는 내담자가 게임에서 벗어나 자신의 진정한 감정을 표현할 수 있도록 돕는다.

(5) 각본분석

상담자는 내담자의 문제행동과 관련된 인생태도를 분석하고 각본분석을 통해 내담자의 각본을 확인한다. 특히 내담자의 부정적인 초기결정의 토대가 되는 부모의 금지명령을 탐색하여 분석하는 것이 필요하다.

(6) 재결정

내담자의 새로운 결정과 각본이 내담자의 생활방식 속에 통합되는 과정이다. 이러한 과정을 통해 내담자는 자신의 문제를 수동적으로 맞이하는 대신 자기 스스로 결정하고 책임지는 연습을 하게 되어 자율성을 고취하고 통합된 어른 자아를 확립하게 된다.

4) 상담 기법

교류분석의 상담기술에는 허용(permission), 보호(protection), 잠재력(potency), 조작(operation) 등 네 가지로 분류된다. 이중에서 허용, 보호, 능력은 상담분위기의 조성과 관련되며 조작은 전문적인 상담기법이다(김형태, 2003; 천성문 등, 2009).

허용은 내담자가 부정적인 금지와 명령의 굴레를 벗어날 수 있도록 도와주는 것이고, 보호는 상담자가 어버이적 금지령과 내담자의 '어른'을 포기할 수 있도록 지지해주는 것이다. 즉 상담자의 '부모' 자아가 내담자의 '어린이' 자아를 지지해 주는 것이다. 잠재력은 적절한 시기에 적절한 상담기술을 사용할 수 있는 상담자의 능력을 가리킨다. 상담자는 자아 상태, 교류,

게임, 각본 등과 같은 내용을 분석하여 이를 바람직하게 바꾸어줄 수 있는 상담기술을 가지고 있어야 한다.

조작은 상담에서 도움이 되는 보다 전문적인 기법으로 다음 목록을 포함한다. 교류분석에서 사용하는 상담의 조작기술에는 질문(interrogation), 명료화(specification), 직면(confrontation), 설명(explanation), 예증(illustration), 확인(confirmation), 해석(interpretation), 결정화(crystallization), 두 의자 기술(double chair technique) 등이 있다. 이러한 기법에 대한 설명을 요약하면 다음과 같다.

(1) 질의

내담자의 행동에서 어른 자아가 기능하지 못한다고 보여 질 때 어른 자아가 반응할 때까지 상담자가 내담자에게 질문이나 의문을 제기하는 것이다.

(2) 명료화

내담자가 자신의 어떤 행동원인에 대해 반응을 보일 때 동의하는 입장을 밝힘으로서 그 반응 사실을 더 분명하게 해 주는 기술이다.

(3) 직면

상담자가 내담자의 모순, 일관성이 없는 행동이나 말을 지적하는 것이다.

(4) 설명

상담자의 편에서 내담자에게 행동을 가르치는 것이다.

(5) 예증

상담과정에서 긍정적인 효과를 강화시킬 목적으로 성공적인 직면 기술을 사용한 후 실제 있었던 일화 제시, 미소, 비교 등의 방법을 사용하는 것이다.

(6) 확인

내담자가 상담에 의해 일시적으로 달라졌다가 곧 원래의 행동으로 돌아가는 것을 막는 기술이다.

(7) 해석

상담자가 내담자의 행동 내면의 이유를 내담자가 알 수 있도록 깨우치는 방법이다.

(8) 결정화

결정화는 상담자가 내담자에게 설명하는 과정으로, 상담자는 내담자에게 필요한 스트로크를 보다 나은 방법으로 받을 수 있다는 점을 말해준다.

(9) 두 의자기술

내담자가 부모에게서 받은 금지명령이나 장려명령을 확인할 때나, 과거나 현재의 역할을 포함하여 자신의 자아상태, 교류, 게임 생활각본 각성에 도움을 준다. 역할극(role playing)나 심리극(psychodrama)을 결합하여 사용하기도 한다.

5) 평가

교류분석이론은 인간을 무한한 성장 가능성을 지닌 긍정적인 존재로 보기 때문에 노력으로써 역기능적인 성격패턴을 변화시킬 수 있다는 희망을 제시하고 있다. 그리고 교류분석은 체계적인 성격이론으로서 간단명료하여 누구나 쉽게 학습할 수 있으며 실제 생활 장면에서도 활용하기가 쉽다. 자신의 성격 경향이나 대인관계의 양식을 도식화하여 간단하게 진단하고 평가할 수 있어서 구체적으로 자신을 어떻게 변화시킬 것인가에 대한 동기를 촉진하고 실제 생활 속에서 실천하는 데 도움을 준다. 또한 교류분석은 개인 내적 측면뿐만 아니라 대인관계적 기술을 설명할 수 있는 풍부한 이론과 개념을 갖고 있기 때문에 개인상담뿐만 아니라, 집단상담, 가족상담, 부부상담 등 다양한 상황에서 적용할 수 있다.

그러나 교류분석의 주요 개념들이 너무 인지적이고 전문용어들이어서 그 능력이 부족한 사람들에게는 부적합하다는 제한점이 있다. 또한 교류분석의 주요 개념을 인지적으로는 이해하고 통찰했다 하더라도 감정적으로는 체험하지 못한 채로 남아 있을 가능성이 있다. 그리고 주요개념과 절차에 대한 검증 측면에서 아직 과학적으로 입증되었다고 보기에는 어려움이 많다.

4. 현실치료

현실치료(Reality Therapy)는 William Glasser에 의해 개발된 상담으로 모든 인간은 외적 동기에 의해 움직여지는 타율적인 존재가 아니라 내적 동기에 의해 삶을 영위하며 끊임없이 자신의 욕구를 충족하기 위해 자신의 행동을 선택하는 자기책임성을 가진 존재임을 강조한다.

William Glasser(1925~2013)는 오하이오주의 클리블랜드에서 태어나 처음에는 화공기사(chemical engineer)였는데 심리학으로 전환하여 23세에 임상심리 전문가가 되었다. 이후 의대에 입학하여 정신과 의사가 되었다. Glasser는 전통적인 정신분석적 상담의 한계를 확인하고 그 효과에 불만족을 느끼게 되었다.

그는 내담자의 부정적인 측면보다는 긍정적인 측면에 관심을 갖고, 내담자가 자신의 행동에 대한 책임을 받아들이는 것이 매우 중요하다는 것을 확신하면서 G. L. Harrington, W. Powers 등의 영향을 받아 오늘의 현실요법을 발전시키게 되었다. 그의 이론은 정신분석의 결정론적 입장을 반대하면서 인간은 자신의 욕구를 충족시키기 위해 행동하며 그 행동은 인간이 스스로 선택하고 결정하며, 선택에 대한 책임은 자기 자신에게 있다는 기본개념 위에 성립되었다.

1) 인간관

현실치료의 인간관은 실존적 관점을 지니고 있다. 인간은 자신의 행동을 선택하고 책임질 수 있는 존재이다. 그러므로 자기결정이 가능하고 자신이나 환경을 통제할 수 있는 존재이다. 인간은 생존유지의 기본적 방향성과 힘을 가진 존재이며, 자신의 생각, 느낌, 신체활동을 책임지고 통제하는 존재이다.

한편 현실치료는 욕구이론적 관점을 취한다. 인간은 생득적인 내적 욕구 즉, 생존, 소속, 힘, 자유, 즐거움에 대한 욕구를 가지고 있으며 각 욕구는 사람들마다 강도에서 차이가 있다. 인간의 모든 행동은 각자의 욕구를 충족하기 위해 행해지며 충족되지 않을 때 불만과 고통을 느낀다. 인간은 타인의 욕구를 방해하지 않으면서 자신의 욕구를 충족하는 과정에서 성공적인 정체감을 발전시킬 수 있으며 이를 통해 만족스러운 삶을 살아갈 수 있다. 이렇듯 현실치료는 인간이 자신의 사고나 감정에 대해서 책임이 있다는 기본 개념 위에서 무의식적 동기에 초점을 두는 것이 아니라 현재의 행동이나 사고에 초점을 둔다.

2) 주요개념

(1) 선택이론(choice theory)

선택이론(choice theory)은 현실치료를 설명해 주는 이론으로, 인간이라고 하는 생명체가 하나의 통제체계로서 욕구충족을 위해 행동한다는 것을 뇌의 기능과 관련하여 설명한다.

Glasser는 외적 통제의 심리학을 선택이론으로 대체하면 더 많은 자유를 만끽할 수 있다고 주장한다. 그런데 여기에서 통제(control)란 자기관리, 행동선택의 의미이다. 흔히 통제의 의미를 강압적이고, 요구적이며, 타인의 행동을 억압하는 의미로 오해할 가능성이 있다. 그래서 Glasser는 자신의 선택으로 인한 책임을 강조하기 위해 선택이론이라고 바꾸어 사용하였다.

(2) 기본적 욕구

Glasser는 인간에게는 선천적이고 일반적인 욕구가 있는데 이 욕구가 인간에게 동기를 유발한다고 보았다. 모든 사람은 행동을 할 때 다섯 가지의 욕구를 충족시키고자 하며, 이런 욕구를 효과적으로 만족시키면 결과적으로 통제의 느낌을 갖게 되고, 자기실현, 자기만족의 느낌을 갖게 된다. 기본적 욕구의 종류는 다음과 같다.

① 생존에 대한 욕구(survival need)는 인간이 생물학적인 존재로서 생존하고자 하는 욕구이다. 이 욕구는 호흡, 소화, 땀, 혈압 조절 등 신체구조를 움직이고 건강하게 유지하도록 한다.

② 소속 욕구(belonging need)는 사회적 존재로서 인간이 사랑하고, 나누고, 협력하고자 하는 욕구를 말한다. 예를 들어 자신의 가족을 형성하기 위해 결혼하고 싶어 하거나 학생이 또래집단에 들고 싶어 하는 욕구 등을 의미한다.

③ 힘에 대한 욕구(power need)는 경쟁하고, 성취하고, 중요한 존재가 되고 싶어 하는 인간의 속성을 의미한다. 인간은 성취감, 존중, 인정 등을 받고 싶어 하는 존재이다.

④ 자유에 대한 욕구(freedom need)는 선택, 독립, 자율성 등을 의미한다. 예를 들어 원하는 곳에서 살고 모든 삶의 영역에서 어떠한 방법으로 영위해 나갈지를 선택하고 자신의 의사를 마음대로 표현하고 싶어 하는 욕구를 말한다.

⑤ 즐거움에 대한 욕구(fun need)는 새로운 것을 배우고, 놀이를 통해 즐기고자 하는 속성을 말한다. 이 욕구를 충족시키기 위해 인간은 때로 위험도 감수하면서 자신의 생활방식을 과감하게 바꾸어 나가기도 한다.

(3) 전 행동(total behavior)

Glasser는 인간의 모든 행동에는 목적이 있다고 보았다. 인간의 전체 행동은 행동하기(acting), 생각하기(thinking), 느끼기(feeling), 생물학적 행동(biological behavior)으로 구성되어 있다. 인간의 모든 행동은 항상 이 네 가지 구성요소가 포함되어 있는 전 행동(total behavior)이라 할 수 있다. 인간은 전 행동의 구성요소 중에서 행동하기 요소에 대해서는 거의 통제력을 가지고 있으며, 생각하기 요소에는 어느 정도의 통제가 가능하다. 그러나 감정(느끼기)의 통제는 어려우며 생물학적 행동에 대해서는 거의 통제력이 없다. 따라서 전 행동을 변화시키고자 할 때, 행동하기와 생각하기 요소를 먼저 변화시키면 감정(느끼기)이나 신체반응도 따라오게 된다. 네 요소들은 서로 유기적으로 연결되어 인간의 기본욕구를 충족시키려고 한다.

(4) 정체감

자기 자신이 스스로에 대해 가지는 이미지를 정체감이라고 하고 이는 어릴 때부터 부모 및 다른 사람과의 관계에서 발달한다. 어렸을 때 대부분의 아동은 자신을 성공적이라고 여기지만 학교 등의 사회에서의 여러 사회적 기술발달에 따라 자신의 능력에 따라 성공적 혹은 패배적으로 정의하게 되고, 나이가 들면서 자신이 정의한 상에 따라 정체감이 발달하게 된다. 어떤 개인이 성공적 정체감을 갖느냐 패배적 정체감을 갖느냐에 따라 그의 정신건강이 좌우되며, 성공과 실패의 정도는 자기의 기본적 욕구가 만족되는 정도에 따라 나뉜다. 성공적 정체감을 가질수록 강하고, 책임감 있고, 자기훈련가능하며, 융통성 있고, 효과적인 행동을 하며 삶을 효과적으로 통제할 수 있게 된다. 반면 패배적 정체감을 가질수록 약하고, 무책임하며 완고하고, 삶을 효과적으로 통제하지 못하게 된다.

3) 상담 과정

현실치료는 크게 두 과정, 즉 상담환경 조성과 내담자의 행동 변화를 이끄는 구체적인 절차 이행하기로 구성되어 있다(조현춘 등, 2011). 상담자는 이 두 과정을 조화롭게 엮어내어 내담자로 하여금 그들의 삶을 스스로 평가하고 바람직하게 방향 선택을 결심하도록 함께 돕는다. 현실치료의 상담목표는 내담자가 원하는 만족스러운 관계의 욕구를 충족시키고 내담자가 성취하려고 노력하는 바를 스스로 할 수 있도록 돕는 것이다. 상담자는 수용적, 무비판적, 긍정적인 상담환경을 조성하며 이는 관계형성을 위해 필수적이라 할 수 있다.

현실치료에서 상담은 내담자가 바라는 것, 불만족한 관계를 찾고 내담자 스스로 이를 문제로 인식하며 원함을 얻기 위한 행동변화 계획을 세우고 실행하는 것을 돕는 과정이다. 이 절차는 인간은 변화를 위해 동기화 된다는 가정에 기초한다. Wubbolding(2007)은 현실치료의 상담절차를 'WDEP System'으로 제시한다.

(1) W(Want): 희망, 욕구, 지각 탐색

상담자는 질문을 통해 내담자의 내적 세계(사진첩, 좋은 세계)를 탐색한다. 내담자의 좋은 세계는 상담과정을 통해 계속 변화되므로 전 과정에서 이는 계속된다. 내담자가 무엇을 원하는지, 무엇이 충족되지 않았는지, 무엇을 위해 원하는지, 얼마나 열심히 노력할지, 피하고 싶은 것, 욕구에 관해 원하는 것, 무엇이 되고 싶은지, 자신과 다른 사람을 어떻게 보는지를 물어보고 '통제 소재'를 설정한다. 내담자에게 원하는 것을 말하게 하고, 또한 상담자가 내담자의 상황, 행동, 바람 등을 어떻게 보는지 말한다.

(2) D(Direction and Doing): 삶의 목표 정하고 행동에 초점 두기

이것은 상담 초기에 내담자가 어디로 가고 있는가를 알 수 있도록 도와주는 절차이다. 현실치료 상담자는 내담자가 통제할 수 있는 행동을 스스로 탐색할 것을 강조하고 있는데 왜냐하면 행동을 바꿈으로서 우울, 격분, 외로움 등의 감정과 생리기능까지 변화시킬 수 있기 때문이다. 상담자는 내담자의 전체 행동 자각을 위해 "What are you doing?"을 질문한다.

- **What:** 내담자가 자신의 내면세계로 들어 갈 수 있으며, 자기 행동의 효과성에 대한 가치 판단을 하거나 자기 통제가 가능한 영역과 그렇지 않은 영역에 대해 확인해 볼 수 있는 기회를 제공한다.
- **are:** 내담자의 현재 행동을 강조한다. 과거의 비참한 기억을 계속 이야기하는 것은 현재 통제할 수 없는 문제의 심각성에 대한 내담자의 지각만 늘릴 뿐이다. 과거는 고정되어 있고 변화 가능한 것은 현재와 미래뿐이다.
- **you:** 현재 행동의 책임은 바로 내담자에게 있음을 자각시킨다. 이는 내담자가 자기 행동의 원인을 환경 혹은 남의 탓으로 돌리거나 변명을 하려는 활동을 중단시키는 효과가 있다.
- **doing:** 현재의 행동을 강조한다. 내담자가 감정적 고통을 이야기할 때도 항상 내담자가 직접적인 통제를 갖고 있는 행동이나 생각과 연관 짓는다.

(3) E(Evaluation): 평가하기

전체 행동의 각 요소가 욕구충족에 도움이 되는지, 방해가 되는지 등을 내담자 스스로가 자신의 행동을 평가하도록 돕는 과정이다. 이 단계는 현실치료의 핵심으로 철저한 내적 자기평가를 하도록 요구한다. 여기에서의 평가는 개인의 행동과 욕구와의 관계를 점검해 보는 것이다.

(4) P(Planing and Commitment): 계획하기와 다짐받기

이 단계는 계획과 실행과정으로서 긍정적인 행동계획과, 그 계획에 대한 약속, 과정에 대한 마무리 제언으로 이루어진다. 상담자는 여러 가지 사항을 염두에 두고 내담자의 진정한 바람과 욕구를 충족시킬 수 있는 계획을 수행하도록 도와줘야한다. 작은 계획이 변화의 첫걸음이 되며, 내담자에 대한 상담자의 지지와 격려가 필요하다. 좋은 계획은 단순하며, 현실적이고 실현가능하며, 행위를 중지시키기보다는 행위를 하도록 하며, 행위자에 기초하며, 구체적이고, 즉각적이며, 측정가능하고 반복적이며, 과정 중심적으로 행해지는 등의 특성을 지니고 있다.

상담자는 계획이 실행되지 못했을 때, 내담자의 어떤 변명도 받아들이지 않으면서 계획을 재검토하여 함께 새로운 계획을 수립하거나 이전 계획을 다시 추진하도록 다짐받기를 다시 한다. 그리고 내담자가 정말로 자신을 변화시키고 싶어 하는 지에 관심을 갖고 끝까지 포기하지 않고 내담자의 변화가능성을 끝까지 믿는다. 이것은 내담자와 진정으로 친밀한 관계임을 표시하는 것으로 내담자가 이 점을 알고 믿기만 한다면 소속감이 확고해지고 이것이 계획을 실행하는데 촉진된다.

4) 상담 기법

현실치료의 원리와 과정, 기법은 내담자에게 가르치는 방법이므로 상당히 지시적인 성격을 띠고 있다. 그래서 현실치료의 상담은 내담자와의 친밀하고 신뢰로운 인간관계형성을 바탕으로 이루어져야 한다. 현실치료 상담자는 내담자가 효과적이고 책임질 수 있는 방법으로 행동하여 자신의 욕구를 충족시킬 수 있도록 조력한다. 그리고 내담자로 하여금 자신의 욕구와 관련된 구체적인 원함(want)을 명확히 하고 내담자가 스스로의 행동을 평가하며 욕구를 충족시킬 수 있는 구체적인 계획을 세울 수 있도록 돕는다. 현실치료에 활용되는 대표적인 상담 기법은 다음과 같다.

(1) 질문

현실치료의 전 단계에 걸쳐 질문은 내담자의 내적 세계를 탐색하고 계획하고 평가하는데 데에 중요한 역할을 한다. 이때 상담자의 비언어적인 태도 즉 억양, 자세 등이 중요하다.

(2) 유머

현실치료는 질문이나 논쟁, 직면 등을 통해 내담자가 자각하고 판단할 것을 요구하므로 비교적 긴장하기 쉽다. 그러므로 유머를 통해 긴장을 해소하고, 내담자와 친밀한 관계를 유지하고 즐거움을 공유하는 것은 필수적이라 할 수 있다.

(3) 직면하기

현실치료 상담자는 내담자의 변명을 수용하지 않고 포기하지 않고 조력하는 태도를 갖춰야하므로 직면하기는 중요한 상담 기법이 될 수 있다. 상담자는 내담자의 모순성 특히 현실적 책임과 관련된 모순성에 대해 내담자의 책임임을 직면시킨다.

5) 평가

행동의 의식적인 면에 중점을 둔다는 점은 현실치료의 장점이 될 수도 있지만, 현실적 의식수준에서 문제를 파악하고 해결함으로써 단순하고 피상적인 접근에 머물 수 있다. 즉 인간의 무의식적 동기, 정신역동, 과거를 지나치게 무시한다는 비판을 받기도 한다. 어떤 문제는 행동의 원인을 알면 아주 쉽게 해결되는 경우도 많기 때문이다. 또한 자신에 대해 완전히 책임을 질 수 없는 수준의 내담자도 많다. 따라서 어느 정도 현실을 책임질 수 있는 사람에게 효과적인 상담이론이라 할 수 있다.

현실치료는 상대적으로 짧은 상담기간이 소요되며, 직접적이고 구체적인 상담 방법을 제시한다. 그래서 다양한 집단에서 효과적으로 활용되며, 교육계, 수용시설, 다양한 정신치료기관 등에서 성공적으로 사용되고 있다. 또한 내담자를 자기-평가 과정으로 안내하여 내담자로 하여금 자발성, 힘, 통제력을 가지게 함으로써 구체적인 행동변화에 더욱 실행력이 있다.

제14장 상담의 과정과 기술

내담자가 맨 처음 상담을 결심하고 상담 기관에 들어설 때부터 상담은 이미 시작된다고 할 수 있다. 내담자가 상담실을 방문했을 때, 내담자를 맞이하는 상담 접수자의 행동이나 태도는 내담자의 상담에 대한 첫인상을 결정하는 중요한 요인이다. 생각해보면 내담자가 상담기관을 방문하기 이전에 이미 상담에 대한 문의를 통한 상담 안내 과정에서부터 상담에 대한 첫인상이 결정되었다고 해도 과언이 아니다. 대부분의 내담자들은 상담실에 오기 전까지 많은 내적 고민 끝에 방문했을 가능성이 크다. 이러한 내담자들에게 정서적 안정을 제공하기 위해서 상담 접수자는 무엇보다 내담자 중심적 태도를 갖추고 배려와 존중, 온정적인 마음가짐으로 내담자를 맞이해야 한다. 이때 상담 접수자의 언어적 요소뿐만 아니라, 비언어적 요소인 시선, 동작, 적절한 의상, 화장 등도 상담에 대한 첫인상을 긍정적으로 형성하는데 기여할 것이다.

기관에 따라 다를 수 있지만 대개의 상담기관에서는 신청접수, 접수면접, 본 상담이 각각 독립적인 과정으로 운영되므로 업무분장이 명확하게 나뉠 필요가 있다. 상담신청을 접수하는 일이 일견 단순해보일 수 있는 과정이지만 담당자 교육을 통해 내담자의 이면적 의사소통, 문화와 개인차, 상황적 여건, 비언어적 요소 등에 민감하게 반응할 수 있도록 훈련되어야 한다.

접수면접이 마무리되면 내담자는 담당 상담자에게 안내되어 본 상담이 시작되게 된다. 이 장에서는 상담의 과정을 시작 단계, 중간 단계, 종결 단계의 세 단계로 구분하여 각 단계에서 이루어지는 일들을 구체적으로 살펴보도록 한다.

1. 시작 단계

상담자를 처음 만나면서 내담자는 표현하지 않더라도 마음속으로 여러 고민을 한다. 내담자는 과연 상담자가 자신의 문제에 도움을 줄 수 있을지, 상담으로 문제해결이 될 수 있을지 등 다양한 의구심을 가지고 상담자를 맞이할 것이다. 이러한 내담자의 내면을 충분히 공감하며 상담자는 세심한 태도로 내담자에게 주의를 기울여야 한다.

1) 상담관계 형성

(1) 래포(rapport) 형성

상담관계란 상담자와 내담자 사이에 상담을 위한 바람직한 관계를 의미한다. 상담관계의 형성이란 상담효과를 낳게 하는 바람직한 상호작용을 의미하는데 많은 상담자들은 바람직한 관계를 신뢰관계로 설명한다. 실제로 신뢰관계와 관련된 연구들은 '신뢰관계의 질과 상담효과와 밀접한 상관이 있다'는 결과나 '신뢰관계는 상담효과를 예측하는 중요한 변인'이라는 결과를 비교적 일관되게 보고하고 있다(Garfield, 1995).

상담초기에 가장 중요한 과제 중 하나는 바로 상담자와 내담자 사이에 신뢰감, 친밀감이나 안정감과 같은 정서적 유대감을 형성하는 것이다. 이를 래포(rapport) 또는 촉진적 관계를 형성한다고 한다. 이러한 관계는 이후 모든 상담의 과정의 바탕이 된다. 상담자는 내담자와 이러한 관계를 형성할 수 있도록 온화하고 수용적 분위기를 조성해 나가야 한다. 상담의 성패 여부는 내담자가 상담자의 태도와 행동을 어떻게 지각하느냐에 따라 크게 좌우된다. 내담자는 상담자의 시선접촉, 자세, 제스처, 태도를 알아차리고 그에 대해 반응한다. 내담자는 상담자의 반응시간, 반응시간 간의 간격, 개입, 이야기의 양과 목소리의 특성에 따라 다르게 반응한다(노안영, 송현종, 2007).

일반적으로 래포를 형성하는 조건으로 Rogers가 제시한 '일치성, 무조건적인 긍정적인 관심과 수용, 정확한 공감적 이해' 등이 언급된다. '일치성'이란 치료자가 진실하다는 말이다. 즉 상담시간에 순수하고 통합되어 있고 진솔하다는 것을 의미한다. 상담자는 기만적인 겉치레가 없고 내적 경험과 외적인 표현이 일치되고 내담자와의 관계에서 느껴지는 감정과 태도를 개방적으로 표현한다. 그런데 일치성은 매우 중요한 개념이지만 Rogers의 주요개념 중 혼란을 가장 많이 초래하곤 한다. 일치성과 관련하여 구별해야 하는 것은 상담자의 거울기능(mirroring)과 반응(reaction)의 차이이다. 거울기능이란 내담자가 하는 말이나 행동에 대해 상담자가 되비추어주는 것을 의미한다. 반응기능이란 솔직하게 자신의 감정을 말하지 않고, 감정적으로 내담자에게 반응하는 것을 의미한다. 거울기능을 하는 상담자는 내담자를 만났을 때 자신의 마음속에 있는 감정적 경험을 내담자에게 전달하여 상담자의 일치성을 전달할 수 있지만, 반응은 그것을 감정적으로 드러내든 비밀스럽게 표현하든 내담자에게는 도움이 되지 않는다(김계현 등, 2011).

'무조건적인 긍정적인 관심과 수용'이란, 상담자가 내담자를 한 인간으로서 깊고 순수한 관심으로 대하는 것으로, 내담자의 감정, 사고, 행동에 대한 평가나 판단을 하지 않는다는 점에서 무조건적이다. 상담자는 내담자의 태도나 행동에 조건적으로 대하지 않고, 내담자의 있는 그대로의 모습을 무조건적으로 수용한다. 내담자는 이를 통해 자유롭게 감정이나 경험을 표현할 수 있게 된다. 그러나 중요한 것은 무조건적이고 긍정적 수용의 대상은 '내담자의 경험' 또는 '내담자의 현상학적 세계'이다. 내담자의 행위도 존중할 수 있지만 모든 행위를 존중하는 것은 아니다. 즉 상대편이나 자신을 해치거나 폭력을 가하는 행위는 무조건적인 긍정적 수용의 대상이 아니다. 실제 상담에서 내담자의 경험이나 현상학적 세계를 수용하고 존중하는 태도를 가지면 내담자와의 래포 형성이나 내담자의 변화를 이끌어 낼 수 있다.

이장호·금명자(2006)가 제시한 상담자가 지녀야할 수용의 다섯 가지 수준은 다음과 같다.

1 수준: 의사소통자의 언어와 행동 표현에서 상대방에 대한 존중이 명백히 결여되어 있거나 부정적 배려만이 있는 수준
2 수준: 상대방의 감정, 경험 및 잠재력에 대해 거의 존중하지 않는 수준
3 수준: 상대방의 감정, 경험 및 잠재력에 대해 기본적으로 긍정적 존중과 관심을 전달하는 수준
4 수준: 상대방에 대해 깊은 긍정적 존중과 관심을 표명하는 수준
5 수준: 상대방에게 한 인간으로서의 가치와 자유인으로서의 잠재력에 대해 매우 깊은 긍정적인 존중을 전달하는 수준

'공감적 이해'란 내담자와의 상호작용에서 나타내는 경험과 감정들을 민감하고 정확하게 이해하는 것이다. 상담자는 내담자의 주관적인 경험, 특히 지금 여기의 경험을 감지하려고 노력함으로써, 내담자가 자기 자신과 친밀하도록 하고, 감정을 더 깊고 강하게 경험하게 하고, 그들 내부에 존재하는 불일치를 이해하고 해결하도록 내담자를 격려하는 것이다.

최상의 공감적 이해가 이루어지면, 상담자는 내담자의 주관적 세계의 매우 깊은 곳까지 들어갈 수 있어서 내담자가 알아차리는 것 이상의 더 깊은 수준까지도 알아차릴 수 있게 된다.

또한 공감은 상담자가 자신의 견해를 희생하거나 동정 및 인정을 베풀어야 한다는 것을 의미하지 않는다. 그보다 내담자에게 진실로 다가오는 것이 무엇인지 확인해 줄 필요가 있다는 것을 의미한다(Heaton, 1998). 상담자는 내담자의 감정과 비슷하게 느낌으로써 내담자의 세계를 공유할 수 있게 된다. Rogers는 상담자가 자신의 주체성을 잃지 않고, 내담자가 보고 느끼는 주관적 세계에서 현재 경험하고 있는 것을 경험할 수 있을 때 건설적인 변화가 일어날 것이라 믿었다.

앞에서 제시한 래포를 형성하기 위한 기본 조건과 더불어 상담자에게 요구되는 중요한 자세는 바로 적극적인 경청이다. 상담자는 적극적 경청을 통해 내담자를 이해하고, 적절한 반응을 통해 내담자의 문제를 해결하는 촉진적 역할을 수행한다. 상담자의 경청하는 자세에 대해 Egan(1994)은 'SOLER'라는 이니셜을 제안했는데 그 의미는 다음과 같다.

- **S(Squarely):** 내담자를 정면으로 바라보면서 마주 본다.
- **O(Openness):** 개방적인 자세를 취한다.
- **L(Leaning):** 내담자 쪽으로 상체를 약간 앞으로 기울인다.
- **E(Eye contact):** 내담자와 지속적으로 적당한 시선접촉을 한다.
- **R(Relaxing):** 편안하고 자연스럽게 내담자를 대한다.

⑵ 상담의 구조화

생산적인 상담을 위해 상담자는 내담자와 상담목표를 성취해나가기 위해 환경을 조성하고 유지해야 한다. 상담의 구조화란 '상담의 구조적 형태를 내담자의 반응을 고려하면서 상담자가 주도적으로 만들어가는 작업'이라고 정의할 수 있다. 즉 상담자는 구조화 과정을 통해 내담자에게 상담의 방향과 목표, 상담의 절차, 시간, 비밀보장의 원칙 등을 설명하고 이해하도록 돕는다. 상담기관에 처음 찾아온 내담자는 상담과정에 대한 이해가 없이 막연하게 찾아온 경우가 많다. 그래서 상담자는 상담의 진행 과정, 상담자와 내담자의 역할 등을 친절하게 안내하며 내담자가 상담 장면에 편안하게 적응하도록 도울 필요가 있다. 이를 통해 내담자는 상담관계가 합리적이고 효율적인 계획과 방식으로 진행하게 됨을 이해하게 된다.

상담의 구조화에 실패할 경우, 상담이 방향 없이 표류하게 되고 상담자나 내담자 모두 공허함을 느낄 수 있다. 그러므로 상담자는 상담의 구조를 명확하게 세우기 위해서 상담자와 상담과정에 대한 내담자의 기대를 명료하게 하고, 상담목표를 구체화하여 내담자와 공유하며, 이야기의 영역과 상담 속도를 조절할 필요가 있다. 속도를 조절하고 이야기의 영역을 조절한다는 것은 주어진 상담시간에 소화할 수 있는 분량인지 상담자가 그 여부를 가늠하여, 시간이 부족할 경우 적절하게 다음 회기로 미루는 것에 합의하는 것이다. 또한 내담자가 제한된 상담 시간에 다룰 수 없는 다양한 주제를 한 번에 이야기할 때 상담자는 그 속도를 조절하고 이번 회기에 다룰 수 있는 주제에 초점을 두도록 논의할 수 있다.

일반적으로 경험이 많은 숙련된 상담자들일수록 상담초기에 상담구조에 대한 교육, 계약, 구축작업을 중요시하는 경향이 있다. 숙련된 상담자들은 상담초기에 '바람직한 상담 방향 및 목표, 상담 절차 및 방법, 역할 및 규범'과 같은 상담 구조에 대해 내담자에게 충분히 안내한다. 예를 들어 내담자는 상담에서 대화의 주제를 결정할 책임이 있다. 상담자는 이를 내담자에게 알려주고 내담자가 이야기를 잘 하도록 촉진하는 역할임을 분명히 전하는 것이다.

그리고 상담자는 내담자가 가진 상담의 기대, 그리고 상담자가 설명한 상담구조에 대한 내담자의 이해를 탐색하거나 확인하고, 만약 내담자가 상담구조에 대해 잘못된 기대나 이해를 하고 있을 경우, 상담구조에 대해 명료하게 설명하며 내담자의 동의를 이끌어 낼 필요가 있다. 예를 들어 상담자와 내담자가 맺는 관계에 대해서 상담자는 적절하고 자연스럽게 자신의 경계를 알려주고 유지할 필요가 있다.

2) 문제 명료화

(1) 내담자의 문제의 명료화

상담의 시작은 내담자의 이야기를 듣는 것에서 이루어진다. 비자발적인 내담자의 경우 상담의 시작에 말을 잘하지 않지만, 어떤 내담자의 경우 봇물 쏟아내듯 다양한 주제의 이야기를 한 번에 꺼내놓는다. 상담의 목표는 달리 말하면 내담자가 호소하는 문제와 깊은 관련이 있다. 일반적으로 내담자는 자신의 문제를 인식하거나 말로 표현할 때 구체적이기보다는 일반화되어 있고, 명료하기보다는 불확실하고 포괄적인 경향이 있다. 상담자는 내담자가 전달하는 문제를 충분히 경청하고 이해하고 나서, 내담자의 문제를 구체적으로 명료화할 필요가 있다.

문제는 반드시 상황적 배경을 가지고 있기 때문에 문제가 일어난 구체적인 상황을 탐색하면 내담자의 문제가 보다 분명해진다. 상담자는 내담자의 이야기를 충분히 이끌어내기 위해 내담자가 자유롭고 상세하게 대답할 수 있는 개방형 질문을 적절히 사용하는 것이 좋다. 예를 들어, "저는 너무 자신감이 부족해요"라고 호소하는 내담자에게 상담자는 "최근에 어떤 상황에서 그런 마음이 들었나요? 예를 들어 말해보실래요?"라고 질문함으로써 문제 상황을 구체화시킬 수 있다. 이때 상담자는 문제 상황의 객관적 사실뿐만 아니라, 그 상황 속에서 겪는 내담자의 감정, 생각(신념, 판단, 해석 등), 욕구 등 내담자의 주관적 경험 세계를 탐색하는 것이 중요하다.

또한 어떤 내담자들은 상담에서 다룰 수 없는 문제를 호소하기도 하고 상담 장면에서 다루기에 너무나 많은 문제를 호소하기도 한다. 상담자는 내담자와의 협의를 통해 상담에서 구체적으로 다룰 수 있는 문제를 선정할 필요가 있다. 문제를 선정하는 것은 종종 복잡하고 어려운 일이다. 이때 가장 우선적인 문제를 선정하기 위한 기준을 갖는 것이 도움이 된다. 문제를 선정할 때는 다음과 같은 사항을 고려해야 한다(박태수, 고기홍, 2007).

첫째, 내담자가 호소한 문제를 우선한다. 상담에서 다뤄야할 문제가 많을 때 내담자가 우선시 하는 문제를 선정하는 것이 바람직하다. 반대로 내담자가 호소하지 않는 문제는 우선순위에서 뒤로 미루는 것이 바람직하다.

둘째, 내담자가 선택하거나 동의한 문제를 우선한다. 또한 내담자의 호소문제와 관련인의 호소문제가 다를 때는 관련인의 호소 문제를 내담자에게 알리고 나서 우선적인 상담문제로 선정할 것을 권유한 후, 내담자가 동의하는 문제를 우선한다. 또한 내담자가 호소한 문제와 상담자가 파악한 호소문제가 다를 때는 상담자가 파악한 핵심문제를 내담자에게 알리고 나서 우선적인 문제로 선정할 것을 권유한 후, 내담자가 동의하는 문제를 우선한다. 반대로 내담자가 선택하지 않거나 동의하지 않는 문제는 우선순위에서 뒤로 미루는 것이 바람직하다.

셋째, 현재 내담자가 당면한 문제를 우선한다. 반대로 무의식적인 과거의 미해결 문제나 아직 일어나지 않은 미래의 잠재적인 문제는 우선순위에서 뒤로 미루는 것이 바람직하다.

넷째, 주관적 고통이나 어려움이 큰 문제를 우선한다. 반대로 주관적 고통이나 어려움이 적은 문제는 뒤로 미루는 것이 바람직하다.

다섯째, 해결 가능한 문제를 우선한다. 상담의 범주에서 다룰 수 있는 문제, 상담자의 전문적 자격과 능력 범주 내에서 다룰 수 있는 문제, 그리고 내담자의 능력 범주 내에서 해결이나 성취가 가능한 문제를 우선한다.

(2) 상담목표의 설정

상담 관계에서 상담자와 내담자의 상호작용은 목표 지향적이다. 상담은 일련의 목표를 설정하고 함께 이루어나가는 과정으로, 상담자는 목표를 설정하는 과정에서 내담자가 적극적으로 참여할 수 있도록 촉진해야 한다. 내담자가 상담목표 작성에 자발적으로 참여할수록 상담에 대한 적극성과 책임감이 커져 변화하고자 하는 내적 동기가 심화될 것이다.

상담목표가 분명하고 구체적이고 현실적일수록 상담은 추진력 있게 진행된다. 그러므로 상담자는 효과적인 상담목표 달성을 위해서 상담목표가 구체적이고 바람직하게 설정될 수 있도록 상담을 진행해나가야 한다. 즉 애매하고 일반적으로 이야기하는 내담자에게 그러한 상황이 유발된 구체적인 삶의 장면, 상호관계, 생각, 판단, 감정 등을 되돌아보게 함으로써 내담자가 미처 지각하지 못한 자신의 감정과 욕구 등을 탐색하도록 촉진할 수 있어야 한다. 그럼으로써 내담자는 자기 자신과 문제 상황에 대해 더욱 명료하게 인식하게 된다.

상담의 목표 설정 및 진행상의 방식이 효과적이었는지 또 덜 효과적이었는지를 검토하는 참고기준을 제시하면 다음과 같다(김환, 이장호, 2006).

- 내담자가 구체적으로 이야기하게 도와주었는가?(용어의 정의, 구체적인 생활경험, 주요 생활경험, 주요 생활경험에 수반하는 감정적 반응 및 여러 생활 장면에서의 행동비교 등)
- 내담자가 자기가 생각하는 상담의 목표를 말하게 하였는가?
- 이러한 목표가 행동적 용어로 표현되었는가?
- 상담의 목표를 달성하는 데 장애가 될 만한 요소(내담자의 신체적 장애, 무감각 등)가 없다고 확신되는가?
- 내담자가 바라는 목표가 현실적이며 성취 가능한 것이었는가? 그렇지 않다고 생각되었을 경우 그에 따른 적절한 조치를 취하였는가?
- 능력의 한계 때문에 당초의 목표를 달성하지 못한 것으로 생각되는가? 그렇게 생각되었을 경우 다른 전문가에게 의뢰하거나 목표를 재조정하는 등 필요한 조치를 취하였는가? 아니면 단순히 지지적인 상담관계를 유지하였는가?
- 상담자의 전문적·윤리적 차원에서 내담자가 바라는 목표에 도달할 수 있게 돕고 있는가? 그렇지 않았을 경우 상담자로서 적절한 행동 및 조치를 취하였는가?
- 선택된 접근방식이 적절하고 상담자 자신의 능력으로 가능한 것이었는가?
- 내담자 쪽에서 상담의 접근방식과 절차를 충분히 이해하였는가?
- 내담자가 상담의 방식과 절차에 참여의식과 책임감을 가지게 하였는가?

마지막으로 상담자는 상담목표와 관련하여 고정적인 선입견을 가지지 않아야한다. 상담의 목표를 분명하게 정하고 상담 계획을 잡는 것이 바람직하지만, 상담자는 내담자와 지속적인 상호작용을 통해 때로 목표가 적절하지 않음이 확인되면 이러한 목표는 수정되어야 한다. 상담자는 자신의 지각과 가설을 상황에 맞게 수정해 나가면서 변화가 요구되는 새로운 정보나 통찰이 생기면 상담목표를 변경할 수도 있다(천성문 등, 2009).

3) 사례 개념화

사례 개념화란 내담자의 특성, 문제가 발생한 원인이나 관련 요인, 유지 요인, 상담의 개입 방향 등을 일목요연하게 정리하는 일을 뜻한다. 상담자는 상담의 초기 단계에 면담을 통해 내담자의 특성을 횡단적으로 이해할 뿐만 아니라 내담자의 문제 기원에 대해 종단적으로도 이해할 수 있어야 한다. 이러한 사례 개념화가 완료되면 상담자는 상담의 단기·장기적 목표를 분명하게 설정할 수 있고, 목표를 향해 효과적으로 진행할 수 있게 된다. 사례 개념화의 주요소를 대략적으로 정리하면 다음과 같다.

- 내담자의 현재 문제 파악
- 현재 문제와 관련된 역사적 배경 파악
- 문제의 원인 및 관련 요인
- 문제와 내담자에 대한 종합적 이해(이론적 근거 포함)
- 상담목표 및 계획

사례 개념화를 실시할 때는 다음의 두 가지 사항을 고려하는 것이 바람직하다(고기홍, 2014). 첫째, 사례 개념화는 가설이라는 사실을 염두에 두어야 한다. 따라서 사례 개념화를 실시한 이후에도 내담자에 대한 추가 정보를 수집하고, 이를 토대로 기존의 가설을 점검 및 수정하는 지속적인 과정이 필요하다.

둘째, 사례 개념화는 정신 장애나 문제, 그리고 그 원인을 찾는 데 초점을 두기 때문에 부정적으로 흐르기 쉽다. 따라서 전략상 내담자의 긍정적인 부분에 초점을 두고 사례 개념화를 함으로써 균형을 유지하는 것이 바람직하다. 내담자의 잘 기능하는 측면과 긍정적인 측면의 원인을 찾아내어 설명한다. 더 나아가 긍정적 측면과 원인들을 더 확대하거나 장려하기 위한 상담개입 방향 및 방법들을 탐색하여 설명한다. 이렇게 하면 상담과정의 부정적 편향을 방지할 수 있고, 내담자에게 문제의 원인이나 대처방안을 설명하는 과정에서 일어나는 부정적 자아상을 형성시키는 문제도 어느 정도 보완할 수 있다.

상담자는 내담자에 대한 사례 개념화를 토대로 상담개입의 목표와 전략을 구성하는 상담계획을 작성하게 된다. 사례 개념화에서 도출된 내담자의 자원과 문제의 특성, 그리고 상담자의 전문성을 고려하여 상담개입의 방향 및 목표를 설정하고, 이를 성취하기 위한 개입전략을 수립하게 된다.

2. 중간 단계

상담이 시작 단계를 지나 중간 단계에 이르면 내담자는 상담자를 좀 더 신뢰하게 되고 심리적 안정감을 느끼게 된다. 이러한 정서적 안정감의 토대 위에서 내담자는 자신의 문제에 대해 심층적으로 탐색하고 자신의 심리적인 문제에 대한 통찰을 얻고 해결책을 찾아나가게 된다. 즉, 상담 중간 단계는 상담자와 내담자가 함께 수립한 상담목표에 도달하기 위해서 노력하는 상담의 핵심단계라 할 수 있다.

이 과정에서 내담자는 자신의 역할을 인식하게 되고 본격적으로 문제의 원인에 대한 탐색과 해결책을 생각해보게 된다. 내담자는 지난 상담 회기 이후, 그동안 어떠한 변화가 있었는지 또는 이후 어떤 통찰을 더 하게 되었는지 등을 자연스럽게 이야기한다. 내담자는 자신을 힘들게 하는 심리적인 문제와 그 문제와 관련되어 있는 원인이나 배경을 서서히 인식하게 된다. 그래서 자신이 현재 처해 있는 어려움이 과거의 사건이나 환경 등과 어떻게 연결되어 있는지 통찰하게 되고, 현재의 어려움을 촉발시키고 유지하는 자신의 부적응적인 생각, 욕구, 판단, 감정, 생활패턴 등을 깨닫게 된다.

그런데 내담자는 자신의 문제를 통찰하고 변화를 촉진하는 과정에서, 이전의 부적응적인 패턴을 쉽게 변화시키기 어려워하며 의식적·무의식적 저항을 일으킬 수도 있다. 습관적인 패턴을 변화시키고 부적응적인 성격을 개선하는 것은 결코 쉽지 않으며, 많은 시간과 노력을 들인 작업이 필요하다. 저항은 새로운 패턴을 습득하는 데 대한 방해요소로 작용하기 때문에 이를 극복하는 것이 반드시 필요하다. 변화의 과정에서 저항은 필연적인 것이므로 상담자의 주요 과제 중 하나는 저항을 어떻게 슬기롭게 극복하느냐 하는 것이다.

상담자는 지금까지 상담을 진행하면서 수집한 자료를 토대로 하여 내담자의 심리적 문제를 확인하고, 내담자의 성격, 문제의 근원, 처한 환경, 사고 과정, 감정, 행동 패턴 등에 대해 깊이 있게 이해하게 된다. 따라서 상담자는 내담자에 대해 훨씬 정확하게 반응할 수 있으며, 자신이 어떤 반응을 보이면 내담자가 저항을 할지 미리 예측할 수 있게 된다(천성문 등, 2009).

때로 상담의 시작 단계에서 정리되었던 내담자의 문제가 실제적 문제가 아닌 경우도 밝혀지기도 한다. 상담자는 내담자와의 신뢰관계를 바탕으로 내담자가 주체적으로 문제를 정확하게 파악할 수 있도록 촉진해주는 역할을 하게 된다. 이 단계의 특징은 내담자의 자각이 확장되어 스스로 심리적 통찰도 하게 되지만, 반면 변화에 대한 저항도 불러일으킬 수 있다.

상담자는 내담자의 이해를 촉진시키고, 통찰한 내용을 현실에 효과적으로 적용하기 위해 다양한 상담 기법들을 활용하여 내담자를 조력한다. 문제에 대한 이해만으로는 상담목표가 달성되었다고 볼 수 없기 때문에 내담자는 구체적인 실천을 자신의 삶에 적용하는 연습을 하게 된다. 그래서 상담의 중간 단계는 상담의 시작 단계에 세운 상담목표를 달성하기 위한 구체적인 실행 단계라 할 수 있다.

이 단계에서는 구체적으로 과거와 작업하기, 다양한 저항의 해결, 침묵, 상담자의 역할, 과제의 활용 등이 상담과정에서 이루어진다(김환, 김장환, 2006).

1) 과거와 작업하기

상담의 중기에 과거와 가족에 대해서 이야기하는 것은 그 자체가 문제해결과 인간적 성숙을 위한 작업의 일환이다. 내담자는 자신의 과거를 돌아보고 가족사를 돌아보며 조금씩 과거를 탐색해 보며 스스로 통찰의 작업을 시도한다. 그러나 처음에 과거의 경험을 탐색하기 시작할 때, 단지 시간의 문제뿐만 아니라 무의식적 억압으로 인해 어려움을 겪을 수 있다. 그러나 내담자가 이 작업의 중요성을 인식하고 집중하게 되면 상담자의 격려와 편안한 안내 속에 내담자는 천천히 기억해낼 수 있게 된다.

과거의 경험은 사건에 대한 기억에서 비롯되어 당시 느꼈던 감정, 욕구, 그 사건이 자기의 인생에 미쳤던 의미가 통찰된다. 상담자는 "혹시 예전에도 그런 적이 있었나요?", "그와 비슷한 느낌을 받았던 때를 떠올릴 수 있나요?", "그런 느낌은 어디서 오는 것일까요?" 등의 질문을 함으로써 내담자는 느낌을 연결고리 삼아 과거의 사건으로 거슬러 가게 된다. 상담자는 내담자를 부드럽게 격려하며 용기를 북돋우며 도와주어야 한다.

그러나 과거를 탐색하는 것이 단지 지적인 작업이 되어서는 안 된다. 이 작업의 핵심은 그 당시를 생생하게 재경험 함으로써 성격, 가치관, 사고방식, 태도 등이 형성되던 시기로 돌아가서 상처를 치료하기 위함이다. 내담자는 과거의 재경험을 통해 성격의 재구성이 보다 유연해진다.

이 과정에서 내담자의 정화경험과 이해경험의(통찰, 자각, 알아차림) 촉진은 매우 중요하다(박태수, 고기홍, 2007). 정화경험이란 갈등의 원인이 되는 억압적 경험을 언어, 행동, 상징적 수단을 통해 표현했을 때 경험하는 갈등의 해소상태를 의미한다. 내담자는 상담 관계의 안정감과 신뢰감 속에서 과거의 부정적 경험이나 갈등상태를 재경험하고 현재의 문제와 관련된 기억을 찾아 회상하면서 그때의 감정을 다양한 방식을 통해 표현하게 된다. 이러한 정화경험을 촉진하기 위해서 상담자는 내담자가 있는 그대로의 자기 자신이 되는 일치경험과 이것이 온전히 받아들여진다는 것을 느끼고 인식하는 경험을 할 수 있도록 조력해야 한다. 이러한 정화경험을 통해 내담자는 의식하지 못하던 새로운 현상을 지각하거나, 의식하고 있던 현상에 대한 새로운 의미나 가치, 새로운 관점을 발견하게 된다. 이를 이해경험이라고 한다.

이해경험을 촉진하기 위해서는 먼저 상담관계의 안정성이 기본적으로 조성되어야 한다. 그리고 단순한 지적인 알아차림 이상의 정서적 경험이 동반된 상태에서 새로운 알아차림을 형성할 수 있어야 바람직한 행동의 변화로 이어질 수 있다. 이러한 경험은 분석과 통합의 상호작용 속에서 촉진되며 상담자는 내담자의 방어기제, 상담동기, 사회환경적 역기능, 상담자 자신의 능력을 고려해야 한다. 이해경험은 관점 변화 및 확대를 통해 대안 설정, 실행 및 행동 변화 등으로 이어져야 비로소 안정적으로 유지되게 된다.

2) 다양한 저항의 해결

상담자는 내담자의 저항이 어떤 행동으로 드러나는가를 민감하게 파악할 수 있어야 한다. 저항의 양상에는 상담자의 제안을 회피하거나 따르지 않는 것에서 시작하여 주지화, 말을 많이 하기, 약속시간 변경하기, 지각하기 등 다양하다.

내담자가 말을 많이 하는 경우도 일종의 저항일 경우가 있다. 자신에게 중요하고 핵심적인 것은 이야기하지 않고 쓸데없는 일상의 이야기만 자꾸 하는 경우, 내담자는 그렇게 함으로써 자신의 감정을 회피하고 상담자가 끼어들지 못하게 만들 수 있다. 상담자는 내담자의 말에 끼어들기 어렵다고 느끼면 저항인지 생각해볼 필요가 있다. 이럴 때는 상담자가 내담자의 말을 끊고 "지금 제가 이렇게 끼어들지 않으면 도저히 아무 말도 못할 것 같아요."라면서 넌지시 직면할 수 있다. 상담자는 이런 양상이 반복되면 이 패턴에 대해 지적하되, 비난조가 아니라 "우리가 효과적으로 상담하기 위해서는 당신에게 중요한 이야기를 정해진 시간에 집중적으로 할 필요가 있습니다." 등으로 부드럽고 허심탄회하게 이야기할 필요가 있다.

주지화(intellectualization)는 내담자가 자신의 통찰을 머리 수준으로만 하는 것을 말하는 것으로 대개 감정을 억압하거나 감정표현에 죄책감을 느끼며 이성적인 측면을 강조하는 사람이 주지화 저항을 자주 사용한다. 주지화 저항의 경우 내담자의 주지화 경향에서 비롯되기도 하지만, 때로 "왜 그랬나요?", "왜 그렇게 생각하세요?" 등 생각에 초점을 두어 질문하는 상담자에게 유도된 내담자의 반응일 수 있다.

내담자가 자주 약속시간을 변경, 취소하거나 아예 상담지간에 오지 않는 경우가 반복적으로 발생할 수 있다. 초기 상담에서 상담자와 내담자 간에 충분히 래포가 형성되었다고 판단되었는데도 그런다면 상담자는 이 행동패턴에 대해 내담자와 함께 의논할 기회를 찾아야 한다. 무엇이 부담인지, 어떤 기대가 충족되지 않았는지, 그래서 상담과 상담자에게 어떤 느낌을 가졌는지 충분히 논의하고 수용 받는다면, 내담자는 자신의 부담을 상담자가 이해하고 존중한다는 것을 알게 될 것이다. 즉 상담자는 내담자의 의식적·무의식적 저항을 민감하게 느끼고 저항에 대해 내담자와 진지하게 논의할 필요가 있다.

내담자의 저항은 상담자에게 긴장과 좌절을 유발하며, 이 때문에 상담자는 자신의 감정에 휘말리게 될 수 있다. 특히 초보 상담자는 내담자의 저항을 자신에게 투사하여 자기비하의 과정을 겪기도 한다. 유능한 상담자라면 내담자의 저항이 어디에서 왔는지 의문을 갖고, 내담자 자신의 저항에 의해서 보상받는 것이 무엇인지 또는 상담자의 어떤 행동이 저항을 촉발했는지를 탐색하며 내담자에게 도움이 될 수 있는 방법을 고민한다. 저항에 좌절하여 성급하게 내담자를 포기하는 함정에 빠지지 않고, 부드럽고 유연하지만 적극적으로 저항에 대처한다.

3) 침묵

침묵의 이유나 의미는 침묵이 언제 발생하였느냐 하는 점과 내담자와 상담자 중 누구에 의해서 먼저 시작되었느냐에 따라서 다르게 평가될 수 있다. 내담자가 상담에 대해 불확실성을 느끼며 불안해 할 때, 상담자에 대해 불만을 느끼고 있을 때, 내담자가 무슨 내용을 이야기할지 고민하고 선택해야 하는 상황일 때, 내담자가 자신의 느낌을 적절하게 말로 표현하기 어려울 때, 그리고 상담자의 공감이나 해석에 100% 동의하지 않을 때에도 내담자는 침묵할 수 있다.

침묵의 의미를 판단한 다음 상담자가 해야 할 일은 "침묵을 깰 것인가? 아니면 기다려 주어야 할까?"에 대한 결정이다. 상담자는 대개 침묵의 시간을 불편하게 여기지 말고 "내담자가 좀 쉬고 있구나."라고 생각하면 좋다. 침묵이 너무 길어지거나 개입이 필요하다면 융통성이 있는 개입이 필요하다. 이때 명심할 것은 내담자의 침묵에 대해 당황하지 않고, 내담자의 감정에 집중하고, 그것을 수용하기 위해 노력하는 자세이다. 상담자의 긍정적이고 수용적인 경청은 가장 믿을 수 있는 상담기법이다. 상담자가 침묵을 지키며 경청하는 것은 내담자에게 말을 하도록 촉진하는 효과가 있기 때문이다. 특히 내성적인 사람은 상담자의 꾸준한 침묵과 경청을 통해 자기의 부끄러움과 조용한 성격이 그대로 받아들여진다는 사실을 느끼게 됨으로써 자기 자신에 대한 확신을 경험한다.

침묵에 대한 수용은 내담자가 자신의 중요한 느낌에 대해 깊이 생각하고 통찰에 이를 수 있게 시간적인 여유를 준다는 점에서 중요하다. 상담자가 내담자의 문제 배경에 관해 탐색하며 지나치게 말을 많이 하면 내담자는 방해를 받아 자각이 뒤따르지 못할 수 있다. 그래서 침묵하는 동안에 내담자가 자신의 느낌을 깊이 자각하고 행동의 방향을 모색할 수 있게 상담자는 기다릴 필요가 있다. 요컨대, 내담자가 생각하거나 말하고 싶어 할 때는 상담자가 침묵을 지켜 경청의 태도로 일관하고, 내담자가 반응을 기대할 때에는 적절한 말을 해주어야 한다.

4) 상담자의 역할: 버티기, 담아주기, 제자리로 되돌려 놓기

모든 상담자가 명심해야 할 것은 상담은 내담자를 위한 것이지 상담자를 위한 것이 아니라는 점이다. 내담자의 다양한 질문이나 욕구 표현에 대해 상담자는 습관적으로 자기 방식으로 반응하기 쉽다. 그러나 습관적으로 반응하는 것은 상담자 자신을 위한 것이다. 상담자는 늘 내담자의 입장에서 생각해야 하며 내담자가 한 번 더 자신을 되돌아볼 수 있는 기회를 주는 방식으로 반응해야 한다.

초보 상담자는 다음과 같은 것을 배울 수 있다.

- 상담자는 내담자의 질문이나 요구에 응답하는 데 그치지 않고 내담자가 질문하게 된 배경이나 의도에 대해 다시 탐색한다. 즉, 내담자를 자기 탐색의 자리로 다시 되돌려 놓는다(제자리로 되돌려 놓기).
- 내담자의 질문이나 저항 때문에 상담자에게 감정적 동요가 생겼을 때라도 상담자는 자신의 감정에 따라 반응하지 않고 이를 참아내며(담아 두기), 다시 내담자에게 집중해서 질문이나 저항의 배경에 대해 탐색한다.
- 상담자는 내담자의 불안에 동요하지 않고, 내담자가 차분해질 수 있는 모습으로 버텨준다(버티기).

5) 과제의 활용

상담 과정에서 과제는 다양한 형태로 부여할 수 있으며, 적절한 시기에 부여할 수 있다. 내담자에게 부과하는 과제는 성공적으로 완수될 확률이 평균 이상이어야 한다. 이때 항상 성공적인 경험이 보장되는 것은 아니기 때문에 실패로 인한 부정적인 결과의 가능성도 주의 깊게 고려하여야 한다.

상담자는 내담자가 과제를 해 오면 과제를 했는지 여부나 성공 여부만을 확인하지 말고 과제를 하면서 어떤 느낌이 들었는지, 어떤 경험을 했는지를 구체적으로 물어보며 확인해야 한다. 이 과정에서 내담자의 행동양상이나 사고방식이 더 구체적으로 드러날 수 있을 뿐 아니라 다음 과제를 위한 적절한 향후 계획을 마련할 수도 있다. 내담자가 성공적으로 과제를 수행했다면 상담자는 칭찬으로 적절히 강화해 줄 수 있다.

상담자는 과제를 부여할 때 항상 내담자와 함께 논의하고, 내담자의 제안을 수용하면서 자발적인 협조를 얻는 것이 바람직하다. 상담자가 제안한 과제에 대해 부정적으로 반응하는 내담자에게 이를 강요하는 것은 역효과를 낳을 수 있다. 그러나 이것도 상황에 따라 다르며, 너무 우울하고 무력한 내담자의 경우 상담자가 과제의 실천을 적극 권장할 수 있다. 과제의 실천으로 의욕과 활력이 생기는 긍정적인 효과를 기대할 수 있기 때문이다. 한편, 상담자의 제안을 내담자가 계속 반대하는 경우에는 상담관계에 심각한 문제가 있음을 나타내는 표시일 수 있다. 다른 문제들을 성공적으로 다룰 수 있기 위해서는 먼저 상담관계를 점검하고 교정하여 안정된 기반 위에서 이루어질 수 있도록 해야 한다.

내담자는 이 단계 동안 상담자의 격려와 공감을 통해 서서히 새로운 방식을 삶에 적용하며, 상담자는 거울 역할을 하며 긍정적으로 변화하고 있는 내담자의 모습을 비춰줌으로써 내담자가 변화에 확신을 가질 수 있도록 조력한다.

3. 종결 단계

상담의 시작 단계에서 상담자와 내담자는 첫 만남을 필두로 안정적인 신뢰 관계를 구축하기 시작하여 중기 단계를 거치면서 심리적 문제를 일으키는 사고, 감정, 행동방식 등의 패턴을 통찰하고 행동 및 사고방식의 변화를 위한 상호작용을 해왔다. 상담의 종결 단계에서는 중기 단계에서 얻은 통찰을 바탕으로 좀 더 현실생활에 적용할 수 있는 새로운 변화를 시험하고 평가하게 된다. 종결의 단계에서 상담자는 내담자가 느낄 수 있는 여러 가지 감정을 민감하고도 충분하게 다루어 주어야 한다.

이 단계가 적절히 다루어지지 못하면 내담자는 학습한 것을 활용하는 데 지장을 받게 될 뿐만 아니라 상담 자체에 대한 부정적인 감정을 지니고 상담실을 떠날 가능성이 크다. 그러므로 상담자는 내담자로 하여금 상담 결과를 잘 정리함으로써 변화의 의지와 새로운 희망을 갖는 동시에 상담에 대한 긍정적 시각을 가지고 상담실을 떠나도록 도와야 한다. 종결 단계에서 이루어지는 일을 정리하면 다음과 같다(이형득, 2009).

1) 종결 시 이별의 감정 다루기

상담은 특히 상담자와 내담자의 특별한 만남 속에서 이루어지는 관계이기에 내담자는 상담의 종결로 인한 이별이 힘들고 어려울 수 있다. 특히 의존적인 내담자의 경우 분리불안은 더욱 클 수 있다. 따라서 상담자는 이런 감정을 잘 다루어 나가면서 내담자 스스로 설 수 있도록 지지한다. 그리고 상담 종결 후에도 어려움이 있으면 언제든지 다시 상담할 수 있음을 알려주어 내담자에게 심리적인 안정감을 주도록 해야 한다.

한편 상담자 또한 만족과 성취감, 후련함 등과 함께 미진함과 아쉬움, 후회스러움, 죄책감, 부적절감, 좌절감과 실패감, 섭섭함과 분노, 배신감, 상실감과 슬픔 등을 경험할 수 있다. 상담자와 내담자 모두에게 종결과 관련된 감정들도 억압하거나 회피하려는 경향이 있기 때문에 이를 직접적으로 다루기 어려운 경우가 많다. 그러한 종결감정을 제대로 처리하지 않으면 종결과정에서 얻어지는 효과가 제한되거나 다른 종결과제를 처리하는 데 지장을 초래할 수 있기 때문에 안정적인 상담관계의 바탕 위에서 종결감정을 생산적으로 처리할 수 있도록 도와야 한다(박태수, 고기홍, 2007).

2) 상담 성과에 대한 평가와 문제 해결력 다지기

상담자는 내담자가 상담 과정을 통해 변화하고 성장한 것은 무엇인지, 상담을 통해 해결하지 못한 것은 무엇인지를 검토하고, 상담실 밖의 생활에서 상담 성과가 유지되기 위해서 필요한 노력을 구체화하여야 한다. 또한 현실 속에서 문제에 부딪혔을 때 상담을 통해 문제 해결 방법을 효과적으로 적용해 나갈 수 있도록 한다.

3) 추수상담에 관해 논의하기

상담을 종결 한 후에 필요한 경우 추수상담을 할 수 있다. 추수상담은 내담자의 행동변화를 지속적으로 점검하고, 내담자가 잘하는 점을 강화하고 부족한 점은 보완할 수 있다. 뿐만 아니라 상담자 자신에게도 상담 문제의 해결과정이 적합하였는지에 대한 임상적 통찰을 가져다준다는 점에서 의미가 있다.

종결 단계를 순조롭게 진행할 수 있는 방법에는 다음과 같은 것들이 있다(Heaton, 1998).

- 회기 수와 기대되는 상담 효과를 이야기함으로써 상담 초기부터 종결에 대해 논의하라.
- 내담자가 종결하려는 바람에 대해서도 유의하라. 내담자가 종결을 원하는데 상담자가 반대할 경우 상담관계가 복잡해진다. 대체로 내담자의 바람을 존중하는 것이 좋다.
- 내담자가 목표에 근접할수록 회기 사이의 기간을 길게 하라.
- 상담관계가 내담자 중심이 되지 않도록 하라. 필요하다고 해서 상담은 친구나 가족을 대신할 수 있는 것이 아님을 알려라.
- 일기를 쓰거나 자조집단에 참여하고 준전문가의 도움을 받거나 지지적이고 도움을 주는 친구나 가족을 점차적으로 확보하라.
- 종결은 하나의 진전의 결과이고, 자립은 가치가 있는 개념임을 강조하라.
- 경제적인 이유로 상담을 중단해야 하는 경우 적은 비용 또는 무료상담을 받을 수 있는 곳을 안내하라. 이때 상담을 의뢰하기 위해 필요한 상담기록 및 정보 공개에 대한 동의서를 받아두는 것이 좋다.
- 종결에 대한 상담자의 기대를 명확히 하라. 어떤 경우는 종결을 완전한 끝이라고 보는 반면, 다른 경우는 내담자가 필요하다면 되돌아올 수 있게 하기도 한다. 종결이 어떤 방식으로 이루어지는지에 대해 상담자가 추천하는 방식을 정확히 전달하라.
- 종결 또는 상담 전반에 대한 내담자의 견해를 들어라

또한 Nelson-Jones(2003)는 상담자와 내담자가 선택할 수 있는 다섯 가지 조력관계의 종결 형태를 다음과 같이 들고 있다(노안영, 송현종, 2007 재인용).

- **확정된 종결:** 이러한 종결은 상담자와 내담자는 내담자의 문제를 해결하는 데 정확히 몇 회기를 상담할 것인가를 계약한 경우다. 확정된 종결의 이점은 내담자의 의존성을 줄이고 내담자를 동기유발 시켜 조력의 효과를 극대화할 수 있다는 점이다. 잠재적 단점은 내담자의 문제를 철저히 파악하기가 힘들며 내담자에게 필요한 기술을 철저히 훈련시키는 데 시간이 충분하지 않을 수 있다는 점이다.
- **목표를 달성한 경우의 합의된 종결:** 이러한 종결은 설정한 상담목표를 내담자가 충분히 달성했다고 상담자와 내담자가 동의할 때 상담관계가 끝나는 경우다.
- **소멸적 종결:** 이러한 종결은 조력관계를 점진적으로 끝내는 경우다. 예를 들면 소멸적 종결(faded termination)은 일주일에 한 번씩 만난 상담회기를 2주일에 한 번씩, 그런 다음 한 달에 한 번씩 등으로 서서히 횟수를 줄여 가면 종결하는 경우이다.
- **보조 회기를 가진 종결:** 이러한 종결은 상담관계가 종결된 일정 기간 후에 보조 회기(booster session)를 갖는 것이다. 보조 회기의 목적은 새로운 기술을 가르치기 위해서가 아니라 터득한 기술을 공고히 하는가에 대한 내담자의 진전을 확인하고, 내담자를 동기화시키고, 실제상황에서 터득한 기술을 적용하는 데 따르는 어려움을 극복하도록 내담자를 조력하는 것이다.
- **후속만남을 계획한 종결:** 이러한 종결은 종결 후에 상담자가 내담자와 전화, 서신, 전자 우편 등을 통해 후속만남을 계획하는 경우다. 이 경우 전화와 서신 등은 보조회기와 같은 기능을 수행한다.

마지막으로 상담자는 상담의 조기 종결 징후를 잘 알아차려야 한다. 내담자가 종결에 관한 질문을 할 때에는 그 문제를 충분히 탐색해야 하고, 종결하고 싶어서 향상을 보고하는 경우에 대해 알아차려야 한다. 내담자가 종결을 원할 때는 종결하고 싶은 동기를 파악해 보아야 하며, 만약 상담 성과가 미진하고 원인 파악이 안 될 때는 과감하게 상담의 종결을 고려해야 한다. 즉 상담이 바라던 대로 진행되지 않고 일정 시간이 경과해도 내담자가 호전되는 것 같지 않으며, 상황을 개선하거나 성공할 가능성이 있는 새로운 방법을 사용할 수 없다면, 상담자는 종결을 고려해야할 책임이 있다. 상담자는 내담자와의 솔직한 대화를 통해 해결책이 나오지 않는다면 상담 종결에 대해 이야기하는 것이 바람직하다. 상담자는 이 사실을 있는 그대로 솔직하게 받아들이고 내담자에게 이러한 상황을 솔직한 태도로 접근할 필요가 있다(천성문 등, 2009).

[제Ⅲ부 _ 특수아동의 상담과 지도]

제15장 특수아동 상담의 기초

1. 특수아동과 상담

1) 교육과 상담

교육과 상담이 밀접한 관련을 갖고 있다는 점은 교육과 상담의 영역과 목적이 많은 부분에서 서로 중첩된다는 사실에서 잘 알 수 있다. 그동안 일부 심리학자들이 상담을 지나치게 심리치료 또는 문제해결적 관점에서 보면서 학교상담에 대해 소극적인 입장을 취한 경우도 없지는 않았다. 그렇지만 오늘날의 상담활동이 심리치료 또는 문제해결적 관점과 문제 예방적 관점을 넘어 이미 성장 지향적 관점의 모델로까지 발전되어 있다는 점을 생각할 때, 상담이 학교교육의 중요한 한 영역임을 더 이상 부정할 수 없을 것이다. Belkin(1977)은 일찍이 교육과 상담의 관계를 논하면서 학교상담의 정당성을 다음과 같이 제시하였다.

첫째, 상담, 특히 실제적인 상담은 교육과 분리될 수 없다. 왜냐하면 교육의 기능과 상담의 기능은 함께 조화를 이루면서 공통의 목적을 성취하기 때문이다. 둘째, 상담자는 가르치는 역할을 하며, 교사 또한 상담을 한다. 이 두 활동은 학생의 성장과정에서 각각 독특한 역할을 담당하면서도 그 기능은 종종 중첩된다. 셋째, 학생의 성장에는 지적 성장과 정서적 성장이라는 두 가지 유형의 성장이 있음을 인식해야 한다. 그리고 인성 발달은 지적 발달에 선행해야 한다. 왜냐하면, 지식과 인지능력은 반드시 현명하게 사용되지 않으면 위험한 도구가 될 수도 있기 때문이다. 넷째, 교육의 과정과 상담의 과정은 공통의 철학적 원리에 기반을 두고 있으며, 이 원리는 존재론, 인식론, 그리고 가치론을 포함하고 있다. 상담자나 교사가 취하는 모든 행위는 이러한 철학적 원리에 의해 설명된다. 비록 상담자나 교사에 따라 철학적인 입장에 차이가 있다 하더라도 학생 개인의 존엄성과 가치를 존중하고, 한 인간으로서의 독자성을 존중하고, 또한 자유롭게 선택할 수 있는 권리와 능력이 있음을 강조한다는 점에서는 결코 차이가 있을 수 없다.

또 오늘날 학교에서의 상담은 대부분 종합적(comprehensive)이고 발달적(developmental)인 관점을 취하고 있다. 그래서 종합적 학교상담 프로그램 또는 발달적 생활지도 및 상담이라는 용어를 빈번하게 사용하고 있다(Schmidt, 1999). 그리고 그 내용은 학생, 교사, 학부모를 위한 본질적 서비스로서의 상담활동을 비롯하여 자문, 조정, 평가, 지역사회와의 협력과 같은 광범위한 간접 서비스도 포함하고 있다. 물론 이러한 내용들이 학교교육의 중요한 한 영역임은 두말 할 필요가 없다. 또 여러 상담이론가들(예, A. Adler, C. Rogers, W. Glasser, R. May 등)의 핵심적 아이디어는 이미 교육의 원리를 그대로 반영하고 있다.

2) 특수아동과 상담

앞에서 살펴본 것처럼, 상담은 교육의 본질적 기능이며, 학교에서의 상담 활동은 교과지도 활동에 비해 결코 소홀히 취급되어서는 안 될 핵심적인 교육활동이다. 그리고 이러한 논리는 장애학생을 위한 학교상담 활동에도 예외 없이 적용되어야 한다. 장애학생들은 일반학생들과 똑 같은 서비스를 받을 권리를 가지고 있을 뿐만 아니라, 장애학생들이 경험하는 어떤 문제들은 일반학생들이 경험하는 문제보다 훨씬 더 많은 상담 서비스를 필요로 한다. 특히 통합교육이 확대되고 있는 오늘날의 학교 상황에서 장애학생의 적응을 돕기 위한 직접적인 상담서비스와 간접적인 서비스를 제공하는 종합적 학교상담의 확대는 매우 중요한 과제이다. 그러므로 장애학생의 교육에 있어서 상담은 더욱 강조되어야 하고 중요한 위치를 차지해야 한다(송현종, 조성은, 2005).

장애인들이 일상생활에서 경험하는 모든 일들은 비장애인들의 경우와 결코 다르지 않기 때문에 특수아 상담이 일반상담과 다를 이유가 전혀 없다(장선철, 2005). 그럼에도 불구하고 지금까지 일반인이나 특수교육자들은 특수아동들에게 상담이 적용될 수 있는지에 대해 의심하고 있다. 그리고 그 주된 이유는 다음과 같다. 첫째, 상담은 언어적 능력이 충분한 사람을 대상으로 한다는 통념 때문에 지적장애아동이나 자폐성 아동 혹은 학습장애 아동이나 지체장애 아동 등에게는 상담을 적용하기 어렵다는 점이다. 둘째는 상담을 지적 내용을 충고하거나 가르치는 것으로 이해할 때 장애 아동들에게 상담은 가능하지도 않고 효과도 없다고 생각하는 점이다(김동일 등, 2002).

물론 대부분의 장애 아동은 언어소통이 비장애인에 비해 원활하지 못하지만 이런 어려움은 양적인 문제이다. 상담자가 지적 능력에 따라 사용하는 언어의 수준을 조절하거나 문자 또는 수화통역을 사용한다면 특수아동상담은 얼마든지 가능하다. 또 최근에 발달한 인터넷망을 이용하여 채팅이나 이메일을 활용한 사이버 상담의 방법을 적용할 수도 있다. 또 상담은 장애 아동에게 가르치는 일 이상의 것을 한다는 점을 유념할 필요가 있다. 상담자는 지적인 내용을 가르치는 일도 하지만 내담자의 감정을 알아차리고 감추어진 의미를 이해하여 의사소통도 하고, 용기를 북돋우기도 하며, 함께 상담목표에 도달하기 위해 필요한 행동을 연습하기도 한다. 그러므로 김동일 등(2002)의 지적처럼, 장애 아동 상담에서 중요한 과제는 일반아동 상담에서와 다르지 않다. 즉 상담자는 장애 아동인 내담자를 이해하고, 내담자의 메시지에 대해 정확한 공감을 제공해야 하며, 장애 아동 내담자가 자기가 할 수 있는 대안적 행동이나 자기가 지닌 자원을 알고 활용할 수 있도록 안내하는 일이 중요하다.

2. 특수아동 상담의 정의

특수아동을 위한 상담을 정의할 때는 앞에서 살펴본 일반적인 상담의 정의에 포함된 일곱 가지 내용 외에 몇 가지 사항을 추가적으로 고려할 필요가 있다. 첫째, 특수아 상담의 대상은 기본적으로 장애 아동이다. 학문적으로는 특수아동에 영재아동이 포함되기 때문에 학문적 정의에서는 영재아동과 장애 아동이 모두 특수아 상담의 대상이 된다. 그러나 법률적으로나 일상적인 의미에서는 특수아동을 장애 아동으로만 한정하는 경우가 많기 때문에 법률적인 정의에서는 특수아 상담을 장애 아동을 위한 상담으로 그 대상을 한정하는 것이 일반적이다. 둘째, 장애 아동과 그 아동이 지닌 장애의 특성에 대한 이해를 바탕으로 한다. 특수아 상담이 일반아동의 상담과 본질적으로 다르지는 않지만, 상담자가 장애 아동의 특성과 그 장애 아동이 지닌 장애의 특성에 대해 잘 이해하고 있어야 상담을 더욱 효과적으로 진행할 수 있다. 그러므로 특수아 상담에서는 장애에 관한 이해가 필수적이다. 셋째, 상담과정에 적절한 보조수단을 활용할 수 있다. 내담자의 장애 유형에 따라 내담자와의 소통을 돕기 위한 인터넷망, 문자-음성 변환기, 점자도구, 수화통역 등의 보조수단이 필요하다. 이러한 사항들을 반영하여 특수아동 상담을 정의하면 다음과 같다.

특수아동 상담은 조력을 필요로 하는 장애인 내담자와 상담과 장애에 관한 전문가인 상담자가 직/간접적인 접촉과 보조수단을 활용하여 내담자의 문제해결, 문제예방, 발달과 성장을 위해 함께 노력하는 학습과정이다.

3. 특수아동 상담의 필요성

일반아동뿐만 아니라 장애 아동에게도 상담이 필요하다는 점을 새삼스럽게 말할 필요가 없을 것이다. 그러나 실제 현실에서는 학교 현장을 비롯한 상담관련 기관에서 장애 아동에 대한 상담활동이 매우 미미하다. 장애 아동을 위한 상담활동의 활성화를 위해서 장애 아동에 대한 상담의 필요성을 몇 가지로 정리하여 제시하면 다음과 같다.

첫째, 장애 아동에 대한 적절한 상담서비스의 제공이 필요하다. 그동안 상담자들은 장애 아동들에게 적절한 서비스를 제대로 제공하지 못했다는 지적이 있다(Trotter, 1993). 또 학교에서 상담자는 장애 아동 지도와 관련하여 특수교사에게 너무 많은 것을 맡겨버리는 경향이 많다는 지적도 있다(Deck 등, 1999). 그 이유는 상담자는 장애 아동에 대한 이해가 부족하며, 특수교사는 상담에 대한 전문성이 부족하기 때문이다. 즉 상담자는 장애 아동 지도를 위한 훈련을 제대로 받지 못한 경우가 많으며, 그래서 자신이 장애 아동에게 상담서비스를 제공하기에 적절치 못하다고 느끼는 경우도 많다. 그런가 하면 특수교사는 상담의 이론과 기법에 관한 전문적인 교육이나 훈련을 받지 못했기 때문에, 장애 아동에게 간단한 교육적 상담을 제외한 보다 전문적인 상담서비스를 제공할 수 없다. 이러한 연유로 인하여 장애 아동은 상담의 사각지대에 놓여 있으며, 교육적 필요와 심리·사회적 적응에 필요한 적절한 상담서비스를 제공받지 못하고 있다. 이러한 현실을 하루 빨리 타개할 필요가 있다. 이와 관련하여, 미국 학교상담학회(The American School Counselor Association: ASCA, 1999, 2000)가 장애학생을 위한 상담자의 역할을 제시하면서 장애학생을 위한 상담자의 참여를 강조하고 있다는 점과 미국 교육부(1996)가 학교상담과 생활지도를 특수학생에게 필요한 3대 서비스의 하나로 규정하고 있다는 점을 상기할 필요가 있다.

둘째, 장애 아동들의 심리·사회적 적응을 도와주기 위한 상담활동이 필요하다. Bowen (1998)은 통합학급에 배정된 장애학생들이 경험하는 대표적인 심리–사회적 문제로 자기주도성의 결여, 사회적 미성숙과 사회적 부적합성, 그리고 다양한 성격문제를 지적하였다. 즉, 장애학생들은 지나치게 의존적이며, 실패를 비난하며, 성공을 외적 요인으로 귀인하는 경향이 강하다. 또 장애학생들은 동료학생이나 교사들과 긍정적으로 상호작용을 하는데 필요한 사회적 기술을 결여하고 있으며, 이로 인하여 종종 일반학생들보다 문제가 더 많은 것으로 오해를 받기도 하며, 직업배치에서도 방해요인이 되고 있다. 그런가 하면 장애학생들은 일반적으로 실패에 대한 두려움, 낮은 자아개념, 불안, 참여수준 저조, 자신감 결여, 우울 등의 문제를 많이 나타낸다. 또 송현종과 조성은(2006)의 연구에 의하면, 장애학생은 비 장애학생보다 훨씬 더 많은 문제를 경험하고 있는 것으로 나타났다. 그럼에도 불구하고 상담에 대한 인식, 사회적지지, 대인신뢰성, 정서적 유능감 등은 비 장애학생보다 더 낮은 것으로 조사되었다. 이러한 결과는 장애학생이 자신의 문제를 스스로 해결하거나 타인으로부터 문제해결에 필요한 조력을 받는데 있어서 그만큼 불리한 상황에 처해 있음을 알 수 있다. 이렇게 볼 때, 장애아동들이 심리·사회적으로 잘 적응할 수 있도록 조력하는 전문적인 상담활동이 필요함을 알 수 있다.

셋째, 장애에 대한 적절한 수용을 돕는 과정이 필요하다. 김윤옥(2003)에 의하면, 특수아동들은 자아개념이나 외모, 타인의 반응에 있어서 자신의 장애 효과 때문에 정신적 외상을 입을 수도 있다. 또 자신의 장애를 수용 또는 부인하는 과정에서 타인에 대한 심리적 의존이나 좌절감 또는 분노감을 경험할 수 있다. 그러므로 장애 아동이 자신의 장애를 적절히 수용하도록 돕는 과정에서 상담은 필수적이다.

넷째, 통합교육의 성공을 위해서 장애 아동을 위한 상담활동이 필요하다. 최근 들어 장애학생에 대한 통합교육이 일반화되면서 장애학생을 위한 상담교사의 역할 확대가 강조되고 있다. 우리나라의 통합교육은 그동안 양적·질적인 변화를 거듭하여 왔다. 2015년 6월 현재 전체 88,067명의 특수교육대상자 중에서 특수학교에서 교육을 받고 있는 학생 수는 26,094명(29.6%)에 불과하며, 일반학교의 특수학급(46,351명, 52.7%)이나 일반학급(15,622명, 17.7%)에서 통합교육을 받고 있는 학생수가 61,973명(70.4%)에 이르고 있다(교육부, 2015). 전통적으로 학교에서 상담교사의 주된 역할은 일반교육에서 학생들을 도와주고 지원하는 서비스를 제공하는 것이었다. 직접적인 상담과 생활지도를 통하여, 또는 부모, 교사, 관련 기관에 대한 자문과 같은 간접적인 서비스를 통하여 학생들의 사회적, 개인적, 교육적 및 진로 발달을 도모하는 것이었다. 그러나 통합교육이 일반화되고 있는 오늘날에는 장애학생들에게 추가적인 서비스를 제공하는 것도 상담교사의 책무의 범주에 들어오게 되었다(Baker, 1992). 통합학급에 합류한 장애학생들 역시 일반교육을 받아온 학생들과 똑같은 학교상담 서비스를 받을 권리가 있기 때문이다. 오히려 장애학생들은 즉각적인 관심뿐만 아니라 지속적인 관심을 요구하는 특수한 문제들을 안고 있기 때문에 상담자의 지원을 훨씬 더 많이 필요로 한다. 또 상담교사는 장애학생들이 일반 학급으로 무리 없이 옮겨 가서 적응하도록 하는데 있어서도 중요한 역할을 해야 한다

다섯째, 상담에 대한 특수아동들의 욕구가 높다는 점을 들 수 있다. 장애학생들은 동료학

생이나 주위 어른들로부터 수용, 지지, 격려, 충고 등을 받고 싶은 욕구를 갖고 있으며, 자기 존중감, 안전, 소속감에 대한 분명한 욕구도 분명히 갖고 있다(Traver-Behring 등, 1998). 또 송현종과 조성은(2006)에 의하면, 장애학생이 비 장애학생보다 상담에 대한 태도가 더욱 적극적인 것으로 나타났다. 즉 자신의 문제에 대해 타인으로부터 전문적인 조력을 구하고자 하는 욕구가 훨씬 더 강하다. 실제로 장애학생들은 일반적으로 비 장애학생들에 비해 여러 가지 심리적, 대인 관계적, 진로 또는 학업상의 문제를 더 많이 경험하고 있다. 그리고 이러한 문제의 해결을 위해 적극적으로 상담을 받고 싶어 한다. 이렇게 볼 때, 앞으로 학교를 비롯한 장애인 관련 기관에서 장애학생에 대한 상담활동을 더욱 활발히 전개해야 할 필요가 있음을 알 수 있다.

4. 특수아동 상담의 원리

장애 아동 상담과 관련하여 상담자들이 가장 궁금해 하는 것 중의 하나가 상담의 방법 또는 원리이다. 많은 상담자들은 장애 아동 상담에서 사용하는 상담의 주요 과정과 방법은 비 장애 아동 상담에서 사용하는 것과 크게 다를 것이라고 생각한다. 그러나 결론부터 말한다면, 장애 아동 상담의 과정과 방법은 비 장애 아동 상담의 그것과 본질적으로 다르지 않다. 즉 장애 아동 상담의 원리와 비 장애 아동 상담의 원리는 본질적으로 다르지 않다. 다만 장애 아동의 경우 신체적, 심리/사회적, 학업적 측면에서 비 장애 아동들과 차이가 있기 때문에 장애 아동을 상담하는 상담자는 다음과 같은 원리를 유념하는 것이 좋다.

첫째, 장애 아동 상담의 과정과 비 장애 아동 상담의 과정은 본질적으로 같다. 그러므로 장애 아동을 상담할 때도 관계형성, 문제의 확인, 구조화, 목표수립, 문제해결, 종결의 과정을 충실히 따라야 한다.

둘째, 장애의 각 영역에 따라서 부수적으로 따르는 특수한 조건이나 사회심리적인 문제를 고려할 필요가 있다. 상담자는 각 장애유형별 아동의 특징을 이해하고 있어야 하며, 각 유형의 장애 아동 상담에 필요한 보완적인 방법을 활용할 수 있어야 한다. 예를 들어, 청각장애 아동을 상담할 경우에는 내담자와의 자유로운 의사소통 수단을 마련하는 것이 중요하다. 이 경우에 상담자가 수화를 습득하는 것이 가장 이상적이지만, 수화 통역이나 다른 보완대체 의사소통 수단을 활용할 수도 있다. 다만 이 경우에 내담자와의 신뢰 있는 관계 형성이 저해되지 않도록 유의할 필요가 있다.

셋째, 장애 아동의 자기표현을 돕는 전략이 필요하다. 상담과정에서 장애 아동들은 종종 자신을 표현하는 데에 많은 어려움을 느낀다. 즉, 학습과 대인관계에서의 어려움이나 불안과 같은 정서적인 어려움을 구체적으로 이야기하지 못하는 경우가 많다. 그러므로 상담자는 장애 아동들이 좀 더 자유롭게 자신의 문제를 이야기 할 수 있는 전략을 개발하여 사용할 필요가 있다. 문장의 빈 곳을 채워서 말하게 하는 개방형 문장 구조 기법은 그 좋은 예가 될 수 있을 것이다.

넷째, 독서, 역할놀이, 예술 활동, 놀이를 이용한 상담을 적극적으로 활용하는 것이 좋다. 독서요법을 통해 장애 아동들은 자신이 비장애인과 근본적으로 다르다는 인식을 감소시킬 수 있으며, 동일시, 카타르시스, 통찰의 효과를 경험할 수 있다. 역할놀이는 새로운 행동을 습득하고, 민감성을 기르며, 타인 특히 비 장애 아동의 관점을 이해하고 수용할 수 있는 태도 형성을 돕는데 효과적이다. 음악과 미술 활동은 장애학생의 정서적 안정에 도움이 될 뿐만 아니라 타인과의 의사소통과 상호작용을 촉진시키는 효과적인 수단이 되며, 자아개념의 형성에도 긍정적인 영향을 미친다. 또 놀이 활동은 언어장애, 시각장애, 청각장애, 주의력결핍 및 과잉행동장애 등의 문제를 교정하는 데 도움이 된다(김윤옥, 2003).

다섯째, 학교상담에서는 교실지도(classroom guidance)를 적극적으로 활용할 필요가 있다. 정기적으로 장애 아동들을 한 교실에 모아 놓고 특정한 주제에 관한 일종의 심리교육을 실시함으로써 장애 아동의 적응을 효과적으로 도울 수 있다(Deck, Scarborough, Sferrazza, & Estill, 1999).

여섯째, 동료 맨터(peer mentor)를 효과적으로 활용할 필요가 있다. 학급 내에서 인기가 있고 따르는 학생들이 많은 학생을 장애 아동의 맨터로 선정하고, 그 학생과의 밀접한 교류를 통하여 장애 아동의 사회적 지위를 높이고 사회적 상호작용에서 역할 모델을 제공할 수 있다(Traver-Behring, Spagna, & Sullivan, 1998).

마지막으로, 가정, 학교, 지역사회와의 연계를 적극 모색할 필요가 있다. 장애 아동을 상담할 때는 부모, 담임교사/특수교사, 장애인 관련 기관의 인력들의 도움이 많은 도움이 된다. 그러므로 이들의 협력과 자문을 최대한 이끌어내야 하며, 필요할 경우에는 팀 협력적인 접근을 하는 방안도 적극적으로 고려해야 한다.

5. 특수아동 상담의 과정

특수아 상담의 원리가 일반 상담의 원리와 다르지 않다는 점은 상담의 과정에도 그대로 적용될 수 있다. 앞에서 살펴보았듯이 상담의 과정은 학자에 따라 다양하게 설명되고 있다. 이장호 등(2005)은 상담의 과정을 초기단계: 상담의 기틀잡기, 중기단계: 문제 해결하기, 종결단계: 성과 다지기의 세 단계로 설명하고 있다. 김동일 등(2002)은 특수아동 상담의 과정을 래포의 형성, 문제의 규정과 역동의 확인, 상담의 구조화, 상담목표의 수립, 중재, 종결의 여섯 단계로 설명하고 있다. 노안영과 송현종(2006)은 상담의 시작단계, 상담의 발전단계, 상담의 행동변화단계, 상담의 종결단계의 네 단계로 설명하고 있다. 학자에 따라 상담의 과정을 이처럼 다양하게 설명하고 있지만, 그 차이는 상담이 이루어지는 과정에 대한 이해를 돕기 위한 강조점의 차이일 뿐 상담의 본질적인 방법의 차이를 의미하는 것은 아니다. 다음은 특수아동 상담의 과정을 네 단계로 설정하고, 각 단계의 특징과 특수아동 상담자가 유념해야 할 점들을 제시한 것이다.

1) 상담의 시작단계

상담의 시작단계에서는 주로 내담자의 호소 내용을 듣고, 래포를 형성하면, 상담을 구조화하고, 상담 목표를 설정하는 일을 한다. 이러한 일들은 일반적인 상담과 다르지 않다. 다만 특수아동 상담자가 시작단계에서 특히 유념해야 할 점은 다음과 같다. 첫째, 내담자의 호소 내용을 들을 때, 내담자의 의사소통 능력을 고려해야 한다. 지적장애가 있는 아동을 상담할 때는 추상성이 강한 언어보다는 구체적 언어, 정교한 언어보다는 간결하고 명료한 언어를 사용하는 것이 바람직하다. 특히 내담자가 언어/청각장애를 가진 경우에는 필담이나 인터넷 채팅, 수화통역을 활용한 방법을 적극적으로 모색해야 한다.

둘째, 내담자와의 래포 형성을 위해서는 무엇보다도 장애 또는 장애인에 대한 상담자의 편견이나 선입견이 없어야 한다. 상담 장면에서는 상담자가 내담자의 자세와 행동을 관찰하듯이 내담자 역시 상담자의 자세와 태도를 관찰한다. 상담자가 가진 편견은 어떻게든 내담자에게 전달되고, 이는 상담에 부정적인 영향을 미친다. 그러므로 장애 또는 장애인에 대한 편견보다 내담자가 가진 장애에 대한 정확한 이해를 통하여 내담자와의 래포 형성을 해야 한다. 필요한 경우에는 내담자의 부모나 교사의 도움을 받을 수도 있다. 장애 아동이 상담자나 상담실 환경을 두려워할 경우에는 처음에는 부모나 교사와 함께 상담을 시작할 수도 있다. 그러다가 내담자가 점차 상담환경에 익숙해지면 내담자와 일대일의 상담으로 전환할 수 있을 것이다.

셋째, 상담의 구조화와 관련하여, 상담기간과 상담시간을 정하고, 상담의 과정과 방법에 관한 안내를 하고, 상담자와 내담자의 역할을 강조하는 일 등은 일반적인 상담과 다르지 않다. 다만 상담기간, 적용할 방법, 상담자–내담자 역할과 관련하여 몇 가지 유념할 점이 있다. 우선 장애 아동 상담은 비 장애 아동 상담보다 그 기간이 좀 더 길어질 수 있다. 꼭 지적장애 아동이 아니더라도 대부분의 장애 아동은 또래아동보다 지적 발달, 언어발달, 학습능력이 떨어지는 경우가 많다. 그러므로 의사소통, 자신과 문제에 대한 이해, 새로운 행동의 습득에 비 장애 아동 상담의 경우보다 일반적으로 상담시간이 좀 더 필요하게 된다. 특히 의사소통을 위해 필담이나 채팅 또는 수화통역을 활용하는 상담에서는 많은 시간이 소요된다. 또 장애 아동 상담에서는 미술치료, 음악치료, 놀이치료, 동물매개치료 등의 방법을 많이 사용한다. 상담의 시작단계에서 이러한 점에 대한 적절한 안내도 필요하다. 상담의 구조화와 관련하여 특히 강조할 점 중의 하나는 내담자의 적극적이고 자발적인 참여를 강조해야 한다는 점이다. 일반적으로 많은 장애 아동들은 자신감이 결여되어 있고, 자기표현을 억제하고, 타인에 대한 의존성이 강하다. 이러한 성향 때문에 상담자에 지나치게 의존하고 상담과정에 매우 소극적이고 수동적으로 임하는 경우가 많다. 상담의 시작단계에서 내담자의 자발성과 주체성을 강조하는 일은 매우 중요한 과제이다.

넷째, 상담의 목표를 설정과 관련하여, 목표설정 과정에 내담자를 참여시키고, 구체적이고 달성 가능한 목표를 세워야 한다는 점은 일반적인 상담과 같다. 그러나 장애 아동 상담의 경우에는 상담목표의 설정 과정에 부모나 교사가 함께 참여할 수 있다. 가능한 한 내담자가 표현하고 이해하는 형태가 되어야 하겠지만, 만약 내담자가 직접 표현할 수 없을 때에는 부모, 교사, 상담자가 합의하여 결정할 수 있다(김동일 등, 2002). 또 Roberts와 Baum- Berger(1999)가 제시한 TREAT 모델을 적극적으로 고려하는 것이 좋다. 즉 상담목표를 설정할 때 이론 및 개념변인(T: Theoretical & Conceptual Variables), 관계변인(R: Relationship Variables), 환경변인(E: Environmental Variables), 보조변인(A: Adjunct Variables)을 고려하여 달성 가능한 최종 목표와 하위목표(T: Treatable Goals and Objectives)를 진술하는 것이 좋다(이 내용은 제15장 장애 아동의 상담과 교육적 지도에서 좀 더 자세히 살펴볼 것이다).

다섯째, 특수아동의 상담에 필요한 준비를 적극적으로 해야 한다. 특수아동 중에는 그가 지닌 장애로 인하여 상담자와 일대일의 상담이나 면대면의 상담, 또는 언어적 수단에 의존하는 상담이 어려운 사람도 있다. 이런 경우에 상담자는 그 내담자에게 가장 적절한 상담 보조 수단을 준비하여야 한다. 예를 들어, 청각장애나 언어(의사소통)장애가 있는 내담자를 위한 수화통역사의 참여문제와 인터넷 채팅을 통한 상담의 방법을 고려하는 문제, 지체장애로 인하여 이동이 불편한 내담자를 위한 전화 상담과 사이버상담의 방법을 고려하는 문제, 또는 정서장애가 있는 아동을 위해 상담과정에 부모가 참여하는 문제들을 적극적으로 준비해야 한다. 그리고 그러한 준비과정에서 특수아동 본인과 그 아동의 부모와 함께 충분한 논의와 동의가 이루어져야 한다.

2) 상담의 발전단계

상담의 발전단계의 주된 과제는 내담자가 자신과 자신의 문제에 대한 이해를 증진시키는 것이다. 그러므로 이 단계에서 상담자가 특히 유념해야 할 일은 상담의 시작단계에서 형성하였던 좋은 상담관계를 유지하면서 내담자로 하여금 자신의 문제와 관심사를 탐색하고 명료화하고 규정하도록 도와주고, 자신에 대한 객관적이고 정확한 이해를 하도록 도와야 한다. 일반적으로 장애 아동이 경험하는 문제는 그 아동이 갖고 있는 장애와 관련된 경우가 많다. 장애 아동은 장애로 인하여 학습문제, 대인관계문제, 진로문제, 또는 성격적인 부적응 문제를 비롯한 다양한 문제들을 경험하고 있다. 그 문제들 중에는 장애가 직접적인 원인이 되어 유발되는 일차적인 문제가 있을 수 있으며, 장애가 직접적인 원인은 아니지만 장애로 인하여 유발되는 문제에 수반되어 나타나는 이차적인 문제가 있을 수 있다.

예를 들어, 낮은 지적 능력이나 낮은 사회성숙도로 인하여 지적장애(정신지체)로 진단받은 아동은 학습영역과 일상생활 영역에서 직접적으로 일차적 문제를 경험하게 된다. 그러면서 이 아동은 학습문제와 일상생활 부적응으로 인하여 자신에 대한 불만족, 의존성, 대인회피 등과 같은 이차적인 문제를 함께 경험할 수 있다. 학습장애 아동의 경우 읽기, 쓰기, 셈하기 등의 학습문제에서 일차적인 문제를 경험하면서, 동시에 실패로 인한 절망감, 학습에의 흥미와 동기 상실, 낮은 자아개념과 같은 이차적인 문제를 경험할 수 있다. 또 의사소통 장애, 청각장애, 시각장애, 지체장애 등의 신체적 장애가 있는 아동들의 경우에도 신체적인 장애로 인한 감각, 운동, 의사소통과 관련되는 일차적인 문제를 경험하면서도 고립감, 의존성, 열등감, 대인 불안과 회피 등의 이차적인 문제를 경험할 수 있다. 자폐아동의 경우 자해행동, 의사소통과 대인관계 문제와 같은 일차적인 문제를 경험하며, 정서/행동장애 아동의 경우에는 주의집중, 충동성, 또는 반사회적 행동과 같은 일차적인 문제를 경험한다. 그러면서 이 아동들 역시 낮은 학업성취, 학교생활 실패, 또래관계 실패, 의존성 등의 이차적인 문제를 경험할 수 있다.

지적장애 아동을 제외한 다른 유형의 장애 아동들은 지적 능력이 일반아동과 다르지 않은 정상적인 범주에 있는 경우가 많음에도 불구하고 학교학습, 사회적 성숙, 경험의 축적에서 많은 실패를 경험하기도 한다. 또 앞에서도 지적하였듯이, 많은 장애 아동들이 낮은 자아존중감, 대인회피, 의존성, 불안, 고립감, 의욕상실 등의 이차적인 문제를 경험한다. 그러므로 장애 아동 상담자는 내담자의 문제를 규명할 때, 일차적인 문제와 함께 그에 수반되어 나타날 수 있는 이차적인 문제의 이해에도 크게 주의를 기울여야 할 것이다.

장애 아동의 자기이해도 상담의 발전단계에서 다루어야 할 중요한 주제 중의 하나이다. 장애 아동들은 자신에 대한 객관적이고 정확한 인식을 하기보다 훨씬 더 부정적으로 인식하는 경향이 많다. 또 주위의 타인들이 자신을 매우 부정적인 시선으로 바라보고 있을 것으로 인식하는 경우도 많다. 즉 자신에 대해서 그리고 타인과의 관계에 대해서 있는 그대로 인식하기보다는 장애로 인한 부정적인 측면을 크게 부각해서 인식하는 경향이 많다. 장애 아동 상담자는 장애 아동으로 하여금 객관적이고 긍정적인 자기이해를 도움으로써 행동의 변화를 위한 토대를 마련해야 한다. 이 단계에서는 일반상담에서와 마찬가지로 공감, 수용, 반영, 명료화, 지지와 격려, 해석, 사적 일화 이용하기 등의 기법이 자주 사용될 수 있다.

3) 상담의 행동변화단계

상담의 행동변화단계는 내담자의 행동, 사고, 생활방식 등의 변화를 꾀하면서 내담자의 문제 해결을 지향하는 단계이다. 이 단계에서 상담자는 자신이 지향하는 이론적 입장에 따라서 다양한 문제해결전략을 적용할 수 있을 것이다. 예를 들면, 행동주의 입장을 취하는 상담자라면 고전적/조작적 조건형성의 절차나 다양한 행동수정 기법을 적용할 것이고, REBT의 입장을 취하는 상담자라면 A-B-C-D-E 모형을 통하여 비합리적 신념을 합리적 신념으로 바꾸기 위한 시도를 할 것이며, 현실치료의 입장을 취하는 상담자는 WDEP의 과정 중에서도 특히 P(계획하기) 단계의 계획 수립과 실천을 강조할 것이다. 이러한 일들은 비 장애 아동을 위한 일반적인 상담의 절차와 다르지 않다.

이 단계에서 장애 아동을 상담하는 상담자가 일반아동을 상담할 때와 달리 특별히 유념해야 할 점이 몇 가지 있다. 첫째, 내담자의 본질적인 문제가 해결되지 않을 수도 있음을 고려해야 한다. 장애 아동인 내담자의 문제는 그 아동이 안고 있는 장애와 직접적으로 관련되어 있는 경우가 많다. 그리고 장애가 치료되지 않고서는 내담자의 문제가 본질적으로 해결되지 않은 경우가 많다. 그런데 현실적으로 많은 장애는 의학적으로 치료가 불가능하다. 따라서 내담자의 장애를 치료함으로써 상담의 문제를 해결하려는 시도는 바람직하지 않다.

둘째, 내담자의 의존성과 중도포기를 경계해야 한다. 장애 아동이 갖고 있는 부정적인 특성 중의 하나가 타인에 대한 의존적 태도이다. 장애 아동은 어린 시절부터 늘 부모나 교사와 같은 타인의 도움을 받아왔고, 그 과정에서 의존성이 심화된 경우가 많다. 그리고 이러한 의존성은 상담의 과정에서도 변화를 가로막는 방해요인이 되기도 한다. 즉 자신의 문제를 스스로 해결하고자 시도하기보다 상담자가 해결해 주기를 기대하는 의존적인 태도로 나타낸다. 또 이러한 의존성은 종종 중도포기로 이어지기도 한다. 즉 한 두 번의 노력으로 문제의 해결이 이루어지지 않으면, 종종 문제해결 시도를 금방 포기하고 상담자의 직접적인 도움과 해결을 바라는 태도를 보이기도 한다. 그러므로 장애 아동을 상담하는 상담자는 내담자로 하여금 스스로 문제해결방안을 탐색하고 실천하도록 계속해서 격려하는 일을 유념해야 한다.

셋째, 상담자의 시범과 적극적인 개입이 필요하다. 많은 장애 아동들은, 설사 정상적인 지적 발달을 이룬 경우라 하더라도, 장애로 인하여 언어발달, 사회성 발달, 또는 기초학습능력의 습득에서 지체현상을 경험하기도 한다. 그리고 이러한 특성으로 인하여 상담의 변화과정에서 요구되는 다양한 인지적/정서적/행동적 상담기법들을 충분히 이해하지 못하거나 적절히 적용하지 못할 때가 많다. 그러므로 장애 아동을 상담하는 상담자는 문제해결 방안의 탐색하고 적용할 때, 일반아동을 상담할 때보다 더 많은 설명과 안내를 하고 더 직접적인 시범을 보이고 직접적인 개입을 할 필요가 있다.

넷째, 부모와 교사를 비롯한 전문가의 협조를 적극적으로 구해야 한다. 장애 아동의 문제는 복합적인 성격을 띠는 경우가 많다. 그러므로 상담자 혼자의 힘만으로는 장애 아동에게 적절한 조력을 제공하기가 어려울 때가 있다. 또 가정과 학교에서의 행동변화를 위해서는 부모나 교사의 도움이 절대적으로 필요하다. 약물/물리치료를 비롯한 의학적 조력이 필요한 경우에는 의사의 협력이 필요하고, 복지기관의 도움이 필요할 경우에는 사회복지사의 협력을 구해야 한다. 즉 장애 아동의 상담은 일반아동의 상담에 비해 팀 접근을 요구하는 경우가 매우 많다. 상담자는 이러한 팀 접근적인 협력체제의 구축에 노력하면서, 부모나 다른 전문가들의 협력을 적극적으로 구하는 자세를 가져야 한다. 그렇게 함으로써 장애 아동의 문제해결과 행동변화를 더 효과적으로 이루어낼 수 있을 것이다.

4) 상담의 종결단계

일반적인 상담의 종결단계에서는 상담결과의 평가, 종결계획 수립, 위탁문제 논의, 추후만남 계획 수립 등이 다루어진다. 이는 장애 아동을 위한 상담에서도 마찬가지이다. 다만 장애 아동을 상담하는 상담자가 이 단계에서 유념해야 할 점을 추가적으로 살펴보면 다음과 같다. 첫째, 상담의 성과를 평가할 때, 내담자와 함께 부모나 교사가 참여할 수도 있다. 특수아동 상담에서는 상담의 목표를 수립할 때 필요에 따라 장애 아동의 부모나 교사가 참여할 수 있듯이, 상담의 종결단계에서 상담의 성과를 평가할 때도 내담자와 함께 부모나 교사가 참여하여 논의할 수도 있다. 다만 이 과정에서 내담자인 장애 아동의 역할을 무시하고 부모와 교사가 너무 주도적인 역할을 하지 않도록 유의할 필요가 있다.

둘째, 장애 아동이 경험하게 될 분리경험에 대한 적절한 대비를 해야 한다. 일반적인 상담에서도 많은 내담자들은 종결단계에서 상담자와 분리되는 경험으로 인하여 버림받는다는 느낌, 심리적 지원자를 상실한다는 느낌, 그리고 상담 종결 후의 단독적 생활에 대한 불안과 두려움을 경험하기도 한다. 대체적으로 장애 아동들은 일반아동에 비해 이러한 정서를 좀 더 강하게 경험하는 경향이 있다. 그 이유는 장애인으로서 일상생활에서는 경험하기 어려웠던 특별한 유대감과 친밀감을 상담을 통해 경험하였기 때문이다. 그러므로 특수아동 상담자는 이러한 분리경험을 다루는데 많은 노력과 세심한 주의를 기울일 필요가 있다.

셋째, 상담 종결 이후의 교육과 치료를 위한 적절한 안내를 해야 한다. 상담이 성공적으로 종결된다 하더라도, 일상생활과 학교생활에의 적응을 위해서 장애 아동에게는 특수교육과 의학적인 치료가 여전히 필요하다. 그러므로 특수아동 상담자는 상담종결 후에 내담자에게 필요한 교육프로그램과 의료 서비스를 적절히 안내해야 한다.

제16장 특수아동 상담자

1. 특수아동 상담자의 태도

장애학생을 상담하는 학교상담자의 태도에 관한 논의는 장애학생 상담을 일반학생 상담과 구분하여 보아야 할 것인가의 문제와 관련된다. 그런데 많은 학자들은 장애학생 상담과 비장애학생 상담은 그 원리와 방법에 있어서 근본적인 차이가 없다는 점에서 견해가 일치한다(김동일 등, 2002; 김윤옥, 2003; 송현종, 2005; 정은, 2004). 그러므로 장애학생을 상담하는 학교상담자는 일반적으로 상담관계를 촉진시키는데 필요하다고 알려진 상담자의 태도를 기본적으로 유지하는 것이 중요하다.

그럼에도 불구하고 장애학생을 상담하는 학교상담자가 특별히 유념해야 할 점은 장애 또는 장애학생을 대하는 태도이다. 왜냐하면 장애학생에 대한 상담자의 태도가 상담자로서의 역할 수행 능력에 크게 영향을 미칠 수 있기 때문이다. 이 점과 관련하여 Carson, Sitlington, 그리고 Frank(1995)의 견해는 장애학생을 상담하는 학교상담자가 지침으로 삼을만하다. 송현종(2005)은 여러 학자들의 견해를 종합하여, 상담자가 장애 아동을 상담할 때 가져야 할 태도를 다음과 같이 제시하였다.

첫째, 장애학생에 대한 편견을 갖고 그 학생의 전체를 평가(biased global evaluation)하려고 해서는 안 된다. 이러한 태도는 장애가 그 학생의 다른 측면에까지 널리 퍼져 있다고 생각하는 것으로서, 장애에 기초하여 학생에 대한 전체적인 평가를 하려는 왜곡된 태도이기 때문이다.

둘째, 장애학생에 대해 연민, 동정하는 태도와 '나는 장애가 없어서 다행'이라는 태도는 상담에 도움이 되지 않는다. 이러한 태도는 학교상담자와 장애학생 간에 거리감을 갖게 만들고,

상담자의 우월감과 시혜를 베푼다는 느낌을 전달할 위험이 있기 때문이다.

셋째, 장애학생을 지나치게 보호하려고 하는 태도 역시 상담에 도움이 되지 않는다. 이는 '걱정 하지 마, 내가 구해줄게'라는 메시지를 전달함으로써 장애학생의 의존성을 배양할 가능성이 높기 때문이다.

넷째, 지나치게 전문가적 태도를 보이지 않는 것이 좋다. 이는 '나는 전문가로서 너보다 더 잘 아니까, 내가 너에게 최선의 것을 해 주마'라는 메시지를 전달하며, 내담자의 자발적이고 적극적인 대안탐색과 문제해결 노력을 방해하며, 진로계획에 특히 해롭기 때문이다.

다섯째, 장애학생을 안심시키려는 태도도 바람직하지 않다. 이는 '네가 장애인이라는 점을 고려하면, 이 정도도 넌 잘 하고 있는 거야'라는 메시지를 전달하며, 상담자의 낮은 기대수준을 반영하면서 내담자의 낮은 기대수준을 더욱 강화할 가능성이 있기 때문이다. 학교상담자는 스스로 또는 타인의 피드백을 통하여 자신이 은연중에 이러한 태도를 갖고 있지 않은지 늘 경계해야 할 것이다.

여섯째, 장애학생에 대한 불안과 장애학생을 회피하는 태도를 보여서는 안 된다. 대부분의 학교상담자는 상담자가 되기 위한 준비과정에서 장애 또는 장애인에 대한 이론적 교육과 실제적 훈련을 충분히 받지 못한 경우가 많다. 따라서 많은 학교상담자들은 '내가 장애학생을 효과적으로 도울 수 있을까'하는 불안과 함께, '장애학생을 상담하는 것은 특수교사의 일이지 내가 할 일은 아니야'라는 회피적인 태도를 갖게 된다. 이러한 태도는 장애학생을 효과적으로 돕기 위해서는 보다 더 전문적인 지식과 기술이 필요할 것이라는 기대에서 기인된 것이다. 그러나 상담자가 무조건적 존중, 공감, 일치성과 같은 상담자로서의 본질적인 태도를 유지하면서, 일반적인 상담기술과 기법을 충분히 숙달하고 있다면 장애학생을 얼마든지 효과적으로 도울 수 있다. 장애 아동을 상담하는 학교상담자에게 정말 필요한 것은 장애에 관한 지식과 기술보다는 장애에 관한 올바른 인식이다. 즉, 장애란 질적인 차이가 아니라 양적인 차이라는 점을 진정으로 깨닫는 것이다. 그런 연후에, 장애에 관한 지식과 기술을 습득하고 장애학생들과의 접촉을 늘려간다면, 상담자의 불안과 회피하는 태도는 점차 줄어들게 될 것이다.

물론 김동일 등(2002)이 제시하였듯이, 장애학생의 지적 수준과 언어적인 특성을 고려한 적극적인 배려도 필요할 것이다. 즉 상담자는 내담자의 지적 능력에 따라 언어 수준을 조절하여 상담을 진행할 수 있을 것이고, 내담자에 대한 지적인 충고나 가르침과 함께 내담자의 감정과 행동의 의미 이해하고, 격려하며, 함께 행동하는 노력이 필요할 것이다. 또 언어장애나 청각장애가 있는 학생들을 위해서는, 그들에게 보완대체의사소통 수단을 강구하려는 적극적인 태도도 필요할 것이다(송현종, 2005). 그러나 장애학생을 상담하는 상담자는 상담에서 중요한 것은 상담의 기술이나 기법이 아니라 내담자를 대하는 상담자의 태도라는 Rogers의 말을 다시 한 번 기억해야 할 것이다.

2. 특수아동 상담자의 역할

통합교육 상황은 학교상담자의 적극적인 역할을 요구한다. 학교상담자는 일반교육학급에 통합된 장애학생들에게 예방서비스와 지원서비스를 제공할 책임이 있다. 그러므로 학교상담 프로그램은 모든 학생들이 모든 교육적 경험에 참여할 수 있도록 도와야 하며(Allen & LaTorre, 1998), 이러한 관점에서 장애학생을 위한 학교상담은 종합적인 발달적 학교상담 프로그램(comprehensive developmental school counseling program)의 핵심 영역이 되어야 한다. 그리고 학교상담자는 개인상담, 집단상담, 학급지도(classroom guidance), 교사와 부모를 위한 자문활동을 해야 하며, 학생, 교사, 학교행정가, 다른 교직원과 함께 일하면서 지역사회의 자원도 적극적으로 활용할 수 있어야 한다(Deck, Scarborough, Sferrazza, & Estill, 1999).

Bowen(1998)은 통합교육의 성공을 위한 학교상담자의 역할로서 부모와 교사들과 협력하면서 통합교육에 대한 그들의 태도를 변화시키고, 필요한 정보를 제공해 주고, 사회적 적응을 향상시키고, 필요한 외부자원의 소재를 파악하도록 도와주고, 협력적인 자문 팀을 만들어 운영하면서 그들에게 도움을 주는 일로 제시하고 있다.

Quigney & Studer(1998)에 의하면, 학교상담자는 그들이 받은 훈련과 경험을 토대로 하여 통합교육을 위한 협력과 계획수립에 있어서 핵심적인 역할을 해야 한다. 학교상담자는 인간관계, 집단발달, 대인관계기술, 상담역동에 관한 지식을 갖고 있으며, 이에 대한 준비를 해온 사람들이기 때문이다. 또 학교상담자는 통합교육의 과정에 관여하고 있는 사람들에게 통합교육이 성공적인 경험이 되도록 지도적인 역할을 해야 한다(Snyder & Offner, 1993). 이를 위해서 학교상담자는 학생, 행정가, 교사, 부모, 지역사회 구성원 간의 연계망을 구축하고 활성화하고, 이들을 위한 자문활동을 전개할 필요가 있다.

Wood Dunn & Baker(2002)는 장애학생 지도와 관련한 학교상담자의 긍정적인 역할로서 장애학생을 옹호하는 일, 장애학생 지도에 관여하는 사람들을 조정하고 자문하는 일, 무대 뒤에서 팀원으로서 장애학생 지도를 돕는 일, 장애학생을 가르치는 일, 그리고 의미있는 타인들과 상담자의 역할에 대해 비슷한 견해를 공유하는 일을 들고 있다.

미국 학교상담학회(The American School Counselor Association: ASCA, 1999, 2000)는 장애학생을 지도하는 학교상담자가 수행해야 할 구체적인 역할을 다음과 같이 제시하고 있다. 첫째, 학교와 지역사회에서 장애학생을 옹호하는 일. 둘째, 장애학생이 고등교육 기관이나 직장으로 전환되는데 필요한 계획 수립을 지원하는 일. 셋째, 장애학생을 위한 행동수정 계획의 수립과 실행을 지원하는 일. 넷째, 장애학생 부모와 가족을 상담하는 일. 다섯째, 장애학생을 다른 적절한 전문가에게 의뢰하는 일. 여섯째, 장애학생의 자아존중감 향상을 위한 활동을 제공하는 일. 일곱째, 중다학문팀(multi-disciplinary team)에게 장애학생의 사회적, 학업적 수행에 관한 피드백을 제공하는 일. 여덟째, 장애학생에게 개인상담과 집단상담을 제공하는 일. 아홉째, 장애학생에게 사회적 기술훈련을 제공하는 일. 열째, 장애학생 부모와 학교 직원들에게 장애학생의 특성과 특수한 요구에 대해 자문을 제공하는 일. 마지막으로, 중다학문팀이 장애학생에게 필요한 서비스를 파악하고 제공하도록 조력하는 일이다(Milsom, 2002 재인용).

한편 Trotter(1993)는 장애학생을 상담하는 학교상담자의 주요 역할로서 다섯 가지 역할을 제시하였다. 즉, 장애학생을 파악하고 의뢰하는 역할, 교사 및 기타 교직원과의 협의하는 역할, 장애학생을 위한 개인상담 및 집단상담 실시하는 역할, 장애학생 부모를 위한 상담과 자문을 하는 역할, 그리고 장애학생을 위한 옹호자로서의 역할이 그것이다. 그는 이 역할들 중에서도 옹호자로서의 역할을 학교상담자의 새롭고도 독특한 중요 기능으로 강조하였다.

장애학생의 경우에는 비록 학업기술과 성취도는 정상수준이 되었다 하더라도, 사회적 행동에 측면에서는 여전히 정상범주에서 벗어난 행동을 보일 가능성이 있다. 그리고 이러한 행동은 통합교육의 효과를 위협할 수도 있다. 그러므로 학교상담자는 옹호자의 위치에서 장애학생들이 지지적인 환경 속에서 사회심리적인 어려움에 대처할 수 있도록 돕는 프로그램을 입안하고 실행하도록 교직원들을 촉구하고 격려하는 역할을 적극적으로 전개해야 한다(Bowen, 1998).

이상과 같은 견해들을 종합하여 송현종(2005)은 장애학생을 위한 상담자의 역할을 다음과 같이 여섯 가지로 제시하였다. 첫째, 장애학생을 발견하고 의뢰하는 일, 둘째, 중다학문팀이 각 장애학생에게 적절한 교육목표를 설정하도록 협력하고 조력하는 일, 셋째, 장애학생에게 직접적인 상담과 생활지도 서비스를 제공하는 일, 넷째, 장애학생 부모와 가족을 위한 상담 서비스를 제공하는 일, 다섯째, 교직원을 위한 자문과 개발활동을 지원하는 일, 여섯째, 지역사회의 이해와 협력을 이끌어 내는 일로 정리할 수 있다.

앞에서 살펴본 특수아동 상담자의 여섯 가지 역할과 관련하여 특수아동 상담의 내용과 방법을 살펴보면 다음과 같다(송현종, 2005).

1) 장애학생의 발견과 의뢰

학교에서 정서적 문제나 행동상의 문제, 또는 학습문제를 겪고 있는 학생들을 발견하고 의뢰하는 일은 학교상담자의 주된 역할 중의 하나이다. 장애학생과 비장애학생이 한 교실에서 함께 교육받고 있는 환경에서 장애학생을 효율적으로 돕기 위해서는 장애학생의 존재와 장애학생의 문제를 발견하는 일이 무엇보다 중요하다. 우선 장애가 있는 학생이 누구인지를 파악해야 하고, 그 학생의 진정한 문제가 무엇인지를 파악하는 것이 중요하다. 여기에는 각 영역별 장애학생의 특성에 관한 전문적인 지식과 함께 관련되는 평가나 심리검사를 실시하고 해석할 수 있는 능력이 필수적으로 요구된다.

교실에서 장애학생(특히 경도장애학생)의 문제행동을 정확하게 발견하기란 쉬운 일이 아니다. Bowen(1998)에 의하면, 학습곤란의 문제가 행동적인 문제인 것처럼 오해되는 경우도 많다. 예를 들어, 학습과제가 점차 어려워짐에 따라 학습문제를 갖고 있는 학생들을 교사가 행동장애로 오해할 수 있는 행동들을 나타내 보이기도 한다는 것이다. 그러므로 학교상담자는 정신지체, 학습장애, 행동(정서)장애 등을 갖고 있는 학생들의 특성을 알고 있어야 하며, 학습장애 또는 사회적-정서적 문제가 학생의 학업문제의 주요 원인인지를 판단할 수 있어야 한다. 학생의 문제를 정확히 이해하기 위해서는, 학교상담자는 학교에서 학습문제를 갖고 있다고 말하는 학생들의 이야기를 주의 깊게 들어야 한다. 그 학생들에게 학업이 얼마나 어려운지 물어보고, 과제와 성적에 대해서 말해보도록 격려하고, 학생의 문제를 논의하고, 교사들과 함께 그 학생의 문제가 어떻게 진행되어 가는지를 정기적으로 점검해야 한다.

학교상담자는 자신이나 다른 교사로부터 얻은 자료에 근거해서 어떤 학생이 장애나 문제를 갖고 있는 것으로 보이면, 그에 필요한 정확한 측정을 해보아야 한다. 여기에는 지능검사를 비롯하여 학업성취도검사, 성격검사, 시각, 청각능력검사, 운동-협응 능력 검사 등이 포함될 수 있을 것이다. 이 과정에서 특수교사 또는 다른 교직원(만약 학교심리학자가 있다면)과의 협력은 매우 중요하다. 학교상담자 스스로 또는 학교의 인력만으로 이러한 심리검사를 적절히 실시할 수 없다면, 학교 이외의 전문 기관에 의뢰하는 것을 주저하지 말아야 한다.

2) 장애학생 지도를 위한 목표의 설정

학교상담자는 학교의 전문 인력들로 구성된 중다학문팀의 일원으로서 장애학생들을 위한 적절한 교육계획을 수립하고, 학교의 여러 전문가들이 발견한 내용을 조정하는 기능을 담당한다. 중다학문팀이 개발하는 개별화교육계획/프로그램(Individualized Education Plan/Program: IEP)에는 장애학생을 위한 궁극적인 최종 목표와 이에 따른 각 하위 목표들이 설정되고, 이렇게 설정된 각 목표의 달성에 누가 책임을 져야 하는지가 명시된다. 이 때 학교상담자 역시 수업(교육)목표를 보완하기 위한 상담목표의 수행에 관한 책임을 담당하게 된다(Holmgren, 1996). 이 때 측정가능하고 관리하기 쉽고, 모든 변수를 고려한 현실적인 목표를 개발해야 하는 것은 매우 중요한 일이다. Roberts와 Baumberger(1999)는 학교상담자와 중다학문팀의 각 구성원들이 장애학생을 위한 상담목표를 구성하는데 도움이 되는 T.R.E.A.T. 모델을 다음과 같이 제시하였다.

첫째, 이론 및 개념 변인(T: Theoretical & Conceptual Variables)에서는 '학생의 문제를 어떻게 개념화할 것인가?' 라는 질문을 주로 다루게 된다. 학교상담자는 특정한 이론적 틀을 가지고 학생의 현행 문제와 그에 관련된 세부적인 내용을 이해하고 접근해야 한다. 이 때 학교상담자는 중다학문팀원들과 함께 학생의 문제를 진단하면서도, 또 한편으로는 학생의 요구와 기대, 성격 특성, 동기수준 등의 비진단 요소들도 함께 고려할 필요가 있다. 학생의 문제에 관한 개념화가 이루어졌으면, 학생의 사회문화적 스트레스 요인과 그에 대한 학생의 대처 자원을 탐색하고, 추가적인 의학적 평가나 심리검사가 필요한지를 검토해야 한다.

둘째, 관계변인(R: Relationship Variables)에서는 '학교상담자는 학생과 치료동맹을 구축할 수 있는가?' 라는 질문을 다루게 된다. 비장애학생의 상담에서 상담자-내담자 관계가 중요하듯이, 장애학생의 상담에서도 상담자와 내담자간의 동맹관계는 상담자의 개입전략이나 진단보다 상담의 성공여부에 더 큰 영향을 미친다(Duncan, Hubble, & Miller, 1997; Sexton & Whiston, 1991; Sommers-Flanagan & Sommers-Flanagan, 1993). 학교상담자는 교사, 부모, 다른 교직원들과의 면담과 학생에 관한 현행 보고 자료들을 검토해서 이 질문에 대한 자료를 수집할 수 있다. 그리고 이렇게 수집된 자료를 IEP의 목표 설정에 반영해야 한다(Roberts & Baum-berger, 1999).

셋째, 환경변인(E: Environmental Variables)에서는 상담의 장소, 형태, 횟수 및 기간을 검토한다. 상담을 학교에서 할 것인가, 아니면 학교 이외의 다른 장소에서 할 것인가? 개인상담, 집단상담, 가족상담과 같은 상담 형태 중에서 어떤 방식을 적용할 것인가? 학생은 학교상담자 또는 다른 조력전문가를 얼마나 자주 만나야 할 것인가? 그리고 IEP의 단기목표를 달성하는 데에는 얼마나 많은 시간이 필요할 것인가? 등을 검토해야 한다.

넷째, 보조변인(A: Adjunct Variables)에서는 상담 또는 치료 이외의 다른 대안적인 보조서비스의 활용가능성을 검토하는 것이다. 즉 정신건강센터, 법률과 금융서비스, 가족이나 친척 또는 친구의 지원체제, 지역사회 조력집단 등의 자원을 활용하여 상담목표의 달성가능성을 증대시키는 것이다.

마지막으로, 달성 가능한 최종목표와 하위목표(T: Treatable Goals and Objectives) 영역은 앞의 네 가지 변인들을 고려하여 상담의 목표를 구체적으로 진술하는 것이다. 이 때 최종목표는 상담의 결과로 나타나야 하는 바람직한 결과를 의미하며, 하위목표는 최종목표에의 도달을 촉진하는 구체적인 과제와 단계를 의미한다. 최종목표와 하위목표를 진술할 때는 S.M.A.R.T. 모델을 따르는 것이 유용하다. 즉, 구체성(Specificity: S), 측정가능성(Measurability: M), 행동적 용어(Action-oriented Verb: A), 현실성(Reality: R), 그리고 시간절약(Time-oriented: T)을 고려함으로써 훌륭한 상담목표를 진술할 수 있다.

3) 장애학생을 위한 직접 상담

학생들은 특수한 서비스가 필요하다는 진단을 받으면 종종 자신에게 뭔가 잘못이 있는 것처럼 느끼고, 그 결과 대인관계에서의 수용가능성, 미래의 목표와 기대, 학업계획, 진로문제 등과 관련하여 회의감과 의문을 가질 수 있다(Quigney & Studer, 1998). 그러므로 통합교육 상황에서 장애학생들을 위한 직접적인 상담과 생활지도 활동은 비장애학생들의 경우보다 더 많이 요구된다고 할 수 있다. 학교상담자가 알아야 할 장애학생 상담의 주요 내용과 방법을 살펴보면 다음과 같다.

김동일 등(2002)은 장애 아동 상담의 영역을 장애의 종류, 과제의 성격, 상담의 양식을 기준으로 하여 분류하고 있다. 그들은 장애의 종류에 따라서는 지적장애, 시각장애, 청각장애, 언어장애, 지체장애, 정서 및 발달장애, 학습장애로 분류하였으며, 과제의 성격에 따라서는 정신건강상담, 진로상담 및 전환교육, 부모교육과 상담, 부모 및 교사 자문으로 구분하였으며, 상담의 양식에 따라서는 개인상담, 집단상담, 가족상담, 심리교육 등으로 구분하였다. 또 김윤옥(2003)은 장애 아동을 위한 상담을 장애의 유형에 따라 학습장애 아동 상담, 지적장애 아동 상담, 시각장애 아동 상담, 청각장애 아동 상담으로 나누어 제시하고 있다.

이에 비해 Bowen(1998)은 학교상담자가 경도장애학생들에게 제공해야 할 상담서비스의 내용을 크게 세 가지 영역으로 나누어 제시하고 있다. 첫째는 장애학생의 적응을 위한 상담활동이다. 학교상담자는 비슷한 욕구나 문제를 안고 있는 학생들로 소집단을 구성하여 문제를 함께 논의하게 하고(집단상담), 각 장애학생이 개인적으로 자신의 문제를 파악하고 해결하도록 지원하며(개인상담), 장애학생이 자기수용과 타인과의 대인관계를 더 잘하게 돕고(개인적, 사회적 적응상담), 장애학생 가족들이 가족 문제에 관하여 협동적으로 역할을 하도록 지원하며(가족상담), 약물과 알콜 남용 문제를 인식하고 해결하도록 지원해야 한다(약물남용 상담). 또 학교상담자는 장애학생들이 자신이 갖고 있는 장애가 그들의 자녀에게 유전될 가능성에 관한 정보도 제공해야 한다(생물학적 유전 상담).

학교상담자가 제공해야 할 두 번째 상담 서비스 영역은 각종 훈련이다. 학교상담자는 장애학생들이 직업에 관한 현실적인 기대를 갖고, 직업을 찾는 방법을 습득하도록 지원하며(진로기술훈련), 장애학생이 스스로 자신을 돌볼 수 있고, 독립적인 생활을 할 수 있고, 변화하는 생활환경에 적응할 수 있는 생활 기술을 갖도록 지원해야 한다(개인적, 사회적 적응기술 훈련). 또 학교상담자는 장애학생에게 광범위한 생애/진로 기술을 설계하도록 상담하고(재활상담), 장애학생 각 개인으로 하여금 특정 직업에 필요한 좋은 작업습관과 기술을 개발하고 유지하도록 지원해야 한다(직업적응 상담).

학교상담자가 제공해야 할 세 번째 상담서비스 영역은 취업지도이다. 학교상담자는 장애학생들이 진로목표를 설정하고 진로계획을 수립하도록 조력해야 하며(진로상담), 장애학생이 자신의 능력과 흥미에 가장 적합한 직업을 찾도록 도와주어야 하며, 취업담당 직원과 함께 장애학생에게 적절한 직업을 배정하고(직업 배치), 또 특정 직업이나 작업과 관련하여 요구되는 장애학생의 기술수준을 측정하는 일도 해야 한다(작업 평가).

4) 장애학생 부모 상담과 교육

자녀가 장애를 갖고 있다는 사실을 알게 될 때, 대부분의 부모들은 그 사실 자체를 믿지 않거나, 부정하거나, 또는 두려움, 부끄러움, 무력감, 자기연민, 자녀에 대한 연민과 같은 반응을 보인다(Bender, 1992; Hallahan & Kauffman, 1996; Hart, 1991). 또 장애학생 부모들은 종종 완전통합교육에 대하여 불안을 느낀다. 장애학생들이 일반교육 상황에서 성공을 경험할 기회를 가질 수 있음에도 불구하고, 학부모들은 자신의 자녀가 필요한 서비스를 덜 받지 않을까, 학급 동료들로부터 배척을 당하지 않을까, 완전통합을 제대로 이해하지 못하거나 완전통합으로 인한 추가적인 부담을 지고 싶지 않은 일반교육 교사들로부터 부정적인 취급을 받지 않을까 하고 두려워한다(Traver-Behring, Spagna, & Sullivan, 1998). 또 학교에서는 여러 명의 교직원들 속에서 주눅 들고 불안을 느끼기도 한다.

학교상담자는 학부모들과 협력하고 의사소통을 할 수 있는 구체적인 기술을 갖고 있으며, 장애학생의 가족과 장애학생의 요구에 대하여 잘 알고 있는 위치에 있기 때문에 누구보다 더 이들을 효과적으로 도울 수 있고, 또한 이들의 협력을 이끌어 낼 수 있다. 학교상담자가 장애학생 부모들을 도울 수 있는 효과적인 방법 중의 하나는 다양한 형태의 집단경험을 제공하는 것이다.

먼저, 학교상담자는 부모집단(parent groups)을 조직하여 장애학생 부모들에게 장애의 특성, 원인, 일반적인 예후에 관한 지식과 자녀 양육에 대한 교육을 할 수 있다. 즉, 장애학생 부모들이 자녀의 신체적/정서적 발달에 관한 지식, 자녀의 장애에 관한 부모 자신의 감정과 반응, 학교의 관여와 지원의 경험, 자신의 부모역할 등을 습득하고 탐색할 수 있도록 도울 수 있다. 또한 그들의 자녀가 실패와 그에 따르는 부적합 감정을 반복하여 경험하는 악순환의 고리를 깰 수 있도록 가정을 구조화하는 방법을 가르쳐줄 수도 있다(Bowen, 1989). 또 학교상담자는 지지집단을 통하여, 장애학생 부모들이 갖고 있는 슬픔, 우울, 죄책감, 상처, 분노감 등의 부적절한 감정을 적절히 다루도록 도와줄 수 있으며, 그들이 혼자가 아니라는 점과 비난받아야 할 사람이 아니라는 점을 보여줄 수 있다(Landy, 1990).

한편 통합교육의 성공을 위해서는 장애학생 부모들의 참여와 협력이 필수적이다. 그러므로 학교상담자가 부모교육과 상담의 연장으로서 학교교육에 대한 부모의 참여를 유도하는 노력은 매우 중요하다. Traver-Behring 등(1998)은 학교교육의 과정에 학부모들을 격려하고 참여시키기 위해 학교상담자가 사용할 수 있는 지침을 다음과 같이 제시 하였다.

첫째, 부모들과 신뢰관계를 형성하라. 둘째, 부모로부터 정확하고 안전한 정보를 얻고, 주의 깊게 듣고, 그들이 말한 것을 중요하게 받아들여라. 셋째, 부모가 자녀의 행동문제를 더 효과적으로 다룰 수 있는 방법을 획득하도록 도와라. 넷째, 부모가 학교교육 장면에 참여할 수 있는 기회를 많이 제공하라. 그렇지만 부모들에게 학교교육에 대한 참여는 익숙하지 않다는 점을 유념하라. 다섯째, 학교의 관료주의적 행정체제를 두려워하는 부모를 안심시켜라. 여섯째, 부모가 자신의 자녀를 위해 최선의 것을 원한다는 점을 학교 교직원들이 알고 있음을 알려주라. 일곱째, 부모들에게 자녀의 다양한 욕구에 대처할 수 있는 구체적인 지식을 제공하라. 여덟째, 부모들을 교육의 과정에 협력하게 하고, 그들이 권고사항을 더 잘 수행해낼 수 있게 하라. 아홉째, 부모들을 그 자녀에 대해 더 많은 것을 알 수 있고 통찰할 수 있도록 도움을 주는 전문가로 생각하고, 그들이 교육프로그램을 향상시키는 데 도움을 줄 수 있게 하라. 열째, 부모들에게 측정(평가) 절차를 설명해 주고, 협의회에 참석해서 자녀의 교육적 배치를 결정하는 데 도움을 주도록 격려하라. 열한째, 부모들로 하여금 적절할 때마다 교실활동에 직접 참여하도록 격려하라. 마지막으로, 장애 아동 부모와 비 장애 아동 부모가 함께 생산적으로 협력할 수 있는 기회를 제공하라.

5) 교직원을 위한 자문과 개발 활동 지원

통합교육이 실시되기 시작하면서 일반교육 교사들은 비장애학생들을 위한 교육을 계속하면서도 또 한편으로는 통합교육을 실행해야 하는 부담을 떠안게 되었으며, 통합교육에 대한 두려움과 저항도 갖고 있다(Tarver-Behring, Spagna, & Sullivan, 1998).

일반교육 교사들은 자신이 장애학생을 교육할 만한 능력이 있는지에 대해 의문을 갖는다(Bruce, Shade, & Cossairt, 1996). 또 일반교육 교사들은 장애학생들의 교육적 향상에 대한 전문적인 책무성에 대해서도 걱정을 많이 한다(Roach, 1995). 일반교육 교사들은 장애학생이 일반교육 학급에 배치됨으로 인하여 더욱 더 많은 지식과 훈련이 필요하다고 생각하며, 장애학생의 학문적 적응과 사회적 적응을 촉진할 수 있는 지원을 필요로 한다(Idol, 1988).

통합교육의 성공을 위해서는 학교상담자, 일반교육 교사, 특수교육 교사 간의 협력이 매우 중요하고, 특히 학교상담자와 특수교육 교사 간의 팀웍에 의한 협력은 핵심적인 것이다. 협력적인 팀 접근을 통하여 학교상담자는 특수교육 교사로부터 특수교육에 관한 정보와 자료를 제공받고, 그 대신에 특수교육 교사들에게 상담기술을 가르쳐 줄 수 있다. 또 학교상담자는 특수교육 교사들이 갖고 있는 특별한 기능들을 일반교육 교사들과 공유하도록 촉매 역할을 할 수 있다. 이러한 특별한 기능들의 구체적인 예로는 첫째, 협력교수, 둘째, 학생관찰, 셋째, 사회적 기술·문제해결 기술·학습기술의 개발, 넷째, 프로그램 설계에 필요한 자료와 전문성, 다섯째, 좀 더 낮은 수준의 학습자료 개발, 여섯째, 일반화 기회와 활동 제공, 일곱째, 특수한 수업기법과 전략 등을 들 수 있다(Tarver-Behring, Spagna, Sullivan, 1998). 이러한 팀 접근을 통하여 학교상담자는 통합교육의 성공에 필요한 다양한 주제와 기술에 관하여 일반교육 교사들을 효과적으로 자문할 수 있다.

교직원을 위한 자문과 협력 활동으로서 또 하나 중요한 일은 교직원을 위한 직무연수를 계획하고 실행하는 것이다. 직무연수는 학교상담자가 직접 실시할 수도 있지만, 다른 교직원들의 협조를 얻는 노력이 필요하다. 학교상담자는 직무연수의 목표와 주제를 설정하고, 각 회기마다 적절한 학교 내의 인적 자원을 활용할 수 있다. 그러나 교직원의 자문과 직무연수를 성공적으로 지원하기 위해서는 우선 학교상담자가 먼저 장애학생을 지도하는데 필요한 훈련을 반드시 받아야 하고, 관련되는 법, 정책, 교육적 실행에 관한 전문적인 내용을 알고 있어야 한다.

마지막으로 학교상담자는 학생, 학교행정가(교장, 교감, 장학사), 교사, 학부모, 지역사회 구성원들 간의 의사소통과 상호자문을 촉진해야 하며, 이 모든 집단들이 장애학생에게 가장 적절하고 통합적인 교육의 제공에 초점을 맞추도록 이들을 격려하고 관리할 필요가 있다.

6) 지역사회의 이해와 협력 유도

통합교육의 성공을 위해서는 장애학생을 이해하고 수용하는 학교 내외의 분위기가 필요하다. 이런 관점에서 학교상담자는 학교, 가정, 지역사회 사이의 협력적인 연계망을 구성할 필요가 있으며, 장애학생의 개인적인 성장을 촉진하기 위해 지역사회 구성원들의 전문성과 지식을 구하는 노력도 마다하지 않아야 한다.

장애학생 지도에는 의료인들의 전문적인 도움이 필요할 때가 많으며, 이들과 협력함으로써 장애학생의 교육과 적응을 매우 효과적으로 촉진시킬 수 있다. 그러나 비 의료인인 학교 교직원들과 전문 의료인들 사이에는 의사소통의 어려움이 존재한다. 그러므로 학교상담자는 장애 아동을 위한 교육적 조력 방안뿐만 아니라, 의학 용어와 조건에 관한 기초지식도 습득할 필요가 있다.

지역사회와의 협력과 관련하여 또 하나 중요한 것은 장애학생들의 잠재적인 고용주들을 위한 교육과 안내 활동이다. 많은 고용주들은 장애를 가진 학생들을 고용함으로써 그들의 사업이 곤란을 겪게 될 것으로 느끼며, 직장에서 장애인에게 합당한 편의시설을 어떻게 제공해야 하는지, 그리고 장애인들의 긍정적인 자기효능감을 촉진하기 위해서 어떻게 해야 하는지를 잘 모르고 있다. 그러므로 학교상담자는 지역사회의 잠재적인 고용주들을 대상으로 하여 직장에서의 타인에 대한 가치, 고정관념, 편견 등의 문제와 특정 방침, 정책, 검사 또는 활동의 장애인 차별 가능성 문제에 대하여 교육을 할 필요가 있다(Quigney & Studer, 1998). 이러한 활동을 통하여 학교상담자는 지역사회의 협력을 유도하고 장애학생의 권익을 옹호하는 활동을 동시에 할 수 있다(송현종, 2005).

제17장 특수아동 상담과 교육적 지도

1. 시각장애 아동 상담과 교육적 지도

1) 상담 방법

시각장애는 일반적으로 다른 유형의 장애에 비하여 그 출현율이 낮은 편이다. 그렇지만 시각장애 아동이 갖는 어려움은 다른 유형의 장애 아동들에 비해 결코 적지 않으며, 전체 시각장애 아동들 중에서 약 80–90%는 시력을 통해 학습이 가능하다. 그러므로 이들을 위한 적절한 상담과 교육적 지도는 매우 중요하다.

일반적으로 시각장애 아동에게는 언어적인 상호작용에 근거한 전통적인 상담방법이 효과적이다. 다만 시각장애 아동들은 다른 사람과 정서적 교류를 할 때 비언어적 메시지를 관찰할 수 없기 때문에 청각단서에 의존하는 방법을 배워야 한다. 상담상황에서 시각장애 아동의 심리적 안정수준은 상담자가 래포를 형성하기 위한 노력에 의해 영향을 받는다. 많은 시각장애 아동들은 구조화된 활동에 익숙하고, 특히 최초 회기가 매우 구조화된 상황에서 더욱 안정적이 된다. 그러므로 상담 초기에는 아동의 자발적인 감정이 촉진되어야 하는 개방적 형식보다 질의 응답형식의 구조화된 방식이 더 바람직하다(조용태, 2001).

다른 유형의 장애 아동 상담과 마찬가지로 시각장애 아동의 상담은 크게 학습활동을 돕기 위한 상담과 심리적 적응을 돕기 위한 상담으로 나누어 생각해 볼 수 있다. 먼저 학습활동을 돕기 위한 방법은 다음과 같다. 일반적으로 학습을 위해 사용되는 감각은 시각, 청각, 촉각이며, 시력의 손실이 있는 경우 이를 보상해 주는 경험을 체계적으로 제공해 줄 필요가 있다. 시력 손실을 보상해 주는 한 방법으로 상담자가 고려할 수 있는 것은 시각장애 아동이 주변 환경에 대한 정보를 명확하게 이해하도록 돕기 위해서 아동을 가능한 한 많이 움직이도록 하고, 또한 주변 환경과 접촉 기회를 많이 가질 수 있도록 활동중심의 프로그램을 제공하는 것이다. 또한 듣고 이해하는 간접학습 경험보다는 실제적으로 만져 고 해보는 경험중심 학습 기회가 체계적으로 제공되어야 한다.

다음으로 심리적 적응을 돕기 위한 상담 방법은 다음과 같다. 김동일 등(2002)에 의하면, 시각장애 아동들은 자신이 가지고 있는 장애와 장애에 대한 타인의 편견과 차별적 행동으로 인해 다양한 심리적 문제들을 경험한다. 시각장애 아동들은 장애 때문에 학교에서 소외되고 있다고 느끼며, 어떻게 해서든지 또래집단에 속할 수 있기를 희망한다. 누적된 소외의 경험은 때로 자기중심적, 자기 의식적 성격특성을 형성하도록 영향을 미친다. 이와 같은 심리적 문제들을 도와주기 위해 상담자는 점진적이고 체계적으로 시각장애 아동이 또래와 접촉할 수 있는 기회를 만들어 줄 필요가 있다.

시각장애 아동은 수동적이고 의존적인 행동을 많이 나타내 보인다. 이와 같은 행동은 순종하는 모습을 보일 경우에 다른 사람으로부터 보상을 받는 경험을 많이 했거나, 일방적으로 다른 사람들이 모든 일을 결정해 주는 경우가 많았거나, 남들이 자신에게 무엇인가를 해주는 일이 더 많음으로써 생기게 된다. 그러므로 상담자는 시각장애 아동이 자신과 관련된 일에 직접 참여하여 일을 할 수 있도록 기회를 주어야 하며, 무엇인가 남들을 위해 자신이 할 수 있는 일들을 찾아 할 수 있도록 도와주어야 한다. 이러한 과정을 통해 자신이 가지고 있는 장점과 능력을 재발견함으로써 능동적이고 긍정적인 행동특성을 가질 수 있다(김동일 등, 2002).

한편 시각장애 아동들은 다른 사람과 정서적 상태를 교환할 때 비언어적 메시지는 관찰할 수 없기 때문에 청각적 단서에 크게 의존하는 방법을 배워야 한다. 상담 상황에서 시각장애 아동의 심리적 안정수준은 상담자의 래포 형성 노력에 영향을 미친다. 많은 시각장애 아동들은 구조화된 활동에 익숙하고, 특히 최초 회기가 대단히 구조화된 상황에서 더 안정적이 된다. 그러므로 상담 초기에는 아동의 자발적인 감정이 촉진되어야 하는 개방 형식보다는 질의응답 형식이 더 적절한 방법이 될 수 있다(장선철, 2005).

집단상담의 방법 역시 시각장애 아동에게 적용할 수 있다. 다만 시각장애 아동을 대상으로 하여 집단상담을 실시할 때는 시각장애 아동의 특성을 고려하여 적용해야 한다. 일반적으로 시각장애 아동들은 다른 사람과 동시에 말하는 것에 대한 두려움이 있기 때문에 집단 속에서 말하는 것에 저항을 한다. 또 집단상담을 진행하는 상담자의 입장에서도 내담자가 말을 하도록 촉진하는 비언어적 수단을 이용할 수 없을 때, 내담자의 침묵은 상담자에게 어려움이 될 수 있다. 이러한 문제를 해결하기 위해서는 집단원들이 오랫동안 침묵하지 않도록, 그리고 두 사람이 동시에 말을 하지 않도록 사전에 집단을 구조화하면 좋다.

이 밖에도 역할놀이, 또래 촉진(peer facilitation), 독서치료와 같은 대안적인 의사소통 방법을 언어적 상호작용을 늘리는 데 사용한다면 그 효과는 매우 커진다. 역할놀이는 시각장애 아동과 비장애 아동이 서로의 기본적인 감정과 생각을 이해하도록 서로가 그들의 반응에 행동하도록 한다. 독서치료는 허구적인 사람과 사실적인 사람을 확인하도록 하여 자아개념을 재구성하고, 시각장애라는 사실에 적응하도록 모든 연령의 아동에게 사용될 수 있는 방법이다(장선철, 2005).

2) 교육적 중재 방법

시각장애 아동 중에는 장애의 정도에 따라 학습이나 생활에 필요한 자료와 약간의 도움만으로도 정상적 활동을 할 수 있는 아동이 있는 반면, 전적으로 특수교사의 지도를 받아야 하는 아동도 있다. 그러므로 시각장애 아동을 지도하는 교사나 상담자는 그 아동의 장애정도를 고려하여 일반학교 또는 학급에서 통합교육을 할 것인지, 아니면 시각장애 아동만을 위한 학급이나 학교에서 특수교육을 할 것인지를 판단해야 한다. 다음은 시각장애 아동 지도 방법으로서 시각장애 아동을 위한 교육적 중재방안과 통합교육의 일반적 지침에 관해 살펴본 것이다.

(1) 시각장애 아동을 위한 교육적 중재 방안

시각장애 아동을 위해서는 언어지도, 방향성과 이동성 지도, 사회성 지도와 관련된 교육적 중재방법이 마련되고 제공되어야 한다. 다음은 여러 학자들의 견해를 중심으로 하여 이 세 가지 중재방법에 대해 구체적으로 살펴본 것이다.

① 언어 지도

시각장애 아동 역시 비장애 아동과 마찬가지로 언어지도는 읽기, 쓰기, 듣기 세 영역에서 이루어진다. 앞을 전혀 보지 못하는 맹아인 경우에는 점자가 이들의 문제가 되기 때문에 점자지도를 해야 한다. 현재 한국에서 사용하고 있는 점자는 한글 점자, 음악, 수학, 과학 기호에 해당되는 점자가 있다. 점자는 6개의 점의 위치 중 일부 또는 전부를 볼록 나오게 찍어서 문자나 기호를 표시하게 되어 있다. 점판과 점필을 이용하여 쓰기지도가 가능하고 점자판 외에 점자타자기에 의한 쓰기교육도 실시되고 있다. 점자는 흔히 집게손가락 끝으로 더듬어 읽기 때문에 잘 읽도록 하기 위해서는 손가락 끝으로 식별해 낼 수 있는 능력을 길러야 한다. 그래서 촉각 훈련이 필요하다(강갑원 등, 2008).

먼저 시각장애 아동의 읽기지도를 할 때 유의해야 할 점은 다음과 같다. 첫째, 읽기 발달 지체를 예방하기 위하여 많이 들려준다. 둘째, 많이 들려주는 것과 동시에 관련된 구체적인 사물을 설명해 주고, 만져보거나 조작해 보도록 한다. 셋째, 유아에게 특히 발음과 관련된 정확한 입모양과 정확한 발음에 대한 지도를 한다. 넷째, 저시력 유아의 읽기지도를 위하여 문자의 크기가 큰 자료를 제작한다. 다섯째, 저시력 유아는 직사광선 아래에서는 사물을 잘 보지 못하므로, 커튼을 치는 등 적절한 조치를 취한다. 여섯째, 가능하면 밝기조절이 가능한 조명시설을 한다. 시각장애 아동마다 적절한 밝기가 다르기 때문이다. 일곱째, 가급적 확대경, 저시력 교정 연습기, 저시력자용 확대 독서기 등의 광학기자재와 크림색의 윤이 나지 않는 면이 까칠한 종이와 굵고 진하게 나오는 연필을 준비한다(장선철, 2007).

쓰기지도는 점자 읽기지도와 동시에 이루어져야 한다. 우리나라에서는 점필과 점판으로 지도를 한다. 점을 찍을 때에는 위판과 아래 판 사이에 점자 찍는 종이를 넣고 점필로 오른쪽에서 왼쪽으로 찍어 나간다. 읽을 때에는 종이를 뒤집어 놓고 볼록 나온 실점을 왼쪽에서 오른쪽으로 읽어나간다. 아직 잔존시력이 있는 유아는 비장애아처럼 쓰기지도를 하면 된다. 시력이 나쁘기 때문에 크게 쓰게 하되 굵게 쓸 수 있는 연필이나 색연필을 사용한다. 전맹에 가깝더라도 최소한 문자 쓰기의 기술은 익히도록 지도하는 것이 그들의 미래생활을 준비하는 데에 도움이 된다. 이를 위하여 워드프로세서를 사용하는 것이 도움이 된다(강갑원 등, 2008).

한편 시각장애 아동에게는 점자뿐만 아니라 묵자교육도 필요하다 묵자란 점자와 대비되는 개념으로서 일반인들이 사용하는 글자를 말한다. 점자교육과 함께 묵자 워드프로세서의 사용법을 익히도록 지도함으로써 묵자의 읽기와 쓰기에 도움을 주어야 한다. 특히 일반학급에서 통합교육을 받고 있는 저시력 아동들에게는 묵자의 습득이 필수적이기 때문이다.

듣기지도는 시각장애 아동의 방향 정위 감각의 발달을 위해서도 꼭 필요하다. 시각장애 아동은 듣기지도를 받음으로써 음의 위치로써 자신을 둘러싼 환경을 이해할 수 있다. 시각장애 아동에게는 점자로 된 책을 읽는 것보다 동일한 내용으로 구성된 말하는 책을 듣고 이해하는 것이 더 빠르다. 그러므로 듣기지도는 읽기, 쓰기와 함께 시각장애 아동에게 지도해야 할 중요한 교육적 중재방안이다.

② 방향성과 이동성 지도

방향성(orientation)과 이동성(mobility) 훈련은 시각장애 아동 교육에 있어서 매우 중요한 관련서비스에 속한다. 방향성이란 결함이 없는 감각기관을 통해 자신과 주위 환경과의 관계를 이해하는 능력이며, 이동성이란 물리적 환경을 안전하고 독립적으로 다닐 수 있는 능력을 말하며, 가동성, 보행훈련이라고도 한다. 시각장애 아동의 이동과 보행에는 안내인을 이용하기, 따라가기(trailing), 안내견 사용, 흰 지팡이(cane) 사용, 전자보행기구 사용 등 다섯 가지 방법이 주로 사용된다. 이에 대해 좀더 구체적으로 살펴보면 다음과 같다(강갑원 등, 2008).

첫째, 안내인을 활용하는 보행이다. 시각장애 아동은 안내인의 팔꿈치 바로 윗부분을 잡고 안내인의 반보 정도 뒤에서 걸어간다. 이렇게 함으로써 근육감각적인 지각을 통해서 안내인의 움직임을 안전하게 따라갈 수 있다.

둘째, 따라가기를 이용하는 보행이다. 따라가기는 선반이나 벽 등을 편안하게 따라가는 표면과의 거리를 유지하며 팔을 뻗쳐 따라서 이동하는 방법이다.

셋째, 안내견을 이용하는 방법이다. 이는 안내견 훈련학교에서 약 6개월 동안 훈련을 받은 시각장애인 안내견의 도움을 받아 이동하는 방법이다. 안내견을 활용하는 시각장애인은 16세 이상이며, 개를 잘 돌볼 수 있어야 하고, 무엇보다도 좋은 방향성 능력이 있어야 한다. 안내견을 사용하더라도 방향을 잡는 것은 시각장애인 본인이기 때문이다.

넷째, 흰 지팡이를 이용하는 보행이다. 알루미늄으로 만들어진 흰 지팡이는 보행 보조기구로서 주위 환경을 탐색하거나 장애물과 접했을 때 충돌 대행을 하게 해준다. 시각장애 아동은 이 지팡이를 반원 모양으로 흔들며 앞에 어떤 장애물의 출현이나 보행 표면의 변화가 있는지 파악한다. 단, 위에 매달린 물체를 찾아내기가 어렵다는 단점이 있다.

다섯째, 전자보행 기구를 이용하는 보행이다. 전자기구 보행은 일정 거리 내에서 환경을 지각하기 위하여 전파를 발사하고 거기서 받은 정보가 처리되어 사용자에게 알려주는 전자기구를 사용하는 것이다. 레이저 지팡이, 안경이 달린 이어폰으로 전달해주는 음파안내기, 사용자의 허리에서 머리높이까지의 장애물에 대하여 청각과 촉각으로 작동하는 진로음향기, 사용자가 물체에 접근해 감에 따라 진동으로써 알려주는 감지기가 있다. 그러나 가격이 비싸고 훈련기간이 길다는 단점을 갖고 있다.

③ 사회성 지도

언어 지도, 이동성 지도와 함께 시각장애 아동에게 필요한 또 다른 중요한 교육적 중재는 사회성 지도이다. 시각장애 아동들은 일반 아동들이 시각적인 관찰을 통해 배우는 사회성 기술들을 구체적으로 습득하고 발달시켜야 한다. 구체적인 교육내용으로는 말이나 몸짓을 이용하여 인사를 먼저 하는 것, 얼굴 표정을 통해서 일반 친구들의 관심을 유지시키는 것, 적절한 신체 위치와 몸짓 사용하기, 손을 사용한 신호를 익히는 것, 다른 사람의 대화를 방해하지 않기, 부적절한 상동행동을 감소시키기 등을 들 수 있다. 이를 위해서는 구조화된 연습시간이 필요하며 다양하게 녹음된 역할놀이 상황을 사용하는 것도 좋다. 또한 시각장애 아동들은 최근 패션의 경향을 볼 수 없으므로 외모, 개인위생, 의복, 화장법 등에 관한 내용도 가르칠 필요가 있다. 또래교사나 짝을 잘 이용하여 사회적 상호작용 기술을 증진시키는 것도 좋은 방법이다(이소현, 박은혜, 2011).

(2) 통합교육을 위한 일반적 지침

① 학습 환경의 조성

이소현과 박은혜(2011)는 시각장애 아동을 위해서는 조명, 자리배치 등에 있어서 적절한 학습 환경을 제공하도록 배려할 필요가 있음을 강조하면서, 다음과 같은 지침을 제시하고 있다. 첫째, 점자타자기나 기타의 학습도구들을 놓을 수 있도록 책상이 충분히 넓어야 한다. 둘째, 독서대나 책상 표면의 각도 조절이 가능한 책상들을 이용해서 아동이 책을 가깝게 하여 보도록 해야 한다. 셋째, 저시력 아동을 조명이 반사되는 위치에 앉히지 않도록 한다. 넷째, 교수자료를 크게 확대 복사하여 준다. 다섯째, 교실에 익숙해질 때까지 탐색할 수 있도록 한다.

또 시각장애 아동이 자기 주변의 환경을 올바로 인식하는 방향정위와 안전하게 혼자 다닐 수 있는 이동성을 확립하도록 도와주어야 한다. 이를 위해서 시각장애 아동들이 다치지 않고 스스로 교실을 다닐 수 있도록 교실의 구조와 책상의 배치 등을 미리 알려주어야 한다. 또한 교실 곳곳을 데리고 다니며 책상이나 교탁의 위치 등을 알려주어야 하며, 적절한 자리를 배정해 주는 것도 중요하다.

이 외에도 교실의 밝기를 충분히 고려해야 한다. 교실의 일반적 밝기는 700룩스 정도를 유지하는 것이 좋다. 조명은 될 수 있는 한 교실 전체의 조도를 높이는 전체 조명 방식으로 한다. 그러나 저시력 아동은 읽기, 쓰기 등을 할 경우 책이나 공책과의 거리가 상당히 가까워야 하기 때문에 아무리 전체 조명을 밝게 하더라도 보는 대상이 어둡게 보이는 경우가 많으므로 부분 조명도 제공해야 한다(강갑원 등, 2008).

② 교수방법의 수정

일반학급에서 시각장애 아동의 통합교육을 위해 교수방법을 수정해야 하는 정도는 학생의 개인적 필요와 능력에 따라 매우 다양하다. 시각장애 아동에게는 점자, 녹음자료, 확대자료 등의 대안적인 교수자료의 활용이 필요하다. 일반적으로 저시력 아동에게는 18포인트 문자가 많이 사용된다(이해균, 1995). 이에 비해 비 장애 아동에게는 일반적으로 10-14포인트의 문자가 제공된다. 또 표나 그림은 단순화하여 제공하고, 복잡한 자료일 경우에는 분해하여 그것을 확대하여 제공한 후에 다시 종합하여 지도할 필요가 있다. 수학이나 사회, 과학을 지도할 때에는 확대 독서기나 광학기기를 사용할 수 있도록 준비하여 복잡한 것도 볼 수 있도록 해야 한다(강갑원 등, 2008).

교사는 시각장애 아동의 특성을 고려하여 가능한 한 일반아동과 동일한 교육경험을 제공하기 위한 노력이 요구된다. 이와 함께 시각장애학생이 사용할 수 있는 다양한 보조기기에 대한 지식도 숙지하여 적절히 지도해야 한다. 일반아동과 시각장애 아동들이 함께 할 수 있는 교육적 게임들을 이용하여 교육적 효과와 함께 사회적 상호작용 증진의 효과를 동시에 성취할 수도 있을 것이다.

③ 교수 보조도구의 선택과 수정

수업지도를 위한 보조도구/자료를 적절히 선택하고 수정하는 일은 효과적인 시각장애 아동 교육에 있어서 매우 중요한 부분이다. 시각적, 청각적, 촉각적 도구들을 다양하게 사용해 볼 수 있으며, 최근에는 컴퓨터 공학의 발달로 이러한 보조공학적인 도움을 받을 수 있다. 그러나 보조도구의 제공이 시각장애 아동 교육의 어려움을 모두 해소하는 것은 아님을 인식하고, 학생의 기능수준, 교육적 필요, 연령, 장단기 교육목표 등을 고려하여 최선의 보조도구와 자료를 제공하도록 노력해야 한다(이소현, 박은혜, 2011). 교수보조도구의 유형과 종류에는 다음과 같은 것이 있다.

- **시각적 보조도구:** 독서대, 사인펜, 큰 활자를 이용한 교재 등
- **촉각적 보조도구:** 점자도서, 점자타자기, 점판과 점필, 맹인용 주판, 촉각 그림 세트, 촉각지도와 지구본, 점자측정도구 등
- **청각적 보조자료:** 카세트 녹음기, 녹음도서 등
- **보조공학적 접근:** 음성합성기, 화면판독기, 독서기, 점자 프린터, 폐쇄회로 텔레비전, 화면확대 프로그램 등

2. 청각장애 아동 상담과 교육적 지도

1) 상담 방법

모든 유형의 장애 아동들 중에서 상담자가 상담하기를 가장 어려워하는 대상이 청각장애 아동이다. 일반적으로 상담은 주로 상담자와 내담자 간의 언어적 수단을 통한 의사소통을 통하여 이루어지기 때문에, 언어적 상호작용이 어렵거나 불가능한 청각장애 아동과의 상담은 상담자를 매우 곤혹스럽게 한다. 그렇다고 해서 청각장애 아동과의 상담이 불가능한 것은 결코 아니다. 청각장애 아동과의 적절한 대안적 의사소통 수단을 통한 상담은 얼마든지 가능하기 때문이다.

청각장애 아동들은 나는 누구인가, 왜 나는 말을 하지 못하는가, 남들은 왜 나를 친구로서 받아주지 않는가에 대해 끊임없이 질문과 고민을 반복한다. 이 같은 질문은 다른 사람들과의 사회적 관계 형성의 어려움으로부터 기인되는 자기 갈등을 반영하는 것이다. 또한 다른 방식의 언어를 사용한다는 이유만으로 자기 자신이 소외와 차별의 대상이 된다는 것에 분노와 격분을 느낀다. 이러한 분노는 때때로 공격적 행동을 통해 나타나고, 공격적 행동은 주변 사람들이 가지고 있는 편견을 강화시켜 주는 역할을 하게 된다. 이러한 악순환을 반복하면서 청각장애 아동들은 자신들만의 세계를 추구하고자 하는 심리적 특성을 갖게 된다. 그러므로 청각장애 아동이 또래 친구나 주변 인물들과 의미 있는 사회적 관계를 형성하도록 조력할 필요가 있다. 먼저, 상담자는 아동이 느끼는 심리적 소외감이나 분노에 대한 심리 상담을 제공할 필요가 있으며, 아동을 중심으로 지지적인 사회망이 형성되도록 체계적인 노력을 경주해야 한다(김동일 등, 2002).

대다수 농 아동은 선천적으로 또는 말이나 언어 사용을 학습하기 전에 청력 상실을 획득한다. 결과적으로 많은 농 아동들이 그들의 가족 외 사람들에게 쉽게 이해할 수 있는 방법으로 구어적으로 의사소통할 수 없다는 것이다. 이러한 어려움이 빈약한 읽기능력과 발달되지 못한 어휘를 나타나게 하고, 상담과정에 제한을 가져온다(조용태, 2001).

청각장애 아동 상담을 위해서는 내담자와의 적절한 의사소통 수단을 강구해야 한다. 청각장애 아동 상담상황에서 적용할 수 있는 대표적인 방법이 수화를 통한 상담과 문자를 통한 상담이다.

먼저 수화를 통한 방법은 상담뿐만 아니라 교육적 장면에서 더욱 일반화 되어 있다. 수화를 이용한 상담이 이루어지기 위해서는 상담자가 수화로 의사소통을 할 수 있는 능력을 갖추는 것이 가장 바람직하다. 이럴 경우에 상담자는 내담자와 직접적인 의사소통이 가능해지기 때문에 일반적으로 상담을 진행하는 데 큰 제약은 없다. 다만 수화가 갖는 어휘력의 한계를 보완하기 위해서는 비언어적인 의사소통을 함께 사용하는 것이 좋고 의사소통에 필요한 충분한 시간이 필요하다.

상담자가 수화를 활용할 수 없는 경우에는 수화통역사를 통한 수화통역 상담의 방법을 활용할 수 있다. 즉 상담 장면에서 상담자와 내담자 간에 이루어지는 대화를 수화통역사가 통역을 통하여 전달해 주면서 상담을 진행하는 방법이다. 이 경우에는 상담자와 내담자가 수화를 통해 직접적으로 상담을 진행하는 것에 비해 상담 시간이 오래 걸리고, 상담내용에 대한 비밀보장과 관련한 내담자의 우려가 높아질 수 있으며, 상담자와 내담자 간의 래포 형성이 어려울 수 있다. 그러나 청각장애 학생들을 대상으로 한 수화통역 상담의 사례를 분석한 송현종(2011)에 의하면, 상담내용에 대한 비밀보장과 래포 형성의 문제는 우려한 만큼 심각하지는 않는 것으로 나타났다. 대부분의 청각장애 아동들은 그들의 학교생활과 일상생활에서 이미 다양한 형태의 수화통역을 경험하고 있으며, 그런 만큼 수화통역사의 존재에 대한 별다른 거부감이 없이 그들을 비교적 자연스럽게 받아들이는 경향이 있다. 그러므로 수화통역사를 활용할 때, 다음과 같은 몇 가지의 사항을 유념하면 청각장애 아동 상담에 유용하게 활용할 수 있을 것으로 생각된다.

첫째, 수화통역사가 상담의 개념, 진행방식, 주요 상담용어에 대한 충분한 이해를 하고 있어야 한다.

둘째, 상담자뿐만 아니라 수화통역사도 상담의 비밀보장에 대한 의지가 확고해야 한다.

셋째, 상담자와 내담자는 서로 직접 보면서 이야기를 할 수 있는 시야에 가까이 앉아야 하고, 수화통역사는 상담자 측면에서 상담자보다 약간 뒤편에 앉는 것이 좋다.

넷째, 수화통역사가 아동의 옆에서 대화를 주도하는 것은 바람직하지 않다.

다섯째, 수화통역사는 가능한 한 내담자가 편안해 하고 신뢰할 수 있는 사람을 선정하는 것이 좋다. 다만 부모나 다른 사적인 관계에 있는 사람은 상담에 방해가 될 수 있기 때문에 피하는 것이 좋다.

여섯째, 수화통역 과정에서 불분명한 내용에 대해서는 반복적인 확인을 해야 한다.

다음으로 문자를 활용한 상담방법으로서 가장 적극적이고 유용한 것이 인터넷을 채팅을 활용한 상담이다. 인터넷 채팅 상담은 직접 수화를 할 수 없는 상담자가 내담자와 직접적으로 의사소통을 할 수 있는 방법이라는 점에서 매우 매력적이다. 그리고 수화통역을 활용한 상담에서 제기되었던 비밀보장과 래포 형성에 대한 우려가 많이 해소될 수 있다는 점도 장점이다. 다만 일반적으로 청각장애 아동들은 어휘력이 매우 부족하고, 사용하는 문장이 단순하며, 문장의 어순이 일반인이 사용하는 어순과는 달리 수화의 어순을 따르는 경우가 많다. 그러므로 인터넷 채팅을 활용하여 상담을 할 때는 청각장애 아동 내담자의 어휘력, 언어이해능력, 문장구사 능력을 충분히 고려해야 한다. 또 컴퓨터를 자주 사용해 본 경험이 많은 일부 청각장애 아동을 제외한 대부분의 청각장애 내담자의 타이핑 속도가 매우 느리기 때문에 이 점도 고려해야 한다.

결국 청각장애 아동에게 적극적으로 적용할 수 있는 대안적인 상담방법으로서 수화통역을 활용한 상담과 인터넷 채팅을 활용한 상담은 각각 장단점을 모두 갖고 있다. 그러므로 상담자는 청각장애 아동을 상담하는 상담자는 우선적으로 수화능력을 기르는 것이 중요하지만, 그렇지 못한 경우에는 내담자의 조건과 상담여건을 고려하여 수화통역이나 인터넷 채팅을 적절히 활용해야 할 것이다. 이러한 대안적인 방법이 있음에도 불구하고 의사소통의 어려움을 이유로 해서 청각장애 아동 상담을 회피하는 일이 있어서는 안 될 것이다.

2) 교육적 중재 방법

청각장애 아동을 위한 교육방법을 교육적 중재와 통합교육을 위한 일반적 지침으로 나누어 살펴보면 다음과 같다.

(1) 청각장애 아동을 위한 교육적 중재

청각장애 아동을 위한 특수교육적 중재방법에는 구화지도, 수화 및 지화지도, 종합적 의사소통법, 이중 언어 접근법이 있다.

① 구화지도

구화법이란 청능 훈련을 통한 듣기 기술의 개발을 전제로 하되, 독화와 듣기로 언어를 수용하고 발화로 표현하는 방법을 말한다. 구화의 장점은 일반인과 의사소통을 용이하게 하며, 읽기와 쓰기에 도움을 주고 사회적 적응과 통합에 도움을 준다는 데에 있다. 구화법의 구성요소로는 청능, 독화, 발화 세 가지가 있으며, 이를 좀 더 자세히 살펴보면 다음과 같다.

가. 청능 훈련

청능 훈련은 궁극적으로 청각의 활용능력을 향상시키기 위한 훈련이며, 의사소통 시 청각적 단서를 최대한 활용할 수 있도록 돕는 과정이라고 할 수 있다. 특수학교 교육과정상의 청능 훈련의 목표는 청력손실도와 상관없이 모든 청각장애 아동은 잔존 청력을 최대한 활용하여야 하며, 청각능력을 충분히 계발하여 의사소통 능력을 최대화하는 것이 일차적인 목표이다. 청능 훈련에서는 우선적으로 소리의 존재에 대한 인식을 갖게 하고, 두 번째 단계로 여러 가지 환경음을 변별하도록 하며, 마지막으로 말소리를 변별하도록 하는 것으로 진행된다.

청능 훈련을 계획할 때에는 무엇보다도 대상의 특성에 적합한 수준이어야 한다. 이러한 청능 훈련을 통하여 아동은 자발적인 발어량이 점차 증가되고, 일상적인 묻는 말에 대해 듣고 바르게 대답할 수 있으며, 듣기기술의 향상과 의사소통 능력을 최대화할 수 있다(고은 등, 2012).

나. 독화 지도

독화란 화자(말하는 사람)의 입술 움직임을 보고 무슨 말을 하는지 아는 것이다. 독화를 하기 위해서는 입술의 빠른 움직임을 파악할 수 있는 예민한 시지각 능력이 필요하다. 또한 어떤 말소리는 입술의 움직임으로 보이지 않을 뿐만 아니라(예: 학교의 ㅎ), 많은 말소리들의 입술 모양이 같아서 분별에 어려움을 겪을 수도 있다(예: 포도, 보도). 이와 같이 순수하게 입술 모양만으로 말소리를 판별하기 어려운 경우에는 전후 문맥에 근거해서 단어를 유추하게 된다. 따라서 잘못 알아들었을 때는 한두 단어만을 반복하기보다는 전체문장을 반복해 주는 것이 더 도움이 된다(이소현, 박은혜, 2011).

독화지도 방법은 단어부터 시작하여 문장, 문단 순으로 지도하는 종합적 접근법과 음운수준부터 지도하는 분석적 접근법이 있다. 지도형식에 따라서는 일상생활 속에서 아동과의 상호작용을 통해 지도하는 비형식적 학습과 체계적인 독화지도 프로그램을 사용하는 형식적 교수로 나눌 수 있다. 또한 주로 시각 기능에 의존하여 지도하는 단일감각 접근법과 시각뿐만 아니라 청각과 촉각의 활용을 강조하는 다감각에 의한 접근법이 있다. 예전에는 각각의 방법에 집중하였던 반면에, 최근에는 총체적 방법(다감각법, 아동의 가능성과 요구에 의한 자료), 컴퓨터와 영상자료를 이용한 독화지도방법, 그리고 말을 반복하고 단어 순서를 재구성하며 핵심어(key word)를 찾는 말 추적법을 사용하고 있다(고은 등, 2012).

다. 발성·발어 지도

청각장애 아동의 발성·발어지도는 음성언어를 통한 의사소통을 가능하게 하기 위한 것으로서, 청능 훈련, 독화 훈련과 더불어 매우 중요한 교육 영역이다. 청능 훈련과 독화훈련이

다른 사람들의 메시지나 사고를 전달받기 위한 수용적 측면이었다면, 발성·발어 훈련은 자신의 생각이나 의도를 구어를 통해 전달하는 것을 목표로 한다. 이 훈련에는 감각훈련, 호흡훈련, 조음훈련이 있다(고은 등, 2012).

첫째, 감각훈련은 시각과 촉각훈련, 그리고 다감각법을 중심으로 이루어진다. 시각, 청각, 촉각, 미각, 후각을 통해 사물의 개념을 익히도록 하고 다양한 경험을 갖도록 해주는 데 초점을 둔다.

둘째, 호흡훈련은 정상적인 목소리를 산출하기 위한 가장 기초적인 훈련이다. 들숨과 날숨의 조화가 깨어지거나, 필요 이상의 흡기로 인한 문제를 가지고 있는 경우에는 호흡훈련을 해주어야 한다. 호흡훈련은 독립적으로 이루어지기보다는 발성과 함께 해줄 때 효과가 높으므로, 항상 음의 산출과 함께 해주는 것이 좋다.

셋째, 조음훈련은 발어시의 구형이 과장되게 부자연스러운 것을 수정하고, 정조음을 산출하는데 목적을 둔다. 모음과 자음 지도에서는 촉감각적 조음점 지시법을 통해 조음점을 정확하게 인지하도록 한다거나, 시각적 기기를 이용하여 발성과 발어에 대한 흥미를 높이고, 발음 명료도를 높이는 훈련 등이 이루어질 수 있다.

② 수화 및 지화지도

수화법은 수화와 지문자를 함께 사용하는 것을 말하며, 수지법이라고도 한다. 청각장애아를 위한 수화지도와 지화지도에 대해 좀 더 자세히 살펴보면 다음과 같다.

가. 수화지도

수화(sign language)란 손, 몸짓, 얼굴표정 등을 이용하는 시각적·공간적 전달매체이다. 즉 몸으로 시연을 하거나, 모방을 하거나, 비슷한 손모양이나 동작을 하여 의미를 전달하는 방법이다. 그러나 수화는 대부분 구체적인 영상 형태가 아닌 추상적 형태로 표현된다. 그러므로 수화를 모르는 일반인이 청각장애인이 사용하는 수화의 의미를 이해하기는 어렵다(강갑원 등, 2008).

수화는 문법수화와 자연수화로 나눌 수 있다. 문법수화는 문장이 국어 문법에 맞게 표현되는 문법성 수화를 말한다. 자연수화는 청각장애인 사회에서 자연스럽게 형성된 수화로서 자체의 문법구조를 갖고 있으며, 마음에 생긴 관념의 순서에 따라 표현하는 방식이다. 학교에서 교사는 주로 문법수화를 많이 사용하지만, 청각장애인들은 일상적으로 자연수화를 많이 사용하는 경향이 있다.

수화를 할 때의 주의점

- 수화 동작의 범위는 가슴 앞에서 양 어깨를 기준으로 필요에 따라 큰 동작과 작은 동작으로 절도 있게 해야 한다.
- 지화를 쓸 경우 오른손을 사용하여 천천히 한 음절씩 또박또박 써야 하며, 손의 위치와 모양, 방향을 정확히 해야 한다.
- 수화를 처음 시작하게 될 때는 상대편의 손동작을 보게 되지만 차츰 수화가 익숙해짐에 따라 서로의 표정을 보며 대화하게 된다. 그렇기 때문에 수화에 있어서 가장 중요한 점은 자신의 의사 전달이 음성이 아닌 감정이라는 점을 주의하여 표정과 제스처를 풍부하게 표현해야 한다.
- 수화는 간단히 이야기하는 것이 상례이므로 윗사람과 대화를 할 경우에는 몸의 자세나 표정을 공손하게 하여 존대의 의미를 나타낸다.
- 수화는 조사가 대부분 생략되어 있으며 명사, 동사, 형용사, 관형사, 부사 등의 품사가 관여하지 않고 동일하게 사용되고 부사적 품사를 얼굴 표정 등으로 표현할 수 있다. 또한 과거형인 '했다', '먹었다' 등은 '끝'의 수화를 함께 사용함으로써 과거형이 되며, 어순이 도치되는 경우가 간혹 있다는 점을 알아둔다.
- 한 가지 수화가 여러 가지 뜻으로 사용되는 예가 많다.
- 단어와 문장에 알맞은 수화 표현이 없을 경우에는 지화를 사용하여 나타내거나, 적절한 수화로 의역하여 나타낸다.
- 청각장애인 중에는 어느 정도 들을 수 있거나, 구화를 할 수 있는 사람도 있기 때문에 수화를 사용할 때는 항상 말도 함께 하는 것이 바람직하다.

나. 지화지도

지문자(finger spelling)는 지화라고도 하며, 한 손으로 손가락의 위치를 다양하게 변화시켜 국어의 자모와 숫자를 표현한 것을 말한다. 한국의 지문자는 24개의 손 모양으로 자음과 모음을 나타낸다. 지문자는 보조적 수단이지만 지문자만으로도 의사소통을 가능하게 한다. 지문자의 조기지도가 구어의 습득에 결코 방해를 받지 않으며, 오히려 구화와 수화 습득에 도움을 준다는 것이 일반적인 견해이다(고은 등, 2012).

③ 종합적 의사소통법

종합적 의사소통법(Total Communication)은 구화법 이외에 수화, 지문자 등 모든 의사소통 수단을 사용하는 것을 말한다. 예를 들면, 손을 사용하는 의사소통과 독화와 잔존 청력을 통한 구화를 동시에 사용하는 것이다. 이는 구화법, 수화 및 지문자의 개별적 사용에 따른 한계를 극복하기 위하여 대두되었다. 종합적 의사소통법은 구체적 상황의 필요에 따라 적절한 양식을 선택적으로 활용하는 절충식 방법으로 오늘날 가장 널리 사용되고 있다. 그러나 구화와 수화를 모두 충분히 훈련받은 교사의 부족, 일반인의 언어와 문법을 중심으로 하는 각색된 수화주의의 출현이라는 비판, 학습에는 별로 도움이 되지 못한다는 점 등이 문제점으로 지적

된다.

④ 이중 언어·이중문화 접근법

이중 언어·이중문화 접근법(bilingual-bicultural method)은 수화(자연수화)를 청각장애 아동의 모국어로 인정하고 나중에 제2외국어로서 일반 언어(음성언어와 문자언어)를 도입하는 방법이다. 자연적인 수화습득을 인정하면서, 사회통합과 교육적 측면에서 이차언어 수용에도 적극적인 입장을 취한다. 또 청각장애인의 문화와 일반인들의 문화를 모두 습득하도록 해야 한다는 것이다. 이 방법은 청각장애인의 삶의 질을 보장하자는 인간주의의 패러다임에 기초한다. 교실에서 교수를 위한 일차 언어로 수화를 채택하여 가르치며, 청각장애 아동 중심의 교육, 사회, 문화를 인정하는 교육의 본질에 초점을 둔다. 청각장애 아동의 자아실현과 학업성취 및 언어발달의 정상화에 초점을 두고 있으며, 교육의 주체인 청각장애 아동의 욕구와 그들의 문화를 고려해야 한다는 점을 강조한다. 이 접근법의 목적은 청각장애 아동이 사고에 필요한 도구를 발달시키고, 다른 농인과의 관계를 통해 건강한 자아의식을 발달시키기 위해 강력한 시각적 일차 언어를 갖도록 하는 것이다. 따라서 지나치게 조기에 구어습득에 치중하는 것보다는 적절한 시기에 읽고 쓰는 능력을 배양하는 것을 더 강조한다.

(2) 통합교육을 위한 일반적 지침

청각장애 아동을 일반학급에서 일반아동과 함께 교육하는 통합교육을 위한 일반적인 지침을 학습환경의 조성과 교수방법의 수정으로 나누어 살펴보면 다음과 같다.

① 학습 환경의 조성

일반학급에 통합된 청각장애 아동들의 학습을 돕기 위하여 교사가 배려할 수 있는 점들을 살펴보면 다음과 같다(이소현, 박은혜, 2011).

- 청각장애 아동의 좌석은 소음으로부터 멀고, 교육활동이 진행되는 곳과 가까워야 한다.
- 청각장애 아동은 교사를 정면으로 바라볼 수 있도록 자리가 배치되어야 하며, 교사는 말할 때 청각장애 아동에게 등을 돌리는 일이 없도록 주의해야 한다. 또한 토론이나 다른 아동의 발표가 있을 때에는 청각장애 아동이 필요한 대로 자리를 옮겨 다니며 말하는 사람의 입을 볼 수 있어야 한다.
- 수화통역자가 교실에 있다면, 아동의 옆에 앉도록 한다.
- 말하는 사람이 빛을 등지고 서지 않도록 한다. 교사가 빛이 들어오는 창문 앞에 서서 말한다면, 청각장애 아동은 교사가 무슨 말을 하는지 입을 볼 수 없다.
- 교실 안팎의 소음을 가능한 한 줄인다. 보청기를 착용하고 있는 경우에는 말소리뿐 아니라 모든 소리가

크게 들리기 때문에 소음의 수준을 고려해야 한다.

- 식당이나 음악실 등으로부터 먼 교실을 택하고, 의자 다리 밑에 커버를 씌우거나, 가능하다면 카펫이나 커튼 등을 이용하여 소리를 흡수하도록 한다.
- 청각장애 아동의 나이가 어린 경우, 교실 내의 물건들에 이름을 써 붙여서 어휘 발달을 돕는다. 이러한 방법은 다른 일반 아동들의 읽기 능력을 발달시키는 데도 유익하다.
- 시각적 단서를 활용한다. 예를 들어서, 활동시간이 얼마나 남았는지를 구두로뿐만 아니라 시각적으로도 알려줄 수 있다.

② 교수방법의 수정

일반학급 교사들이 수화와 같이 특수한 기술에 익숙할 필요는 없지만, 청각장애 아동의 요구를 잘 파악할 수 있고, 청각장애 아동을 위해 교수방법을 고안할 수 있는 특수교육전문가들을 잘 알고 있는 것이 바람직하다. 청각장애 아동들을 위해서는 시각적 자료를 부가적으로 제시해주는 방법(예: 칠판에 과제물 적기, 노트 빌려주기 등)과 독화나 보청기를 통한 청음을 도울 수 있도록 주변 환경과 교사의 행동을 조절하는 방법(예: 소음 줄이기, 교사의 입이 가려지지 않도록 하기)이 있다. 독화나 청음이 불가능하거나 비효율적인 경우에는 수화 통역자가 필요하다(이소현, 박은혜, 2011).

3. 지적장애 아동 상담과 교육적 지도

1) 상담 방법

여기에서는 지적장애 아동을 위한 상담방법을 교육적 상담, 심리치료적 상담, 재활적 정신보건 상담으로 나누어 살펴보고자 한다. 먼저 교육상담은 김동일 등(2002), 장선철(2005), 조용태(2001)의 견해를 중심으로 하여 살펴보고, 심리치료적 상담은 김태련 등(2003)의 견해를 중심으로 살펴보며, 재활적 정신보건 상담은 Gardner 등(2004), 송영혜 등 역(2008)의 견해를 중심으로 하여 살펴보고자 한다.

(1) 교육적 상담

김동일 등(2002)은 지적장애나 자폐증과 같은 발달장애를 갖고 있는 아동 모두에게 조기교육의 제공이 중요함을 강조한다. 그러므로 상담자들은 이 아동들에게 조기교육 프로그램을 제공하기 위해 가족구성원들과 함께 중요한 역할을 수행할 수 있는 위치에 있어야 한다고 주장한다. 또 교육상담을 위해 상담자는 아동의 발달수준에 대한 정확한 정보를 알고 있어야 하며, 상담자가 관심을 가져야 할 사항으로 아동의 사회성 및 정서발달, 인지발달, 언어발달, 동작발달, 그리고 사회적 적응기능을 다음과 같이 제시하고 있다.

첫째, 사회성 및 정서에 관한 정보는 타인과의 사회적 상호작용 시 나타나는 행동양식과 아동의 정서적 상태를 포함하는 것으로서, 주로 아동의 행동관찰, 부모와의 면담, 아동과의 대화, 그림 그리기, 놀이 활동을 통해 얻을 수 있다.

둘째, 인지적 발달에 관한 정보는 지능검사를 통해 얻을 수 있는데, 이 때 전체 지능지수보다는 각 하위 영역별 아동의 수행결과에 더 많은 관심을 가져야 한다.

셋째, 언어발달에 관한 정보는 언어이해·인지력 검사와 같은 표준화된 언어형식 검사나 객체, 개념, 동작, 상태에 대한 그림검사를 통해 얻을 수 있다.

넷째, 동작발달에 관한 정보: 자신의 신체 부분을 구성하는 근육의 통제력을 점차로 획득해 나가는 과정으로, 이는 크게 대근육 운동발달과 소근육 운동발달로 나누어 볼 수 있다. 이는 행동관찰을 통해 가능한 한 빠른 시기에 아동에게 필요한 운동기능 향상을 위한 프로그램을 제공해야 할 것이다.

다섯째, 사회적 적응기능에 대한 정보: 자립, 대인관계 형성, 지역사회 구성원으로서 사회참여 등에 필요한 생활기능을 아동의 발달수준에 맞게 발달시키고 있는지에 대한 항목들을 포함한다. 이 같은 정보를 수집하기 위해 사회성숙도 검사를 사용할 수 있다.

이러한 영역들에 관한 아동의 발달을 돕기 위해서는 부모들이 교육 프로그램에 체계적으로 참여해야 하며, 교육 프로그램이 교육 센터와 같은 환경뿐만 아니라 가정에서도 이루어질 수 있도록 계획되어야 한다. 또 학령기에 있는 발달장애 아동을 위한 교육프로그램을 계획할 때에는 아동이 가지고 있는 발달장애의 심각성을 고려해야 한다. 경도의 지적장애를 가지고 있는 아동의 학습상담 시 아동이 성인이 되었을 때 독립된 생활을 하는데 필요한 학업 및 직업 기술이 무엇인가를 확인해 주고, 이를 개별화 교육 프로그램에 반영하도록 해야 한다. 또한 프로그램이 제공되는 동안 계속적인 확인이 이루어져야 한다.

중도의 지적장애를 가지고 있는 아동의 경우에는 기본적인 학습능력이 거의 없다고 볼 수 있다. 그러므로 이들에게는 이들이 기본적인 생활을 하는데 필요한 생활 기술들을 반복적 훈련을 통해 제공해야 한다. 이들에게 필요한 교육 프로그램은 주로 기능적 의사소통, 자기관리, 가정생활, 대인관계, 건강과 안전 같은 최소한의 삶의 질을 보장하기 위한 생활기능들을 주 내용으로 포함해야 할 것이다. 마찬가지로, 상담자들은 아동의 발달수준과 요구에 따라 개별화된 교육 프로그램을 개발하여 제공해야 하며, 아동의 발달 정도와 프로그램의 효과성에 대해 계속적인 평가 활동을 수행해야 한다.

지적장애나 자폐증을 가지고 있는 아동들은 사회적 놀이나 행사 참여를 통해 자신의 여가와 취미를 계발할 수 있는 기회와 환경이 제한되어 있는 것이 사실이다. 발달장애를 가지고 있는 청소년들은 대부분 사춘기를 거치면서 소극적인 성격 특성을 많이 나타내 보이며, 때로는 우울증과 같은 심리적 문제를 많이 나타내 보인다. 그러므로 발달장애를 가지고 있는 어린아동 뿐만 아니라 청소년, 그리고 나아가서 성인들에게도 일상적인 환경 속에서 사회성을 계발할 수 있는 체계적 프로그램이 제공되어야 한다(김동일 등, 2002).

이러한 맥락에서 볼 때, 지적장애 아동에게는 개인상담 기법보다 집단상담이 더 효과적일 수 있다. 적응행동의 문제는 일차적인 어려움이기 때문에 집단상황에서 사회적 행동을 연습할 수 있는 환경을 제공하여야 한다. 집단 장면의 다른 장점은 또래와 상호작용할 수 있는 기회와 또래에게 수용을 얻을 수 있으며, 문제에 대처하는 대안적인 방법도 개발할 수 있다(장선철, 2005, 조용태, 2001).

또한 지적장애 아동은 연령이 증가함에 따라 신체적, 인지적 특징으로 인해 자신이 남들로부터 차별적 대우를 받고 있다는 것을 인식하게 된다. 이들은 누적된 실패와 좌절감, 자신에 대한 사람들의 편견과 차별, 자신에게 주어지는 제한된 생활환경 및 경험으로 인하여 심각한 심리적 문제를 나타낼 수 있다. 이러한 문제를 해결할 수 있도록 도와주기 위해 생활상담 뿐만 아니라 심리 상담이 제공되어야 한다(김동일 등, 2002).

한편 지적장애 아동의 집단상담에 대한 많은 연구들은 비지시적 방법보다는 지시적 방법이 더 효과적임을 보여주고 있다. 상담자의 역할은 주제를 투입하고, 과제에서 집단이 이탈하지 못하게 하고, 참여를 촉구하고, 행동적 한계를 노출하는 것이다. 많은 경우에 상담자는 자신의 문제에 대처하려는 아동의 시도에 대해 지원과 격려를 제공하는 것과 동시에 특정 기능의 지도도 적극적으로 할 필요가 있다. 정신지체아동이 사회적 상황에서 적절하게 행동하는 방법을 학습하는 데 도움이 되는 효과적인 도구가 역할놀이이다. 언어적 기능에 크게 의존하지 않는 다른 기법으로는 가상 게임, 미술교육 또는 미술치료가 있다(장선철, 2005, 조용태, 2001).

일반적으로 지적장애 아동을 상담하는 상담자가 유념해야 할 사항은 다음과 같다(조용태, 2001).

첫째, 장애와 관련된 폭넓은 이해를 하고 있어야 하며, 내담자 아동의 인지적 수준에 대해 알고 있어야 한다.

둘째, 구체적 용어와 짧고 간단한 단어와 문장으로 말해야 한다. 예를 들어, "네가 다른 사람을 대하는 방법에 따라 다른 사람들이 너를 다루는 방법이 결정될 것이다."와 같은 말은 지적장애 아동에게는 너무 복잡하다. 이 말을 "네가 다른 사람을 좋아하면, 그들도 너를 좋아할 것이다."라고 하는 것이 더 좋다.

셋째, 다양한 언어적 방법과 비언어적 방법을 함께 사용할 수 있어야 하고, 그것에 친숙해야 한다.

넷째, 확실한 이해를 위해 자주 반복하고 명료화 기법을 자주 사용해야 한다. 구체적인 보조물을 사용하면 추상적인 개념을 다루기가 용이해진다.

다섯째, 유머 감각이 도움이 되며, 개인적이거나 상담과 직접 관련이 없는 질문이나 말에 대처할 수 있어야 한다.

여섯째, 집단상담을 하는 경우에는 집단 내에 어느 정도의 구조를 형성해야 하고, 고정된 행동과 시간 제한을 고수해야 한다. 과제 이탈행동은 친절하면서도 단호한 방법으로 대처해야 한다.

(2) 심리치료적 상담

최근까지도 지적장애 아동들은 제한된 이해력과 언어 능력, 약한 충동 통제력, 문제해결 상황에서의 수동성 때문에 심리치료가 적절하지 않은 것으로 여겨져서 종종 부모 상담이나 지역 내 자원탐색과 같은 환경조작(environmental manipulation)이 권고되었다. 그러나 여러 심리치료 기법들이 지적장애 아동들의 발달수준과 특수한 요구에 맞추어 적용되게 되었고, 경도 지적장애 아동들은 대화를 통한 심리치료도 가능하게 되었다. 또 놀이치료나 미술치료 같은 비언어적 기법들은 긴장이완과 자기표현 기능을 가능하게 하며, 언어적 기법은 느낌에 대한 명시화와 해석뿐만 아니라 확신이나 지지, 토의, 충고 등에 유용하게 사용될 수 있다. 그리고 지적장애 아동에게는 일반적으로 구조화된 상황에서 상담자/치료자가 주도하는 지시적 접근이 보다 유용하게 사용되고 있는 편이다(김태련 등, 2003).

행동수정 기법 역시 지적장애 아동들에게 많이 사용되는 상담방법이다. 조건형성의 원리와 같은 다양한 행동수정의 원리를 이용하여 바람직한 행동을 형성, 강화하고 바람직하지 않은 행동을 제거해 나가는 방법이다.

약물치료도 정신지체 아동에게 적용할 수 있지만, 약물 치료는 지적장애 아동의 지적 능력

자체를 증진시키는 데 목적이 있는 것이 아니라, 지적장애에 수반되는 장애(과잉행동증, 우울증, 자해, 상동행동, 불안, 수면장애 등)을 치료하는 데 목적이 있다.

(3) 재활적 정신보건 상담

지적장애를 겪고 있는 아동과 성인은 가족 구성원 및 동료들과의 대인관계, 문제행동, 자아존중감, 성애(sexuality), 직업 및 주거환경(성인의 경우)과 관련한 문제들을 많이 겪고 있는 것으로 밝혀졌다. 이 문제들은 크게 행동적 문제와 심리적 문제로 구분할 수 있다. 먼저 행동적 문제의 대표적인 예로는 언어적, 신체적 공격, 과도한 분열적 행동, 충동적 분열 또는 동요 증상, 관습적이고 강박적인 일과(routine), 과도한 부정, 자해행동, 성적 부적합 행위, 재산의 손상 등을 들 수 있다. 또 심리적인 문제로는 공포증, 불안, 지나친 분노와 수줍음, 낮은 자아존중감, 사회적 접촉의 회피, 흥분 등을 들 수 있다.

지적장애를 겪고 있는 아동과 성인들이 안고 있는 이러한 문제들을 해결하기 위해 그 동안의 상담방법은 주로 언어적 행동변화에 초점을 둔 인지·언어 중심적 접근법으로 특징지을 수 있다. 인지·언어 중심적 접근은 언어에 의한 상호작용과 인지처리 훈련이 내담자의 정서적, 사회적, 직업적 변화를 가져다 줄 수 있을 것으로 가정하고 있다. 그동안 지적장애 아동을 대상으로 하는 기존의 상담방식은 상담자와 내담자 사이의 언어적 상호작용에 의존하는 경향을 보여 왔다.

실제로 이러한 상담방식은 인지적으로 문제가 없는 사람들에게는 매우 효과적이다. 이들은 자신들의 심리적인 문제의 원인에 대한 인지적, 정서적 이해를 도모할 수 있을 만큼 충분한 동기를 보인다. 또 평균 이상의 인지적, 언어적 능력을 지닌 사람들은 인지적 대처나 문제해결 행동을 요하는 문제 상황에 처했을 때 정서적, 행동적 반응을 유도해 주는 인지적 정보를 성공적으로 활용해 본 경험을 갖고 있다. 따라서 이들은 상담이 종료되면 상담을 통해 새롭게 습득한 인지적 전략들을 상담실 밖의 미래의 실제 사건들에 성공적으로 적용할 수 있다.

그러나 이러한 인지·언어적 접근은 기본적으로 평균적인 언어능력과 인지능력을 지닌 사람들을 대상으로 하여 개발된 것이기 때문에 언어적 능력과 인지적 능력이 낮은 지적장애 아동이나 성인에게 그대로 적용하기는 어렵다. 지적장애가 있는 사람들이 가지고 있는 심각한 결함 중의 하나는 정서적, 비언어적 행동에 대한 적절한 언어적 통제가 어렵다는 점이다. 즉 지적장애 아동 내담자는 자신이 의도한 언어적 진술을 자신이 목적으로 하는 친사회적 대처

행동으로 전환시키는 데 곤란을 겪을 수 있다. 그러므로 인지·언어 중심적 접근법을 정신지체 아동 상담자에게 그대로 적용하기는 어렵다. 특히 상담실의 상황과 실제 상황들 간의 차이는 지적장애 아동들이 인지·언어적 전략들을 적용하는 데 어려움을 갖게 한다.

언어적 행동변화와 실제적 행동변화를 연구한 Brodsky(1967, 송영혜 등, 2008 재인용)의 연구결과는 언어행동의 변화에 주안점을 두는 상담이 장애인의 행동변화에 별다른 효과가 없음을 보여준다. 다시 말해서 언어적 행동변화는 언어적 묘사가 나타내는 명백한 행동변화를 가져오지 못했다. 반면에, 상담현장에서 강화체계를 활용하여 동료와의 사회적 행동을 간화하면 오히려 자연적인 사회 환경 속에서 사회적 상호작용과 친사회적 언어행동이 증가하는 것으로 나타났다. 이 외에도 상담실 중심의 상담기법들이 정신지체 아동과 같은 지적장애인 내담자의 행동수정에 거의 효과가 없다고 지적한 연구결과는 많다(송영혜 등, 2008). 상담을 통해 습득한 통찰력이나 새로운 인지적 이해는 상담실과 판이한 특징을 지닌 미래의 다른 행동의 변화에는 별다른 영향을 미치지 못함을 알 수 있다. 결국, 상담의 초점을 언어적 행동이나 통찰력에 두는 인지·언어적 접근법과 상담실 중심의 접근법을 정신지체 아동의 상담에 그대로 적용하기는 어렵다.

지적장애 아동 상담을 위해 전통적인 인지·언어 중심 상담 접근법을 대치할 수 있는 하나의 대안이 곧 재활적(rehabilitative) 정신보건 상담이다. 이 접근법은 전통적 상담에서 중시하는 인지적 특성과 관계성의 특성들을 포괄적 도식(scheme)으로 통합하는 것이다. 결함, 병리, 비정상, 신경장애, 제한점에 중점을 두는 대신에, 재활적 정신보건 상담은 상호 연관되어 있는 인지적, 정서적, 행동적 능력들(competencies)의 개인적 3자 관계의 강화를 중시한다. 상담자는 단순히 병리적 행동(예, 공격성), 감정 상태(예, 과도한 불안, 열등감), 인지(자기 자신에 대한 부정적 사고를 반영하는 잘못된 신념이나 자기진술)만을 제거하려는 것이 아니다. 오히려 상담과 치료는 일탈된 사고, 정서, 행동에 대한 대처능력으로서의 구체적인 대안 제시에 주된 목적을 둔다. 이러한 대처능력의 예로는 불안 감소를 위한 자기 주도적 극복 전략, 공격성을 대체하는 친사회적 대안, 자기 주도적인 긍정적 정서를 가져올 수 있는 인지적 반응 등을 들 수 있다(송영혜 등, 2008).

재활적 정신보건 상담 방법은 상호 연관되어 있는 인지, 정서, 행동적 요소의 변화를 촉진하도록 만들어진 보다 직접적인 교수방법을 주된 특징으로 한다. 이 접근법은 까다로운 사고, 행동 혹은 정서를 변화시키려는 시도보다는 모든 것들이 긴밀히 관련되어 있다고 보고, 치료의 대상이 되는 일련의 상호 연관된 조건들을 구성한다. 그러므로 인지, 정서, 행동의 상호의존적 세 요소는 중재의 초점이 된다. 상담자는 이 세 요소 간의 상호작용적 관계에 주목해야 하며, 내담자의 개인적 특성의 역동적 복합성을 추구해야 한다. 이 세 요소 중에서 한 요소의 변화가 자동적으로 다른 요소들의 변화로 이어지고, 이는 다시 장래의 상황에 자동적으로 적용될 수 있을 것이라고 가정하기는 어렵다. 그러므로 문제 상황에 대한 성공적 대처 직후에 내담자에게 향후 가장 유사한 상황에서 활용할 수 있는 인지적, 정서적, 행동적 요소를 포함하는 문제해결 및 극복 기술을 가르쳐야 한다. 따라서 다양한 개인이나 집단에 제공되는 상담 치료 방법의 구체적 조합은 활용된 치료과정의 구체적 배열에 따라 달라진다.

상담의 목표를 달성하기 위해 대화치료는 일련의 행동 중심적 기술 훈련 및 리허설 치료들과 병행하여 활용된다. 상담자는 정신지체아동과 같은 지적장애인 내담자에게 치료효과를 보인 것으로 나타난 경험적 자료에 기초하여 인지적 또는 인지행동 상담 전략, 사회학습, 관계 발달, 정서 향상 등의 폭넓은 선택지를 갖게 된다. 이와 관련된 상담전략들에는 분노 관리 및 관련 정서 재훈련, 공황 통제 치료, 자기조절 훈련, 사회적 기술 훈련, 자기주장 훈련, 대인관계상의 갈등 해소에 필요한 기술 훈련, 공감대 개발 및 형성 훈련, 사회적 문제해결 전략, 인지 재훈련, 행동 수정, 정서 둔감화, 바이오피드백 방법 등이 있다(송영혜 등, 2008).

2) 교육적 중재 방법

지적장애 아동을 위한 교육방법을 교육적 중재와 통합교육을 위한 일반적 지침으로 나누어 살펴보면 다음과 같다.

(1) 지적장애 아동을 위한 교육적 중재 방안

① 교육적 지도 내용

지적장애 아동이 일상생활을 해나가도록 돕기 위해서는 이에 필요한 실제적인 기술을 지도할 필요가 있다. 고은 등(2012)과 이소현과 박은혜(2011)의 견해를 중심으로 하여, 정신지체 아동들에게 필요한 구체적인 교육적 지도 내용들을 살펴보면 다음과 같다.

첫째, 학습준비 기술(readiness skill)을 지도할 필요가 있다. 학습준비 기술의 습득을 위한 지도는 특히 저학년에서 중요시 된다. 학습준비 기술이란 실제 학업교과를 배우기 위해 갖추어져야 할 기술들을 말한다. 예를 들면, 자리에서 일어나지 않고 앉아서 교사에게 집중하기, 지시 따르기, 시각적 자극과 청각적 자극을 변별하기, 언어발달, 근육협응 능력(연필 쥐기,

가위질하기 등), 자조기술(단추 채우고 풀기, 화장실 가기 등), 집단상황에서 또래와 상호작용하기 등이 포함된다. 각 정신지체 아동마다의 부족한 학습준비 기술을 파악하여, 어떻게 효과적으로 이를 가르칠 것인가를 계획하고 실행해야 한다.

둘째, 기능적 학업기술(functional academics)을 지도해야 한다. 이는 특히 고학년의 정신지체 아동의 지도에서 중요시 된다. 기능적 학업기술이란 실생활에 관련이 깊은 기능적인 내용의 학업기술을 말한다. 일반 아동들이 다른 교과내용을 잘 습득하기 위하여 읽기를 배운다면, 정신지체 아동은 실생활에서 독립적으로 기능하기 위해 읽기를 배운다. 신문을 본다거나, 전화번호부를 이용한다거나, 지원서를 작성하는 등의 일을 직접 할 수 있기 위해서이다.

지적장애 아동에게 기능적 학업기술을 가르치는 이유는 다음 두 가지이다. 하나는 이들이 학습하는 데 오랜 시간이 걸리므로 제한된 주어진 시간에 미래생활에 가장 필요하고 또 학습이 가능한 수준의 내용을 가르치고자 하는 것이다. 다른 하나는 이들의 일반화 능력에 제한이 있는 경우가 많으므로, 교과서만으로 학습하기보다는 실생활에 적용하는 교수방법을 통하여 일반화를 촉진시키고자 하는 것이다.

기능적 학업기술을 가르치는 데에는 크게 두 가지 접근이 제시되고 있다. 하나는 단원 혹은 주제별 접근이다. 생활주제를 선택하고 관련된 기초기술들을 제시한 후 주제와 관련된 기초기술의 연습기회를 제공하는 방법이다. 또 다른 하나는 읽기, 쓰기, 셈하기 등의 학업기술들을 각각 가르친 후 이들을 실생활에서 적용시켜 기능적으로 연습할 수 있도록 기능적 연습활동을 제공하는 방법이다

셋째, 구체적인 독립생활 기술을 지도해야 한다. 독립생활 기술에는 개인위생, 용변처리, 옷 입기, 가정생활, 개인 이동 등이 포함된다. 어떤 독립생활 기술들은 구체적으로 가르쳐야 하고, 어떤 기술들은 강화를 해줄 필요가 있다.

넷째, 독립적인 이동 방법을 지도해야 한다. 지적장애 아동이 다양한 장소들을 찾을 수 있게 하고, 그 장소를 오고 가는 데 이용할 수 있는 어떠한 운송체제도 이용할 수 있게 하는 독립생활 기술을 가르칠 필요가 있다. 특히 지역사회 안에서의 이동기술은 지적장애 아동의 생활기능의 향상과 직업기능을 지도하기 위한 기초적인 자원이다.

다섯째, 의사소통 기술을 지도해야 한다. 지적장애 아동은 언어를 대체·생략·왜곡 등 조음에서의 어려움이 있거나, 비정상적인 소리의 높이나 목소리 강도 등의 음성장애를 갖는 경우가 많다. 또 지체된 언어나 상황에 적절하지 않은 어휘를 사용하는 언어장애의 문제를 보이는 경우가 많다. 중도 지적장애 아동의 경우에는 기본적인 의사소통에 어려움을 겪는다.

여섯째, 사회적 상호작용 및 대인관계를 지도해야 한다. 많은 지적장애 아동은 사회적 상호작용 및 대인관계를 향상시키기 위한 지도를 필요로 한다. 사회성 기술은 사람들을 서로 연결해 주는 구체적인 행동들로서, 여기에는 상호작용 또는 대화의 시작, 시작에 대한 반응, 상호작용의 지속, 사회적 상호작용의 종료 등이 포함된다.

일곱째, 전환 및 지역사회 생활기술을 지도해야 한다. 유치원에서 초등학교로, 초등학교에서 중등학교로, 학교에서 직업 또는 지역사회로 진급·진출하는 데에는 전환교육을 통하여 필요한 기술을 습득해야 한다. 또 지역사회에서 생활하는 데 필요한 구체적인 생활기술들을 지도할 필요가 있다.

② 지도상의 유의사항

지적장애 아동을 교육하고 지도할 때 유의해야 할 점을 박상희 등(2006)의 견해를 중심으로 하여 제시하면 다음과 같다.

첫째, 개인차를 고려해야 한다. 지적장애 아동은 개인 간 그리고 개인 내의 차이가 심하므로 개인차를 고려한 교육 프로그램을 설정해야 하며, 기능의 발달 상태가 고르지 못한 점을 점검하여 장점은 더욱 강화하고 단점은 보완시켜 나가야 한다.

둘째, 적절한 교구·교재를 활용해야 한다. 지적장애 아동에게는 구체적이고 직접적인 교구나 교재의 활용 없이는 학습의 성과를 기대하기가 어려우므로, 교재 개발은 교사의 가장 큰 과제 중의 하나이다. 아동의 흥미, 관심도, 성공감 등을 고려하여 교육 목표에 적합한 교재를 만들어 적절한 시기에 제시하고 학습을 촉진시켜야 한다. 추상적이고 개념적인 교재보다 구체적이고 다양하며, 아동 개개인의 흥미를 유발할 수 있는 것으로 이루어져야 한다.

셋째, 반복적인 지도가 필요하다. 정신지체 아동은 전반적으로 단기기억이나 인지력이 떨어지므로 한 가지 지식이나 기능을 자신의 생활 속에 정착시키는 능력이 약하며 새로운 경험을 습득하거나 이를 적응시키는 능력도 뒤떨어진다. 따라서 여러 번의 반복학습이 요구되며, 지나친 반복을 통해 흥미를 잃지 않도록 다양한 프로그램을 개발하여야 한다.

넷째, 개별적인 지도가 중요하다. 지적장애 아동은 성장과정에서 정신적·정서적 상처로 인해 부정적인 성향을 갖는 경우가 많으므로, 정신위생과 심리치료적인 입장에서 특히 교사와의 올바른 관계 형성이 아동 교육 수행력에 큰 영향을 미치므로 정서적·심리적 지지가 매우 필요하다.

다섯째, 소집단 활동이 중요시되어야 한다. 7명~10명의 소집단 활동을 통해 아동은 또래

내에서의 자연스러운 활동을 하게 되고, 또한 또래를 통해 바람직한 모방학습도 가능하다.

여섯째, 신체적 활동을 중심으로 한다. 일상생활과 직결된 구체적이며 직접적인 사항을 감각이나 행동을 통해 통합적으로 체험시키는 방법을 이용해야 한다. 즉, 온몸이나 손을 이용하여 직접 느껴보게 하는 학습 방법이나 직접 보고 만져보는 등 학습현장에서 항상 실제적이고 구체적인 학습이 이루어져야 습득 범위가 넓어지며, 학습이 오래 지속될 수 있다.

일곱째, 단계적 지도가 필요하다. 지적장애 아동은 적응력이나 학습능력이 낮기 때문에 한꺼번에 많은 양의 내용을 습득하는 데 어려움이 있다. 따라서 교육 프로그램을 단계적으로 나누어 제시하여야 한다. 단계 형성이 합리적이고 체계적일수록 쉽게 성취할 수 있다. 또한 학습된 프로그램과 다음 프로그램 사이에 공통된 내용을 가지고 있으면 학습전이가 쉽게 이루어지므로 모든 프로그램 간의 연관성이 있어야 한다.

여덟째, 가정과의 연계지도가 이루어져야 한다. 신변자립 등 좋은 생활습관을 중심으로 한 사회생활 능력의 향상을 위해서는 부모의 참여와 노력이 없이는 긍정적인 효과를 기대할 수 없다. 그러므로 부모의 참여와 가정과의 연계지도에 노력해야 한다.

이 외에도 아동의 자주성과 자발성을 중시하고, 기초적인 자조 훈련에 초점을 두고, 적절한 수준의 언어를 사용하고, 필요에 따라서는 교사 주도적인 지도방법 등도 고려할 필요가 있다.

③ 중도 지적장애 아동을 위한 교육적 접근

중도 지적장애 아동의 경우에는 지적장애와 함께 지체장애, 감각장애, 심한 행동장애 등을 수반하는 중복장애로 나타나는 경우가 많기 때문에 일반적인 지도방법을 말하기 어렵다. 이들의 지도를 위해서는 각 개인의 장애유형과 정도를 고려한 개별지도방법이 수립되어 실행되어야 할 것이다. 중도 지적장애 아동들을 위한 교육 프로그램이 갖추어야 할 요소들을 이소현과 박은혜(2011)의 견해를 중심으로 하여 살펴보면 다음과 같다.

첫째, 생활연령에 적합한 교육과정과 교수자료를 활용하여야 한다. 중도 지적장애 아동들은 생활연령과 정신연령 간의 격차가 크다. 이러한 격차는 생활연령이 높아질수록 더 커지기 때문에 정신연령만을 고려하여 교과과정이나 교수자료를 계획하다 보면 자칫 생활연령에 맞지 않게 너무 어린 아이에게나 어울리는 교수활동이 되기 쉽다. 그러므로 생활연령에 적합한 교육과정과 교수자료를 제작하여 활용하여야 한다.

둘째, 기능적 활동을 활용해야 한다. 중도 지적장애 아동을 위한 교육의 가장 큰 목표는 독립적인 성인으로 생활하도록 하는 것이므로, 교육도 실제적인 활동으로 계획하는 것이 바람직하다. 예를 들면, 인형에게 옷을 입혀보는 것보다는 직접 자신의 옷을 가지고 배우는 연습을 하는 것이 더 효과적이다. 이와 같이 여러 일상생활의 활동들을 직접 교육활동으로 삼을 수 있으며, 이는 중도 정신지체 아동의 학교생활에서 학업적인 것 이외의 생활훈련의 중요성을 말해준다. 중도 지적장애 아동들 중에서도 읽기나 쓰기 같은 학업교과를 어느 정도 습득할 수 있는 학생들이 있다. 그러나 대부분 학습에 많은 시간이 소요되기 때문에 이를 감안하여 그들에게 꼭 필요한, 그리고 그들이 배울 수 있는 것들을 잘 선정하여 지도해야 한다.

셋째, 지역사회 중심의 교수가 필요하다. 기능적인 기술을 가르쳐야 한다는 것과 같은 맥락에서 가능한 한 지역사회에서 직접 교육이 이루어지도록 하는 것이 좋다. 중도 지적장애 아동들이 필요로 하는 기술들이 대부분 교실이 아닌 지역사회 환경에서 사용하는 기술들이기 때문에 교실 내에서보다는 직접 지역사회 환경에서 가르치는 것이 더 효과적이기 때문이다. 교실에서 지역사회에서의 교수를 대신하거나 준비하기 위해 모의환경을 구성하여 수업을 할 수도 있으나, 모의환경 교수가 특히 필요할 때를 제외하고는 지역사회에서의 직접적인 경험이 기술의 습득이나 일반화 모두에 더 도움이 된다.

넷째, 통합된 치료가 제공되어야 한다. 중도 지적장애 아동들 중에는 중복장애를 가지고 있는 경우가 많기 때문에 언어치료, 물리치료, 작업치료 등과 같은 여러 전문가들로부터의 도움을 많이 필요로 한다. 과거에는 여러 전문가들 간의 협력을 강조하면서도 실제로는 각 전문가가 아동을 개별적으로 치료하고, 회의 때만 만나는 협력이 주로 이루어졌다. 그러나 최근에는 기능적 접근이 강조되면서 좀 더 교육현장을 중심으로 한 통합된 초학문적 팀(transdisciplinary team)의 협력이 강조되고 있다. 이러한 모델에서는 교실에서 필요할 때마다 학생을 치료실로 데리고 나가는 것이 아니라, 교실을 포함한 학교 내의 생활에 치료를 통합시키도록 노력한다. 이러한 모델에서도 치료 목표가 약해지거나 달라지는 것이 아니라 단지 치료 방법이 기능적인 학교생활 장소에서 자연스럽게 이루어지도록 하는 것이다.

다섯째, 일반아동들과의 상호작용을 촉진해야 한다. 중도 지적장애 아동과 일반 아동들과의 상호작용은 양쪽 모두에게 바람직한 영향을 주는 것으로 보고되고 있다.

여섯째, 가족 참여를 촉진해야 한다. 중도 지적장애 아동의 경우에는 특히 가족들의 참여가 중요한데, 이는 그들이 배우는 기술들 중에 가정환경에서 적용되는 것이 많기 때문이다. 가르칠 기술의 선정에서부터 기술수행의 일반화에 이르기까지 가족들이 적극적으로 개입하고 보조할 때 장애 아동의 학습은 훨씬 효과적으로 이루어질 수 있다. 즉, 중도 장애 아동에게 가르칠 교육내용이나 기술을 선정할 때에도 가족의 의견이 반영될 때 아동과 가족의 필요에 맞는 기술들을 잘 선정할 수 있으며, 학교에서의 교수가 가정으로까지 이어질 때 기술 습득은 물론 일반화도 촉진할 수 있다. 가족들은 수시로 혹은 개별화교육계획 회의 등에서 아동의 진보에 관하여 정보를 제공하고 나아가서는 교실의 보조원 역할 등을 함으로써 아동의 교육에 다각적으로 참여할 수 있다.

(2) 통합교육을 위한 일반적 지침

일반 학급에서 지적장애 아동의 성공적인 통합교육을 위해서는 학교에서 다음과 같은 세 가지의 노력을 해야 한다. 첫째, 지적장애 학생이 들어오기 전에 일반 아동들에게 적절한 오리엔테이션을 해서 정신지체 아동이 또래들 사이에서 소외되지 않고 잘 수용될 수 있는 기초를 만들어야 한다. 즉 장애 아동의 사회적 통합을 위한 노력이 필요하다.

둘째, 지적장애 아동의 문제행동에 대한 적절한 대처가 필요하다. 문제행동을 단순히 '지적장애 때문'이라고 규정하지 말고, 그러한 행동을 하는 원인을 아동의 입장에서 체계적으로 분석하고 찾아서 해결하고자 하는 노력을 해야 한다.

셋째, 개별화교육계획(IEP)에 의한 학습지도를 해야 한다. 지적장애 아동의 장애의 정도와 특성에 따른 교육적 필요를 잘 파악하여 학습지도를 해야 한다. 장애의 정도가 심한 경우에는 일상생활 중심의 교육과정을 운영할 수도 있다. 중요한 것은 단순한 물리적 통합이 아닌 적절한 학업적 통합을 위한 계획이 준비되고 실행되어야 한다는 점이다.

4. 지체 및 건강장애 아동 상담과 교육적 지도

1) 상담 방법

(1) 지체장애 아동 상담에서의 고려 사항

지체장애(건강장애 포함) 아동 상담과정에서 나타나는 주요 문제점은 내담자의 동기 저하로 인한 수동적 역할, 장애로 인한 정서적 문제(우울과 무기력), 장애에 대한 적응 및 대처능력 부족, 상담에 대한 비현실적인 목표 등이다.

대부분의 다른 유형의 장애 아동과 마찬가지로 지체장애 아동은 타인에 대한 의존성이 높고, 이로 인해 상담과정에서도 변화에 대한 동기와 의지가 부족하고 자발적이고 능동적인 역할이 부족하다. 그러므로 상담자는 상담의 초기단계에서 내담자의 동기를 북돋우는 노력이 필요하다.

지체장애인이 전반적으로 비장애인에 비해 심각한 우울을 경험할 가능성이 높다는 점은 여러 연구에서 지적되었다. 박상희 등(2006)은 지체장애인들이 비장애인들에 비해 심각한 우울을 경험할 확률이 네 배가량 높다는 점을 발견하였다. Berven, Habeck, Malec(1985)는 지체장애인들 중에서 약 40%는 우울증에 걸릴 가능성이 높으며, 약 20% 정도는 실제로 심각한 성격 와해를 경험할 수 있다고 하였다(송영혜 등, 2008 재인용).

다른 유형의 장애에 비해 눈에 쉽게 띄는 지체장애는 상대적으로 낙인(stigma)에 노출될 위험이 더 높고, 그만큼 우울을 비롯한 심리적 부적응의 위험성이 높다고 할 수 있다. 특히 갑작스럽게 지체장애를 경험하게 된 내담자는 선천성 장애나 잠행성 장애를 지닌 내담자에게서 이러한 경향은 더욱 두드러진다. 그런 면에서 지체장애 아동을 상담하는 상담자는 내담자의 장애의 발생 시기나 가시성(외부 노출 가능성) 여부를 늘 유념할 필요가 있다. 그리고 내담자의 우울증 발생 가능성에 항상 주의를 기울이면서 우울을 비롯한 여러 가지 심리적 문제에 대한 중재를 준비해야 한다.

지체장애 아동 상담에서 나타나는 또 다른 문제는 상담에 대한 내담자의 비현실적인 목표이다. 지체장애를 가지고 있는 아동들은 초기에 정상적인 신체를 갖고 싶어 하는 심리적 갈망을 가지고 있으며, 자신의 현재 장애가 곧 사라질 것이라고 믿는다. 그리고 상담과정을 통하여 이러한 자신의 목표가 실현될 것이라는 비현실적인 기대를 가질 수 있다. 그러므로 상담자는 상담의 효과와 한계에 대한 내담자의 이해를 제고시킴으로써 내담자와 함께 현실적인 상담 목표를 수립하도록 노력해야 한다.

(2) 상담 방법

지체장애 아동의 상담에서 상담자는 모든 기관, 전문가, 부모, 기타 다른 사람이 함께 활동하도록 해야 한다. 서비스를 조정하고, 물리적인 환경을 다시 정리하고, 장벽과 불편함을 제거하고, 특별한 장비와 자료를 확보하는 것이 상담에서 지체장애 아동의 요구에 부합되는 첫 번째 단계가 된다(조용태, 2001).

지체장애를 갖고 있는 아동들은 초기에 정상적인 신체를 가지고 싶어 하는 심리적 갈망을 가지고 있으며, 자신의 현재 장애가 곧 사라질 것이라고 믿는다. 이는 정상적인 것으로 생각할 수 있지만 이것이 지나친 집착과 심리적 우울 증상으로 심화되는 경우 문제가 될 수 있다. 그러므로 상담자들은 아동과의 상담을 통해 아동이 자신이 가지고 있는 신체장애로 인해 기인되는 한계를 인정할 수 있도록 해야 하며, 신체장애에도 불구하고 아동이 가지고 있는 장점과 능력을 찾을 수 있도록 조력해야 한다. 나아가서 자신의 삶을 자기 자신이 계획하고 이끌어 나가야 한다는 주인의 식을 갖도록 체계적으로 도와주는 것이 필요하다.

또한 지체장애 아동은 일반아동과 적절한 사회적 관계를 형성하고 싶어 한다. 하지만 연구결과들은 지체장애 아동이 협동하기, 공유하기, 인사하기, 칭찬하기 등 사회적 상호작용을 위해 필요한 기술이 부족한 것으로 보고하고 있다. 상담자는 이 때 아동에게 필요한 사회적 기술이 무엇이고, 어떤 사회적 기술을 아동이 갖추고 있지 못한가에 대해 체계적인 분석과 도움을 제공해야 할 것이다. 이와 함께 일반아동이 가지고 있는 장애에 대한 편견을 없앨 수 있는 프로그램을 일반아동에게 함께 제공할 필요가 있다.

또래 일반아동과 교사, 부모, 사회가 지체장애 아동을 어떻게 보느냐가 아동이 자기개념을 형성하는데 중요한 역할을 수행한다. 만일 일반아동이 장애 아동을 두려움, 거부, 차별의 대상으로 본다면, 장애 아동은 자신의 장애를 부인하게 되고, 자신과 사회에 대해 분노와 좌절을 경험하게 될 수 있다. 이와 달리 사회가 장애 아동을 연민과 도움의 대상으로 대할 때에는 의존적인 형태로 행동하게 되며 자기 자신에 대해 항상 낮은 자기개념을 갖게 될 것이다. 마지막으로 사회가 장애 아동을 같은 한 인간으로 대한다면, 장애 아동은 사회의 한 구성원으로서 독립적이고 생산적인 모습을 가지고 살아갈 것이다. 그러므로 더불어 사는 사회를 만들기 위해서는 장애 아동을 먼저 변화시키려고 노력하기보다 일반아동과 함께 변화를 도모하는 것이 현실적인 측면에서도 더 의의가 있을 것이다(김동일 등, 2002).

이런 관점은 소위 신체심리학(body psychology)에서 강조하는 것과 일맥상통한다. 신체심리학자들은 장애가 내담자의 생애공간 속에서 타인에게 하나의 자극으로 작용할 수 있다고 본다. 그러므로 일찍이 Dembo(1964)가 인사이더라고 명명한 내담자의 관점과 아웃사이더라고 부른 비장애인들의 관점을 다함께 고려해야 한다. 상담자는 상담과정에서 내담자가 보유한 가치의 중요성과 장애에 대한 개인적 자기인식 및 장애인 내담자가 처한 상황에 주의를 기울여야 한다.

지체장애인 내담자의 상담에서 상담자가 흔히 직면하는 가장 어려운 문제의 하나는 장애의 영향에 대한 굴복이며, 이는 특히 새롭게 지체장애를 갖게 된 사람에게서 더욱 두드러지게 나타난다. 장애인은 다음과 같은 상황에 처하게 되면 장애의 극복보다 장애에 대한 굴복이 나타나기 쉽다. 첫째, 장애인이 할 수 없는 것만을 부각시킬 때. 둘째, 장애인이 참여할 수 있는 생활영역에 대해 무관심할 때. 셋째, 장애인을 불행의 희생자이자 수동적 존재로 간주할 때. 넷째, 예방과 완치만이 유일한 해법이라고 주장할 때. 다섯째, 장애인에 대한 동정과 평가절하를 할 때이다(Wright, 1975; 송영혜 등, 2008 재인용).

그러므로 상담자는 상담관계를 통하여 내담자가 장애를 자신의 특징으로 간주하도록 유도함으로써 적응을 도울 수 있다. 즉 내담자는 스스로를 불능자(disabled person)로 평가절하하지 않고 장애를 지닌 사람(person with disability)으로 보도록 도와야 한다. 내담자의 적응과 극복과정에서 충족되어야 할 요소들은 다음과 같다(송영혜 등, 2008).

첫째, 장애인 내담자가 장애 관련 가치에서 벗어나서 다른 것들을 폭넓게 수용함으로써 스스로의 가치범위를 확장한다.

둘째, 외모와 능력의 중요성을 덜 강조함으로써 신체적 요인을 종속적으로 간주한다.

셋째, 장애를 실제적인 손상에만 한정함으로써 그 영향을 최소화 한다.

넷째, 비교 중심적 가치관에서 장점을 중시하는 가치관으로 이행한다.

2) 교육적 중재 방법

지체장애 및 건강장애 아동을 위한 교육방법을 교육적 중재와 통합교육을 위한 일반적 지침으로 나누어 살펴보면 다음과 같다.

(1) 지체 및 건강장애 아동 교육적 중재 방안

① 교수환경의 수정

지체장애 아동들은 보행이 불편한 경우가 대부분이다. 지체장애 아동들 중에서도 특히 뇌성마비 아동들은 중도·중복장애인 경우가 많다. 그러므로 지체장애 아동들은 운동성의 제한으로 인해 학습 장면에 일반적인 방법으로 참여하기 어려운 상황이 발생한다. 교육과정이나 활동 참여에 있어서 물리적 환경의 제약이 따르는 경우에는 물리적 환경의 조정이 필요하다(예, 개인에게 맞춘 책상 제공, 스위치로 작동하는 컴퓨터 제공 등). 교실 내에서도 휠체어나 목발을 이용하는 아동이 다닐 수 있도록 공간을 확보해주어야 한다. 또한 칠판, 책장, 사물함 등도 지체장애 아동들이 사용하는 데 어려움이 없는지 확인해야 한다.

② 의사소통의 보완

또한 의사소통 등의 문제로 학습활동 참여에 대한 제약이 큰 경우에는 아동에게 의사소통을 보완하거나 대체하는 보완대체 의사소통 체계(augmentative and alternative communication)를 적용해야 한다(김동일 등, 2010).

말하고 쓰기에 어려움을 안고 있는 지체장애 아동을 지도하는 데 필요한 지침들을 살펴보면 다음과 같다(이소현, 박은혜, 2011).

먼저, 말로 의사를 표현하는데 어려움이 있는 지체장애 아동들을 가르칠 때에는 다음과 같은 점들을 기억하면 도움이 된다. 첫째, 말하는 사람과 듣는 사람이 서로 약속하고 이해할 수 있는 간단한 신호들을 만들어 사용한다(예: 고개를 숙이면 '네'). 둘째, 말할 수 있는 시간을 충분히 주어야 한다. 셋째, 의사소통이 막힐 때에는 다른 의사소통 수단을 사용해 보도록 한다. 넷째, 학급의 다른 아동들에게도 지체장애 아동과 대화하는 방법을 가르쳐준다.

많은 지체장애 아동들은 어깨, 팔, 손의 운동능력이 부족하여 쓰기에 어려움이 있다. 글씨를 쓴다는 것이 학교 학습에서 차지하는 비중이 높기 때문에 가능하면 직접 쓸 수 있도록 지도하는 것이 좋다. 그러나 가능성이 희박한 경우에 아동들에게 힘든 일을 계속 요구하기보다는 교사의 판단에 따라 컴퓨터를 활용하는 쪽으로 지도방향을 바꾸는 것이 바람직하다.

③ 부분참여의 원리

중도·중복장애 아동들의 경우에는 장애가 심하여 모든 활동에 독립적으로 참여하기 어려울 수 있다. 이런 경우에도 교육활동에의 참여 기회를 제한하거나 박탈하는 것은 온당치 못하다. 그러므로 아동이 스스로 할 수 있는 활동의 일부에라도 의미 있게 참여할 수 있도록 '부분참여의 원리(principle of participation)'를 적용하여야 한다(김동일 등, 2010).

④ 건강장애 아동을 위한 지원 방안

건강장애 아동은 만성적이고 때로는 생명을 위협하는 질병으로 인해 집중적인 의학적 치료나 주기적인 치료를 요한다. 특별한 영양식단, 기관절개, 호흡기의 보호, 막힌 도뇨관의 청소, 자기 보호를 위한 인슐린 주사나 처방된 의학적 치료에 대한 개별적인 건강관리 계획이 필요하다(김동일 등, 2010).

건강장애 아동을 위한 대표적인 교육적 지원 형태에는 입원 중인 건강장애 아동을 위한 병원학교와 통원치료 중이거나 요양 중인 건강장애 아동을 위한 순회교육과 화상강의 시스템이 있다(김동일 등, 2010). 병원학교란 장기입원이나, 장기 통원치료로 인해 학교교육을 받을 수 없는 아동들을 위해 병원 내에 설치된 파견학급 형태의 학교이다. 현 병원학교는 교사 1인이 운영하는 파견학급 형태이나 여러 학교급, 학년의 학생이 함께 공부하기 때문에 병원학교로 통칭되고 있다. 순회교육은 아동이 학교에 나가지 못하는 기간에도 계속적인 교육 기회를 제공하기 위하여 특수교사가 병원이나 가정으로 찾아가서 지도하는 교육의 형태를 말한다. 화상강의 시스템은 인터넷을 통한 일대일의 강의 형태로서 개별 아동의 학년 및 학력 수준에 적합한 개별화 학습을 지원할 수 있다.

(2) 교육과정의 적용

① 지체장애 아동을 위한 교육과정

지체장애를 위한 교육과정의 적용은 원칙적으로 개정된 특수교육과정을 준수하면서, 다음과 같은 교육과정을 제공하여야 한다(고은 등, 2012).

- 동일수준 교육과정: 정신지체를 수반하지 않는 단순 지체장애 아동이 대상이다. 일반 교육과정과 동일한 교육목표와 내용을 적용하나, 신체적 장애를 고려하여 교과자료나 학습방법의 일부 변형이 필요하다.
- 평행적 교육과정: 수업결손이 잦고 학습이 부진한 지체장애 아동이 대상이다. 일반교육과정의 목표를 다소 수정하거나 기초적이고 기본적인 내용을 발췌하여 단순화한 교육과정을 말한다.
- 저학년 수준 교육과정: 수업결손이 잦고 학습이 부진한 지체장애 아동이 대상이다. 해당 학년 교육과정보다 낮은 학년의 교육과정을 말한다.
- 기본교육과정: 국민공통기본교육과정과 고등학교 선택중심교육과정의 적용이 어려운 1-12학년까지의 12년 동안에는 기본교육과정을 운영한다.
- 치료지원활동 중심 교육과정: 중도 정신지체를 수반하는 중증의 지체장애 아동이 대상이다. 물리치료, 작업치료, 언어치료 등 치료지원활동 중심의 교육과정을 말한다.
- 기타 교육과정: 중증장애로 인해 교육보다 생명유지 및 건강관리가 특히 요구되거나 직업이나 전환교육이 특히 요구되는 시기의 지체장애 아동의 요구나 교육목적에 따라 융통성 있게 적용 가능한 교육과정을 말한다.

② 건강장애 아동을 위한 교육과정

건강장애 아동을 위한 교육과정의 적용은 다음과 같다(한국특수교육학회, 2008).

- 국어, 수학, 영어는 계통적 학습을 강조한다.
- 사회, 실과, 기술, 가정은 생활을 통해 사회현상과 자연현상의 문제를 탐구한다.
- 음악, 미술, 체육은 일상생활과 밀접하게 관련되는 것을 중시한다.
- 수업시간의 제한이 심할 경우, 지도내용은 기본적이고 기초적인 사항에 한정한다.
- 신체활동이 제한되어 있는 경우, 직접적인 신체활동보다는 대체활동을 강구한다.
- 사회견학 학습내용을 설정한다.

특히 병원학교에서는 건강장애아들의 교육적 욕구를 충족시켜주고, 그 외 심리적·정서적 지원 등 다양한 지원을 제공하기 위해서 병원학교만의 학사운영 및 교육과정 운영이 필요하며, 아동의 개별적인 욕구에 맞게 개별화된 프로그램의 적용, 병실방문교육, 학교복귀 지원 등이 제공되어야 한다(고은 등, 2012).

(3) 통합교육을 위한 일반적 지침

일반 학급에서 지체 및 건강장애 아동의 성공적인 통합교육을 위해 필요한 사항을 이소현과 박은혜(2011)의 견해를 중심으로 살펴보면 다음과 같다.

첫째, 아동에 관한 필요한 정보를 알아내야 한다. 즉, 교내를 혼자 다닐 수 이쓴지, 인지능력은 어느 정도인지, 손가락을 움직여서 글씨를 쓸 수 있는지 등 학교생활에 필요한 여러 가지 능력들에 대하여 충분히 파악하고 아동의 필요에 적절히 대응해야 한다.

둘째, 학급의 다른 아동들과 교직원들에게 지체 및 건강장애 아동의 장애에 대하여 알아야 할 사항들을 가르쳐주어야 한다. 장애 자체에 대한 설명과 함께 장애로 인하여 교실생활에 어떤 영향을 미치는지, 그리고 다른 사람들이 어떻게 도울 수 있는지를 설명해 주어야 한다.

셋째, 무조건 교육활동에서 제외해 주거나 잘못을 눈감아주는 것은 바람직하지 않다. 다만 의학적으로 문제가 되어 수업 중에 자주 휴식을 취해야 하거나, 화장실에 가거나, 약을 먹는 등의 경우에는 예외이다. 가능한 한 스스로 하도록 기다려주는 것이 아동의 독립성 증진에 도움이 된다.

넷째, 지체 및 건강장애 아동들의 교육적 필요는 아동의 장애 유형과 정도에 따라 매우 다양하므로 일반화하기 어렵다. 그러므로 개별화교육 프로그램(IEP)을 작성할 때 특수교사, 상담교사, 보건교사를 포함한 여러 전문가들이 함께 참여하여 교육적 지도방안을 마련해야 한다.

5. 정서 및 행동장애 아동 상담과 교육적 지도

1) 상담 방법

(1) 일반적인 상담 방안

여러 유형의 장애 아동들 중에서 정서·행동장애 아동들을 위한 상담이 일반적인 상담의 원리와 방법과 가장 유사할 것이다. 사실 일반아동의 상담에서 많은 문제들은 가벼운 정서·행동장애의 특징과 유사하다. 그러므로 일반아동을 위한 상담의 방법은 정서·행동장애 아동을 위한 중재 방법과 그 원리가 근본적으로 다르지 않다. 정신분석적 접근, 행동주의적 접근,

인간 중심적 접근, 인지적 접근, 생태학적 접근, 신체생리학적 접근 등에서 사용하는 상담의 원리와 기법들을 정서·행동장애 아동을 위한 상담에 적절히 활용될 수 있다. 다만 상담과정에서 정서장애 아동의 연령이나 장애의 정도를 고려할 필요가 있을 것이다.

정서·행동장애 아동의 상담에 활용되는 기법이나 도구는 아동의 기능과 연령에 따라 달라진다. 연령이 낮거나 기능이 낮을수록 평가나 중재에 그림이나 놀이 등의 보조기법들이 사용되고, 부모나 교사를 먼저 만나 정보를 수집한 뒤 아동을 만나는 것이 좋다. 그러나 청소년 내담자의 경우에 의사소통 능력이 충분하면 부모보다는 청소년을 먼저 만나는 것이 좋다. 청소년의 행동문제에는 독립의 요구가 포함되어 있을 가능성이 높고, 그들은 자신에 대한 이해를 부모가 왜곡하거나 이해하지 못한다고 생각하는 경향이 있기 때문이다. 또한 이들을 상담하는 데 있어서 교사와 부모의 협력을 얻거나 그들의 반응을 조정하는 노력이 필요하다. 왜냐하면 전부는 아니더라도 많은 경우 아동의 문제 행동은 주위 사람, 특히 부모나 교사의 반응양식과 관련이 깊기 때문이다(김동일 등, 2002).

정서·행동장애 아동 교육에서와 마찬가지로 긍정적인 분위기의 형성, 주의 깊은 의사소통, 기대 형성, 일관성의 유지, 성공의 격려, 힘겨루기의 회피, 아동에게 선택권의 부여 등이 효과적인 상담방법이 된다. Ruth(1996)는 정서·행동장애 아동에게 행동계약과 목표설정의 기법을 사용한 것이 높고 일관된 성공률을 획득할 수 있음을 발견하였다. 또 Patton(1995)은 정서·행동장애 청소년들에게 합리적 행동치료 방법을 사용했을 때 효과적인 합리적 사고와 적절한 사회적 행동이 증가되었다고 보고하였다. 정서·행동장애 아동의 생활에 일관성과 안정성을 가져오기 위해서 상담자는 아동들에게 기대되고 적절한 행동을 논의할 수 있다. 부적절한 것으로 생각되는 행동과 그 행동의 결과를 기록하는 것이 유용하다. 상담자는 계약과 같은 방법으로 기대된 행동을 규정할 수 있다. 상담자, 교사, 부모, 기타 아동의 생활에 의미 있는 사람들은 한계를 설정하고 일관되게 규칙을 지키려는 의지가 있어야 한다. 이 때 정적 강화를 강조하는 행동수정 기법이 효과적이다(조용태, 2001).

한편 정서·행동장애 아동 상담을 위한 신체생리학적 접근에서는 정서 및 행동장애의 원인을 생리학적인 것에서 찾기 때문에 중재방안 역시 주로 의료적 중재를 중심으로 한다. 의료 혹은 건강관련 전문가들은 일반적으로 치료에 대한 책임을 지며, 상담자와 교사들은 아동의 행동을 관찰하고 모니터하는 역할을 담당한다. 이 모델에서 전통적으로 적용되어 온 두 가지 주요 중재방법은 약물치료와 식이요법이다.

다음에는 정서·행동장애 아동들 중에서도 최근에 특히 많은 관심이 대두되고 있는 주의력

결핍 및 과잉행동장애(Attention Defocit and Hyperactivity Disorder: ADHD) 아동의 상담(중재) 방안에 대해서 살펴보고자 한다.

(2) ADHD 아동을 위한 개입 방안

정서·행동장애 아동들 중에서도 최근에 가장 많은 관심의 대상이 되고 있는 아동들이 주의력 결핍 및 과잉행동 장애(ADHD) 아동들이다. 앞의 장애 아동의 특성에서 살펴보았듯이, ADHD 아동은 자신과 비슷한 발달수준에 있는 다른 아동들보다 더 자주 그리고 더 심하게 부주의한 행동패턴을 지속하거나 과잉행동과 충동적인 행동을 보인다. ADHD는 학령 전기 또는 학령기의 아동들에게서 가장 흔히 나타나는 증후군으로서 가정과 학교에서 부모와 교사가 아동을 지도하는 데 있어서 특히 많은 어려움을 겪는다. ADHD 아동을 위한 개입 방안은 크게 약물치료, 심리치료, 부모 교육으로 나누어 볼 수 있다.

① 약물치료

약물치료는 ADHD 아동에게 적용하는 가장 일반적인 치료 방안이다. ADHD 치료 약물은 중추신경계를 자극하여 ADHD의 많은 파괴적인 행동들을 감소시키고 주의력 결핍이나 과잉행동을 완화시키는 데 효과가 있다. 아동의 연령에 따라 약물치료를 받는 기간은 달라지지만 일반적으로는 2년에서 7년이다. ADHD 아동의 약 3/4이 공부할 때 집중력이 증가하고 학업이 향상되는 등 증상이 호전되었다는 보고도 있다(신현균, 김진숙, 2000). 또 각성제의 처방이 대다수의 아동들에게 단기간에 행동적, 학업적, 사회적 기능을 향상시키는 것으로 밝혀졌다(김동일 역, 2007). 대표적인 약물에는 리탈린(Ritalin), 덱시드린(Dexedrine), 페몰린(Pemoline) 등이 있으며, 자주 쓰이지는 않지만 우울증 치료제들도 사용되기도 한다. 다만 페몰린은 간독성(hepatoxicity)에 대한 우려로 인하여 최근에는 잘 사용되지 않는다. 약물치료는 행동수정과 같은 심리치료의 방법과 함께 사용할 때 문제행동에 더욱 효과적이다. 약물치료를 할 때에는 사전에 다음과 같은 사항을 아동의 부모에게 알리는 것이 중요하다(김동일 역, 2007).

- ADHD를 치료하기 위해 사용되는 약물의 유형
- 투약과 관련된 부작용과 그로 인해 나타날 수 있는 행동
- 아동 개인에게 투약을 할 때 고려해야 할 요인들
- 학교 상황에서 처치 효과를 평가하는 방법들
- 의사나 다른 치료 전문가들과 함께 평가한 자료에 관하여 논의하는 방법
- 투약의 문제점

약물치료는 의료전문가에 의해 이루어지지만 상담자와 교사도 중요한 역할을 담당해야 한다. ADHD 아동에게 약물을 처방할 때 상담자와 교사는 다음과 같은 역할을 해야 한다(김동일 역, 2007). 첫째, 약물치료를 시작하기 이전에 상담자와 교사가 아동에 대한 정보를 제공한다. 이는 ADHD 여부를 판단하고, 약물치료가 필요한지를 알아보기 위해 필요하다. 둘째, 학생의 행동조절력과 학업수행력의 변화에 대한 초기 측정은 최적의 약물 투여량을 결정하는 데 사용할 수 있다. 아동의 수행능력에 대한 객관적인 정보(예, 교사평가척도)는 약물치료 효과를 결정하는 데 매우 중요하다. 셋째, 일단 약물 복용량이 결정되면, 상담자와 교사는 의사와 함께 학기 내내 아동의 수행에서 주요한 변화에 대한 의견을 나누어야 한다. 비록 이러한 변화가 항상 약물과 관계되어 있는 것은 아니지만, 때때로 행동 조절력의 저하가 투여량 조절이 필요함을 나타내는 것일 수 있기 때문이다.

② 심리치료

비록 약물치료가 ADHD 아동에 대한 주요 중재방안이지만, 약물치료는 심리치료 방법과 함께 사용될 때 더욱 효과적이다. 특히 주의력 결핍과 과잉행동으로 인해 부차적으로 생기는 잘못된 학습습관이나 충동적인 문제해결 방식, 체계적이지 못한 사고방식, 비효율적인 분노처리, 공격적이고 자기중심적인 대인관계, 자기가치감의 저하 등은 약물치료만으로 해결할 수 없으며, 심리치료적 중재를 병행해야 한다. ADHD 아동을 위한 심리치료 방법으로는 행동치료와 인지행동치료를 많이 사용한다.

행동치료는 아동의 바람직한 행동을 증가시키고 문제행동을 없애거나 줄이기 위해 보상이나 벌을 사용하는 방법이다. 보상이나 강화물, 그리고 벌을 적절히 조합해서 사용하면 아동의 문제행동을 수정할 수 있다. 인지행동치료는 행동치료를 포함하지만, 아동의 생각이나 문제해결방식 등을 같이 다루어 행동의 변화를 유도한다. ADHD 아동의 사려 깊지 못하고 충동적인 문제해결 방식을 변화시켜 단계적이고 체계적인 사고를 하도록 가르친다. 이를 위해 '멈추어 생각하기', '단계적으로 생각하기' 등의 방법을 가르친다. 단계적으로 생각하기의 예는 다음과 같다. 1단계는 '문제가 뭐지?', 2단계는 '어떻게 해야 하나(계획 세우기)', 3단계는 '계획대로 세심하게 실천하기', 4단계는 '계획대로 되었는지 확인하기'이다. 많은 연구들에서 인지행동치료가 주의를 지속시켜 충동적인 행동이나 실수를 통제하는 긍정적인 변화를 가져올 수 있다는 것이 밝혀졌다(신현균, 김진숙, 2000).

③ 부모 교육

ADHD 아동이 보이는 많은 행동적 문제들은 부모의 양육방식이나 부모 또는 교사의 대화방식에 의해 영향을 많이 받는다. 특히 반항행동이나 공격행동, 자신감이 떨어지는 문제 등이 크게 영향을 받는다. 그러므로 부모나 교사가 아동과의 효과적인 의사소통 방식을 배워서 실천하는 것이 아동의 행동문제를 줄이는 데 도움이 된다. 또 부모 또는 교사와 아동 간에 좋은 관계를 형성하게 되면 다른 대인관계도 좋아진다(신현균, 김진숙, 2000).

ADHD 아동을 대할 때 부모나 교사는 아동의 말을 경청하고 공감하는 데 노력해야 한다. 또 나-전달법(I-message)과 같은 말하기 기술을 익혀서 사용하는 것이 좋다. 아동과 갈등이 생겼을 경우에는 Adler 상담이론에 기초하여 개발된 적극적 부모교육 훈련(Active Parenting)의 여러 기술들을 사용하는 것이 효과적이다.

2) 교육적 중재 방법

정서·행동장애 아동을 위한 교육방법을 교육적 중재와 통합교육을 위한 일반적 지침으로 나누어 살펴보면 다음과 같다.

(1) 정서·행동 장애 아동 교육적 중재 방안

정서·행동장애 아동들이 보이는 특성은 정신지체 아동이나 학습장애 아동들이 보이는 특성과 많이 중복된다. 특히 학교에서 이 세 영역의 장애 아동들이 보이는 행동특성이 유사하기 때문에, 교수방법이나 문제행동을 다루는 방법 등이 서로 유사하다. 여기에서는 이소현과 박은혜(2011)의 견해를 중심으로 하여 문제행동 지도, 학습준비기술 지도, 사회성 기술 지도를 위한 방법들을 살펴보고자 한다.

① 문제행동 지도

정서·행동장애 아동들이 학급에서 보이는 대표적인 문제행동에는 지각하기, 수업 중 큰 소리로 떠들기, 수업 중 돌아다니기 등이 있다. 각 문제행동을 감소시키기 위한 구체적인 교수전략은 다음과 같다.

먼저 지각하는 행동을 줄이기 위해서는 강화, 과제 분석, 출석부 기록, 시간표 조절, 계약서 활용, 부모 면담, 반응대가 경험시키기, 집단 강화, 시계 사용, 좌석 배치, 또래 교수방법 등을 활용할 수 있다. 여기에서 말하는 과제 분석이란 정시에 도착하기 위해 필요한 기술이나 단계를 분석하는 것을 말한다. 예를 들어, 집에서 떠나야 하는 시간, 학교에 도착하는 시간, 학급

활동을 시작하는 시간을 정하여 단계별로 수행할 수 있도록 프로그램을 운영할 수 있다.

수업 중 큰 소리로 떠드는 행동을 줄이기 위해서는 규칙 정하기, 강화, 차별강화(상반행동 강화), 반응대가 경험시키기, 자기기록, 말 안하기 연습시키기, 단서 사용 등의 방법을 사용할 수 있다.

수업 중 돌아다니는 행동을 줄이기 위해서는 학급규칙 확인, 강화, 반응대가 경험시키기, 이탈 허용, 소거(무관심을 통한 문제행동 감소), 좌석배치, 자기 기록, 타이머 사용 등의 방법을 사용한다.

② 학습준비기술 지도

학습준비기술이 부족한 정서·행동장애 아동들이 일반학급에서 학습을 할 때 여러 가지 면에서 소극적인 학습자가 되기 쉽다. 왜냐하면 이들은 수업에 주의를 집중하지 못하여 지속적으로 과제를 수행하지 못하며, 과제 수행을 위하여 과제를 계획하고, 조직하며, 정확하게 반응을 하지 못하기 때문이다. 결과적으로 이 학생들은 낮은 학업성취 수준을 보이게 되며, 교사의 수업을 힘들게 한다. 따라서 이들에게 학습준비기술을 가르치기 위한 계획과 방법들이 체계적으로 마련되어야 한다. 학습준비기술의 중요한 세 가지 구성요소로서 주의집중력, 조직력, 반응의 정확도 증진을 위한 구체적인 지도방법들을 살펴보면 다음과 같다.

아동의 주의 집중력을 향상시키기 위해서는 주의집중하기 위한 신호 사용, 강화, 좌석 배치, 분명한 지시 전달, 속도감 있는 수업 진행, 지속적 점검, 아동과의 신체적 근접성 유지, 수업 진행의 다양화, 개별학습 공간 제공, 교재의 단순화 방법 등을 사용할 수 있다.

아동의 조직력을 증진시키기 위해서는 시간표 작성, 명확한 지시전달, 교재 정리, 구두와 문자로 동시에 과제 전달, 과제의 난이도 조절, 질문하기, 집단 강화, 교재 준비시키기, 숙제하기, 가정학습 등의 방법을 활용할 수 있다. 여기에서 시간표 작성이란 수행시간을 작은 시간 단위로 나눈 시간표를 만들어 각 당위의 시간마다 완수해야 할 활동의 목록을 만드는 것을 말한다. 그리고 아동이 활동을 한 가지씩 완수할 때마다 강화한다. 아동이 직접 독립적으로 시간표를 작성할 수 있을 때까지 점진적으로 도와준다. 일단 각 활동들을 완수할 수 있게 되면, 강화 제공을 점점 더 어렵게 한다(예, 한 가지 활동 대신 두 가지 활동을 완수했을 때 강화한다).

아동의 반응 정확도를 높이기 위해서는 정확도 점검, 간화, 교정 연습, 적절한 교재 활용, 시험 연습, 말하기 전 생각하기, 인지행동수정전략, 반응대가 경험시키기, 또래교사 방법 등을 활용할 수 있다.

③ 사회성 기술 지도

정서·행동장애 아동의 뚜렷한 특징 중의 하나는 다른 사람들과 관계를 잘 형성하고 유지해 나가지 못한다는 점이다. 이러한 아동들은 공격적인 행동을 나타내거나 지나치게 위축된 행동을 보이는 아동들로 나누어 볼 수 있다. 이들의 사회적 행동을 향상시키기 위해 다음과 같은 구체적인 지도방법들을 활용할 수 있다.

- **시범 보이기:** 공격행동을 일으키기 쉬운 상황에서 비공격적인 행동이 사용될 수도 있음을 보여 준다. 이때 성인이나 또래들이 시범자로 직접 행동할 수도 있고 영화나 비디오 테이프 등을 사용할 수도 있다.
- **역할놀이:** 비공격적인 행동을 연습할 수 있도록 역할놀이를 실시한다. 이때 가상상황을 설정하여 실제로 어려운 상황에 부딪치기 전에 적절한 행동으로 대처하는 방법을 학습하도록 기회를 제공한다.
- **자기 방어:** 상대방의 언어적·신체적 공격에 대해 적절한 반응을 학습시킨다. 도움을 구하거나 자리를 뜨거나, 비공격적인 언어를 사용하도록 가르친다.
- **대체행동 강화:** 전에는 공격행동을 보였던 상황에서 더 이상 공격행동을 보이지 않고 적절한 대체행동을 보일 때 강화한다.
- **소거:** 욕하고 놀리고 싸우는 부적절한 언어적 행동에 대해서 소거방법을 적용한다. 학급의 다른 아동들에게 이러한 유형의 문제행동이 보일 때 관심을 보이지 말고 무시하도록 지시한다.
- **벌:** 고립, 반응대가 경험시키기, 꾸중, 부모에게 알기기 등의 방법을 활용한다.
- **행동분석:** 위축된 아동의 사회적 기술을 주의 깊게 분석하여 강점과 약점에 따라 필요한 영역에 대한 교수를 제공한다. 예를 들어, 다른 사람들에게 인사하고 반기는 방법이나 상호작용을 시작하는 방법, 대화에 참여하고 대화를 유지하는 방법 등을 가르칠 수 있다.
- **강화:** 위축된 아동의 사회적 상호작용을 강화한다.
- **그룹 활동:** 위축된 아동이 그룹 활동에 참여하게 한다. 이 때 특히 상호작용이 발생하도록 특정 활동을 지정하는 것이 좋다. 대상 아동이 적극적으로 참여할 때에는 그룹 전체에게 강화를 제공한다.
- **보조 인력:** 위축된 아동에게 또래 교수자나 서인 자원봉사자를 지정하여 적절한 사회적 상호작용을 시범 보이도록 하고, 아동이 유사한 행동을 보일 때 강화한다.

(2) 통합교육을 위한 일반적 지침

정서 및 행동장애로 진단받은 아동이 일반학급에 통합될 때 일반적으로 교실에서의 행동문제, 사회적 기술, 교과학습 세 가지 측면에서 교육프로그램의 적용을 고려해야 한다. 그리고 아동의 문제들을 다룰 때에는 아동의 현행수준을 이해하는 데 강조점을 두고 관찰이 가능한 행동에 대한 자료를 수집하여 적절한 지도방안을 마련해야 한다.

정서·행동장애 아동을 효과적으로 지도하기 위해서는 기능적 행동진단(functional behavioral

assessment)을 실시할 필요가 있다. 즉 문제행동과 관련된 활동과 그렇지 않은 활동을 확인함으로써 과제 참여를 증진시키고 문제행동을 감소시키며 결과적으로 학업성취도 향상시킬 수 있다(이소현, 박은혜, 2011).

아울러 정서·행동장애 아동의 통합을 위해서는 학급 내의 일반학생들과 다른 교직원들을 준비시킬 필요가 있다. 또 아동의 가정과의 협력 체제를 구축하여 부모의 참여를 최대한 이끌어내야 한다. 그렇게 함으로써 통합학급 내에서의 아동의 문제행동을 줄이고 바람직한 행동의 습득을 촉진시킬 수 있다.

6. 자폐성 장애 아동 상담과 교육적 지도

1) 상담 방법

자폐성 장애 아동을 상담하고 치료하는 대표적인 방법으로는 응용행동분석법, TEACCH 프로그램, 사회적 상호작용 발달치료 접근, 약물치료가 있으며, 이 네 가지 방법 외에도 아동의 특성에 따라 다양한 여러 가지 방법을 사용할 수 있다. 이러한 방법들에 대해 김태련 등(2003)이 제시한 내용을 중심으로 하여 간략히 살펴보면 다음과 같다.

(1) 응용행동분석 프로그램

응용행동분석 방법은 행동수정의 원리를 활용한 것으로서 자폐아동의 주변 환경과 행동을 철저히 조직화해서 자폐적 행동의 발생을 차단하고, 동시에 신경계에 바른 자극과 반응만을 줌으로써 신경계를 바른 체제로 학습시킨다. 그 동안의 연구결과들에 의하면, 이 방법은 자폐아동 지도에 효과적이며, 특히 조기교육에서 효과적이라는 점이 밝혀졌다. 응용행동분석 프로그램은 크게 가정 중심 조기중재 프로그램과 학교 또는 센터 중심 조기중재 프로그램으로 나누어진다.

(2) TEACCH 프로그램

TEACCH(Treatment and Education of Autistic and Related Communications-Handicapped Children) 모델의 원리는 개인 간 차이와 개인 내 차이를 기초로 하는 발달적 접근이며, 가족의 중요성을 강조하며, 평가에 기초한 중재를 하고, 공동치료자로서 부모를 강조한다.

자폐아동의 부모훈련을 중심으로 하는 이 프로그램은 부모가 자녀와 가장 많은 시간을 보내고, 아동의 발달상태에 대한 정확한 평가자로서 교육동기가 높기 때문에 가족에게 필요한 기술을 가르쳐서 공동치료자로서의 부모훈련의 중요성을 강조하고 있다. 부모훈련은 아동에 대한 이해와 아동과의 상호작용 기술에 대한 훈련, 가족 구성원에 대한 아동의 반응 증가 등을 목표로 하여 일대일의 모델링, 강화, 부모에 대한 피드백 과정의 개별교육을 실시한다.

자폐아동이 구조화되고 규칙성 있는 환경에서 잘 적응한다는 점에서 TEACCH 프로그램은 구조화를 강조한다. 즉 교사의 역할과 위치, 교실의 물리적 구조화, 시간표의 구조화, 자료의 구조화, 개별학습 체계, 구조화에 대한 평가, 의사소통의 지도, 부적응 행동 측면에서의 구조화를 사용한다. TEACCH에서 강조하는 치밀하고 구조화된 조작학습을 비지시적이고 정신분석학적인 놀이치료와 비교한 결과 구조화된 방식이 더 효과가 높은 것으로 나타났으며, 다른 여러 연구들을 통하여 TEACCH의 효과가 입증되었다.

(3) 사회적 상호작용 발달치료 접근

사회적 상호작용 발달치료 접근은 적절한 사회성 및 의사소통 기술의 발달에 초점을 맞춘 상당히 구조화된 프로그램이다. 여기에는 DIR(Developmental levels, Individual differences, Relationships) 모델과 Theraplay 모델이 있다. DIR 모델은 아동의 기능적 발달수준, 아동의 감각정보 처리에서의 개인 차이, 양육자와의 상호작용 양상과 가족 지원을 기초로 하는 접근 방법이다. 대표적인 치료방법인 발달적 상호작용 놀이치료(developmentally based interactive play therapy)는 자폐장애의 원인이 뇌의 생물학적 이상으로 생긴다는 전제 하에 아동의 발달수준에 맞추어 자폐아동의 상호적인 관계 형성을 발달시킴으로써 자아감(sense of self)을 형성한다. 주 2-5회 실시하며, 치료 초기에는 치료사(상담자), 부모, 아동이 함께 치료에 참여하며, 치료자(상담자)는 부모와 아동의 놀이를 관찰하고 조언하여 가정에서 치료를 시행하도록 돕는다. Greenspan은 자폐장애의 종합적 통합치료 프로그램(comprehensive integrated treatment program)으로 발달적 상호작용 놀이치료, 언어치료, 작업치료, 물리치료, 일반아동과의 통합, 조기 특수교육, 가족 지원, 필요에 따른 생물학적 중재를 들고 있다.

Theraplay 모델은 자폐아동의 사회적 상호작용의 발달을 목표로 하면서 자아개념의 형성, 타인과 자신이 다르다는 인식과 타인에 대한 신뢰감의 발달을 추구한다. 친밀한 신체적 접촉, 눈 맞춤, 차례 지키기, 모방, 공감적 주의, 의사소통 의도 등의 절차를 사용하여 기본적이고 사회적인 상호작용을 확립하고, 이를 통해 치료의 목표를 달성한다. 반영, 통찰에 관한 질문이나 해석을 하지 않으며, 현재 관계를 강조한다. 또한 장난감이나 다른 도구의 사용을 최소화하며, 치료자(상담자)와 아동 자신이 상호작용의 도구로 사용되는 구조로서 치료자 중심의 치료이다.

Theraplay의 기본 요소는 개입(intrusion, engagement), 구조화(structure), 도전(challenge), 양육(nurturance)이다. Theraplay에서는 개입을 통해 아동이 자신을 자각하도록 집중, 지속, 놀라움을 기본적으로 제공한다. 그리고 구조화를 통해 자폐아동에게 예측가능성(predictability)과 안전성(security)을 제공한다. 도전을 통해 활동에 참여하고 관계를 갖도록 하고, 양육으로 편안함을 지각하는 데 건강한 상호 교류적 관련을 갖기 위해 접촉(touch)을 사용한다.

(4) 약물치료

자폐아동에게 많이 처방되는 약물로는 할로페리돌(haloperidol, Haldol), 리스페리돈(risperidone), 펜플루라민(fenfluramine), 날트락손(naltrexone) 등이 있다. 이 중에서 할로페리돌은 가장 많이 연구된 약물이면서 효과도 가장 좋다. 초조감, 공격성, 상동행동, 사회적 철수, 정서적 불안정, 자해행동을 감소시킬 수 있다. 리스페리돈은 공격성, 과잉행동, 상동행동 감소에 효과가 있다. 펜플라민은 자폐아동들에게 높게 나타나는 세로토닌 수준을 낮추기 위해 많이 사용하기도 했으나, 최근에는 널리 처방되지 않는 편이다. 날트락손은 과잉행동과 불안, 초조감을 감소시키지만 자해행동의 감소에는 별다른 효과가 없는 편이다. 그러나 자폐성 장애를 감소시키기 위해 사용하는 대부분의 약물들은 그 효과와 함께 부작용도 함께 갖고 있기 때문에 특별한 주의를 요한다. 약물치료와 그 효과에 대해서는 앞으로도 더 많은 연구가 필요하다.

(5) 기타 치료 접근

앞에서 제시한 응용행동분석 프로그램, TEACCH 프로그램, 사회적 상호작용 발달치료 접근, 약물치료 외에도 자폐아동의 치료에는 의사소통 촉진(Facilitated Communication), 청각훈련(Auditory Training), 식이요법(Dietary Regimens), 알러지 치료(Yeast Infections, Candidiasis와 Nystatin), 껴안기 치료(Holding Therapy), 일상생활 치료, 패터닝 치료(Patterning Therapy), 캠필 커뮤니티(Camphill Communities), 옵션 치료(Option Therapy), 감각통합 치료(Sensory Integration Therapy) 등이 있다.

이 모든 치료방법에도 불구하고, 자폐아동들에게 가장 필요한 것은 진정한 관심과 사랑이다. 주변의 사람들은 그들을 구경하고 관찰하는 대상으로 여겨서는 안 되며 따뜻한 보살핌으로 항상 관심을 가져야 한다.

2) 교육적 중재 방법

자폐아동을 교육하고 지도할 때 알아두어야 할 지도의 내용과 원리를 살펴보면 다음과 같다.

(1) 자폐아동 지도의 내용

자폐 아동은 여러 영역에서 어려움을 겪지만 특히 사회적 영역과 학업영역에서 많은 어려움을 겪는다. 그러므로 일반적으로 중재와 지도는 사회적·행동적 기능과 언어기술 향상, 그리고 학업적 성취에 초점을 두어 실시한다. 중재는 대개 개별 학생의 평가자료와 기능적 요구 결과에 근거하여 실시된다. 자폐아동 지도 내용과 관련한 주요 내용을 제시하면 다음과 같다(박현옥 등, 2010).

① 사회적·행동적 내용

사회적·행동적 기능에 대한 지도는 일반적으로 실제 생활을 하는 데 반드시 필요한 연령에 적합한 행동들에 초점을 맞춘다. 비록 진단된 강점과 약점에 근거하여 개별지도가 실시된다 하더라도, 그 내용들은 대부분 사회적 상황에서의 통합을 가능하게 하는 일상생활 기술, 자조기술, 기능적 의사소통 기술 등에 초점을 맞춘다. 많은 자폐성 장애 아동들은 또래들과 어떻게 놀이해야 하는지, 자신의 정서를 어떻게 다루고 화를 통제해야 하는지 등을 명확하게 배워야 한다. 일반적으로 얼굴표정과 몸짓 이해, 비문자적인 비유적 표현(예, 숙어와 은유 등)에 대한 이해, 말하는 내용과 다른 의도, 사회적 기능의 비명시적 규칙 이해 등과 같은 설명적인 기술-명확한 지도를 하지 않으면 습득되기 어려운 기술-의 지도에 초점을 맞춘다.

② 언어적 내용

언어지도의 내용은 아동의 지적 수준과 일치하는 말하기 능력에 따라 결정된다. 비구어적인 아동들은 그림, 상징, 의사소통판, 버튼을 누르면 학생의 요구를 말로 표현하는 전자도구 등을 활용하여 의사소통하는 방법을 배우도록 한다. 구어로 표현할 수 있는 아동들은 화용론과 구문론, 의미론과 조음 등을 포함한 언어 표현의 측면에 초점을 맞춘다. 구어로 자기 의사를 표현할 수 있는 고기능 자폐범주성 장애 아동들에게 언어의 사회적 사용인 화용론을 가르치기 위해서는 보다 집중적인 중재가 필요하다. 의사소통 의도 이해하기, 대화 예절에 맞게 말하기, 타인의 요구를 이해하고 민감하게 반응하기 등을 가르치기 위해서 구체적인 교수가 실시된다. 특히 사회적으로 적절한 방법으로 대화를 시작하고 유지하며 마치는 데 필요한 미묘한 기술들은 자폐성 장애 아동들이 일반아동들과 성공적으로 생활하기 위해서 반드시 필요한 기술이다.

③ 학업적 내용

자폐성 장애 아동을 위한 하나의 특정한 학업적 교육과정은 없으며, 표준 교육과정을 토대로 하고 아동의 특성에 맞게 개별화된 학업프로그램이 제시될 필요가 있다. 일부 자폐성 장애 아동들은 이미 학업기술을 가지고 있는 데 비해, 일부 아동들은 기본적인 학업 전 기술들을 습득하는 데도 어려움을 보인다. 기능 수준과 상관없이, 자폐성 장애 아동들은 정보를 기억하고 조직화하는 데 어려움을 보인다. 결과적으로 그들은 학업적 개념과 관련 기술들을 습득하기 위해서 부가적인 인지전략과 문제해결전략을 배울 필요가 있다. 일반학급에 통합된 아스퍼거 장애가 있는 고기능 자폐성 장애 아동들도 개별화된 지원과 수정이 필요하다. 특히 언어자료에 대한 이해와 쓰기 표현을 위주로 하는 내용중심 교과 영역에서는 더욱 더 집중적인 지원과 수정이 요구된다. 자폐성 장애 아동의 학업기술 교수전략은 학습장애 아동들이나 주의력 결핍 및 과잉행동 장애(ADHD) 아동들에게 적용하는 전략들과 유사하다.

(2) 자폐아동 지도 방법

홍강의(1984)는 자폐성 장애 아동을 교육하고 치료할 때 지켜야 할 일반적인 지침을 다음과 같이 제시하였다. 첫째, 가능한 한 조기에 발견하여 조기에 치료를 시작해야 한다.

둘째, 자폐증은 일정 기간에 걸쳐서 지속되는 영구적인 장애로 보아야 하며 완전치유는 있을 수 없다. 일생 동안 문제를 지니기 때문에 전 생애동안 치료계획이 있어야 한다.

셋째, 자폐아동은 발달 전반에 걸쳐 문제를 가지고 있는 중복장애 아동이기 때문에 치료도 특정 문제점만을 다루어서는 효과적이지 못하고, 대 근육 발달, 소 근육 발달, 언어발달, 대인관계, 자조능력 등 발달 전반에 걸쳐 좀 더 통합적으로 시도해야 한다.

넷째, 한 가지 치료방법에 집착하지 말고 필요에 따라 여러 가지 방법을 동시에 사용해야 한다. 그러므로 특수교육, 행동수정, 놀이치료, 언어치료, 신체적 자극 등을 폭넓게 고려해야 한다.

다섯째, 치료는 적극적이고 지속적이며 강렬하게 하는 것이 효과적이다. 아동의 행동이 발달되기를 기다리기보다 행동을 만들어 준다고 생각하는 것이 좋다.

여섯째, 이상행동이나 상동행동을 제거하는 데에만 초점을 두지 말고 정상행동을 증대시키는 데에도 관심을 가져야 한다. 그렇게 함으로써 이상행동이나 상동행동을 상대적으로 줄

여갈 수 있다.

일곱째, 자폐아동은 발달상의 결손이 있는 아동이므로, 치료는 이러한 발달상 필요한 능력과 사회성을 만들어주는 것으로 보아야 한다. 즉 발달 전반에 걸쳐 하나하나 단계적으로 능력을 길러주어야 한다.

여덟째, 부모는 보조치료자 또는 가장 중요한 교육자로서 적극적으로 치료에 참가해야 하며, 가정이 치료교육의 중요한 장소가 되어야 한다.

아홉째, 개인지도와 집단지도를 병행해야 한다.

열 번째, 비 장애 아동과의 접촉 기회를 많이 주어 자폐아동이 속해 있는 지역사회 공동체에 적극적으로 참여할 수 있도록 해야 한다. 마지막으로, 아동의 정서발달을 충분히 이해하면서 진단, 치료, 교육활동이 이루어지도록 하고, 진전 상태를 평가하여야 한다.

이 외에도 자폐아동을 지도할 때 알아두어야 할 지도의 원리를 몇 가지 더 첨가하면 다음과 같다. 첫째, 팀 접근으로 다방면의 도움을 제공해야 한다. 부모, 교사, 소아정신과 정문의, 언어치료사, 임상심리사 등 여러 분야의 전문가들이 팀 접근 방법으로 지도를 하는 것이 바람직하다.

둘째, 정확한 진단과 교육적 평가가 이루어져야 한다. 즉 교육적 지도를 하기 전에 가능한 한 자세하게 자폐아동의 지적, 사회적, 언어적 능력과 대·소 근육 운동 등에 대한 관찰과 측정이 이루어져야 한다.

셋째, 가능한 한 많은 자극을 부여하고, 타인과의 접촉을 늘리며, 보다 다양한 교육환경을 경험하도록 도와주어야 한다.

넷째, 부모 교육과 부모 상담을 병행해야 한다.

다섯째, 가정과 교육기관에서 비 장애 아동과의 접촉을 늘리도록 적극적으로 조력해야 한다.

여섯째, 통합교육을 원칙으로 하면서, 발달적 교육프로그램을 수립하여 지도하여야 한다.

(3) 통합교육을 위한 일반적 지침

자폐성 장애 아동의 성공적인 통합교육을 위해서는 다음과 같이 장애의 특성을 고려한 원칙을 적용해야 한다(이소현, 박은혜, 2011).

첫째, 자폐성 장애가 지니는 사회적 발달에 있어서의 일탈적 결함이라는 장애 특성에 따라 개별 아동을 위하여 체계적으로 계획되고 실행되는 개별화 통합을 전제로 해야 한다.

둘째, 통합환경의 사회적 맥락과 활동이 자폐성 장애 아동의 흥미와 관심을 유발할 수 있어야 한다.

셋째, 통합환경 내의 성인과 또래들이 적절한 역할을 수행해야 한다. 교사는 중재자로서의 역할을 수행하되, 직접적인 중재보다 환경을 조절하거나 또래아동들을 통하여 상호작용을 하는 것이 좋다. 또 또래 아동들은 자폐성 장애 아동들에게 사회적 기술과 언어발달의 모델 역할을 하는 것이 좋다.

넷째, 자폐성 장애 아동들의 통합교육이 성공적으로 실행되기 위해서는 가능한 한 조기에 통합경험이 시작되어야 한다. 자폐성 장애로 진단된 아동들은 가능한 한 이른 시기부터 전형적인 발달을 촉진하는 환경에서 자연스러운 발달을 증진시키도록 해야 한다.

7. 의사소통 장애 아동 상담과 교육적 지도

1) 상담 방법

의사소통 장애를 갖고 있는 아동들은 타인과의 대화에 큰 어려움을 안고 있기 때문에 일반적으로 대인관계를 회피하거나 소극적이고 성격 또한 내성적인 경우가 많다. 이러한 심리적 문제를 유발하는 근원이 아동이 가지고 있는 언어행동 문제라는 것을 감안할 때 일반적인 심리상담과 함께 언어치료를 병행하는 것이 아동의 심리문제를 해결하는 데 효과적이다. 다음은 김동일 등(2002)과 장선철(2005)이 제안한 내용을 중심으로 하여 조음장애 언어치료 방법과 유창성장애 치료 방법을 간략히 살펴보기로 한다.

(1) 조음장애 치료

조음장애 언어치료 방법으로 대표적인 것이 단일음운치료(single phoneme targets) 방법이다. 단일음운치료는 음운오류가 상대적으로 제한적이고 신경운동학적인 결함이 없는 개인에게 적합하다. 단계별 훈련과정은 다음과 같다.

첫째 단계는 지각훈련으로 아동이 조음 오류를 범하고 있는 음소(예: ㅅ) 그 자체에 대한 명확한 인식을 갖도록 한다. 음소 자체에 인식을 갖게 되면 이를 확고히 하기 위해 대상 음소가 들어있는 단어(예: 사진)나 문장(예: 사과는 사람이 주로 먹는 과일로서 사실 온 세상에 있는 사람들이 모두 사랑하는 과일이다)을 읽어주고 대상 음소가 나타날 때마다 이를 인지했다는 증거로 행동적 표시(예: 손들기)를 하도록 요구할 수 있다. 이 같은 음소인식 훈련은 시간이 지남에 따라 음소의 위치(어두, 어중, 어말)에 따라 차별적으로 반응하도록 요구함으로써 수행과제의 난이도를 높일 수 있다.

둘째 단계에서는 체계적인 발음훈련을 실시한다. 우선 음소 그 자체, 음절, 단어, 구, 문장 순으로 대상 음소의 발음을 훈련시킨 뒤 게임을 통한 놀이활동과 집에서 부모와 함께 할 수 있는 활동을 포함시켜 발음 훈련을 진행해 나가도록 한다.

마지막 단계는 안전화를 위한 노력의 단계로 학습된 조음행동을 계속적으로 강화하고 감독하는 것이 이 단계의 주 활동이 된다. 또한 궁극적으로는 아동 스스로가 자율적으로 자신의 조음행동을 인지적으로 평가하고 이를 수정하도록 훈련하는 것이 필요하다(김동일 등, 2002).

조음장애의 치료를 위해서는 앞에서 제시한 훈련과 함께 호흡 훈련, 혀의 운동 및 훈련, 입술의 운동 및 훈련, 턱의 운동 및 훈련 등과 같은 발음기관의 훈련이 이루어져야 한다. 치료 기간은 조음의 틀린 정도, 장애 아동의 능력 등을 고려하여 정해야 한다. 조음장애는 단순히 조음의 틀림만이 아니라, 틀린 말로 인해 사람의 주의를 끌어 놀림을 받게 되고 그에 따른 열등감이 심리적인 문제로 나타날 수 있다. 이들에 대한 치료는 아동기나 학령기 초기에 이루어지는 것이 효과가 크며, 이 때 정확한 진단 및 치료가 이루어지면 정상적인 조음을 할 수 있다(장선철, 2005).

(2) 유창성 장애의 치료

유창성 장애 언어치료 방법으로는 먼저 말하기 속도와 관련된 방법을 생각해 볼 수 있다. 말하기 속도를 조절하는 방법에는 연장하여 말하기(prolonged speech)와 정지/구분하여 말하기(pausing/phasing)의 두 가지 방법이 있다.

연장하여 말하기 방법은 전체적으로 말하는 속도를 늦추는 방법이다. 자신이 말하기 속도를 늦추도록 조정했을 때 자신이 하는 조음을 들을 수 있으므로, 다음 조음 행동 시 이를 교정하려고 스스로 노력할 수 있기 때문에 말더듬을 줄이는 데 효과가 있다. 연장하여 말하기를 사용할 때, 초기단계에서는 분당 약 30-60개의 음절을 말하도록 요구하는 것이 적당하며, 처치의 종결은 분당 120-200 음절을 더듬지 않고 말할 수 있을 때 이루어진다.

정지/구분하여 말하기는 문장, 절, 단어 간에 존재하는 언어 경계를 구분하여 말하도록 훈련하는 것이다. 정지기를 갖도록 함으로써 다음 말하게 될 단어를 선정하고 발음과 관련된 인지적 정보처리 시간을 더 많이 가질 수 있도록 하는 것이 기본 원리이다. 유창성 장애가 지나친 신체적 긴장과 관련된 경우에는 긴장된 근육을 이완시키는 방법을 사용할 수 있다(김동일 등, 2002).

한편, 일차성 말더듬이는 아동이기에 나타나는 현상이며, 자신이 더듬는다는 사실을 의식하지 않는다. 그러므로 말더듬이 아동의 기본적인 지도 원칙은 더듬는다는 것을 의식하지 않도록 하는 것이다. 따라서 일차성 말더듬이에서 이행성 말더듬이로 악화되지 않도록 환경조건을 개선하여 자연 소멸시키는 것이 중요하다. 어머니를 비롯한 주위의 언어 환경을 개선하기 위해서는 다음과 같은 것이 필요하다(장선철, 2005).

첫째, 아동의 심신발달 및 아동의 1차성 말더듬에 관해서 가족들 모두가 같이 인식해야 한다.

둘째, 주위의 어른들이 '더듬지 마라', '정확히 말해라' 등 직접적인 주의를 주지 않는다.

셋째, 아동이 가정 내에서 불안이나 열등감을 느끼지 않도록 환경을 조성한다.

넷째, 바람직한 행동을 보였을 경우에는 칭찬을 통해 자신을 갖게 하고, 바람직하지 못한 행동은 가급적 무시한다.

다섯째, 아동이 정신적으로 미숙하다든지 불안정한 경우 또는 소극적이고, 신경질적일 때는 놀이치료, 심리극 등으로 정서 안정을 도모하고 사회성을 신장시킨다.

여섯째, 아동의 장점을 최대한 수용하고 그것을 신장시킨다.

일곱째, 생활에서의 실제 경험을 통하여 흥미나 관심의 영역을 확충시켜 나간다.

2) 교육적 중재 방법

(1) 의사소통 장애 아동을 위한 교육적 지도방법

① 행동주의적 접근

행동주의적 접근법은 체계적인 프로그램에 따른 훈련과 적절한 강화와 모방을 강조한다. 아동에게 많은 언어자극을 주고, 적극적인 교정을 통해 잘못된 언어 형태를 수정하도록 하면서 더 높은 단계의 언어 수준으로 끌어올리려는 목적을 가지며, 다음과 같은 점을 강조한다(고은 등, 2012).

- 아동의 연령과 수준에 맞는 단어와 짧고 단순한 문장을 들려준다.
- 말을 할 때는 아이가 귀를 기울이고 있는지 먼저 확인하고 난 후 말해준다.
- 내용과 어울리는 표정과 몸짓 등 시각적인 단서를 함께 해 준다.

- 사물의 이름을 반복해서 말해준다.
- 참조적 반응보다는 표현적 반응이 더 바람직하다.
- 적극적 경청을 해 준다. 즉, 듣고 이해한 것에 대한 적절한 반응을 나타내주는 것이다 (고개 끄덕임, 미소 등).
- 수용적인 분위기 조성이 중요하며, 교사는 아동의 좋은 모델링 역할을 하여야 한다.
- 교사는 약간 천천히 그리고 정확하고 또박또박 말하여 주되, 억양과 강세를 적절하게 사용해 준다.
- 아동이 발화를 할 때는 주변을 조용한 분위기로 만들어 준다.
- 아동의 발화를 적극적으로 촉진해준다.

② 화용론적 접근

화용론적 접근법은 구문이나 형식이나 어휘보다는 언어나 다른 의사소통방법을 통한 타인과의 상호작용을 중시하고, 언어의 훈련 상황이 아동의 실제 생활환경과 가능한 유사하게 되는 기능적 측면을 강조한다. 언어의 활용에 초점을 두고 실제로 활용될 수 있는 단어와 주제를 중심으로 중재한다는 원칙 하에서 자연스럽게 접근하도록 한다. 어떻게 조음하고 산출하는가 보다는 말하려고 하는 것에 대한 욕구를 증진시키고, 아동이 점차적으로 효율적인 방법으로 전달할 수 있도록 자연스러운 기회를 제공해주는 것이 무엇보다도 중요하다.

실생활에서 아동이 주도적으로 의사소통을 할 수 있도록 교사나 성인들은 맥락을 최대한 활용하여야 하는데, 이때 구어적 맥락이란 아동의 바른 구어를 유도하기 위하여 어떠한 단서나 연계반응을 사용하는 것이다. 아동의 주도적인 의사소통 행동을 유도해주기 위해서는 교사는 단순히 소극적이고 청취자의 입장이 아니라, 의사소통상황에 적극적으로 개입하여야 한다(김영태, 2002).

③ 환경중심 접근법

환경중심 언어중재법은 기능적인 의사소통을 자연스럽게 유도할 수 있도록 아동의 환경 속에서 아동의 관심과 흥미에 따라서 언어중재를 한다는 다소 포괄적인 중재접근법이다. 대표적인 기법은 다음과 같다(김영태, 2002).

- **모델기법**

아동이 흥미와 관심을 갖는 상황에서 교사는 적절한 모델링을 주고, 아동이 부분적 수행을 하면 칭찬을 통한 강화를 주고, 수행에 실패하면 교정적 모델링을 제시한다.

■ **반응요구 후 모델기법**

일차적으로 교사는 아동에게 "......말해봐." 또는 "둘 중에서 무엇을 가질꺼야?" 등의 비모방적인 언어촉진을 사용하고, 그에 대한 반응을 요구하고, 그에 대해 아동이 적절한 반응을 보이지 않을 때는 모방을 제시한다(반응요구-무반응-모방).

■ **시간지연기법**

아동의 언어적 반응을 기다려주는 과정을 포함한다. 2~5초간의 시간을 지연한 후 반응이 없으면 모델기법 또는 반응요구 후 모델기법으로 접근한다.

■ **우발학습기법**

아동이 먼저 요청하는 것이 핵심이다. 아동이 사물이나 도움을 요구하는 환경을 만들어 주는 것이 중요하다. 아동이 요청을 하면 위 기법들을 사용한다.

(2) 통합교육을 위한 일반적 지침

의사소통 장애 아동들은 대체적으로 일반교육의 모든 교육과정에 참여할 수 있는 능력을 지닌 아동들이다. 그러므로 이들을 위해 교실환경이나 수업운영방식을 크게 변화시킬 필요는 없다. 그러나 말과 언어 기술의 촉진과 사회적인 수용의 측면에서 다음 두 가지 사항을 고려할 필요가 있다(이소현, 박은혜, 2011).

첫째, 말장애를 지닌 아동들의 발성, 음성의 질 또는 말의 유창성을 향상시켜야 한다. 이를 위해서 언어치료사에 의한 개별화된 특수교육 프로그램을 제공하고, 음성언어를 이용한 의사소통 기술을 연습하도록 해야 한다.

둘째, 언어장애 아동들은 수용언어와 표현언어 모두에서 어려움을 경험한다. 교사는 언어치료사와의 적극적인 협력지도를 하면서 적절한 문법을 사용하여 말의 모델을 제시하고, 교육과정을 통해서 어휘발달을 촉진할 수 있도록 노력하고, 교실활동과 숙제를 아동의 언어 수준에 맞추어 적절히 수정해주는 노력이 필요하다.

8. 학습장애 아동 상담과 교육적 지도

1) 상담 방법

학습장애 아동의 정보처리과정에서의 인지적 어려움과 누적된 실패의 경험으로부터 기인되는 정의적 문제들은 이들의 정상적인 학교생활을 돕기 위해서는 체계적인 상담 프로그램이 필요함을 분명히 보여준다. 다음에는 학습장애 아동을 위한 상담방법으로 학습상담, 심리

상담, 조기중재 등이 있는데, 구체적인 내용은 다음과 같다.

(1) 학습상담

학습장애 아동이 학교생활에서 경험하는 심리적 문제들은 근본적으로 이들이 가지고 있는 심각한 학습 결손에서 기인한다고 할 수 있다. 이들 장애 아동들의 학습 문제는 단순히 일반 아동과 비교되어 나타나는 상대적 학습문제가 아니라 기본적 학습기능의 심각한 결손과 이로 인한 다른 교과 학습의 결손을 가져오는 절대적 학습 문제라고 할 수 있다(장선철, 2005).

학습장애라고 하더라도 영역별 차이가 크기 때문에 아동의 수행에서의 어려운 영역과 수행 수준에 따라 차별화가 필요하다. 일반적으로 저학년 수준의 교육과정보다 조금 낮은 단계로부터 교육을 시작한다. 따라갈 수 있는 것을 제시하고 점차 양과 수준을 증가시키면서 학습에 흥미와 자신감, 동기를 가질 수 있도록 해야 한다. 학습지도에 필요한 요소로는 충분학습, 개별지도, 참가학습 등이며, 학습 속도, 기초 교과 영역의 교수를 다루어 준다.

이러한 학업 기술의 지도 이외에 기초인지과정의 지도가 필요한데, 이는 주의집중, 지각, 기억, 언어, 사고의 5과정을 절차 중심으로 다룬다. 과제를 해결하기 위해서는 5가지 기능간의 통합적 상호작용이 요구되므로, 적절한 기능의 통합과 이를 활용할 수 있는 지도가 요구된다.

먼저 주의집중은 중요한 관련 자극을 선택하는 방법, 주의집중 행동의 지속시간을 늘리는 방법, 한 가지 자극에서 다른 자극으로의 전환 과정에서의 주의를 연속으로 기울이는 방법, 행동상의 개선 방략 등을 지도할 수 있다. 지각은 시각, 청각, 촉각, 근육운동지각, 전경-배경의 변별활동과 시-청각의 음을 결합하는 활동, 좌-우 및 측면성 등의 방향감각을 익히는 활동, 시각-운동 협응력을 촉진하는 활동 등으로 지도한다. 기억은 기억해야 할 내용의 목표설정과 진술, 기억해야 할 정보의 조직, 기억할 내용의 제시, 기억방략, 실제 활용 및 기억점검하기 등을 훈련한다. 심리 언어적 능력을 향상시키기 위해서는 언어듣기와 언어표현을 촉진시키는 것이 가장 일차적인 일이다. 언어듣기와 말하기 활동과 함께 그림이나 글자자료를 이용하여 사물, 내용이나 주제가 맞고 적합한 것을 선택하여 연합하는 방법 등으로 지도한다. 마지막으로 사고기능의 훈련은 유추, 분류, 순서, 집합, 추론, 판단, 비교, 평가, 비판, 문제 해결 및 의사결정 등의 사고력 프로그램으로 이루어진다.

또한 학습장애 치료 프로그램으로서 상위인지전략이 많이 사용되는데, 학습장애 주의결함의 교정, 과잉행동이나 충동성의 조절, 깊이 있는 사고를 통한 자기 조절, 읽기, 쓰기, 셈하기에서의 학습 전략 인식과 활용, 자기 점검법 등이 사용된다(김영숙 등, 2001).

(2) 심리상담

학습장애 아동의 심리적 문제를 대표하는 것은 학습된 무력감이다. 이는 누적된 실패 경험을 통한 심리적 좌절로서, 아동이 이를 극복할 수 있도록 도와주기 위한 체계적 상담서비스가 제공될 필요가 있다. 학습의 주체인 아동이 스스로 노력하고자 하는 의지를 상실하게 되는 경우 아무리 효과적인 학습 전략 및 교육 프로그램을 제공한다 할지라도 의미가 없기 때문이다.

이를 위한 상담기법으로는 행동주의 이론에 근거하여 개발된 응용행동분석이 있다. 응용행동분석은 대상 아동이 보이는 문제행동(학습된 무력감)에 영향을 미치는 선행자와 결과물을 관찰과 면담을 통해 밝혀내고, 이들 선행자와 결과물의 체계적인 변화를 통해 문제 행동의 변화를 도모하는 접근방법이다. 학습된 무력감의 변화에 영향을 미칠 수 있는 선행요인으로는 과제의 난이도, 수업의 체계성, 학습 환경 등을 생각해 볼 수 있으며, 결과 요인으로는 노력이나 결과에 대한 주위의 관심과 인정, 아동 자신의 내적 성취감, 외부에서 주어지는 긍정적 평가 등을 들 수 있다. 상담 기법으로서 응용행동분석은 외부적 환경 변화를 통한 행동 변화를 계획한다는 측면에서 초등학교에 재학 중인 어린 학생들에게 더욱 효과적으로 사용될 수 있을 것이다.

아동의 학습된 무력감을 극복해 주기 위해 사용할 수 있는 또 다른 방법으로 정신적 후원자(mentor) 활용을 생각해 볼 수 있다. 이는 Bandura의 사회적 관찰학습이론에 근거한 방법으로, 다른 사람의 행동과 결과에 대한 직접적, 간접적 관찰을 통해 새로운 행동의 획득이나 기존 행동의 변화가 이루어질 수 있다고 하는 것이다. 이때 대리학습의 모델 역할을 하게 되는 정신적 후원자로서 아동과 비슷한 환경적, 심리적 경험을 가지고 있는, 하지만 지금은 성공적으로 자신의 일을 수행해 가고 있는 상급 학생이나 성인과의 만남을 주선해 주는 것을 고려할 수 있을 것이다. 이 같은 사회적 망의 형성을 상담자가 체계적으로 계획함으로써 계속된 실패로 인해 자신감을 잃은 아동에게 '나도 할 수 있다'라는 의지를 가질 수 있도록 도와줄 수 있을 것이다.

학습된 무력감과 함께 학습장애 아동들이 경험하는 심리적 문제로서 사회적 소외 및 거부를 생각해 볼 수 있다. 학습에 심각한 결손을 가지고 있는 아동들은 자신을 인정해주고 자신의 문제를 이야기할 수 있는 주변 상대자가 하나 둘씩 사라짐을 경험하게 된다. 이에 따라 이들 학생들은 자신의 존재와 문제를 공유할 수 있는 대상으로 자신처럼 학교 및 가정으로부터 소외되어 있는 다른 또래를 선택하게 된다. 이러한 부정적 관계 형성을 막기 위해서는 아동들이 학교와 가정으로부터 개인적으로 경험하는 외면과 무시를 누군가와 이야기할 수 있는 기회를 제공해야 한다. 이러한 측면에서 상담자들은 이들 학생들이 경험하는 심리적 문제들을 같이 이야기하고 필요할 때 도움을 제공해주는 정신적 후원자의 역할을 수행해야 한다.

(3) 조기중재

아동의 조기 경험이 이후의 성장과 발달에 매우 큰 영향을 미친다는 점은 일반적인 사실이다. 그러므로 유아기에 조기 중재프로그램을 적절히 적용하면 아동의 지적 능력, 학업 성취, 사회적 자신감의 향상에 도움이 된다. 그러나 학습장애 아동에 대한 조기 중재의 문제는 단순하지 않다. 왜냐하면, 아직 학교학습이 본격적으로 시작되기 전인 초등학교 1학년이 되기 전에 학습장애를 진단한다는 것은 바람직하지 않기 때문이다. 그러나 학습장애로 진단받은 아동들은 대부분 학교에 들어가기 전부터 언어적인 문제를 갖고 있고, 이러한 언어적인 문제는 기초 읽기와 쓰기에 필요한 언어기술을 습득하는 것을 방해한다(박현옥 등, 2010). 그러므로 초등학교 입학 이전에 학습장애를 진단하여 중재프로그램을 적용하기는 어렵지만, 언어적인 문제로 학습장애의 위험이 있는 어린 아동을 발견해서 조기중재 프로그램을 적용하는 일은 학습장애의 예방에 매우 중요하다.

2) 교육적 중재 방법

학습장애 아동은 하루 일과의 대부분을 분리된 공간에서 보내는 것보다 일반학급에서 통합교육을 받는 것이 도움이 된다. 학습장애 아동들에게는 다방면의 지도가 필요하지만, 특히 가장 많은 지도가 필요한 것은 학업성취와 관련된 학업기술을 가르치는 것이다. 여기에서는 학습장애 아동 지도를 위한 일반적인 학습지도 원칙, 기초교과 학습기술 습득 지도, 그리고 통합교육을 위한 일반적 지침에 대하여 살펴보고자 한다.

(1) 학습장애 아동 지도를 위한 학습지도 원칙

학습장애 아동을 위해 가장 효과적인 교수법들의 특징과 교수 원칙은 다음과 같다(김동일 등, 2010).

첫째, 과제 난이도를 조절한다. 너무 어려운 과제로 인한 좌절감이나 너무 쉬운 과제로 인한 지루함을 경험하지 않도록 해야 한다.

둘째, 소집단으로 상호작용할 수 있도록 집단을 구성한다. 학습장애 아동들은 소집단에서 다른 아동들과 상호작용하면서 수업에 참여하기가 더 쉽다. 대집단이나 전체집단에서는 주눅이 들거나 자신이 할 수 있는 일을 찾기가 더 어렵다.

셋째, 기본적인 기술을 가르친다. 음운인식이나 쓰기 속도와 같은 기본 기술을 향상시키는 것은 다른 학업 수행을 향상시키는 데 기초가 되므로 매우 중요하다.

넷째, 고차원적인 사고를 통해 해결할 수 있는 문제해결 기술을 가르쳐야 한다. 교사들은 학습장애 아동이 기본 기술을 습득하게 하고 그 기술들을 복잡한 문제나 상황에 적용할 수 있도록 가르치는 데 소홀하지 않아야 한다.

다섯째, 초인지 전략을 사용하여 학습하는 과정을 모델로 보여 주고 명시적으로 가르친다. 학습장애 아동들은 문제해결을 하기 위한 초인지 전략을 잘 알지 못할 뿐만 아니라, 그것을 언제, 어떤 상황에서, 어떻게 사용해야 하는지 잘 모르기 때문이다.

(2) 기초교과 학습기술 습득 지도

① 읽기

읽기에 있어서 중요한 기술은 단어 재인과 이해력이다. 단어 재인이란 인쇄된 부호를 해독하는 능력이며, 읽기 이해력이란 읽은 내용을 이해하는 능력으로 개별 단어의 의미를 알고, 문단에서 나타나는 사건의 순서를 올바로 따라갈 수 있으며, 주요 내용을 파악하고 결론을 도출하고 추론하는 과정 모두를 포함한다(이소현, 박은혜, 2011).

학습장애 아동들이 학년이 올라가면서 읽기를 배우는 과정(learning to read)에서 교과내용을 이해하기 위해 읽기를 하는 단계(reading to learn)에 이르게 되면, 어휘와 독해력은 더욱 중요해진다. 어휘력 전략으로는 의미중심 프로그램과 해독중심 프로그램이 있다. 의미중심 프로그램에는 단어의 의미를 읽기활동 과정에서 자연적으로 습득하거나, 단어의 형태소를 분석해서 어근의 뜻을 알아냄으로써 단어의 뜻을 파악하거나, 문맥으로부터 단어의 뜻을 유추하는 방법 등이 있다(김동일 등, 2010). 이처럼 학습장애 아동의 읽기 능력 향상을 위해서는 단어의 재인과 읽기이해력을 중심으로 하는 교육적 지도가 필요하다.

② 쓰기

쓰기 기술은 읽기 기술을 기본으로 하여 형성된다. 쓰기 기술은 크게 두 가지가 있다. 하나는 손으로 직접 글자나 단어를 쓰는 기술과 단어를 쓸 때 맞춤법에 맞게 쓰는 기술, 즉 기본적인 쓰기 기술이다. 다른 하나는 글을 통하여 자신의 생각을 표현하는 기술, 즉 작문기술이다. 기본적인 쓰기 기술을 가르치기 위해서는 글씨를 보고 따라 그리기, 말로 해보기, 허공에 글자 써 보기, 몸으로 표현해 보기 등의 방법을 사용할 수 있다. 그리고 글쓰기를 통하여 자신의 생각을 표현하는 작문기술을 가르치기 위해서는 글쓰기의 단계(준비 단계, 초고 작성 단계, 수정 단계, 편집 단계, 쓰기 결과물 게시 단계)에서 명시적으로 단계별 모델을 보여 주면서 가르치고, 아동들은 단계를 스스로 점검하며 쓰기를 배우도록 하는 것이 좋다. 학습장애 아동들에게는 기본적인 쓰기기술과 작문기술을 중심으로 하는 교육적 지도가 필요하다.

③ 수학

수학영역에서 많은 학습장애 아동들이 문제를 보이는 영역은 크게 계산과 추론으로 구분된다. 계산능력은 성수기술인 수 개념, 숫자 읽기와 쓰기, 수 세기를 기초로 하면서 사칙계산의 기본적인 계산에서의 숫자 다루기와 연산을 포함한다. 추론은 문제를 해결하기 위하여 계산능력을 사용하는 것을 말한다. 예를 들어, 문장이나 이야기로 상황을 제시하고 문제를 해결하도록 하는 것이다. 이처럼 추론에 어려움을 보이는 아동들은 읽기 결함으로 인하여 주어진 문제를 이해하지 못하거나, 사용해야 할 적절한 연산을 결정하지 못하거나, 계산을 하지 못하는 등의 이유 때문에 어려움을 보인다(이소현, 박은혜, 2011). 이처럼 학습장애 아동들에게는 기초적인 수학적 개념 습득, 계산능력과 수학적 추론 능력의 향상을 중심으로 하는 교육적 지도가 필요하다.

3) 조기 중재

아동의 조기 경험이 이후의 성장과 발달에 매우 큰 영향을 미친다는 점은 일반적인 사실이다. 그러므로 유아기에 조기 중재프로그램을 적절히 적용하면 아동의 지적 능력, 학업 성취, 사회적 자신감의 향상에 도움이 된다.

그러나 학습장애 아동에 대한 조기 중재의 문제는 단순하지 않다. 왜냐하면, 아직 학교학습이 본격적으로 시작되기 전인 초등학교 1학년이 되기 전에 학습장애를 진단한다는 것은 바람직하지 않기 때문이다. 그러나 학습장애로 진단받은 아동들은 대부분 학교에 들어가기 전부터 언어적인 문제를 갖고 있고, 이러한 언어적인 문제는 기초 읽기와 쓰기에 필요한 언어기술을 습득하는 것을 방해한다(박현옥 등, 2010). 그러므로 초등학교 입학 이전에 학습장애를 진단하여 중재프로그램을 적용하기는 어렵지만, 언어적인 문제로 학습장애의 위험이 있는 어린 아동을 발견해서 조기중재 프로그램을 적용하는 일은 학습장애의 예방에 매우 중요하다.

(3) 통합교육을 위한 일반적 지침

학습장애 아동들에게는 학업활동 이외의 행동적인 영역에서도 특별한 도움이 필요하다. 그렇지만, 대부분의 학습장애 아동들이 가장 큰 도움을 필요로 하는 영역은 학업성취 영역이다. 일반학급에 통합된 모든 학습장애 아동들에게 공통적으로 적용될 수 있는 최선의 교수방법은 없다. 그러므로 교사들은 개별 아동에게 적절한 교수방법을 사용하기 위해 개별화 원리에 따른 진단과 교육과정을 적용해야 한다. 즉 다양한 범위의 교수방법 및 교육과정 수정 노력이 필요하다.

제18장 특수아동 상담을 위한 다양한 접근

1. 독서요법

독서요법의 역사는 20세기 들어 미국에서 환자를 치료하기 위해 병원에서 독서를 권장하는 것에서 시작하였다. 특히 미국 도서관 협회는 20세기 초에 병원과 시설 도서관들을 위해 적극적인 후원을 시작하여, 20세기 중반 이후에는 본격적으로 그 치료방법과 효과에 대한 연구가 진행되었다. 우리나라에서는 1070년대에 고등학교 징계 대상자, 소년원생들의 생활지도 등의 치료 목적으로 독서요법이 실시되었다. 그러나 1990년대 후반부터는 자기개념, 인간관계 증진 등의 발달적 관점에서 활용되기 시작하여, 지금은 다양한 연령층을 대상으로 심리적 문제를 해결하는 데 도움을 주고 있다. 현재는 '독서요법'과 '독서치료'가 동일한 의미로 가장 많이 사용되고 있다(천성문, 2009).

1) 독서요법의 정의

독서요법이란 책이나 이야기를 이용하여 정서적으로 문제가 있는 사람들을 치유하는 기법이다. Riordan과 Wilson(1989)은 '독서치료'라는 단어가 다른 용어로 오래 전부터 쓰여 왔는데, 그것은 '영혼을 치유하는 장소'라고 쓰인 고대 그리스의 도서관 현판에서 시작되었다고 하였다. 이러한 방식의 치유 기법은 도서관 치료법, 독서 상담, 문학치료, 독서치료, 읽기 치료, 예방 독서 등 여러 가지의 다른 용어로 쓰였다(문지현·정춘순 공역, 2015).

독서치료는 응용 분야 및 적용 범위가 넓어 그 개념을 하나고 규정하기 어려운데, 대표적인 학자인 Doll과 Doll(1997)은 "책은 인간의 전반적인 발달을 위해 사용되며, 독자의 성격을 측정하고 적응과 성장, 정신적 건강을 위해 사용되기도 하는데, 그 책과 독자 사이의 상호작용 과정이 독서치료다. 그리고 선택된 독서 자료에 내재된 생각이 독자의 정신적 또는 심리적 질병에 영향을 줄 수 있는 개념이다."라고 일반적이고 포괄적인 정의를 내렸다.

이에 비해 구체적인 활동을 강조한 Hebert(1991), Pardeck(1994)는 독서치료는 독서 자료를 읽거나 들은 후에 토론이나 역할 놀이, 창의적 문제 해결 활동 등 구체적으로 계획된 활동을 함으로써 문제에 대한 통찰력을 이끌어 내도록 돕는 것이다. 다시 말하면, 책을 읽는 활동으로만 그치는 것이 아니라 읽은 후에 구체적인 활동이 반드시 일어나야 한다는 것이다.

상호작용을 강조한 Hynes 와 Hynes-berry(1994)는 "상호작용적 독서치료에서 훈련된 치료자는 임상적(clinical) 또는 발달적(development) 독서치료 참여자의 감정과 인지적 반응을 통합하도록 도와주기 위하여 선택된 문학작품(인쇄된 글, 시청각 자료, 참여자 자신의 창의적인 글쓰기 작품)에 대한 토론을 유도하고 이끌어 나간다."고 하였다. 따라서 그들은 독서치료가 문학작품을 통하여 참여자와 치료자의 치료적 상호작용을 유발시킴으로써 참여자를 도와주는 것이라고 하였다. 이러한 정의 속에는 다름과 같은 몇 가지 가정들이 포함된다(김현희, 2000).

- 독서치료는 상호작용의 과정이다.
- 문학을 더 넓은 의미로 정의 내린다.
- 기술된 과정들은 임상적인 독서치료와 발달적인 독서치료 둘 다에서 일어난다.
- 독서치료 상황은 일대일 또는 집단으로 이루어질 수 있다.
- 효율적인 독서치료의 결과는 자아존중감을 증가시켜 주고, 참여자의 개성과 행동이 적절한 심리적·사회적인 가치에 융화되는 것을 증진시킨다.
- 독서치료는 (말 그대로) 치료이다. 그러나 독서치료만이 가지고 있는 고유한 효과는 그 기본적인 도구로 문학을 사용한다는 데 있다. 이점에서 독서치료는 발달적이고 임상적인 독서치료 참여자 모두에게 정신의 건강한 측면에 특별한 호소력을 지닌다. 상호작용적 독서치료가 강조하는 것은 문제를 일으키는 영역에 대한 진단보다는 참여자가 가지고 있는 능력에 대한 더 많은 격려와 강화에 있다고 볼 수 있다.
- 독서치료가 효과가 있는지의 여부는 다음과 같은 치료자의 능력에 달려 있다. 즉 참여자의 욕구와 흥미에 맞는 자료를 고르는지, 참여자의 반응들에 대하여 적절하고 감정이입적인 해석을 내리는지, 문학작품과 그 작품에 대한 대화를 통하여 깊은 자기이해를 할 수 있도록 이끌어 내는지 등이다. 요약하면 훌륭한 독서치료자는 남의 말을 듣는 데 숙련된, 잘 듣는 사람이다.

그러므로 위의 여러 가지 정의를 종합하여 볼 때, 일반적으로 독서치료는 발달적 혹은 특정하고 심각한 문제를 가지고 있는 참여자가 다양한 문학작품들을 매개로 하여 치료자와 일대일이나 집단으로 토론, 글쓰기, 그림 그리기 등의 여러 가지 방법의 상호작용을 통해서 자신의 적응과 성장 및 당면한 문제들을 해결하는 데 도움을 얻는 것을 뜻하는 넓은 의미로 해석할 수 있다. 다양한 문학작품들에는 인쇄된 글, 시청각 자료, 노래말, 자신의 일기 등 글쓰기 작품들이 모두 포함될 수 있다(한국어린이문학교육학회 독서치료 연구회, 2003).

2) 독서요법의 목적과 가치

독서요법은 상담자의 안내에 따라 독서를 통찰이나 정상발달, 혹은 재활을 촉진시키는 매개체로 이용하는 방법이다. 독서는 자기방어를 가장 적게 하면서 자신을 표현할 수 있게 하는 매개체이다. 문자언어는 덜 공격적이고 대답을 강요하지 않는 자연스러운 방법으로 아동의 경험과 생각을 이끌어낼 수 있기 때문이다. 독서요법은 참여자가 문학작품을 통해 다양한 경험을 함으로써 부담 없이 자기를 표현할 수 있도록 해준다. 사람들은 독서라는 간접 경험을 통해 문제를 자각하고 정화하며, 나아가 문제해결을 진전시켜 갈 능력을 얻는다.

Doll과 Doll(1997)은 여러 학자들의 주장을 정리하여 독서치료의 목적에 대해서 다음과 같이 일곱 가지로 제시하고 있다(한국어린이문학교육학회 독서치료 연구회, 2003).

첫째, 독서치료의 가장 일반적인 목적은 책을 읽는 어린이 개인에 대한 통찰과 자기이해를 증진시키고자 하는 것이다. 독서치료의 가치는 자기 자신을 더 잘 알고 인간의 행동을 이해하며 자신의 흥미와 타인의 관심사를 발견할 기회를 갖는 데 있다. 치료를 통해 얻는 통찰이란 아동들이 책을 읽는 동안 느낀 것들을 정확히 알도록 돕고, 더 나아가 책을 읽는 동안 생긴 정서는 자기에 대해 알고 있는 것을 통합시켜 준다.

둘째, 개인의 통찰을 증진시키고자 하는 목표와 관련이 있는 것으로, 정서적인 카타르시스를 경험하기 위한 것이다. 카타르시스(catharsis)란 책을 읽는 사람들이 문학작품 속의 등장인물과 같은 느낌을 경험할 때 등장인물과 자신을 동일시함으로써 정서적이거나 심리적인 긴장을 이완하는 것이다. 카타르시스는 긴장을 정화시키고 순화시킴으로써 자기 이해에 도움이 될 수 있고, 이완 그 자체가 치료적인 효과를 가질 수 있다.

셋째, 매일 매일의 문제들을 해결하도록 도와주기 위한 것이다. 독서치료는 책을 읽음으로서 독자들이 실생활에서 직접 고통을 겪지 않고도 상상을 통하여 문제 상황을 분석하며 다양한 해결을 할 수 있도록 해준다. 그리고 문학작품은 독자가 혼자서는 미처 생각하지 못했던 문제들에 대한 해결책을 제시하거나 그 해결책에 대한 결과를 묘사해봄으로써 독자에게 도움을 준다.

넷째, 다른 사람에게 하는 행동이나 타인과 상호작용하는 방식들을 변화시키기 위한 것이다. 자신과 비슷한 처지에 있는 책 속의 주인공과 동일시함으로써 정서를 순화시키고, 살아가는 데 필요한 방향을 얻으며, 새로운 방법으로 다른 사람들과 상호작용하도록 도와준다.

다섯째, 다른 사람들과의 효율적이고 만족스러운 관계를 증진시키기 위한 것이다. 아동은 책을 읽고 그 느낌을 다른 사람들과 공유하면서 토의집단과 연결되어 있다는 유대감을 가진다. 책은 주인공과 비슷한 자신의 모습을 인정하면서 개인적인 고립감을 해소해주며, 나아가 다른 사람들도 자신과 비슷한 문제에 직면하고 있다는 것을 인정하게 되는 것은 문제를 해결하는 첫 단계라고 할 수 있다.

여섯째, 일반 어린이들과 다른 특별한 문제에 봉착했을 때 정보를 제공해 준다. 예를 들면 의붓부모와의 관계에서 어려움을 겪는 어린이에게 그 관계에 대한 정보를 줌으로써 잘 적응할 수 있도록 해준다. Coleman과 Ganon(1990)은 입양 가족들을 대상으로 책을 읽혀본 결과 독서치료가 입양된 어린이들과 부모들에게 입양관계와 그들이 겪을 수 있는 독특한 변화들에 대하여 정보를 주는 유용한 방법이라고 주장하였다.

일곱째, 아동에게 책을 읽는 동안 즐거움을 느끼게 해주기 위한 것이다. 아동은 책 읽는 즐거움 때문에 책을 읽는다. 즐거움은 치료과정에서 중요한 공헌을 하며, 이것은 독서치료의 가장 기본적인 목적이라고 할 수 있다. 독서치료를 하는 과정 중에 아동은 다양한 장르와 주제의 책을 접함으로써 독서에 대한 자신의 개인적인 흥미를 확인하고, 문학을 통한 심미적인 경험을 통해 즐거움을 느끼게 된다.

3) 독서치료자의 역할

독서치료자도 일반 상담자와 마찬가지로 전문적 자질과 인간적 자질이 요구된다. 치료사의 인간적 자질은 앞 장에서 제시된 상담자의 자질의 일맥상통하는 부분이니 여기에서는 전문적 자질에 대해 간단히 다루고자 한다.

독서치료의 중요한 구성 요소는 치료자, 내담자, 책이다. 이 세 요소의 상호작용을 통해 내담자는 문제를 이해하고 해결해 나간다. 그러므로 독서치료사의 첫 번째 역할은 내담자의 필요성에 따라 책을 '처방'하는 것이다. 그래서 치료자는 책에 대한 구체적인 정보와 지식이 있어야 독서치료의 가장 핵심이 되는 부분인, 내담자에게 적합한 책을 선정할 수 있다.

둘째, 치료자의 역할은 책과 내담자 사이에 치료적으로 개입하는 것이다. 내담자가 책을 통해 자신의 문제와 연결할 수 있도록 치료자는 내담자에게 적합한 치료적 질문을 통해 책과 내담자를 연결할 수 있어야 한다.

셋째, 치료자의 역할은 내담자가 책의 내용을 충분히 내면화하고 활용할 수 있도록 다양한 활동방법을 개발해야 한다. 토론, 글쓰기, 그림 그리기, 역할극 등 내담자에게 적합한 다양한 상호작용 방법을 사용할 수 있어야 한다.

4) 독서치료의 과정

독서치료를 시행하기 전 치료자는 우선 독서치료 프로그램을 계획할 수 있어야 하며 독서치료의 과정을 단계적으로 체계화할 수 있어야 한다. 독서치료 프로그램을 계획할 때 치료자는 먼저 내담자의 연령, 정서적 특성, 흥미를 고려하여 프로그램의 목적을 수립해야 한다. 다음으로 내담자에게 적합한 자료를 선정하고, 대상의 발달수준에 적합하고 활발한 활동을 자극할 수 있는 창의적인 독서치료 활동을 계획해야 한다. 또한 프로그램이 시작되어 활동을 전개해나가면서 내담자의 반응을 고려하여 프로그램을 적절하고 수정 보완하며 유연하게 진행해야 한다. 마지막으로 프로그램의 목표 성취도 평가를 통해 다음 프로그램을 수행할 때 도움이 될 수 있도록 해야 한다.

Doll과 Doll(1997)의 독서치료과정 4단계를 정리하면 다음과 같다.

(1) 준비 단계: 내담자와의 상담관계 형성. 내담자의 문제 명료화
(2) 읽힐 자료의 선택: 내담자의 독서 수준, 성격, 흥미를 고려하여 내담자의 문제 해결에 적합한 자료 선정
(3) 이해를 돕는 단계: 독서활동을 통한 독서치료자와 내담자의 상호작용. 내담자의 수준에 맞는 질문, 토론, 쓰기와 말하기, 미술활동이나 역할 놀이 등 다양한 활동으로 내담자의 자기탐색 조력
(4) 추수활동과 평가: 독서치료자는 내담자가 실제 행동에 옮길 수 있도록 격려하고, 성공적으로 수행할 만한 합리적인 계획을 세우도록 조력하고 확인함.

독서요법에서 내담자의 읽기 수준은 핵심적인 요소이다. 예를 들면 학습장애아나 정신지체아와 같은 경우 거의 읽지를 못하므로 독서요법은 적용이 어려울 것이다. 그러나 시각장애아는 자료의 주제에는 제한이 없지만 본문을 보지 않고 듣기만 해서 아이디어나 이미지를 어떻게 쉽게 이해할 수 있는지 고려해야 한다. 그래서 시각을 제외한 다른 감각(청각, 후각, 미

각, 후각)을 사용할 수 있는 자료가 치료에 도움이 될 것이다. 즉 점자책, 말소리가 나오는 책 등이 유용하다. 청각장애자나 언어장애자와 함께 하는 경우 독서치료사는 통역자나 언어치료사와 상의하여 도움을 받을 필요가 있을 것이다.

2. 연극치료

연기를 할 수 있는 인간의 능력은 선천적이라 할 수 있다. 연극 경험은 아동의 자연스러운 놀이에서부터 배우들의 공식적인 공연에 이르기까지 폭이 넓다. 치료적 목적으로 사용되는 극 치료의 두 형태는 크게 심리극(psychodrama)과 연극치료(Drama Therapy)로 대별된다. 심리극은 행위 심리치료의 한 형태로 정의할 수 있으며, 주인공은 관객(집단구성원) 앞에서 자기 삶 속의 문제 상황을 연기한다. 집단 구성원은 연극에서 보조 역할을 하면서 자신의 경험을 피드백 해 준다. 연극치료 역시 치료목적을 위해 집단. 안에서 다른 사람들과 함께 자신의 역할을 연기한다.

1) 연극치료

연극치료(Drama Therapy)는 연극의 요소 및 기법을 이용하여 참여자의 성장과 정신건강을 돕는 예술치료다. 극적현실 속에서 참여자의 경험을 재현하고 변형함으로써 일상현실에서 그의 생각, 감정, 행동상의 특정한 변화를 이끌어 낸다.

연극치료는 폭넓고 다양한 내담자들에게 유효하고 다양한 장면에서 활동될 수 있다. 연극은 아이들에게 어른들까지 모든 사람들의 요구를 다룬다. 연극치료는 고립감을 감소시키고 새로운 대처기술과 패턴을 익히고, 감정표현의 폭을 넓히고, 긍정적인 상호작용을 경험하고, 관계를 발달시킨다.

연극치료의 주인공은 다른 사람의 역할이나 대상의 역할을 맡으면서 희곡의 구조를 유지하고 허구적인 형식인 연기공간에서 활동을 하며, 연극치료사들은 상상적 이야기로 치료 작업을 하는 경향이 있다. 때로 직접적으로 맥락에 따라 치료 작업을 하기도 하지만 다시 희곡과의 직접적인 관련성을 확립하여 치료 작업을 한다. 또한 연극치료사들은 한 방법에 얽매이지 않고 보다 다양한 방식으로 실습하며, 치료 전략의 한 부분으로 심리극의 개념과 방법을 통합하기도 한다(나양수·백용매 역, 2009).

심리극처럼 연극치료도 정상적인 신경증 환자에서부터 정신분열 환자에 이르기까지 다양한 내담자 치료를 위해 이루어지고 있다. 특히 연극치료는 발달이 덜 된 아동집단에서도 적용되고 있다. 연극치료의 초기형태는 발달적으로 말하면 놀이치료인데, 치료사는 놀이에서 간접적으로 표현된 이미지의 언어를 이끌어내도록 아동과 함께 치료 작업을 한다.

연극치료사들이 심리극의 원리와 기술을 사용하지만, 연극치료가 가진 가장 고유한 특색은 투사적 성질이다. 연극치료사들은 인형, 가면, 분장, 의상, 모래놀이, 희곡 이야기 구성하기, 그리고 모든 종류의 역할연기, 즉흥극을 통해 자신의 경험에 다가가 탐구하는 투사적 접근 방식을 사용한다.

연극치료는 일련의 과정 속에서 혼자 주인공이 될 수도 있고, 전체 과정의 한 부분으로서 활약하기도 한다. 예를 들면 연극적 과정에는 최대한 충실하게 몰입하여 해내는 역할, 극적 거리두기, 의식(ritual), 놀이가 포함된다. 아동을 대상으로 한 연극치료를 간단히 요약하면 다음과 같다(최승희·지승희 역, 2013).

연극치료사는 자신의 생각을 투사하여 내담자가 그러리라고 짐작하는 대신 내담자가 있는 곳에서 치료를 시작해야하는 것이 첫 번째 가장 중요한 책임이다. 아동은 말로 표현하지 않는 것을 몸짓과 행동으로 말할 수 있다. 아동이 말로 표현하지 않은 것을 해독하기 위해서 치료사는 그와 충분한 시간동안 함께 있으면서 깊게 경험하며, 아동의 세계를 이해하고 아동이 자기 세계를 표현하기 위한 매체를 이해할 수 있도록 충분한 시간이 필요하다.

치료사와 아동의 치료관계는 치료의 성공을 위해 중요하다. 아동과 래포가 형성되어, 아동이 자기의 세계로 치료자가 들어오도록 허용했다면 다음 단계는 창의적인 활동을 활용하여 통찰력과 치유력, 성장 동력을 북돋워 아동의 세계를 확장하는 것이다 이 활동은 아동의 신체연령, 정서연령이나 가지고 있는 문제, 그리고 문제의 심각성에 따라 상당히 다양할 수 있다. 예를 들면 다음과 같다.

- 모래, 진흙 경험
- 신체 조각(신체의 모양이나 형태를 통해 느낌을 보여주기)
- 거울 기법
- 투사하기(자신의 감정이나 상황이 작은 피규어, 인형, 혹은 부드러운 장난감에게 있는 것이라 상상하기)
- 분신기법(다른 사람 혹은 다른 대상물을 위해 대신 말하거나 행동하기)
- 역할연기

연령이 높은 아이들에게는 심리극 기법에 활용되는 기법은 다음과 같다.

- 역할 바꾸기(서로 역할을 바꿔가면서 마치 자기가 다른 인물인 것처럼 말하기)
- 역할에게 묻고 답하기(대개는 청중이나 치료자와의 상호작용인데, 연기자가 자기의 역할 안에서 객관적으로 질문하고 답한다)
- 빈 의자(아동이 마치 별개의 인물인 듯 의자를 이쪽저쪽 바꿔가며 묻고 대답할 때)

특히 반복적으로 나타나는 어떤 역할은 자기가 가진 여러 성격 중의 하나라고 말할 수 있는데 이는 우리의 취약한 핵심을 보호하기 위해 존재한다. McFarlane(2005)은 연극치료를 통해 다양한 역할들이 등장하면서 대체하거나 버릴 것들을 탐색하게 된다고 말한다. 그는 우리 모두에게 존재하는 긍정적이고 부정적인 특성을 견지하면서 기능적이고 실행 가능한 역할체계를 만드는 것이 목표이며, 다른 이들에게 보다 효과적으로 반응할 수 있는 새로운 방식을 배우고 난 뒤 역할연기를 통해 그 역할을 연습함으로써 실제 인생의 시나리오를 리허설하는 것이라 주장한다.

치료사는 치료적 관계 속에서 안전한 공간을 확보하게 되는데, 적절한 비지시적·지시적 개입을 통해 아동으로 하여금 여러 가지 정서들을 경험할 수 있도록 한다. 특히 아동이 자기 자신을 연기자로서 경험하게 되는 '극적 거리두기' 기법을 통해 아동은 허구 속 인물을 정상적이며 자신에게 수용될 수 있는 인물로 만들어가면서 충격 없이 안전하게 감정을 받아들이게 된다. 이 거리두기는 역설적으로 보다 깊이 그리고 근접해서 상황을 경험할 수 있게 한다.

'재구조화하기' 기법은 아동에게 은유를 통해 안전하고 성공적으로 부정적인 상황을 경험할 있게 한다. 이 기법은 결코 일어난 적은 없지만 이상적인 상황이었다면 일어났을 것이라고 생각해온 것에 반응하는 행위로서, '결코 이겨낼 수 없는 상황'으로 보일지라도 대안이 있을 수 있음을 제시함으로써 아동의 내적 세계를 강화시킨다. 예를 들어 반복된 악몽으로 힘들고 혼란스러워하는 아동에게 꿈속의 대상이 되어보게 하여 결말이 어떻게 되면 좋을지 상상해보라고 격려하는 것이다.

마지막으로 아동은 역할연기를 했을 때 '역할 벗기' 행위를 하는 것이 일상의 현실로 되돌아가는데 도움이 된다. 역할 벗기 과정은 연극치료사에 의해 개발된 것으로 아동이 역할 속에 들어가도록 몰입해 있다가 역할에서 벗어나 정상의 자신으로 돌아가도록 하는 과정이다. 특히 아동이 부정적인 역할을 연기했을 경우에 특히 필요한데, 역할을 '벗어나고'나면 연기한 인물을 회고해보는 것이다.

2) 심리극

Moreno에 의해 고안된 심리극은 사회측정학, 역할이론, 집단역동과 같은 경험적 방법을 사용하여 통찰, 개인적 성장, 인지·정서·행동 영역의 통합을 돕는다. 그것은 역할의 개인적 요소에 집중함으로써 주제를 명백하게 하고, 신체적·정신적 안녕을 증진시키고, 새로운 기술의 습득과 발달을 고양시킨다(김춘경 역, 2007).

(1) 심리극의 요소

심리극은 무대, 주인공, 치료사, 보조자아, 관객(집단)이라는 다섯 가지 요소로 구성되어 있다(김세준 역, 2012).

① 무대

심리극은 치료 공간에 공간을 통합한다. 심리극은 주인공의 이야기가 펼쳐질 수 있는 공간을 제공하며, 실제 환경에서 진행되는 삶의 해답을 현실의 삶을 반영하는 가상의 역할극 속에서 찾게 한다. 무대는 개인이 자기 이야기를 말하고 보여주는 동시에 다른 사람들이 지켜볼 수 있는 장소이자 기반이 된다.

② 주인공

심리극에서 주인공은 핵심적인 관심사를 대변하거나 집단에서 탐구주제를 드러내는 사람이라 할 수 있다. 주인공은 치료사(디렉터)와 함께 공연할 장면이나 이야기를 확인하고 준비작업을 한 후 무대 위에서 구체적으로 표현한다. 주인공이 보조자아들과 함께 자기 드라마에 얼마나 자발적으로 관여하고 치료사와 함께 움직이느냐에 따라 작업이 모든 참가자들에게 미치는 영향력은 달라진다. 모든 감각을 완전히 도입하는 심리극 특성상, 신체의 억압이나 근육의 긴장으로 인해 표현되지 못했던 감정을 자유롭게 표출함으로서 자신의 자아와 연결과 이해를 통한 해방감을 느낄 수 있다.

③ 치료사

심리극의 치료사는 웜업과 연기, 나누기를 전문적으로 지도한다. 치료사는 주인공이 자신의 이야기를 행동으로 표현하도록 도와줌으로써 그들의 이야기를 재구성하며, 주인공이 자신의 내적 세계로 떠나는 여행을 따라가며 탐구할 수 있도록 돕는다. 주인공은 자신의 내적 세계로 떠나는 여행을 의미하는 특정한 연상작용을 통해, 그리고 자신이 경험에 부여했던 감각과 의미를 통해 유용한 통찰과 깨달음을 얻게 된다.

④ 보조 자아

보조자아는 주인공의 삶 속에 등장하는 인물 또는 주인공의 내면세계가 지니는 다양한 측면을 최대한 정확하게 재현하는 역할을 맡는다. 보조자아는 주인공과 주고받은 정보와 함께 그 역할에 적합한 사고와 감정, 행동을 재현한다. 보조자아를 통해 주인공은 자신의 내면에 감춰진 주관적 현실을 바라보게 된다. 보조자아는 심리극 속에서 주인공의 욕구에 맞는 주인공의 드라마 속 역할을 연기하고, 나아가 또 다른 관점의 역할 연기를 시도하며 주인공을 다른 상황으로 데려가 주인공으로 하여금 새로운 관점을 경험하게도 한다.

⑤ 관객(집단)

집단은 주인공, 보조자아, 관객 또는 집단 구성원을 비롯한 모든 사람들이 치유되는 안전한 공간이다. 집단 속에서 주인공은 자신과 다른 구성원들의 마음속 드라마를 표현하며, 그것은 관객의 감정이입을 통해 관객들 사이에서도 심층적 치료작업이 일어나게 된다. 집단구성원들은 무대에서 공연되는 모습을 본 후 충분한 시간 동안 주인공을 포함한 다른 구성원들과 의견을 나누어야 한다. 그럼으로써 자신을 더 깊고 강하게 인식하며 모든 참여자들은 진실한 만남을 경험하게 된다.

(2) 심리극의 진행 단계

모레노는 사이코드라마의 주요 단계를 웜업, 공연, 나누기로 나누었다. 개인적, 집단적 문제를 충분히 다루는 동시에 작업을 안전하고 확고한 기반 하에서 안정적으로 진행하기 위해서는 이 세 단계가 모두 반드시 필요하다.

① 웜업(준비단계)

웜업 과정은 주인공과 집단 모두가 실제 역할극을 하기 위한 준비를 갖추는 내외적 작업으로서, 주인공은 장소를 불문하고 어디에서나 웜업을 할 수 있다. 치료를 받으러 가는 도중, 공연에 대한 자세한 설명, 소품을 이용한 장면 설정 등의 과정에서 주인공이 내면에서 일어나는 생각, 감정, 상상 등 모든 것이 자신이 할 말과 행동을 미리 경험할 수 있는 준비단계라 할 수 있다. 충분한 웜업을 통해 주인공은 심리극에 몰입할 수 있게 된다.

② 공연

주인공은 역할극을 통해 자신의 내적 외적 삶을 드러내면서, 구체적으로 표현하고 해결되지 못한 긴장을 표현하게 된다. 공연 단계에서 주인공의 대상관계가 구체화되며, 주인공은 자신의 전이와 투사를 드러내고, 이중자아 기법이나 역할 교대, 인터뷰, 독백하기 등의 기법을 통해 자신의 삶을 종합적으로 살펴보게 된다. 그럼으로써 주인공은 분열되거나, 의식적으로 부정하거나 회피해왔던 자아의 일부를 경험함으로써 성숙하고 통합적 경험을 하게 된다.

③ 나누기

심리극이 끝나고 구성원들은 각자가 어떻게 느꼈는지 의견을 나누는 것은 치료의 일부분이다. 연기자들이 역할을 의도적으로 벗어나게 하는 일이 반드시 필요하며, 주인공의 마음속에 연기자들의 전이가 남지 않도록 그리고 어려운 역할을 맡은 보조자아들이 '역할 휴유증'을 겪지 않도록 역할 제거 작업이 나누기에 반드시 포함되어야 한다.

3. 미술치료

1) 미술치료의 정의

인간은 다양한 감각기능을 통해 끊임없이 자기를 표현하고자하는 본능적 욕구를 가지고 있다. 사람들은 미술 활동을 통해 자신의 생각을 자유롭게 표현하며, 나아가 인지적·정서적·사회적 능력·문제해결력·창의성·사회성을 발달시킨다. 미술치료는 다양한 미술 매체를 활용하여 어려움을 겪고 있는 사람들을 심리적으로 진단하고 치료하는 과정이다. 미술치료는 Art와 Therapy인데, Art는 내담자의 작품을 가리키기도 하고 그 작품을 창작하는 활동을 의미하기도 하며, Therapy는 궁극적으로 인간의 삶의 질을 향상시키기 위한 행위와 과정으로 진단과 개입과정으로 이루어진다(한국미술치료학회, 1995).

미국미술치료협회(1996)는 미술치료가 "창조적 미술제작 과정 자체가 치유적이며, 삶을 향상시켜준다"는 믿음에 기초를 두고 있음을 밝히고 있다. 달리 말하면 미술표현은 정서적인 고통을 극복하고, 갈등을 해소하며, 통찰력을 갖게 하고, 문제행동들을 줄이거나 행복감을 증진시키는 데 도움이 된다(나용수·백용매 역, 2009).

미술치료의 정의와 범위는 미술표현이 치료의 한 형태로 수많은 정신건강 장면과 의학적 장면에서 부분적인 활동으로 사용되었으나, 건강관리가 발전함에 따라 미술치료는 약물남용, 외상과 상실감, 심리적 장애, 주의력결핍 과잉행동장애, 자폐증, 정신지체 등 다양한 유형의 장애에 널리 치료 수단으로 사용되고 있다. 미술치료는 모든 연령대의 성인과 부부, 가족과 집단 치료에 널리 사용되고 있는데 특히 놀이의 한 형태로서 아동을 치료하는 데 유용하게 활용되고 있다.

특히 미술활동이 갖는 창의적이고 표현적인 측면 때문에 미술활동에 참여하는 장애 아동에게 치료적인 측면에서 활용가치가 높다. 미술 활동은 다른 교과목에 비해 주의집중력이나 언어능력이 부족해도 잘 할 수 있는 교과목이고 다양한 답을 추구할 수 있기 때문에, 장애 아동은 편하고 자연스럽게 미술활동을 즐길 수 있다(이근매·조용태, 2014). 이 장에서는 주로 장애 아동을 대상으로 한 미술치료를 기술하고자 한다.

2) 미술치료자의 역할

미술치료자는 내담자의 성향, 치료목표, 치료 기간 등에 따라 다양한 역할을 수행한다. 또한 치료자는 기술적 보조자의 역할을 할 필요가 있다. 기술적 보조자란 내담자가 미술 재료를 사용하여 자신을 표현할 때 기술적으로 도와주는 역할이다. 이때 치료자는 내담자가 원할 때만 도와주어야 하며, 내담자가 치료자의 도움을 거부하고 자신의 힘으로 끝까지 하려고 하면 기다려주는 자세가 필요하다.

특히 치료자가 아동일 경우에는 치료자의 강화가 필요하다. 아동이 치료자가 전문적이고, 매력적이고, 믿을 수 있다고 생각하면 치료자의 피드백을 수용할 가능성이 높아질 것이다. 그러나 치료자는 작품 결과에 대한 칭찬은 하지 않도록 주의해야 한다. 작품 결과에 대해 칭찬하게 되면 내담자가 작품 결과에만 관심을 두게 되어 다음에 새로운 표현 방법을 시도하지 못하게 될 수 있다. 심리치료는 현재의 불만족스러운 삶에 변화를 주기 위해 새로운 시도를 해 보는 것이 중요하다. 새로운 시도에 따르는 위험과 불안을 극복하고 시도하게 하려면 미술활동의 과정에 대한 강화가 필요하다. 내담자는 자신이 어떤 표현을 해도 치료자가 관심을 가지고 받아줄 것이라는 믿음이 있을 때 편안한 마음으로 새로운 표현을 시도할 수 있을 것이다(천성문 외, 2009).

장애 아동을 대상으로 하는 미술치료 프로그램에 있어 치료자는 아동과 밀접한 관계를 유지하여 각 장애의 유형을 고려하여 개별적인 치료를 하는 것이 필요하다. 예를 들어 지체장애 아동의 미술치료에서는 아동의 장애에 맞게 미술 도구의 변형이 필요할 수 있으며, 뇌성마비 아동의 미술치료는 그들의 특수성을 고려하여 자유롭게 근육을 사용할 수 있는 신체적 기능을 원활하게 해주어야 하며, 정서적인 장애 아동의 경우는 그들 내면의 억압된 생각을 표출하여 부정적 감정이 해소될 수 있도록 도와야 한다. 주의력결핍 과잉행동장애의 경우 짧은 집중력을 고려하여 우선 자유로운 형태의 미술활동을 통해 동기를 부여하고, 주의력을 높이기 위해 제한시간이나 종료시간을 알리도록 하며, 주의집중에 도움이 되도록 가장 편한 자세를 할 수 있도록 허용해줄 필요도 있다.

3) 장애 아동 미술치료의 과정

미술치료는 미술표현 자체가 주된 치료가 될 수 있고, 전통적인 언어를 활용한 치료방식에 부가적으로 사용되기도 한다. 미술치료는 모든 연령대의 사람들에게 쉽게 의사소통할 수 있는 방식으로 사용되는데, 특히 말보다는 행동으로 자신을 표현하는 어린 아동이나 정서적, 정신적, 행동적, 의학적 장애를 가진 다양한 아동집단에 적용되어 왔다.

치료의 과정은 일반적으로 다음의 네 단계를 포함한다(Whiston, 2005).

- 아동의 문제를 사정한다.
- 아동이 문제를 개념화하고 정의한다.
- 효과적인 처치를 선택하고 수행한다.
- 치료를 평가한다.

미술치료과정을 장애 아동을 대상으로 한 치료과정에 주안점을 두고 살펴보면 다음과 같다(이근매·조용태, 2014).

(1) 정확한 사정 실시

장애 아동의 미술치료를 실시하기 전에 먼저 부모면접, 개인정보, 의뢰이유, 발달과정, 행동관찰, 객관적인 검사 실시를 통한 아동의 문제 행동에 대한 정확한 사정이 내려져야한다 초기 면접은 주로 부모나 양육자를 통해 아동의 발달상태를 평가하게 되며, 가능한 아동초기부터 기본적이고 실제적인 발달과정에 대한 정보를 얻어야 한다.

치료자는 부모와의 면접, 객관적인 평가 외에 아동을 직접 접촉하고 관찰함으로써 객관적이고 명확한 정보를 얻음으로써 아동의 다양한 정보에 접근해야 한다. 또한 치료자는 아동의 나이, 수준, 장애유형에 따라 객관적인 검사 도구를 결정하고, 검사 실시 후 전문적 해석을 할 수 있어야 한다.

(2) 행동분석

치료자는 효율적인 미술치료를 위해 장애 아동의 문제행동 감소를 위해 다음과 같은 행동분석절차를 거친다. 첫째, 면담 시기에 어떤 증상이 있는지를 환경요인과 함께 분석한다. 둘째, 그 다음 증상이 언제부터 발생하였는지 증상발생기를 분석한다. 셋째, 증상이 지속되고 변화하는 데에 어떤 요인이 작용하는지를 분석하고, 마지막으로 왜 많은 문제 행동 중 그 증상을 선택했는지를 분석하며 아동의 개인차를 고려한다.

(3) 치료모델 결정

장애 아동의 정확한 사정을 통하여 미술치료의 목적을 명확히 한다. 즉, 미술치료의 목적이 발달촉진을 위한 미술치료인지, 문제행동 감소를 위한 미술치료인지 명확히 해야 한다. 치료자는 선행연구와 자신의 역량을 고려하여 치료 모델을 결정한다.

(4) 미술치료 유형

미술치료에서는 대상 구성에 따라 개별 미술치료, 집단 미술치료, 가족 미술치료로 나누어 실시할 수 있다. 치료자는 아동의 증상, 요구, 아동의 환경, 가족관계 등을 고려하여 효과적인 접근방법을 판단하여 실시해야 한다.

문제 정도가 심하거나 대인관계에 많은 어려움을 겪는 아동이나 다루기 힘든 장애 아동은 개별 미술치료가 효과적이다. 이 경우 치료자는 래포를 충분히 형성하며 정서적인 안정을 갖도록 한 후 두려움이나 긴장이 해소되면 집단 미술치료에 참여하게 하는 것이 좋다. 장애 아동의 경우 집단 미술치료를 통해 정서적 유대감과 소속감, 사회적 기술 등을 배울 수 있다. 집단 미술치료에서 집단의 크기는 집단구성원의 특성과 치료목표에 따라 달라질 수 있다.

마지막으로 가족 미술치료는 장애 아동의 문제가 아동뿐만 아니라 가족의 문제라는 전제하에 전 가족을 대상으로 실시한다. 미술표현이 특히 가족들에게 유용한 이유는 가족 구성원들에게 그들의 느낌과 관점, 세계관을 시각적으로 묘사하는 방법을 제공하기 때문이다. 가족 미술치료는 모든 가족 구성원들에게 심상을 통해 같은 목소리를 낼 수 있도록 하며, 영아도 치료에 적극적으로 참가할 수 있고, 가족구성원들의 소통을 강화하고, 가족들로 하여금 미술제작 과정과 내용을 통해 가족 상호작용 패턴과 행동을 전달하도록 도와준다(Riley & Malchiodi, 2003). 가족 미술치료는 전 가족뿐만 아니라 형제, 모자, 부자, 부부 등 부분적으로 참여할 수 있다.

(5) 미술치료 실시

미술치료는 적절한 치료목표의 설정 하에 프로그램 구성이 치료의 효과를 결정한다. 치료자는 아동의 상태, 증상, 연령, 선호도 등 각 아동의 특성에 맞는 미술매체 및 기법을 선정할 수 있어야 한다. 미술치료의 구성은 내담자가 주제와 재료를 자유롭게 선택하는 비구조적 미술치료와 치료자가 아동에게 적절한 매체로 미술치료 프로그램을 구성하는 구조적 미술치료 프로그램이 있다.

치료자는 장애 아동에게 적용할 수 있는 다양한 미술치료 기법 및 매체의 활용법을 숙지하고 실시해야한다. 치료자는 재료를 선택할 때 내담자의 성격을 주의 깊게 고려해야 한다. 예를 들어, 물감, 핑거페인팅, 점토 등은 퇴행을 촉진할 수 있으므로 경직된 내담자에게 매우 유용하며, 충동적이고 자아경계가 불분명한 내담자에게는 색연필, 사인펜 등 딱딱한 재료가 내담자의 충동적 성향을 통제하기 용이할 수 있다. 또한 지적수준이나 발달 수준이 낮은 정신지체나 자폐성 장애 아동의 경우 매체에 적응기간이 필요하므로 2~3회기를 반복 실시하는 것이 좋다.

장애 아동 미술치료에서 대표적으로 활용하는 미술치료 기법에는 그리기, 판화, 콜라주, 조형, 종이접기, 협동표현 등이 있다.

4. 놀이치료

1) 놀이치료의 정의

아동에게 놀이란 어른의 언어와 유사하다. 어른은 언어를 통해 자신의 심리적 어려움을 표현하고 해결하지만 아동은 놀이를 통해 자신의 어려움을 표현하기도 하고 스스로 감정을 정화해 가는 것을 볼 수 있다. 이렇게 놀이는 아동들이 주관적으로 경험하는 자신들의 세계를 창의이고 자발적으로 표현하는 방법이다. 아동은 놀이를 통해 사회적 관계를 배우고 자신의 무의식적인 욕구를 표현하게 된다. 장난감은 아동이 아직 말이 지닌 상징들을 모를 때에도 상징적인 표현을 해준다. 아동은 '놀이'라는 허용적인 방식으로 장난감이나 도구를 통해 자신의 자신의 내면을 자유롭게 표현할 수 있다.

놀이치료의 시작은 Freud가 Hans라는 어린 소년의 치료 과정에서 어린이의 마음속에 쌓인 좌절이나 갈등을 정신 치료적 방법에 의해 해결할 수 있다는 가능성을 보여준 것으로부터라고 할 수 있다. Anna Freud는 정신분열증이 있는 아이들이 분석을 받으면 도움을 받는다고 생각하였고, Klein은 정상적인 어린이들도 생활에서 생기는 정서적인 문제를 놀이를 통해 그때그때 해결한다면 정신 질환의 예방 측면에서도 가치가 있다고 말했다. 이후 심리학이 발달하면서 각 사조에 따라 다양한 놀이치료 방법과 기법이 개발되고 사용되고 있다.

Axline(1969)는 놀이치료를 "아동이 가장 호의적이고 알맞은 조건에서 성장할 수 있는 경험의 기회를 제공해주는 것"이라고 했으며, O'Conor(1983)는 "훈련된 치료자가 심리적 문제를 지닌 내담자를 돕기 위해 체계적으로 놀이의 치료적 힘을 적용시키는 대인관계 과정"이라고 말했다. Webb(1991)은 놀이치료를 "심리역동적인 측면과 발달적인 원칙에 기본을 둔 심리치료의 한 방법이며, 아동이 인형이나 찰흙, 게임, 퍼핏, 미술 재료 등의 놀이도구를 통해 다양한 상상력을 동원하여 자신의 정서적인 어려움을 표현하고 완화하는 데 도움을 주고자 하는 것"이라고 정의한다. 즉 놀이치료란 훈련된 치료사와의 상호적인 대인관계를 통해 심리적인 문제를 지닌 내담자를 돕기 위해서 체계적으로 놀이의 치료적 힘을 적용시키는 방법이라 할 수 있다(천성문 외, 2009).

2) 놀이치료사의 자격과 역할

(1) 놀이치료사의 자격

놀이에는 진단과 평가의 기능이 있다. 아동의 놀이를 살펴보면 발달 정도를 알 수 있으며 아동의 성격 특성 및 심리적 어려움에 대해서도 이해할 수 있다. 놀이는 진단과 평가를 하는 도구일 뿐 아니라 심리치료의 수단이 되기도 한다. 그러므로 놀이치료사의 자격은 인간 심리의 역동적 관계, 진단과 그밖에 인간을 이해하고 도울 수 있는 심리학적 배경을 요구하며 이에 관련된 학력 및 충분한 임상 경험을 필요로 한다. 또한 아동은 발달 선상에 놓여 있으므로 놀이치료사는 아동발달 및 발달병리에 대해 전문적인 지식을 갖추고 있어야 한다.

아동중심의 놀이치료를 개발했던 Axline(1947)은 다음과 같은 치료적 관계의 기본 원리를 제시한다(나양수·백용매 역, 2009).

- 아동과의 따뜻하고 우호적인 관계를 발달시켜야 한다.
- 어떤 식으로든 아동을 변화시키려 하지 않으면서 아동을 있는 그대로 받아들여야 한다.
- 아동이 모든 감정을 자유롭게 표현할 수 있는 수용적인 환경을 유지해야 한다.
- 아동이 자신의 행동에 대한 통찰력을 얻을 수 있도록 아동의 감정들을 알아차리고 인정해야 한다.

- 아동에게 선택과 변화에 대해 책임을 지도록 하고 자신의 문제를 해결할 수 있는 능력에 대해 깊고 지속적으로 관심을 보여주어야 한다.
- 아동의 놀이나 언어적인 표현을 지시하려고 해서는 안 된다. 아동이 스스로 주도하도록 해야 한다.
- 치료과정을 서둘러서는 안 된다.
- 안전, 법적, 그리고 윤리적인 기준들을 충족시키는 데 필요한 제한들을 정해놓아야 한다.

(2) 놀이치료사의 역할

놀이치료사는 아동에게 초점을 맞추어 인격적으로 존중해주며 아동 스스로 자신을 표현할 수 있도록 돕는다. 놀이치료사는 아동의 생각이나 감정, 아이디어, 욕구, 상상력 등을 존중하고 지지해주는 사람으로 아동에게 보다 특별한 사람으로 인식된다. 놀이치료사는 아동이 느끼고 생각하는 것을 충분히 공감하면서도 아동이 보지 못하는 측면, 지각하지 못하는 측면 등을 지각하고 비추어 줄 수 있어야 한다. 아동은 다른 성인과는 다르게 자신을 대하는 치료사를 특별하게 인식하고 다른 어른과 나눌 수 없었던 자유로운 의사소통을 하게 된다. 이렇게 아동이 놀이치료사를 보통의 어른과는 다른 특별한 사람으로 느끼게 될 때 치료적 관계가 시작될 수 있다.

유능한 놀이치료사는 개방된 마음으로 아동에게 선택권과 책임을 돌려주는 사람이다. 치료자가 아동의 생각과 감정을 있는 그대로 바라보며, 평가하고 비판하지 않음으로써 아동은 스스로 자기 내적인 안내를 받아 성장하게 된다. 또한 치료사는 자신의 욕구, 선입견, 불안, 자기와 타인에 대한 기대 등을 자각할 수 있어야 한다. 치료사가 자기 내면에 대한 통찰이 부족하면 아동에 대한 탐색이 제한되어 아동에게 부정적인 영향을 미칠 수 있다. 치료사는 자기 이해를 촉진하는 자기탐색 과정을 가져야 하며 아동에게 영향을 미치는 것이 최소화되도록 노력해야 한다.

놀이치료사는 자신의 한계와 능력을 알고 다루기 힘든 아동은 다른 기관에 의뢰할 수 있는 결단력이 필요하며 자기 자신에 대한 개방적인 태도로써 자신의 실수를 인정하고 수용적인 태도를 가져야한다.

Landreth(1991)는 놀이치료사의 자기이해를 증진시키기 위해 다음의 질문을 제안한다.

- 놀이치료에서 충족되는 나의 욕구는 무엇인가?
- 충족되어야 할 나의 욕구는 얼마나 강한 것인가?

- 놀이치료에서 충족되는 나의 욕구는 무엇인가?
- 충족되어야 할 나의 욕구는 얼마나 강한 것인가?
- 나는 이 아동을 좋아하는가?
- 나는 이 아동과 함께 있고 싶어 하는가?
- 나의 태도와 감정이 이 아동에게 어떤 영향을 주는가?
- 이 아동은 나를 어떻게 지각하는가?

3) 놀이도구

모든 놀이도구들이 아동의 욕구, 감정, 경험을 표현하도록 촉진하는 것은 아니다. 놀이도구는 아동들의 발달 수준에 맞게 그들의 놀이와 활동을 촉진할 수 있고, 아동이 자신을 표현하는데 복잡하지 않고 쉽게 좌절감을 느끼지 않는 것이라야 한다. 그리고 놀이치료의 목적과 이론적 근거와 일치되는 범위 내에서 주의 깊게 선택되어야 한다. 좋은 놀이도구가 되기 위해서는 다음과 같은 질문에 적합한 것이어야 한다(Landreth, 1991).

- 폭넓은 창의적 표현을 촉진하는 것인가?
- 폭넓은 정서적 표현을 촉진하는가?
- 아동의 관심에 알맞은 것인가?
- 표현이 가능하고 탐색적인 놀이로 촉진시키는가?
- 언어화하지 않아도 탐색과 표현이 자유롭게 허용되는가?
- 미리 정해 놓은 틀에 맞지 않아도 성공할 수 있도록 허용되는가?
- 활동적인 것을 고려할 때 재질이 튼튼한가?

아동들의 놀이 활동에서 사용하는 놀이도구는 아동과 놀이치료자가 서로 대화하도록 도와준다. 놀이도구는 아동과 긍정적인 관계를 형성하고 폭넓은 감정을 표현할 수 있는 것, 실생활의 경험을 탐색할 수 있는 것, 놀이도구 사용 시 아동이 도구사용의 제한점을 확실히 알 수 있는 것, 긍정적인 자기상을 발달시킬 수 있는 것, 자기 이해를 발달시킬 수 있는 것, 아동 스스로 선택하고 결정할 수 있는 책임감을 발달시킬 수 있는 기회를 제공하는 것이 적합하다(유미숙, 1997).

4) 놀이치료의 과정

(1) 접수 상담

접수상담자는 상담의뢰자(부모, 교사, 보호자 등)와의 면담에서 아동의 인적사항, 아동양육 사항, 가족사항, 부모가 보는 아동의 문제, 또래관계, 다른 기관에 다닌 경험, 아동의 장애의 진단명과 정도, 학교생활 등을 일정한 형식과 기준을 가진 접수 면접지를 통해 면담한다. 아동 상담의 경우에는 아동과 부모를 모두 만나 보아야 한다. 접수상담 시에 가족 면담을 함께 하면 가족의 역동이나 의사소통 형태 등을 알 수 있어 가족을 이해하는데 도움이 된다. 아동 상담에서는 부모와 아동을 시간을 나누어 면담하는 것도 효과적이다

그리고 직접적으로 자신의 마음을 표현하지 못하는 아동의 마음을 알아내기 위해 그림검사나 놀이 등을 활용하여 아동의 문제를 파악한다. 치료사는 아동의 문제나 치료 계획의 수립을 위해서 발달 평가, 심리 검사, 진단적 놀이 평가 등으로 아동의 현재의 수준을 파악하고 구체적인 치료 계획을 세운다.

(2) 초기 단계

초기 단계에는 내담자와의 신뢰관계를 구축하기 위해 노력을 기울여야 하는 시기이다. 치료자가 수용적인 태도로 내담자의 감정을 반영해 주고 동기를 부여해 주며 깊은 해석은 하지 않는 단계이다. 아동과 상담을 할 때는 치료실에서의 행동적 한계를 알게 해야 하고 시간적 공간적 한계도 알려 주어야 한다.

놀이치료 초기의 아동은 호기심을 표현하고 창조적인 놀이를 증가시키며 자발적인 표현도 늘어간다. 자신이나 가족에 대한 이야기를 하며 치료자에게 잘 보이려는 행동을 보이기도 한다. 이때, 치료자가 아동의 성공적인 행동이나 선한 행동에 강화하는 반응을 보이면 아동은 계속 착한 아이로 인정받으려는 행동만 하게 되어 아동의 부정적인 감정이나 갈등 상황에 대한 탐색을 할 수 있는 기회를 잃게 된다. 아동은 치료자를 심리적으로 만족시켜 주는 대상이 아니다. 아동은 놀이치료 시간의 주인이며 치료자는 자신의 어려움을 함께 해결하도록 돕는 전문가라는 인식을 가져야 한다.

치료자는 아동의 감정은 모두 수용해 주지만 행동의 허용 한계는 분명하게 알려 주는 일관된 반응을 보여주어야 한다. 그렇게 하려면 치료자도 분명한 제한의 틀을 갖고 있어야 아동이 제한을 어기는 행동을 했을 때 당황하지 않고 반응할 수 있어 치료적 관계를 촉진시킬 수 있다.

(3) 중기 과정

치료자와 아동은 점차 친밀한 관계를 맺게 되며 신뢰감이 형성되어 간다. 아동은 부정적인 감정을 자연스럽게 나타내기 시작한다. 내담자가 어른이건 아동이건 간에 자신의 과거에서 불쾌했던 경험들의 재연을 시도하게 되는데 그 시기가 발달적으로 어느 단계였는지를 아는 것은 매우 중요하다. 갈등을 겪던 시기에 따라 다른 심리적 어려움에 처하게 되므로 내담자가 어려움을 겪었던 시기가 발달적으로 어떤 시점에 있었는지를 이해하여 심리 치료의 초기 목표를 재조정할 필요가 있다.

상담 중기 과정에는 내담자가 자아존중감을 형성하기 위한 통찰력을 갖도록 도와주고 성취감을 느낄 수 있는 기회를 갖도록 계획하여야 한다. 특히 아동의 경우에는 크게 좌절하지 않도록 세심한 배려를 해야 하고 갈등을 느끼는 상황이 견딜 수 있는 정도인지를 고려해야 하며 격려와 지지도 필요하다.

이 단계에서 내담자는 부모와의 관계에서 결핍되거나 왜곡된 부분을 보충하고 수정하는 교정적인 경험을 하게 되고 해석을 통해 자신의 과거에 일어났던 충격적인 사건을 재통합하고 성장하게 된다.

(4) 종료 과정

이 단계가 되면 내담자는 자신의 문제를 있는 그대로 수용할 수 있으며 자신의 장점을 존중하며 자아존중감이 향상되어 적극적으로 현실에 대처하는 모습을 보인다. 치료사는 종료를 위한 사전 계획을 미리 세워야 하며 내담자와 합의하는 과정도 필요하다. 특히 아동의 경우에는 아동의 수준에서 받아들일 수 있도록 고안된 방법을 사용하여야 한다.

그런데 아동의 경우에는 성장 과정에 놓여 있으므로 초기의 목표가 달성되었다 하더라도 또 다른 문제에 부딪혀 힘들어하게 된다. 그러므로 아동이나 부모와 함께 세운 목표에 대해 검토하고 새로운 문제 해결을 위한 다각적인 접근 방법을 모색해야 한다.

대부분의 종료는 치료 목표에 도달했을 때 이루어지지만 그렇지 못하고 중단되는 경우도 많다. 이런 경우에도 확실한 종료 절차를 갖는 것이 도움이 된다. 아동의 경우에는 어른과 달라 상담이 종료된 후에도 발달 단계마다 어려움을 겪게 되는 상황이 생길 수 있으므로 언제라도 힘들면 다시 만날 수 있다는 확신을 부모에게도 줄 필요가 있다.

5. 무용/동작치료

1) 무용/동작치료(Dance Movement Therapy)의 정의

무용/동작치료(Dance Movement Therapy)는 신체의 움직임을 심리 치료적으로 사용하여 개인의 감정과 정신, 신체를 통합(integration)시키는 것을 목적으로 한다. 무용/동작 치료는 온전한 건강한 마음, 몸, 정신의 통합에 달려 있음을 전제로 하며, 이 기능의 통합에 어려움을 겪을 때 개인이나 집단 혹은 가족은 다양한 신체적, 정신적 장애를 겪게 된다. 무용/동작치료는 상호작용과 변화의 매개체인 몸동작이나 춤의 움직임을 통해 내적표현을 함으로써 심리적 갈등을 정화시켜 치유능력을 키우고자 한다.

무용치료는 서구에서 1940~1950년대 정신치료의 한 형태로 시작되었고, 구조화, 체계화는 1966년 미국무용치료학회 설립 이후 이 분야의 이론과 실제에 큰 발전을 가져왔다. 미국무용치료학회(American Dance Therapy Association)는 다양한 계층의 그룹과 여러 가지 진단법을 통해 그 효과를 조사해왔으며, 많은 사례연구와 통계적인 연구 및 질적 연구를 통해 은 무용/동작치료의 개발의 다양성과 중요성을 강조하고 있다. 한국에서 본격적인 임상적용은 1992년 국립서울정신병원 정신재활과의 만성정신분열증 환자에서 시작하여 이후 정신질환, 정신지체, 식사장애, 정서장애, 자폐아 등을 대상으로 한 치료에서 긍정적 결과를 보고하고 있다.

무용/동작치료는 기본요소인 신체와 공간, 시간, 에너지, 흐름 등이 잘 융화되고 조직화되어 치유적 관계를 맺고 있으며, 한 가지 변화가 다른 연쇄적인 변화를 일으켜 정신과 신체의 통합을 가져온다고 가정한다. 신체는 성격의 표현으로 무용치료에서 움직임의 사용은 한 개인에 대한 다양한 마음 상태를 보여주며 움직임을 통한 상호작용은 새로운 경험이나 감각을 일으킬 수 있다. 이러한 창의적이고 비언어적인 탐색은 특히 학대나 외상을 경험하거나 언어적 표현을 힘들어 하는 내담자에게 특별히 도움이 된다.

오늘날 무용/동작치료는 크게 5가지 영역으로 구분할 수 있다(류분순, 2004). 첫째, 재사회화와 정체성 확립, 둘째, 창조적인 능력 개발과 자기표현, 셋째, 전체적 자아로서의 몸의 인식과 경험에 대한 자각, 넷째 신체활동의 조절능력과 통찰력, 다섯째, 정신과 신체의 통합성의 영역으로 구분된다.

2) 무용/동작치료의 이론적 원리

무용/동작 치료에서 동작은 감정적인 경험 및 신체적인 경험과 연결되며, 또한 언어와 연결됨으로써 동작이 어떻게 정서와 감정을 표현할 수 있는지를 자각하게 되는데, 그것은 심리적인 이해로 확장된다. 집단 무용/동작 치료에서, 상호적인 동작의 경험은 개개인간에 나타나는 행동들을 보다 더 잘 자각할 수 있게 도와주고, 타인들과의 관계를 어떻게 형성하고 유지시켜 나가며 변화할 수 있는지 알게 해준다. 이러한 무용/동작치료법의 다섯 가지 필수적인 이론적 원리를 요약하면 다음과 같다(류분순, 2000).

첫째, 신체와 정신은 끊임없는 상호작용을 한다. 따라서 전체적인 역할수행에 영향을 미칠 수 있는 동작 수준에서 중요한 변화가 일어난다. 이는 환자들의 동작경험과 언어 통찰력을 결합시키기 위한 치료사의 격려가 요구됨을 의미한다.

둘째, 동작은 인격을 반영한다. W. Reich는 신체의 자세, 제스처, 동작이 적개심이나 성욕, 불안감들을 막아내는 방어적 행위를 나타낸 것이라고 주장하였다. 또한 그는 신체가 유년기의 상처에 대한 흔적을 보여주고 있다고 믿었다. 그밖에도 많은 심리분석가들은 엄마와 유아간의 초기 상호작용이 인격의 형성에 결정적인 역할을 한다는 이론을 고수하는데 이는 주로 언어라는 매체 없이 이루어진다. 무용/동작 치료법은 환자의 동작을 반영해 주고 있는 테크닉을 사용함으로써 인격발달의 비언어적인 영역에 관심을 두고 있다.

셋째, 무용/동작치료법에서 동작을 통해서 환자와 치료사 사이에 이루어진 관계는 행동의 변화를 뒷받침해주고 또 그것을 가능하게 해준다. 무용의 그룹치료에서 리듬은 다른 것들과 함께 청각에 단계적으로 사람에게 투입될 뿐만 아니라 개인의 행동을 구성하고 자극하는 것을 돕는다. 그리고 치료의 상호작용에서 환자와 치료자의 연결을 돕는다. 각각의 것들은 동시성의 운동에서 외부의 리듬요소에 의해 합쳐져서 공통적인 부분이 되고, 효과 면에서 과학적, 경험적 데이터 둘 다 외부의 리드미컬한 요소들에 재반응하고 내부의 리드미컬한 발생지에 의해 고유의 생물학적 반응을 조절함으로서 리드미컬한 운동의 전제를 지지한다. 그리하여 신경생리학의 상관관계가 있는 신체형성, 정신, 태도의 명백함이든지 근육의 상태이든지 간에 행동과 감정 사이에서 상호관계는 명확하게 나타난다.

넷째, 꿈, 그림, 자유연상 등과 같은 것에 대한 동작이 무의식의 증거가 될 수 있다. 무의식적인 감정을 자각하게끔 만들 수 있는 필수적인 수단으로 동작과 이미지는 하나의 접근 방법으로 의미가 있다.

다섯째, 즉흥 움직임을 통해서 하나의 동작을 만들어 내는 행위는 개인으로 하여금 허구의 세계에 대한 새로운 경험을 하게 만들어 주기 때문에 본질적으로 치료를 가능케 해준다. 창의력이 만들어 내는 치료적 가치는 창의성에 대한 심리학적 이론들에서 축적되어 왔는데, 그것을 예술치료법이 강조해 주고 있다.

이러한 이론들은 무용이라는 매체가 창의적인 영감의 원천으로써 무의식에 그려지고 있다는 개념을 지지해 주고 있다. 따라서 예술은 사회에서 받아들여지는 형태 안에서는 충족되어지지 않는 무의식적 욕구들에 대한 대리 환상을 만족시켜주는 역할을 한다. 게다가 꿈과 마찬가지로, 예술은 무의식적인 소재를 취하고 그것을 상징으로 표현한다. 치료과정에서 상징을 사용함으로써 환자의 무의식에 존재하는 분노의 에너지를 방출함으로써 보다 생산적으로 처리할 수 있게 해주는 하나의 방법을 제공해 준다.

3) 무용/동작 치료사의 역할

다양한 방면의 심리치료사가 내담자의 개별 욕구에 적응해야 하는 것처럼, 무용/동작치료사의 역할도 매우 다양하다. 내담자를 위해 많은 지지적인 움직임과 반영을 하고, 또 어떤 때는 공감하는 관찰자로서의 역할도 한다. 가끔은 내담자나 집단에 대한 응답을 해주거나, 그들이 무엇을 인식했는지 보여주거나 또는 집단의 움직임을 편안하게 해 주기 위해 자신의 춤을 추기도 한다(최희아 공역, 2009).

무용/동작치료사는 내담자를 내적, 외적으로 지지하여 움직임에 대한 욕구를 불러일으킴으로써 다양한 경험을 유도할 수 있어야 한다. 무용/동작치료사는 다양한 움직임의 경험과 내담자의 서로 다른 움직임에 대한 진단, 분석, 발전시킬 수 있는 능력을 필요로 한다. 무용/동작치료사가 갖춰야할 능력을 정리하면 다음과 같다.

- 신체움직임이 인간 상호작용과 의사소통의 근본인 것을 이해할 수 있다.
- 무용의 미적, 예술적 경험의 치료적 가치를 이해할 수 있다.
- 인간 움직임의 신체적, 정서적, 인지적인 면의 상호관계를 이해할 수 있다.
- 움직임 관찰과 평가 분석할 수 있는 능력이 있으며 무용동작치료과정에 치료적 개입을 할 수 있다.
- 상담기술과 집단소통능력을 갖는다.
- 다양한 대상을 위해 무용동작치료 프로그램을 개발하고 평가할 수 있다.

치료사는 자신의 충분한 잠재능력을 사용하여 환자들과 움직임 관계에서 서로가 신뢰감을 가질 수 있게 한다. 또한 치료자의 섬세함과 자발성은 집단에서 일어나는 일들을 유용성 있고 창조적으로 해결하여, 환자들로 하여금 자신에 대한 긍정적인 인식과 정체감을 강화시킨다. 치료자가 가져야 할 목표는 지금-여기에 일어나는 것들을 인정해 주기, 내담자의 표현의 수단을 확대 시키고 현재 경험을 심화시키기, 새로운 자원 개발을 위해 제안하기 등이다. 이 목표를 위한 치료자의 역할은 내담자의 표현에 초점 맞추어 지켜보고 감각 느끼기, 감정이입, 상상하기 등을 하면서 내담자를 따라가고 쫓아가는 일이다.

또한 치료자는 내담자에게 심미적 반응(aesthetic response)을 할 수 있어야 한다. 심미적 반응을 하려면 치료사가 안내자로서 내담자와의 경험나누기, 높은 감수성, 깊은 수준의 자각, 그리고 의사소통 모델에 익숙해야 한다. 무용/동작심리치료사는 동작과 심상들 간의 새롭고도 예기치 않는 관련성을 만들기 위해 감정, 감각, 환상, 상상들과 같은 무의식의 내용들을 지각하게 하고, 그것들을 환자들의 의식 속으로 통합할 수 있게 한다. 이를 위해 치료사는 다음과 같은 반영적 질문을 할 수 있다.

- 만약 당신이 그린 그림이 당신에게 말을 할 수 있다면 또는 당신이 한 동작표현이 당신에게 말을 할 수 있다면 그것이 어떤 말을 할 것이라고 상상하는가?
- 어떤 이미지가 당신을 자유롭게 만드는데 도움이 되는가?
- 어떤 동작이 당신의 감정을 표현하는데 도움이 되는가?
- 당신의 그림에 무엇인가 첨가할 것이 있다면, 또는 당신이 한 동작에 무언가 첨가 할 것이 있다면 그것은 무엇일까?
- 당신이 매우 빠른 동작과 매우 느린 동작 사이를 왕복해서 할 때 무엇을 알아차렸는가?

무용/동작치료는 언어적인 소통은 잘 못하지만 동작과 소리로는 표현을 잘하는 유아나 아동에게 성공적인 치료법으로 알려져 있다. 대화의 방법으로 춤을 이용하는 것은 언어로 그 자신들을 표현하는 것이 어려운 사람들에게는 아주 중요한 출구일지 모른다. 1980년 Bartenieff와 Lewis는 정신지체아들에 대한 무용/동작치료에 대한 반응으로 운동력, 언어패턴, 기동력, 대화기술과 사회적 능력의 변화를 설명했다. 또한 1970년 Jakab는 정신지체아들의 비언어 의사소통을 주장했고, 많은 연구 사례들이 장애아들을 대상으로 한 긍정적인 신체적 정신적 변화를 설명해왔다. 그 이유는 동작치료가 기능적인 신체적 능력과 근육조정능력에 있어서 개선된 신체이미지와 사회적 능력을 증진시키기 때문이다. 또한 무용/동작치료는 섭식장애와 신체 이미지에 대한 문제를 가진 사람뿐만 아니라 자폐 아동들을 변화시키는 데도 성공적인 치료법으로 알려져 있다(나양수·백용매 역, 2009).

6. 마음챙김(Mindfulness) 명상

최근 명상은 심신의 고통을 치유하는 실제적인 방법으로서 인식이 확장되고 있으며 의학계나 심리학계에서 과학적 연구대상으로서의 위치를 확보하게 되었다. 특히 불교명상의 일종인 위빠사나 명상(Vipassana mediation)[1]의 원리를 심리치료에 활용하려는 시도가 활발히 진행되고 있다. 마음챙김(mindfulness)은 위빠사나 명상의 핵심요소로서, 마음챙김은 '지금 이 순간 몸과 마음에서 일어나는 모든 경험을 판단하지 않고 있는 그대로 분명하게 알아차리는 것'이라 할 수 있다.

마음챙김은 자신의 현재를 있는 그대로 자각하고 수용하며 충분히 존재하는 법을 수련하는 것이다. Segal 등(2002)은 인간의 삶의 양식에는 행위양식(Doing Mode)과 존재양식(Being Mode)이 있다고 말한다. 마음챙김에 근거한 심리치료에서는 존재양식과 행위양식의 균형과 조화를 강조한다. 행위양식에서는 자신의 현재 상태와 자신이 바라는 이상적인 상태를 끊임없이 비교하고 평가함으로써, 그 둘 사이의 괴리를 해소하기 위해 목표성취를 위한 행위를 하게 된다. 성취 지향적이고 경쟁적인 현대사회에서 이러한 행위양식은 생존을 위해 어린 시절부터 배워왔던 매우 익숙한 양식이다.

그러나 때로는 현재의 경험이 원하지 않는 상태일지라도 그것을 있는 그대로 허용하고 머무는 방식이 더 효과적일 수 있다. 존재양식은 자신의 상황을 비교하거나 평가하려는 시도를 멈추고 주의를 현재에 두고, 그것을 변화시키려는 의도를 내지 않은 채, 단순히 순간순간을 충분히 경험하고자 한다. 명상 수련을 통해 존재양식이 배양되면 비교나 평가에서 비롯되는 부정적인 정서가 나타나더라도 그것을 변화시키기 위한 습관적이고 자동적인 사고나 행동패턴에 휩쓸리지 않게 된다.

기존의 심리치료 방법이 문제의 원인을 제거하는 방식이라면, 마음챙김에 근거한 심리치료는 마음의 부정적인 요소를 제거하는 것 보다는 마음의 긍정적인 요소를 배양시킴으로써 심리증상을 해결하는 긍정심리학적 지향을 가지고 있다(Shapiro 등, 2002). 즉 과거와 미래에서 방황하는 마음을 현재 이 순간에 머물러 가라앉히는 연습을 통해 평정심과 인내심과 같은

[1] 명상은 크게 집중명상과 통찰명상의 두 가지 범주로 구분할 수 있다. 집중명상(concentration mediation)은 특정한 대상에 주의를 집중함으로써 모든 망상을 멈추게 하여 산란한 마음을 고요하게 안정시키는 방법이다. 반면 통찰명상(insight mediation)은 몸과 마음에서 일어나는 현상을 관찰하고 알아차림으로써 존재의 실상을 체득하는 지혜를 얻는 수행법이다. 이는 위빠사나 명상, 마음챙김 명상, 혹은 사념처 수행으로도 불린다.

긍정적인 마음을 배양시킴으로써 건강한 정신기능을 증가시키는 것이다.

그리고 자신의 마음뿐 아니라 신체에서 일어나는 현상들(통증, 가려움을 포함하는 신체감각들)에 대해 주의를 모으고, 그것을 수용하는 마음으로 관찰하는 훈련을 하도록 한다. 이러한 훈련을 통해 몸과 마음의 긴밀한 연결성을 자연스럽게 알게 되고 좀 더 온전한 전체로서 자신을 바라보는 관점을 획득하게 된다.

1) 마음챙김 명상과 심리치유

90년대 이후 명상을 기반으로 한 MBSR 프로그램은 심신건강 개입프로그램으로서 신체질환 뿐 아니라 정신질환에도 그 효과성이 입증된 세계적인 프로그램이다. 메사추세츠 대학의 Kabat-Zinn(1990)이 만성 통증 환자를 치료하기 위해 마음챙김에 근거한 스트레스 감소 프로그램(Mindfulness-Based Stress Reduction: MBSR)은 의료현장 뿐 아니라 교육, 상담, 산업 등 다양한 현장에서 다양한 목적으로 변형 보급되고 있다(김완석, 2010). MBSR에서는 마음챙김을 임상환자들에게 훈련시킴으로써, 만성적인 통증의 조절 뿐 아니라 불안장애, 우울증, 공황장애와 같은 정서적, 행동적 장애의 치료에도 효과를 나타냈다(Davidson, &Kabat-Zinn, 2004). 일반인을 대상으로 한 MBSR 연구에서도 마음챙김 훈련이 스트레스의 완화와 정서적 안녕을 증진시키는 것으로 보고되고 있다(Astin, 1997; Shapiro, Schwartz, & Bonner, 1998). 이외에도 마음챙김의 원리를 받아들인 심리치료에는 마음챙김에 근거한 인지치료(MBCT), 변증법적 행동치료(DBT), 수용-전념치료(ACT) 등이 대표적인 치료기법이라 할 수 있다. 이러한 치료법들의 공통적인 특징은 마음챙김(mindfulness)과 수용(acceptance)의 원리를 치료의 핵심적인 기법으로 사용하며, 체험적 요소를 강조하고 있다는 데에 있다.

마음챙김을 연구하는 현대 심리학자들은 마음챙김이 심리적 문제를 해결하는 매개변인으로 다음과 같은 개념을 제안한다.

- **탈중심화(decentering):** 자신의 사고와 감정을 마음속에 나타나는 일시적인 정신적인 사건으로 관찰하는 능력. '거리두기' 와 유사한 개념
- **노출효과(exposure):** 노출효과는 마음챙김의 경험으로 탈중심화의 능력이 배양되면서 가능한 효과임. Goleman(1971)은 마음챙김의 심리치료적 메카니즘을 노출효과에 따른 전반적인 탈민감화(desensitization)과정으로 설명함
- **탈자동화:** 과거에 의식되지 않은 채 자신의 삶을 움직여왔던 습관적이고 자동적인 인지과정이 약화됨에 따라, 과거의 습관에서 나오는 집착과 구속으로부터 자유로워짐

- **탈동일시:** 마음챙김의 작용기제에서 가장 상위의 통찰과 관련된 요소. 자기를 의식의 내용(생각, 감정, 감각, 행동경향성)과 동일시하는 것이 아니라, 의식의 내용을 맥락적으로 자각하는 것으로 의식의 내용과 이를 관찰하고 있는 상위의 인식 주체를 구분하여 이해하는 능력
- **수용적 주의:** 좋고 나쁨을 분별하고 평가하여 좋은 감각의 대상에는 집착하고 그렇지 못한 감각의 대상은 회피하려는 태도에서 벗어나 '단지 존재하는 것'을 훈련하는 과정. 부정정서를 있는 그대로 경험하게 함으로써 수용 능력을 함양시킴. 이로 인해 경험회피가 줄어 증상완화에 도움을 줌
- **인지적 탈융합(cognitive defusion):** 생각, 느낌, 감정들을 자기 자신과 일치 시키는 것이 아니라 마음에 왔다가 사라지는 것이라고 초연하게 관찰하는 것

2) 마음챙김 명상 방법

마음챙김에 기반을 둔 치료법들의 공통점은 모두 알아차림을 중요시한다는 것이다. 여기에서는 MBSR(Mindfulness-Based Stress Reduction)프로그램에서 활용하는 수련법을 예시로 들어 설명하고자 한다. 이 프로그램은 8주 동안 주당 한 회기씩, 각 회기마다 2.5~3시간 정도 진행되는 집단 프로그램이다. 참가자들은 매 회기마다 받은 숙제로서 매일 집에서 45분간 마음챙김 연습에 관한 훈련을 해야 하는 것이 이 프로그램의 핵심적인 부분이다.

(1) 건포도 먹기 훈련

먹기 명상은 건포도 한 알을 먹으면서 일어나는 순간순간의 체험에 대해 주의를 집중하는 명상법이다. 건포도 명상은 우리가 흔히 무슨 일이 일어나고 있는지 인식하지 못하는 자동조종상태임을 스스로 통찰하게 하며, 이러한 단순한 행동을 알아차림하며 천천히 집중을 하게 되면 어떤 변화가 일어날 수 있을 지를 경험할 수 있는 좋은 실례가 된다. 건포도 먹기 명상은 참여자들이 마음챙김이 무엇인지를 깨닫게 하는데 도움이 된다.

(2) 보디스캔 훈련

참가자들은 눈을 감고 반듯이 눕거나 의자에 편하게 앉아, 발가락에서 시작해서 천천히 다리 위로 그리고 다른 다리로, 몸통 팔, 목 그리고 머리로 이어지는 신체의 많은 부분들에 순차적으로 주의를 기울인다. 각 신체의 부분에서 참가자들은 개방성과 호기심을 가지고 그 순간의 감각들을 알아차리고 평가나 판단 없이 내려놓는 연습을 하게 된다. 만약 신체의 어떠한 부분이 긴장되어 있다면, 단지 그것이 긴장되어 있음을 알아차린다. 만약 아픔, 통증을 느꼈다면 주의 깊게 그것의 성질을 관찰한다. 마음이 방황할 때, 자기비판이나 비난함이 없이,

그들이 할 수 있는 한 최선을 다해 이 사실을 알아차리고 부드럽게 신체감각으로 주의를 돌리라고 한다.

⑶ 정좌명상

호흡에 주의를 두고 마음이 호흡에서 벗어나면 알아차리고 다시 주의를 호흡으로 되돌리는 연습이다. 아무것도 하지 않고 아무런 목적 없이 자신의 호흡이나 신체 또는 마음만을 관찰하면서 오랜 시간 앉아 있는 것은 그리 편한 일은 아니다. 명상을 하는 동안 솟아나는 충동과 마음속에 떠오르는 생각, 신체감각, 감정 등을 관찰한다. 마음이 방황할 때마다 단지 이것을 수용하고 호흡으로 돌아오는 것이 중요하다. 이렇게 함으로써 실패했다거나 호흡에 주의를 집중하지 못했다거나 하는 믿음에서 비롯될 수 있는 판단과 비난으로부터 한 걸음 비켜날 수 있다.

⑷ 하타요가

하타요가는 신체의 움직임, 스트레칭 그리고 특정자세의 유지와 같은 동작을 하는 동안 신체 동작, 균형 그리고 감각 등에 대해 세세하게 마음챙김을 키워나가는 것이다. 하나하나의 동작을 행하는 동안 신체나 호흡의 감각을 순간순간 알아차림 하면서 부드럽고 천천히 자신의 능력의 한계 밖으로 넘어가지 않게 마음챙겨야 한다. 하타요가는 단순한 신체운동능력의 향상을 위한 것이 아닌, 비판단적 관찰과 몸의 상태를 알아차림 하는 명상법으로서 수련을 통해 신체감각의 변화를 알 수 있게 된다.

⑸ 걷기명상

걷기명상은 신체감각을 보다 잘 자각하기 위한 명상 실습으로 일상적인 걷기 활동을 활용하는 것이다. 단지 걷고 있다는 것을 알고, 걷는 것을 느끼면서 걷는다. 이 명상은 다른 마음챙김 수련과 마찬가지로 우리 자신을 현재에 머물 수 있도록 걸을 때의 움직임과 감각을 사용한다. 움직임에 수반되는 매 순간의 감각에 자각을 유지하고, 감각에 대한 생각이나 느낌을 그냥 내려놓는 것이 초점이 된다.

⑹ 자애명상

자애명상은 사랑, 연민, 공감에 가슴을 여는 아름다운 수련법이다. 이 수련에서는 우주에 존재하는 무한한 사랑의 마음과 접촉하여 우선 그것을 자신의 가슴으로 가져오는 것이 중요하다. 사랑과 연민을 자신에게 향한 뒤에는 그것을 바깥으로 확장시켜 처음에는 좋아하고 존경하는 사람에게, 다음에는 주변의 사람들에게 한 번에 한 사람씩 자애를 보낸다. 그런 다음 사이가 좋지 않은 사람에게도 자애를 보낸다. 이것은 자기 안에 숨은 분노의 속성을 중화시키는 중요한 작업의 시작이다. 신체적 정서적 고통과 어려움을 겪고 있는 사람들에게 자애의 마음을 보내는 것으로 이 명상을 마무리하는 것이 좋다. 마지막으로 살아있는 모든 존재들에게 자애의 마음을 보낸다.

(7) 일상에서 알아차림

일상적인 활동을 할 때 마음챙김을 응용하는 것이다. 세수할 때, 청소할 때, 밥을 먹을 때, 운전할 때 등 일상에서 순간순간의 알아차림 능력을 키우게 되면 즐거움 속에서 일에 몰입하는 능력을 키워줄 수 있고 힘들고 어려운 상황을 잘 알아차리고 다룰 수 있는 능력을 함양할 수 있다. 즉 단순히 일상적인 활동을 하면서 건포도 명상에서 한 것처럼 그 활동을 순간순간 알아차릴 수 있도록 주의 깊게 노력하는 것이다. 이를 닦거나 샤워를 하거나 심지어 쓰레기를 버리러 나가는 것과 같은 어떤 활동도 좋다. 충분히 현재를 느끼고, 치아에 칫솔의 감각을 느끼고 등에 튀기는 물을 느끼는 것과 같이 실제적으로 순간을 자각하도록 하는 것이 중요하다는 것을 강조한다.

3) 마음챙김 명상과 특수아 상담

현재 심리치료 분야에서 마음챙김은 새로운 흐름으로 받아들여지고 있고 이에 대한 관심이 교육, 상담, 산업 분야 등으로 확대되고 있다. 국내에서는 마음챙김 명상에 관한 연구가 주로 Kabat-Zinn(1990)에 의해 개발된 마음챙김에 기초한 스트레스 감소프로그램(MBSR)을 중심으로 이루어져 왔고, 현재 MBSR 지도자 양성을 위한 훈련과정이 한국명상학회 등에서 체계적으로 진행되고 있다.

특수아동을 대상으로 마음챙김을 기반으로 한 심리치료는 다양한 응용방법을 모색해볼 수 있다. 예를 들어 '다례(茶禮) 교육'은 마음챙김을 적용한 차(茶)명상으로서 효과적인 명상기법으로 활용될 수 있다. 차 명상이란 '차생활의 유익한 측면과 다양한 명상 기법 등을 접목하여 심신의 안녕, 치유, 성장을 도모하는 것'으로, 차 자리에서 느낄 수 있는 다양하고 풍부한 감각을 통해 차분함과 평안감을 경험할 수 있다(정광주, 2011). 정갈한 찻상에서 차를 우려내는 행다(行茶) 과정은 그 자체로 고요하고 차분한 분위기를 이끌어내기 때문이다. 또한 수업시간에 '1분 마음챙김 훈련', '친절함 계발하기' 등은 특수아동의 장애의 정도에 따라 충분히 적용해볼 수 있는 명상방법이라 할 수 있다(고형일 외 공역, 2014). 한편 특수아동의 개별 특성을 가장 잘 알고 있는 특수교사가 마음챙김 명상을 배운다면, 다양한 장애를 가지고 있는 학생들에게 맞는 맞춤형 명상법을 고안해낼 수 있을 것이다.

7. 동물보조치료

1) 동물보조치료의 정의

동물보조치료 또는 동물매개치료(Animal Assisted Therapy)는 인간-동물의 상호작용을 긍정적으로 증진시켜 주기 위하 것으로 동물의 재능과 특성을 통합하여 치료적인 현장에서 환자의 정신적, 신체적 회복을 위한 서비스를 하는 것이다. 치료과정에서 도움을 주는 치료보조 동물들은 전문적인 인간 치료자와 같이 치료적인 동반자로서 내담자의 회복을 촉진시켜 주는 역할을 한다.

상담에서 동물보조치료는 크게 두 가지 모델이 있다(김양순 역, 2006). 가장 일반적인 모델은 상담자가 자신의 애완동물과 함께 치료동반자로서 함께 일하는 것으로서, 애완동물이 이런 일을 하기에 적합한지 평가를 거치고 자격증을 습득해야 한다. 상담자가 자신의 애완동물에 대해 가장 잘 알고 있으므로 동물의 감정적이고 행동적인 반응을 잘 예견할 수 있기 때문이다. 치료적인 과정에서 상담자와 애완동물사이의 건강하고 탄탄한 애착관계는, 내담자가 치료자와 애완동물 사이의 긍정적인 상호작용을 관찰하면서 상담자를 믿을 수 있다는 확신을 내담자에게 심어줄 수 있다.

두 번째 모델은 상담자가 훈련받은 동물을 다루는 사람 및 자격증을 취득한 치료보조 동무로가 함께 도움을 주는 것이다. 이 모델은 훈련받은 동물을 다루는 사람이 상담자의 안내와 슈퍼비젼을 받으면서 치료보조 동물과 내담자 사이에서 촉진적인 상호작용을 하도록 규정하고 있다. 이 모델은 상담자가 애완동물 없이도 내담자에게 적용할 수 있으나, 내담자에게 치료과정에 다른 사람이 함께 참여하는 것을 허락받아야 함고, 동물 다루는 사람들과 비밀 보장 및 신뢰가 형성되어야 한다.

동물보조치료는 어떤 동물을 활용하느냐에 따라 개 매개치료, 열대어, 조류, 승마치료 등으로 나뉠 수 있다. 동물보조치료가 활성화된 외국에서는 병원이나 교도소, 지역사회복지관 등 다양한 장소에서 동물보조치료프로그램이 실행되고 있다. 우리나라에서는 극히 일부 장소에서 실행되고 있지만 지역사회 정신건강센터, 정신의료시설, 특수교육센터, 소아정신건강센터, 정신지체시설, 재활센터, 일반병원, 요양시설, 특수학교 등 신체적 정신적인 문제를 갖고 있는 사람들을 도와주는 기관이나 센터는 동물매개치료서비스를 필요로 하는 장소들이 될 수 있다. 동물매개치료의 일차적인 대상은 신체적, 정신적, 정서적, 사회적 문제를 갖고 있는 아동, 청소년, 노인, 장애인 등 정서적 사회적으로 어려움을 겪고 있는 사회적 약자들이다.

2) 동물보조치료의 특징

동물보조치료는 다른 치료와 달리 살아 움직이는 생명체인 동물을 활용하여 내담자를 치료하는 특수한 심리치료의 방법이다. 동물보조치료가 다른 치료기법과 차별화되는 특징은 다음과 같다(이형구 외, 2012).

(1) 살아있는 생명체를 매개로 한다

동물보조치료는 도움을 필요로 하는 대상자와 생명이 있는 동물, 그리고 이들의 관계를 도와주고 치료적인 개입을 하는 치료자와 관계가 형성된다. 성공적인 치료환경을 위해서는 내담자와 치료자와의 관계형성이 중요하지만 보조동물은 내담자와의 친밀감뿐만 아니라 치료자와 대상자의 관계형성에도 중요한 역할을 한다. 그러므로 치료자는 대상자와 보조동물이 원만한 관계를 유지하고 발전시켜 나갈 수 있도록 조정자 역할을 해야 하며 그러기 위해서는 내담자의 심리와 생명체인 보조동물이 행동이나 심리에 대한 깊은 이해와 응용기술이 필요하다.

(2) 감정을 갖고 있어 상호역동적인 작용을 한다

동물은 사람들과의 상호작용과 감정교류가 가능하기 때문에 내담자의 행동이나 반응에 따라 내담자와 언어적, 비언어적, 신체적 교류가 상호간에 이루어질 수 있다. 상담과정에서 내담자의 신체적, 정신적, 심리적 효과가 매우 크고 빠르게 나타나며, 그 과정에서 치료보조동물은 내담자의 친구나 생활의 동반자적인 역할을 할 수 있다. 매개동물과의 상호작용과 보살핌, 접촉을 통해 내담자는 동료의식과 생명존중, 공동체의식을 갖게 되어 타인에 대한 이해와 사회화를 촉진할 수 있다.

(3) 동물은 차별하지 않는다

동물은 성별이나 생활수준, 외모나 장애 등에 관계없이 내담자를 무조건적으로 수용하고, 타고난 모습 그대로를 바라보는 순수함이 있다. 내담자들은 동물과의 관계를 통해 상실되어 가는 인간 본연의 모습을 되찾을 수 있다. 동물은 사람을 비교하거나 비판하지 않고 차별하지 않으며, 어떤 사람이나 자신을 대하는 정도에 따라 공평하게 있는 그대로 받아들인다. 그러므로 대인관계에 어려움이 있거나 마음의 문을 열지 못하는 사회정서적인 문제가 있는 장애인, 소외계층의 사람, 범법자 등의 사회 심리적 재활과 회복에 효과적이다.

내담자가 어떤 행동과 관심을 보이느냐에 따라 동물의 행동이나 반응도 달라지기 때문에 대상자들은 이런 동물의 행동과 반응에 적응해가면서 바람직한 대인관계의 방법과 사회성, 그리고 조건 없는 사랑과 친화성을 배우게 된다.

(4) 다학제적인 전문분야이다

동물보조치료는 심리치료의 한 분야로서 동물을 매개로 하여 치료자가 의도적이고 계획적인 활동을 통해 내담자를 심리적, 인지적, 정서적, 사회적, 교육적, 신체적인 발달과 적응력을 향상시킴으로서 육체적인 재활과 정신적인 회복을 추구하는 전문적인 분야이다. 치료자는 내담자의 심리재활을 위한 심리학, 상담학, 정신병리, 복지학, 재활의학, 인간행동과 사회환경 등의 심리치료에 관한 전반적인 지식뿐만 아니라 동물의 생리와 심리, 행동, 관리, 훈련, 위생 그리고 활용하고자 하는 동물의 특성 등에 대한 전문적인 지식과 응용기술이 있어야한다. 또한 치료사의 개인적인 자질은 물론 치료사로서의 윤리적, 전문가적인 책임성을 강조하는 다학제적인 전문 분야이다.

3) 동물보조치료사의 역할

동물보조치료가 이루어지기 위해서는 동물보조치료를 실행할 수 있는 현장, 신체적·정신적으로 도움을 필요로 하는 내담자, 치료에 도움을 주는 보조동물, 그리고 치료의 주체인 능력을 갖춘 치료사가 필요하다. 치료자는 심리치료에 관한 전반적 지식뿐만 아니라 동물의 특성에 대한 전문적 지식과 책임이 필요하다. 치료자는 내담자의 신체적, 사회적, 정신적 향상 등의 목표에 적합하고 사육사나 동물 조련사에 의해 잘 교육되고 주기적인 정밀한 건강검진을 통해 건강상태에 이상이 없는 동물을 선택해야 한다. 또한 내담자의 동물에 대한 기호, 알레르기, 기타 부작용 등도 고려해야 한다.

치료보조 동물의 동반자인 치료사는 내담자와 치료보조동물 모두의 안전과 복지에 대한 책임을 갖고, 치료보조 동물을 돌보기 위한 충분한 시간 계획을 세워야 한다. 또한 내담자에게 대한 사전검사와 평가를 주의 깊게 실시하여 위험요소들을 파악하여 사전에 예방할 수 있을 것이다.

전문적인 조력자로서의 동물보조치료사가 상담자의 기본자세인 공감, 존중, 진실성 등의 의사소통 및 면담기술에 숙련되어야 함은 당연하다. 더 나아가 유능한 동물보조치료사는 조력관계에서 반드시 치료보조동물과 빈틈없는 조화를 이루어야 하며 치료적인 목표를 위해 종종 동물의 민감한 반응을 인지해야 한다. 동물들은 다른 사람들과의 관계에서 아주 민감한 직관력을 나타낸다. 치료사는 동물과 내담자 사이의 상호작용과 반응에서 내담자의 정서 상태, 태도, 관계를 맺는 양식과 능력에 대한 민감한 알아차림이 필요하다.

동물보조치료에서 사용되는 상담 기법의 예를 들면 다음과 같다(김양순 역, 2006).

- "당신이 아주 조용하게 있을 때 러스티(치료보조 동물이름)가 걸어와서 당신 무릎 위에 머리를 얹고 쳐다보면 당신 눈에 눈물이 고였어요."
- "조금 전에 당신이 불안해 보였을 때는 목소리가 빨라지고 톤이 높아졌어요. 그런데 여기 앉아서 러스티의 털을 만져주기 시작하자 안정되고 더 내면적인 것처럼 보입니다."
- "당신이 어머니에 대하여 이야기할 때는 러스티를 안아주었는데, 아버지에 대해 이야기할 때는 공을 집어 들고 러스티와 앞뒤로 굴리고 있었어요. 어머니와의 관계하고 아버지와의 관계가 어떻게 다른지요."
- "개들은 아주 민감한 감각을 지니고 있으며 인간이 다른 사람을 알아보는 것보다 종종 사람에 대해 더 잘 알고 있어요. 그래서 이 개가 말을 할 수 있다면 당신에게 어떤 말을 할 것이라고 생각하세요."

동물보조치료사는 위와 같은 설명을 통해 내담자의 자기이해를 도와주고 내면화 작업을 강화하는데 도움을 준다. 치료사는 치료과정에서 내담자의 관계 안에서 어떤 일이 일어나고 있는지를 알고 공감하고, 내담자에게 치료사로서의 치료적인 능력에 대한 자신감을 증진시킬 수 있어야 한다. 한편 치료자의 지나치게 화려한 복장이나 화장은 동물보조치료에 방해가 될 수 있다. 이러한 복장은 치료과정에서 옷의 오염이나 냄새 등에 주의를 빼앗기게 한다. 치료자는 내담자의 주의가 치료자의 외양에 쏠리지 않고, 치료의 과정에서 보조동물과의 상호작용에 전념할 수 있도록 주의해야 한다.

4) 동물보조치료의 과정

동물보조치료는 도움을 필요로 하는 내담자에게 전문적인 교육을 받은 치료사의 의도적이고 계획적인 활동을 통해 육체적 재활과 정신적, 심리적인 회복을 목표로 하는 치료로서, 동물보조치료사는 단계적인 치료과정을 수행하게 된다. 동물보조치료가 일반적인 상담과 다른 부분을 간단히 정리하면 다음과 같다.

(1) 초기 단계

내담자와 치료사와의 래포를 형성하면서 내담자의 문제를 탐색하는 단계이다. 일반적인 상담의 초기 단계와 다른 점은 치료도우미 동물을 내담자가 자연스럽게 접해보는 점이다. 치료사는 자연스럽고 편안한 환경에서 내담자가 보인은 동물에 대한 반응을 주의 깊게 살펴본다. 이 단계에서는 치료도우미 동물, 내담자, 치료사와의 관계형성이 치료환경에 중요한 역할을 한다. 치료사는 초기 단계에서 부모와 동물보조치료의 실시횟수, 비용, 기간, 치료 프로그램 계획과 단기/장기 목표설정, 부모교육 및 상담 등을 논의하게 된다.

(2) 중간 단계

치료사와 내담자는 치료목표에 초점을 맞춰 프로그램 계획에 따라 치료적 관계를 발달시키고, 경우에 따라 목표를 적절하게 수정해가며 치료활동을 진행한다. 치료자는 아동과 치료도우미동물과의 놀이 및 상호작용을 통해, 아동이 자신의 감정과 경험을 어떻게 드러내는지 파악하고 문제의 원인을 탐색하고 분석한다.

치료자는 민감성, 긍정적 수용, 공감적 이해, 촉진적 반응 등을 통해 본격적인 치료의 목표에 달성하게 된다. 아동은 안전하고 허용적인 분위기에서 치료보조동물과 치료자와 상호작용하며 자신의 다양한 정서를 표현할 수 있게 되어, 평소 관계형성에서 부족했던 부분을 보완하고 긍정적 경험과 성취의 경험을 통해 자신감을 회복해간다.

치료사는 프로그램 진행 과정에서 내담자의 의미 있는 행동을 기록하게 되는데, 기록이 치료에 과정에 방해가 된다면 내담자와 보호자에게 양해를 구하고 치료실에 영상기기를 통해 녹화하여 이후에 기록할 수 있다.

(3) 종결 단계

종결단계에서는 내담자의 목표성취 정도를 평가하고, 치료사와 내담자 사이의 관계종결과 관련된 활동을 하게 된다. 치료사는 내담자와 치료의 경험에 대해 평가하고, 종결에 따르는 감정을 자유롭게 표현하고 그러한 감정을 잘 처리할 수 있도록 도와야 한다. 특히 내담자가 치료보조동물과 함께하면서 어떤 느낌을 가졌는지 그리고 이제 그 동물과 만날 수 없다는 것에 대해 마음을 표현하고 마지막 인사를 나눌 수 있는 기회를 만들어주어야 한다. 만약 동물보조치료가 내담자에게 효과적이었고 동물을 키울 수 있는 여건이 된다면, 이후 동물을 키우도록 지도해주는 것도 사후관리로서 좋은 방편이 될 수 있다.

치료사는 치료세션 보고서에 치료보조동물에 대한 관련 정보 즉, 동물 이름과 종의 명칭, 자격증명서를 포함해야 한다. 그리고 내담자와 치료보조동물과의 상호작용에서 일어난 일과 치료보조동물의 개입의 진행과정 및 결과에 대해 상세하게 논의해야 한다.

동물보조치료는 장애 아동에게 효과적인 치료법으로 알려져 있다. 장애 아동에 대한 치료에 있어 치료자는 더 많은 노력과 시간이 필요함을 알아야 하며, 아동의 장애나 결함자체를 어떻게 처치할 것인가 보다는 장애를 갖고 있는 인격체를 어떻게 도울 것인가에 초점을 두어야 하며, 아동의 장애나 결함은 반드시 발달적 맥락과 발달의 종합적 측면에서 파악해야 한다. 예를 들어 발달장애 아동의 치료는 변화속도가 정서장애 아동들보다 늦은 경향이 있기 때문에 더 많은 인내와 노력이 필요하며, 치료자는 아동의 기능수준에 적절한 접촉활동을 통해 아동으로 하여금 자신과 환경에 대한 인식을 발달시키고, 몸에 대한 감각과 정서가 살아나도록 도와야 한다.

우리사회에서는 아직까지 동물이 심리치료나 회복에 긍정적인 효과를 준다고 인식되어 있지 않지만, 동물보조치료가 재활과 치료의 기능을 충분히 수행할 수 있음은 세계 각국에서 많은 연구로써 검증되고 있다. 특히 동물이 아이에게 미치는 영향으로서 사회성의 증가, 심리적인 안정, 책임감의 증가, 동물과의 상호작용을 통한 가족들과의 대화 증가 등 과학적인 연구가 보고되고 있다. 자폐성 장애 아동에게 동물보조 개입을 실시한 결과 몇 가지 자폐행동이 유의미하게 개선되었으며 사회적으로 적절한 행동이 증가하였다는 연구결과가 보고되었다(Redefer & Goodman, 1989). 또한 학습장애를 가진 다운증후군 아동을 대상으로 장난감 개와 살아있는 치료보조 개와 상호작용을 실시한 결과 살아있는 개와 상호작용한 집단이 유의미한 결과를 보고하였다(Limond, Bradshaw, & Cormack, 1997).

8. 원예치료

꽃과 식물은 사람들의 마음을 온화하게 하고, 안정감, 쾌감, 생기를 주며, 사람과 사람 사이를 가깝게 만들어 교류의 장을 만들어 준다. 식물을 활용한 원예치료는 인간의 건강한 발달과 삶의 질적 향상을 가져다주며, 정신적·신체적 건강을 유지하고 향상시킬 수 있는 기회를 제공해준다. 예를 들어 학교와 같은 기관에서 식물과 원예활동을 이용해서 학생들의 건강한 발달과 성장을 도울 수 있다. 학교 정원은 원예활동을 이용하여 관찰, 양육, 공유하기의 경험을 통해 자신과 주변 환경에 흥미를 갖고 탐구하고 사고영역을 확장함으로써 긍정적인 배움의 기쁨을 갖게 할 수 있다. 원예활동은 개인의 기술과 대인관계를 발달시킬 뿐만 아니라 여럿이 함께 가꾸는 정원을 통해 식물의 성장과 생산에 기여함으로써 공동체의 가치를 인식하도록 돕는다.

치료 및 재활 공간에서의 원예치료는 식물을 기르고 환경에 대한 인식을 발달시킴으로써 긍정적인 정서와 자연에 대한 호기심과 경외감을 발견하게 한다. 식물이 있는 환경은 내담자의 기분을 전환시키고 부정적인 감정을 생산적인 활동을 통해 정화되도록 돕는다. 식물의 양육과 돌봄을 통해 사고를 자극하고 신체를 운동시키며 살아 있는 것들에 대한 인식을 북돋워 주는 작용을 하게 한다.

1) 원예치료의 정의

원예치료는 단일학문 영역을 넘어 여러 학문 간의 연계로 이루어지는 학문이라 여러 관점과 방법론이 적용되다 보니 한 마디로 요약하기는 어렵다. 원예치료의 광범위하게 정의하자면 유익한 모든 원예활동의 경험을 폭넓게 포함할 수 있고, 나아가 의료 방면에서의 치료 개념까지 포함될 수 있다. 여기에서는 세 가지 관점을 중심으로 원예치료의 정의를 살펴보고자 한다(최영애, 2003).

첫째, 미국 원예치료 협회(American Horticultural Therapy Association, 1991)의 정의에 의하면 원예치료란 '사람의 사회적, 교육적, 심리적, 신체적 적응력을 향상시켜 몸과 마음과 기분을 개선시키기 위해 식물과 원예활동을 이용하는 과정'이라고 말한다.

둘째, 원예치료에 관한 연구가 활발한 캔자스 주립대학의 정의에 따르면 원예치료란 '원예치료사에 의해 주도되는 식물을 이용하는 과정으로서, 사람들은 이 과정을 통해서 사회적, 심리적, 신체적 그리고 교육적인 도움을 받게 된다.'라고 말한다.

마지막으로 일본의 사회원예학자인 Matsua(Dr. Eisuke Matsuo, Professor of Horticulture, Kyushu University, Japan, 1997)는 원예치료를 '원예'와 '치료'를 분리해서 정의한다. 그는 '원예'란 식물들이 성장하도록 돌보고, 이용자에 의해 돌보아진 식물의 모든 생산물을 이용하는 것과 관련된 일을 포함하는 식물 양육행동과 과정으로 정의된다. 그리고 '치료'란 전문적인 기술을 가진 훈련받은 치료사들이 자연을 이해하고, 어떤 의학치료가 필요하거나 복지기관의 도움을 필요로 하는 의뢰인의 상태와 증상을 이해하고, 자료와 활동을 통한 중재를 이용하여, 의뢰인의 정신과 신체 상태를 증진시키도록 하고, 그 결과를 평가하는 과정이다.

다음의 정의는 원예치료를 정의하기 위해 가장 보편으로 정의되는 형태이다(최영애 역, 2010).

> "원예치료는 원예치료 참여자들의 특정 치료와 재활의 목적을 충족시키기 위해 원예활동을 이용하여 전문적으로 하는 내담자 중심의 치료 양식이다. 치료의 핵심은 내담자의 사회적, 인지적, 신체적 그리고/또는 심리적 기능을 최대화하고, 그리고/또는 일반적 건강과 웰니스를 높이는 것이다."

이러한 정의에는 내담자, 목적, 치료사 및 식물이라는 네 가지 요소가 있다. 내담자는 일반적으로 인지적, 정서적, 신체적, 사회적 기능을 개선시키기 위한 중재의 필요성이 규명된 사람으로, 서비스를 받는 사람이다. 목적은 내담자와 치료 팀에 의해 정의된 치료 목적과 목표를 말한다. 치료사는 치료와 재활, 웰니스를 위한 방법으로 원예를 이용하도록 훈련된 전문가, 즉 원예치료사이다. 식물이라는 용어는 내담자에게 치료적 기회를 제공하기 위해 이용된 정원과 식물이 관련된 활동과 과제를 나타내기 위해 사용되었다. 이 네 요소는 서로 상호작용한다.

이러한 정의를 살펴보면, 원예치료는 의도적인 원예활동이나 일, 즉 식물의 경작에 기초를 두고 있으며(정원과 식물을 수동적인 누리는 것이 프로그램의 일부로 포함될 수도 있겠지만), 인간과 식물의 상호작용을 통해 끌어낼 수 있는 이익을 극대화하기 위해 규정된 치료 목적과 숙련된 치료사의 창조성, 판단 및 지도가 원예치료 프로그램 실행에서 필수적인 요소임을 알 수 있다.

2) 원예치료사의 역할

Mattson(2002)은 원예치료사가 지녀야할 핵심적이고 전문적인 특질은 열정, 인내, 원예에 대한 지식, 융통성과 혁신, 확신 그리고 다른 분야의 전문가와 함께 일할 수 있는 능력이 필요하다고 주장한다. Mattson(1998)과 Relf(2000)은 원예치료사의 역할 범위를 크게 네 가지 영역으로 분류한다(최영애, 2003).

① 대상자에 대한 서비스
② 일반적인 원예프로그램 운영
③ 특별한 프로그램-원예치료에서의 활동, 원예교육 서비스
④ 기록과 평가

원예치료는 식물과 원예활동을 활용하여 내담자의 사회적, 교육적, 심리적, 신체적 적응력을 향상시켜 몸과 마음과 기분을 개선시키기 위한 과정이다. 그러므로 원예치료사는 원예치료의 핵심인 식물과 원예활동에 여러 가지 기법을 익히는 것과 심리치료기법을 이해하는 것이 같이 이뤄져야 한다. 구체적인 실습의 과정을 이용해 원예활동에 필요한 여러 가지 기법, 즉 정원에 적응하는 것부터 도구 사용과 프로그래밍, 다양한 식물들과의 경험, 그리고 다양한 형태의 원예활동에 대한 경험, 다양한 기법의 심리치료 접근법 등이 숙련되어야 한다.

원예치료사는 내담자에 대한 이해 및 내담자의 욕구, 그리고 자신의 전문적 판단에 따라 원예치료의 예방적·치료적·재활적 접근 방법에 따른 적합한 치료목표를 설정하고 치료를 실행해야 한다.

3) 원예치료의 과정

(1) 대상자 선정 및 진단 평가

의료기관이나 전문기관에서 내담자가 원예치료에 참여하도록 권고되면 원예치료사는 대상자가 치료적 효과를 얻을 수 있도록 치료과정을 설계해 나가야 한다. 진단 평가를 통해 내담자의 과거 병력, 현재 상태 전반에 대한 이해를 얻음으로써 원예치료사는 원예치료의 방향 및 범위를 결정해야 한다. 진단은 내담자에게 적용되는 원예치료의 장기적인 목적과 단기적인 목적 설정 및 치료 실시기간 등을 설정할 때 바탕이 된다.

(2) 치료 계획

치료계획은 진단 평가의 결과물에 대한 분석과 목적의 설정이 핵심을 이루는데, 원예치료는 평가의 결과와 원예의 핵심을 연결시키는 역할에 중점을 두어야 한다. 대상자에 대한 진

단의 결과로부터 도출된 사항들과 원예 활동의 특성, 그리고 식물의 생명 요소들을 적절히 연관지어 치료의 방향의 설정과 구체적 목적, 그리고 이에 적합한 원예활동과 식물이 선정되어야 한다. 즉 원예 활동과 식물을 어떤 방식으로 이용하여 어떤 부분을 개선시키고자 하는지에 대한 명료화가 이루어져야 한다.

예를 들면, 위의 정신지체 청소년에 대한 원예치료 프로그램의 세분화된 목적이 단기기억 향상이라면, 다양한 식물들을 활용하여, 식물의 이름을 주제로 기억 연습을 통해 단기기억의 향상을 프로그램의 목적으로 설정할 수 있다. 프로그램의 구체적 목적이 설정되면, 각 회기의 순서에 따른 목표단계들이 수립된다. 단기기억 개선 프로그램이라면 첫 회기에서 끝 회기까지 목표는 기억해야할 식물의 단어 수를 회기 당 두 개씩 증가하는 등의 기억력 연습을 유도할 수 있다.

(3) 실행: 치료 과정

계획된 치료가 내담자에게 실제적으로 실행되는 치료과정은 활동의 진행뿐만 아니라 현재 이루어지고 있는 각각의 회기에 대한 상황 파악과 진행에 대한 점검 및 대안의 마련 그리고 해당회기에 대한 평가가 이루어져야 한다. 이것은 진행되고 있는 치료 프로그램이 실제 적용고정에서 내담자에게 적합한지 여부를 확인하는 과정을 포함해야하는 의미를 지니고 있으며, 원활한 진행을 위해 인적, 물리적 환경 요인에 대한 점검을 요구하는 단계이다. 이 단계를 통해 치료가 나아갈 방향에 대한 확인과 피드백을 통해 수정하기도 한다.

(4) 치료결과 평가 및 종결

치료결과에 대한 평가는 치료 계획의 과정에서 설정된 평가 방식에 따라 평가가 이루어질 수 있으며, 혹은 각각의 활동 회기마다 이루어진 평가의 종합으로 이루어질 수 있다. 치료결과의 평가는 그 목적이 연구 결과로서의 정리를 위한 것이 될 수 있고, 또한 치료사 자신의 전문성 증대를 위한 발전 자료로 이용될 수 있다.

식물을 돌보는 일은 재활이나 증상을 개선시키고 적절한 운동이 되기도 하며, 장애를 가진 사람이나 정서적인 어려움을 겪고 있는 사람에게는 치유와 회복의 에너지를 줌으로써 기능 회복이나 근로 의욕을 향상시켜 사회참여의 기회가 되기도 한다. 그리고 아동들은 원예활동을 통해 책임감과 성취감을 기를 수 있다. 이러한 치료를 하기 위해서는 내담자의 능력, 장애, 성격 등을 이해하여 치료의 목적을 정하고 개개인에게 맞는 프로그램을 계획하여 실천할 필요가 있다(최영애·홍승연 역, 2010).

원예치료가 특수아동의 치료기법으로 활용되는 경우, 상담자는 내담자에게 적합한 식물과 원예활동을 선정할 필요가 있다. 먼저 내담자에게 원예치료의 적합성을 검토하기 위한 진단(흥미)검사를 실시하고, 검사결과를 토대로 전문가들과 원예치료의 적합성 등을 검토할 필요가 있다. 특히 내담자의 연령, 장애정도, 지능정도 등을 고려하여 원예치료 프로그램이나 원예활동을 기획해야한다. 그리고 내담자에 대한 면밀한 관찰과 내담자 보호자와의 상담을 통해서 적절한 원예치료 방법을 선택 한다. 식물재배활동, 정원 가꾸기, 판재에 꽃 붙이기, 모종하기 등 다양한 원예활동을 실시하고 난 후, 내담자의 원예치료 결과를 평가하고 내담자의 정신적·육체적 재활의 개선여부에 대해 전문가들과 협의할 필요가 있다.

9. 음악치료

1) 음악치료의 역사

음악은 인류 문명의 시작 이래 치료적 목적으로 많이 사용되었다. 고대 주술사들은 소리와 음률을 사용하여 환자를 치료하였다. 음악이 치료적 목적으로 과학적 연구를 통해 전문 영역이 된 것은 2차 대전에서 부상을 입은 군인들의 정신적 외상을 위로해주기 위한 방편으로 시도되면서부터이다. 군인들의 정서적 외상에 음악이 긍정적 효과를 보이면서, 이후 본격적으로 음악치료에 대한 전문 인력 양성의 필요성이 대두되었다.

1950년에는 전 미국음악치료협회(National Association for Music Therapy)에서 학위취득을 위한 기본교육과정과 수련기준이 제정되었고, 1971년에 미국음악치료협회(American Association Music Therapy)가 결성되었다. 그리고 1998년 이 두 협회가 미국음악치료협회(American Music Therapy Association)로 통합되면서 본격적인 공인음악치료사를 양성하고 있다. 특히 미국에는 음악치료사가 되기 위한 수련과정이 음악치료공인위원회(Certification Board for Music Therapist)에 마련되어 있어 그 자격을 부여하고 있다. 우리나라에서도 1990년대에 숙명여자대학교에서 음악치료 교육과정이 개설된 이래 현재 여러 대학원에서 음악치료 관련 일련의 교육과정이 개설되어있다.

음악 치료는 음악적 행위를 통해 음악 외적인 행동을 치료의 대상으로 삼고 치료목적 설정하기 위해 음악활동을 사용한다. 그래서 음악치료는 한 가지 분야에 국한된 치료가 아니라 여러 가지 인접학문의 광범한 분야를 포함하는 영역이라 할 수 있다.

2) 음악치료의 정의

음악치료는 심리치료에 음악을 도구로 사용하는 것이다. 이때 중요한 것은 음악 그 자체보다는 음악적 경험, 즉 노래 부르기, 악기연주, 작곡, 즉흥연주 등의 경험이다. 이러한 경험을 통해 인간의 심리적 문제에 접근하고 해결하고자 하는 전문적인 치료영역이 바로 음악심리치료이다. 다시 말하면 음악심리치료는 치료사와 내담자가 함께하는 음악적 경험을 통해 내면의 문제에 접근하고자 하는 전문적인 치료영역이라 할 수 있다(황은영 외, 2014).

Bruscia(1989)는 "음악치료란 내담자의 건강을 위해서 치료사가 음악적 경험과 음악적 관계를 이용하여 역동적인 경험을 제공함으로써 변화를 유도하는 계획된 과정이다."이라고 정의한다. 이 정의에서는 내담자, 음악치료사, 음악적 경험, 치료과정이라는 네 요소가 핵심이다(정현주 외, 2004). 네 요소 중에서 내담자란 건강이나 발달상의 이유로 인해 치료사의 도움을 필요로 하는 대상을 의미한다. 음악치료사는 전문성을 가지고 음악치료라는 과정을 통해 도움을 필요로 하는 내담자의 어느 부분에 도움을 주는 사람을 의미한다. 그리고 음악적 경험이란 내담자와 치료사의 만남에서 내담자의 표현을 도와주는 매개체 역할을 하는 것으로, 즉흥연주, 작곡, 창작, 지휘, 악보 그리기, 음악 감상, 토론 등 음악과 관련된 다양한 활동이 여기에 속한다. 마지막으로 치료 과정이란 내담자와 음악, 내담자와 치료사, 내담자와 내담자 간의 관계 향상을 위해, 혹은 내담자의 건강 회복을 위해 음악을 매개로 사용하여 치료사가 중재역할을 하는 유목적적인 과정을 뜻한다.

음악치료는 심리학을 바탕으로 하고 음악을 매개로 치료를 수행하므로 음악치료사는 심리학적 지식과 음악적 지식이 중요하다. 그리고 반주악기 및 전공악기 등 악기를 연주할 수 있는 능력도 필요하다. 그리고 일반인들보다 애정을 더욱 필요로 하는 환자들을 상대하는 일이므로 타인을 이해하는 따뜻한 마음이 바탕에 전제되어야 한다. 특히 장애아 등과 협력하여 치료하기 위해서는 외향적인 성격과 적극적인 대인관계 능력도 요구된다.

음악은 인간의 무의식을 반영하는 투사나 자유연상의 도구가 되기도 하며 내면을 반영하고 담아주는 용기의 역할을 할 수 있다. 즉 말로 표현하지 못하는 감정을 표현해주기도 하고, 상징성을 가지고 우리의 삶을 표현해 준다. 음악치료는 내담자의 수준과 기능에 따라 내담자가 능동적으로 참여하는 적극적 음악치료(active music therapy) 혹은 수동적으로 참여하는 소극적 음악치료(receptive music therapy)로 다양하게 적용할 수 있다. 음악을 활용한 다양한 음악적 경험은 크게 즉흥연주, 노래, 감상이 주로 적용된다.

3) 음악치료사의 자격과 역할

음악치료사는 내담자와 긍정적 관계를 형성하고 지속적인 음악치료과정을 통해 내담자의 부적응적 행동을 교정하여 더 나은 삶을 영위하게 도와주는 사람이다. 음악치료는 치료적인 상황에서 체계적으로 내담자에게 음악을 듣게 하거나 적절한 연주 행동을 하게 함으로써 개인의 신체적, 심리적, 정서적 통합과 바람직한 행동 변화를 가져오게 하는 등의 치료적 효과를 보게 하는 특수한 심리 치료법이다. 그 효과는 내담자의 심리뿐만 아니라 신체적 기능에까지도 작용하는데, 내담자는 음악을 통해서 심신의 건강이 심리적 원인에 의해서 영향하고 음악의 기능을 통해 건강을 회복, 증진하게 된다.

음악치료사는 음악기술, 임상기술, 음악치료기술을 교육받고 훈련받은 전문가로 음악적 경험과 관계를 통해 내담자의 신체적, 정신적, 정서적, 사회적 건강을 복원하고 유지 및 향상시킬 수 있도록 돕는다. 음악치료사는 먼저 내담자의 현 상태 및 문제를 정확히 사정하고 이에 기초해 음악치료의 목적과 목표를 확립한다. 음악치료를 통해 환자와 긴밀한 인간관계를 형성하고 여기에서 발생하는 상호이해와 신뢰를 바탕으로 치료의 계속성을 유지한다. 음악치료 프로그램은 개인적인 표현과 정서적 욕구를 위하여 안전한 환경과 구조를 마련한 것이어서 내담자의 고통스러운 정서를 표현하게 하고 받아 주기 위한 그릇이라 할 수 있으므로 자신을 되돌아보는 데 안정감을 가지게 하고 현실을 그대로 받아들이도록 도와준다.

한편 현재 음악치료사는 음악치료학 석사학위 이상을 취득하거나 음악치료 교육과정을 이수하고 민간음악치료사 자격증을 취득한 후 활동하게 된다. 음악치료대학원에서는 음악치료연구, 음악치료기술, 음악치료철학, 음악과 인간행동, 특수아동 심리학, 상담심리학 등을 배우게 된다.

4) 특수아동에 대한 음악치료의 적용

특수교육에 있어 음악치료는 치료적인 목적으로 정신과 신체건강을 복원 및 유지 향상시키기 위한 것으로, 모든 아동에게 심리적이고 즐겁고 풍부한 경험을 위해 지식과 기술을 가르치는 음악교육과는 구분된다.

초기의 음악치료는 주로 정신질환이나 지적장애 아동을 대상으로 시행되었지만, 음악치료의 이론이 정착되고 임상적 적용이 발달함에 따라 외상 환자, 신체장애, 발달장애 등 다양한 장애를 가진 대상에서 스트레스 조절 프로그램이나 행동 수정 프로그램, 가족치료의 영역에 이르기까지 다양한 분야로 확대되었다. 최근 음악치료가 발달장애, 신체장애, 정신질환자, 노인성 질환자 등 다양한 대상에게 효과적이라는 것이 많은 연구에 의해 입증되고 있다.

장애 아동들의 문제 가운데 하나는 언어적인 수준에서의 소통이 매우 곤란하다는 것인데, 이때 비언어적 전달 수단으로서의 음악이 치료자와 아동을 서로 결부시키는 유효한 매개체로서 기능을 하게 된다. 특히 자폐증 아동의 경우 음악을 통해 다른 사람들과의 인간적인 접촉을 가능하게 하며 상호 간에 의사소통의 기회를 넓힐 수 있게 도와준다.

음악요법은 재활에서 치료적 도구로 사용되지만 레크리에이션이나 교육 목적을 위해서도 사용된다. 특수교육에 있어 음악의 가장 중요한 공헌은 활동을 통해 학습을 즐겁게 촉진시켰다는 것이다. 치료적으로 볼 때 음악은 장애 아동의 성격에 심리적·생리학적인 면에 있어 중요한 영향을 미치는 것으로 알려져 왔고, 행동주의자들은 행동을 바꾸고자 할 때 음악을 사용한다고 한다. 최근 음악치료는 병원, 학교, 기관, 1:1로 치료·교육하는 임상센터 등에서도 다양하게 적용되고 있는데 여기에는 음악 감상, 악기 다루기, 춤, 음악회 참석, 작곡, 노래 부르기, 노래 듣기 등이 다양한 활동이 포함된다.

| 참고문헌 |

강갑원, 김연진, 송인섭, 이경화(2008). **특수아동교육의 이해.** 동문사.

강문희, 박경, 정옥환(2003). **아동심리검사.** 교문사.

고영남, 박선영(2013). **상담심리의 이론과 적용.** 경기: 양서원.

고은, 권주석, 김경숙, 이태수, 조홍중, 최혜승(2012). **예비교사를 위한 특수아동의 이해.** 전남대학교출판부.

고형일, 강영신, 정광주 공역(2014). **마음챙김 교수법으로 행복 가르치기.** 서울: 학지사. (교육부, 2015).

김계현, 김창대, 권경인, 황매향, 이상민, 서영석, 이윤주, 손은령, 김용태, 김봉환, 김인규, 김동민, 임은미(2011). **상담학개론.** 서울: 학지사.

김동일, 김계현, 김병석, 김봉환, 김창대, 김혜숙, 신종호(2002). **특수아동 상담.** 학지사.

김동일, 손승현, 전병운, 한경근(2010). **특수교육학개론: 장애 영재아동의 이해.** 학지사.

김세준 역(2012). **상담 및 집단치료에 활용하는 사이코드라마 매뉴얼.** (주)시그마프레스.

김양순(2003). **자폐아동을 위한 표현예술치료.** 학지사.

김영숙, 윤여홍(2001). **교사와 부모를 위한 특수아 상담의 이해.** 교육과학사.

김영태(2002). 영유아 언어발달검사 개발 연구: 문항 및 신뢰도 분석. *Communication Sciences and Disorders*(한국언어청각임상학회), 7(2), 1-23.

김영혜, 박기환, 서경현, 신희천, 정남운 공역(2011). **상담 및 심리치료의 이론.** 시그마프레스.

김완석(2010).K-MBSR과 MBSR의 이론적 토대와 프로그램 비교: K-MBSR의 확립을 위한 개관 연구. **한국명상치유학회지. 1**(1), 17-42.

김윤옥(2003). **특수아동 상담 입문.** 문음사.

김재환, 오상우, 홍창희, 김지혜, 황순택, 문혜신, 정승아, 이장한, 정은경(2006). **임상심리검사의 이해.** 학지사.

김정규(1996). **게슈탈트 심리치료.** 서울: 학지사.

김진숙 역(2007). **대상관계이론과 실제.** 서울: 학지사.

김진호, 박재국, 박명애(2013). **최신특수교육.** 시그마프레스.

김태련, 강우선, 김경은, 김도영, 김문주, 박랑규, 서수정, 양혜영, 이경숙, 장은진, 정은정, 조현섭,

허묘연(2003). **발달장애심리학.** 학지사.

김창대, 김진숙 이지연, 유성경 역(2008). **대상관계이론 입문.** 서울: 학지사.

김창대(2009). 인간변화를 촉진하는 다섯 가지 조건에 대한 가설: 상담이론의 관점에서. **인간이해, 30,** 21-43.

김춘경 역(2007). **상담기법.** 서울: 학지사.

김춘경(2006). **아들러 아동상담(이론과 실제).** 서울: 학지사.

김춘경, 이수연, 이윤주, 정종진, 최웅용(2010). **상담의 이론과 실제.** 학지사.

김필진(2007). **아들러의 사회적 관심과 상담.** 서울: 학지사.

김형태(2003). **21세기를 위한 상담 심리학.** 서울: 동문사.

김형태(2005). **상담의 이론과 실제.** 서울: 동문사.

김환, 이장호(2006). **상담면접의 기초.** 서울: 학지사.

나양수, 백용매 역(2009). **표현치료.** 서울: (주)시그마프레스.

노안영, 강만철, 오익수, 김광운, 송현종 공역 (2001). **애들러 상담이론.** 서울: 학지사.

노안영, 송현종(2006). **상담실습자를 위한 상담의 원리와 기술.** 서울: 학지사.

노안영, 강신영(2003). **성격심리학.** 서울: 학지사.

라영균 역(2009). **인간이해.** 알프레드 아들러 저. 서울: 일빛.

류분순(2000). **무용치료학.** 서울: 학지사.

류분순(2004). **춤·동작치료.** 서울: 학지사.

박상희, 윤복희, 정윤자(2006). **특수아동교육.** 동문사.

박성현 (2007). 위빠사나 명상, 마음챙김, 그리고 마음챙김을 근거로 한 심리치료. **인지행동치료,** 7(2), 83-105.

박소현·김문수 공역(1999). **학습과 행동.** Paul Chance 저. 서울: 시스마프레스.

박종수(2009). **융 심리학과 성서적 상담.** 서울: 학지사.

박태수, 고기홍(2007). **개인상담의 실제.** 서울: 학지사.

박현옥, 이정은, 노진아, 권현수, 서선진, 윤현숙 공역(2010). **특수교육개론.** 학지사.

법제처(2002). 특수교육진흥법, 법률 제6742호.

법제처(2007). 장애인 등에 대한 특수교육법. 법률 제8483호.

법제처(2008). 특수교육법 시행령. 법률 제20790호.

법제처(2011). 장애인 등에 대한 특수교육법, 법률 제10876호.

법제처(2011). 장애인차별금지 및 권리구제 등에 관한 법률, 법률 제10789호.

설영환 역(2009). **아들러 심리학 해설.** 알프레드 아들러 저. 서울: 선영사.

송영혜, 조성재, 이달엽, 김순애, 이경하 공역(2008). **재활전문가를 위한 장애인 상담의 이론과 실제.** 시그마프레스.

송현종(2005). 장애학생 통합교육을 위한 학교상담자의 준비: 경도장애학생을 중심으로. **상담학연구, 6**(3), 933-946.

송현종(2011). 수화통역과 인터넷 채팅을 활용한 청각장애학생 상담 사례 연구. **특수교육연구, 18**(2). 153-180.

송현종, 양승갑 공역(2014). **ADHD 학생의 이해와 지도.** 학지사.

송현종, 조성은(2005). 통합교육과 학교상담. **특수교육저널: 이론과 실천, 6**(4), 215-234.

송현종, 조성은(2006). 장애학생과 비 장애학생 간의 상담에 대한 태도 비교. **특수교육연구, 13**(1), 49-65.

신민섭, 김수경, 김용희, 김주현, 김향숙, 김진영, 류명은, 박혜근, 서승연, 이순희, 이혜란, 전선영, 한수정(2007). **그림을 통한 아동의 진단과 이해 - HTP와 KFD를 중심으로.** 학지사.

신민섭, 김은정, 김지영(2007). **아동 청소년 로샤의 이론과 실제.** 학지사.

신현균, 김진숙(2007). **주의력결핍 과잉행동장애.** 서울: 학지사.

안희영, 이재석 공역(2014). **MBSR워크북.** 서울: 학지사.

양명숙, 김동일, 김명권, 김성회, 김춘경, 김형태, 문일경, 박경애, 박성희, 박재황, 박종수, 이영이, 전지경, 제석봉, 천성문, 한재희, 홍종관 공저(2014). **상담이론과 실제.** 서울: 학지사.

오경자, 정경미, 문혜신 공역(2008). **아동 청소년 심리치료.** 시그마프레스.

원영조 등(1999). **청각장애아 교육.** 대구대학교출판부.

유미숙(1997). **놀이치료의 이론과 실제.** 상조사.

윤순임, 이형득, 이장호(2011). **현대상담심리치료의 이론과 실제.** 서울: 중앙적성출판사.

이근매, 조용태(2014). **장애아동 미술치료.** 서울: 학지사.

이부영(2007). **분석심리학: C. G, Jung의 인간 심성론.** 서울: 일조각.

이소현, 박은혜(2011). **특수아동교육.** 학지사.

이영만, 유병관 공역(1996). **프로이드, 스키너, 로지스.** R.D. Nye 저. 서울: 중앙적성출판사.

이장호(2001). **상담심리학의 기초.** 서울: 학문사.

이장호, 금명자(2006). **상담연습 교본.** 경기: 법문사.

이장호, 정남운, 조성호(2005). **상담심리학의 기초.** 서울: 학지사.

이죽내(2000). 분석심리치료. 윤순임 외(편). **현대상담심리치료의 이론과 실제.** 서울: 중앙적성 출판사.

이효정, 오인수, 이영선, 최하영(2012). **특수아상담.** 학지사.

임용자(2004). **표현예술치료의 이론과 실제-동작,미술 및 언어표현의 통합적 접근.** 문음사.

임의영(1993). **스키너의 행동주의적 인간관.** 문학과 지성사.

이형구, 이종복, 문혜숙, 최옥화, 김옥진, 김병수, 민천식, 황인수(2012). **동물매개치료학.** 서울: 동일출판사.

이형득(2009). **본성실현상담.** 서울: 학지사.

장선철(2005). **특수아동상담.** 태영출판사.

장선철(2007). **특수아동교육.** 태영출판사.

정광주(2011). **내안에 고요를 만나다-차명상과 치유.** 서울: 학지사.

정대영, 김성애, 박희찬(1996). **통합교육 실태의 국제 비교.** 국립특수교육원.

정신장애의 진단 및 통계편람 제4판(Diagnostic and Statistical Mental Disorders: DSM-Ⅳ-TR, 2000).

정신장애의 진단 및 통계편람 제5판(Diagnostic and Statistical Mental Disorders: DSM-5, 2013).

정은(2004). '특수아동'(장애아동) 상담의 실천적 이해를 위한 방법론적 탐색. **특수교육 저널: 이론과 실천, 5**(2). 319-340.

정재권(1999). 지체부자유아 학생의 진로태도 조사. **지체중복건강장애연구, 33**(1), 43-57.

정현주, 정영주, 이인용, 송인령, 윤정리, 정희진(2004). **음악치료연구.** 서울: 학지사.

조용태(2001). **특수아상담.** 양서원.

조현춘, 조현재, 문지혜, 이근배, 홍영근(2010). **심리상담과 치료의 이론과 실제.** 센게이지러닝코리아(주).

조홍중, 조주희, 박선희, 김경렬, 강정화(2013). **특수아동의 이해.** 일문사.

천성문, 박명숙, 박순득, 박원모, 이영순, 전은주, 정봉희(2009). **상담심리학의 이론과 실제.** 서울: 학지사.

최영애(2003). **원예치료.** 서울: 학지사.

최영애, 홍승연(2010). **치유의 풍경.** 서울: 학지사.

최영민(2010). **대상관계이론을 중심으로 쉽게 쓴 정신분석이론.** 서울: 학지사.

최윤미, 지승희 역(2013). **학교에서의 연극치료와 가족치료.** (주)시그마프레스.

최중옥, 박희찬, 서현아, 김윤옥, 정대영, 안성우, 최성규, 이해균, 김숙경, 오세철, 김진희, 남상석, 박희찬(2002). **특수아동의 이해와 교육.** 교육과학사.

천성문, 박명숙, 박순득, 박원모, 이영순, 전은주, 정봉희(2009). **상담심리학의 이론과 실제.** 서울: 학지사.

최희아, 남희경, 고경순 공역(2009). **무용·동작중심 표현예술 사례집.** 서울: 학지사.

한국어린이문학교육학회 독서치료연구회(2003). **독서치료.** 서울: 학지사.

한국특수교육학회(2008). **특수교육대상자 개념 및 선별기준.** 한국특수교육학회.

김아영, 김현정, 이순행(2002). 한국판-영유아기 자폐증 선별검사(K-CHAT) 개발 연구. **한국심리학회지: 발달, 15**(3). 17-32.

황은영, 이유진, 정은주(2014). **음악심리치료-이론과 실제.** 서울: 학지사.

Ainslie, G. (2007). B*ehavioral and Brain Science, 30*(3), 313-4.

Allen, J. M., & LaTorre, E. (1998). What a school administrator needs to know about the school counselor's role with special education. In C. Dykeman (Ed.), *School administrator's guide to school counseling* (pp. 117-122). Greensboro, NC: ERIC CAPS.

American School Counselor Association(1999). The professional school counselor and the special needs student. Retrieved November 13, 2001, from http://www.schoolcounselor.org.

American School Counselor Association(2000). The professional school counselor and attention deficit/hyperactivity disorder(ADHD). Retrieved November 13, 2001, from http://www.school-counselor.org.

Astin, J. (1997). Stress reduction through mindfulness meditation: Effects on psychological symptomatology, sense of control, and spiritual experiences. *Psychotherapy and Psychosomatics, 66*, 97-106.

Axline, V. (1947). Nondirective play therapy for poor readers. *Journal of Consulting Psychology, 11,* 61-69.

Axline, V. A. (1969). *Play therapy.* New York: Ballantine Books.

Baker, S. B. (1992). *School counseling in the twenty first century.* New York: Merrill. Baron-Cohen, Allen & Gillgerg, 1992.

Belkin, G. S. (1977). *Practical counseling in the schools.* Long Island University.

Bender, W. (1992). *Learning disabilities: Characteristics, identification and teaching strategies.* Boston: Allyn & Bacon.

Bowen, M. L. (1998). Counseling interventions for students who have mild disabilities. *Professional School Counseling, 2*(1), 16-25.

Bruce, M. A., Shade, R. A., & Cossairt, A. (1996). Classroom tested guidance activities for promoting inclusion. *The School Counselor, 43*, 224-231.

Bruscia, K. (1989). *Defining music therapy.* Phonenixville, PA: Barelona.

Carson, R. R., Sitlington, P. L., & Frank, A. R. (1995). Young adulthood for individuals with behavioral disorders: What does it hold? *Behavioral Disorders, 2*0, 127-135.

Cashdan, S. (1988). *Object relations therapy: Using the relation.* New york: Norton.

Cain, D. J. (2002). Defining characteristics, history, and evolution of humanistic psychotherapies. In D. J. & J. Seeman (Eds.), *Humanistic psychotherapies: Handbook of research and pratice.* Washington, DC: American Psychological Association.

Cathy A. Malchiodi (2010). *Expressive therapies.* **표현치료**(나양수·백영매 역). 서울: 시그마프레스(원전은 2005년에 출판).

Clair, M. (1996). *Object relations and self psychology: An introduction.* Pacific Grove, CA: Brooks/Cole Publishing Co.

Clarkson, P. (2010). **게슈탈트 상담의 이론과 실제**(김정규, 강차연, 김한규, 이상희 역). 서울: 학지사. (원전은 1999년에 출판).

Corey, G. (1991). *Theory and pratice of counseling and psychotherapy.* Pacific Grore, CA: Brooks/Cole.

Corey, G. (2003). *Theory and Practice of counselling and psychotherapy.* **심리상담과 치료의 이론과 실제**(조현춘, 조현제 역). 서울: 시그마프레스(원전은 2001년에 출판).

Cynthia K. Chandler (2006). *Animal assisted therapy in counseling.* **동물보조치료와 상담**(김양숙 역). 서울: 학지사(원전은 2005년에 출판).

Davidson, R., & Kabat-Zinn, J. (2004). Response to letter by J. Smith. *Psychosomatic Medicine, 66*, 149-152.

Deck, M., Scarborough, J. L., Sferrazza, M. S., & Estill, D. M. (1999). Serving students with disabilities: Perspectives of three school counselors. *Intervention in School and Clinic, 34*, 150-155.

Deurzen, E. (2010). **실존주의 상담과 심리치료의 실제**(이정기, 윤영선 역). 서울: 상담신학 연구서.

Doll, B., & Doll, C. (1997). *Bibliotherapy with young people: Librarians and mental health professions working together.* Englewood, Colorado: Libraries Unlimited, inc.

Eileen H, Jones. (2007). *Bibliotherapy for bereaved children healing reading.* **사별을 경험한 아동과 청소년을 위한 독서치료**(문지현·정춘순 역). 한국독서치료연구소(원전은 2001년에 출판).

Doll, B. , & Doll, C. (1997). *Bibliotherapy with young people: Librarians and mental health professions working together.* Englewood, Colorado: Libraries Unlimited, inc.

Rebecca L. Haller & Christine L. Kramer (2010). *Horticultural therapy methods.* **원예치료 방법**. 서울: 학지사. (원전은 2006년에 출판).

Egan, G. (1994). *The skilled helper: A systematic approach to effective helping.* Broooks/Cole Pubilshing Co.

Freeman, A., & Dattillio, R.M.(Eds). (1992). *Comprehensive casebook of connitive therapy.* New York; Plen

Press.

Garfield, S. L., (1995) *psychotherapy: An eclectic-integrative approach*, NY: John Wiley & Sons.

Goleman, D. (1971). Meditation as meta-therapy: hypothesis towards a proposed fifth state of consciousness. *Journal of Transpersonal Psychology, 3*, 1-25.

Hays, S. M., Follette, V. M., & Linehan, M. M. (2010). *Mindfulness and acceptence.* **알아차림과 수용.** (인경스님 감수, 고진하 역). 서울: 명상상담연구원. (원전은 2004년에 출판).

Hallahan, D. P., & Kauffman, J. M. (1996). *Exceptional learners: Introduction to special education*(7th ed.). Boston: Allyn & Bacon.

Hallahan과 Kauffman (2014).

Hart, S. L. (1991). Childhood depression: Implications and options for school counselors. *Elementary School Guidance and Counseling, 25*(4), 277-289.

Heaton, J. A. (2006). *Building basic therapeutic skills.* **상담과 심리치료의 기본기법**(김창대 역). 서울: 학지사.(원전은 1998년에 출판)

Hebert, T. P. (1991). Meeeting the affective needs of bright boys through Bibliotherapy. In B. Doll, B., & Doll, C. (1997). *Bibliotherapy with young people: Librarians and mental health professions working together.* Englewood, Colorado: Libraries Unlimited, inc.

Hill & O'Brien, K, M. (1999). *Helping skills: Facilitating exploration, insight, and action.* Washington, DC: American Psychological Association.

Hynes, A, M., & Hynes-berry, M. (1994). *Biblo/poetry therapy-The interactive process: A Handbook.* St, Cloud, MN: North Star Press of St. Cloud.

Idol, L. (1988).A rationale and guidelines for establishing special education consultation programs. *Remedial and Special Education, 9*, 48-58.

Individuals with Disabilities Education Act of 1990. 20 U.S.C. Section 1400 et seq. (West 1998).

Individuals with Disabilities Education Act Amendments of 1997. 20 U.S.C. 1400 et seq. (West 1998).

Joyce, P., & Sills, C.(2001). *Skills in Gestalt counselling & psychotherapy.* London: Sage Publications.

Kabat-Zinn, J. (1990). *Full catastropy living.* New York: Bantam Doubleday Dell (장현갑, 김교헌(1998). **명상과 자기치유 상, 하.** 서울: 학지사).

Kabat-Jinn, J. (2007). **마음챙김 명상과 자기치유 上.** (장현갑, 김교헌, 장주영 역). 서울: 학지사. (원전은 1990년에 출판).

Landreth, G.L. (1991). *Play Therapy: The art of the relationship. Texas:* Accelerated Development Inc.

Landy, L. (1990). *Child support: Through small group counseling.* Mount Dora, FL: Kidsrights.

Limond, J., Bradshaw, J, & Cormack, K. (1997). *Behavior of children with learning disabilities interacting with a therapy dog. Anthrozoos, 10*(2-3), 84-80.

Matsua, R, (1997). *Human dimensions of Horticulture.* Dept. of Horticulture Forestry and Recreation Resources, Kansas State Univ. Manhtton, Kansas, U.S.A.

McFarlane, P. (2005). *Drama therapy: Developing emotional stability.* London: David Fulton Publishers.

Milsom, A. S. (2002). Students with disabilities: School counselor involvement and preparation. *Professional School Counseling, 5*(5), 1096-24019. Database: Academic Search Premier.

Mosak, H. H., & Maniacci, M. P. (2008). Aderian psychotherapy. In R. J. Corsini & D. Wedding (Eds.), *Current psychotherapies* (8thed.) Belmont, CA:Broooks/Cole.

Munro, E, A., Manthei, R. J., & Small, J. J. (1983). *Counseling: A skill approach.* New Zealand.

Nelson-Jones, R. (2003). *Basic counseling skills: A helper's manual.* London: SAGE Publications.

O'Connor, K. J. (1991). The Color-Your-Life. In C. E. Schaeffer & K. J. O'Connor(Eds.), *Handbook of Play therapy.* New York: John Wiley & Son, Inc.

Pardeck, J. T. (1994). Using literature to help adolescents cope with problem. In B. Perls, F. S. (1985). Vier Vortraege. In H. Petzold(Herg.), *Gestalt, Wachstum, Integration.* Paderbon: Junfermann-Verlasg.

Polster, E. (2006). *Uncommon ground: Creating a system of lifetime guidance.* Phoenix: Zeig, Tucker, & Theisen. Inc.

Redefer, L. A., & Goodman, J. G. (1989). Brief report: Pet-facilitated therapy with autistic children. *Journal of Autism and Development Disorder, 19*(3), 461-467.

Riley, S., & Malchiodi, C. A. (2003). Family art therapy. In C. A. Malchiodi(Ed.), *Handbook of art therapy*(pp.362-374).New York: Guilford Press.

Roach, V. (1995). Supporting inclusion: Beyond the rhetoric. *Phi Delta Kappan, 77*, 295-299.

Roberts, R. L., & Baumberger, J. P. (1999). T.R.E.A.T.: A model for constructing counseling goals and objectives for students with special needs. *Intervention in School and Clinic, 34*(4), 1053-4512. Database: Academic Search Premier.

Rogers, C. (1961). *On becoming a person.* Boston: Houghton Mifflin.

Segal, Z. V., Williams. J. G., & Teasdale. J. D. (2002). *Mindfulness-based cognitive therapy for depression.* NY: Guilford Press.

Segal, Z. V., Williams, J. M. G., & Teasdale, J, D. (2006). **마음챙김 명상에 기초한 인지 치료** [*Mindfulness-based cognitive therapy for depression: A new approach to preventing relapse*]. (이우경, 조선미, 황태연 역). 서울: 학지사. (원전은 2002년에 출판)

Seligman, L. (2011). **상담 및 심리치료의 이론**(제2판, 김영혜, 박기환, 서경현, 신희천, 정남운 역). 서울: 시스마프레스.(원전은 2006년에 출판).

Shapiro, L. S., Schwartz, E. G., &Bonner, G. (1998). Effects of Mindfulness-Based Stress Reduction on Medical and Premedical Students. *Journal of Behavioral Medicine, 21*(6), 581-599.

Smith, D. D. (2010). *Introduction to special education: Teaching in an age of challenge*(4th ed.). Boston: Allyn & Bacon.

Snyder, B., & Offner, M. (1993). School counselors and special needs students. In J. Wittmer(Ed.), *Managing your school counseling program: K 12 developmental strategies* (pp.124-130). Minneapolis, MN: Educational Media Corporation.

Tarver-Behring, S., Spagna, M., & Sullivan, J. (1998). School counselors and fullinclusion for children with special needs. *Professional School Counseling, 1*(3), 51-56.

Trotter, T. V. (1993). Counseling with exceptional children. In A. Vernon(Ed.), *Counseling children and adolescents*(pp. 119-135). Denver, CO: Love Publishing Co.

Quigney, T. A., & Studer, R. (1998). Touching strands of the educational web: The professional school counselor's role in inclusion. *Professional School Counseling, 2*(1), 77-81.

Weishaar, M. E. (1993). *Aaron T. Beck.* London: Sage.

Whiston, S, C. (2005). *Principle and application of assessment in counseling.* Boston, CA: Thomson & Brooks/Cole.

Wood Dunn, N. A., & Baker, S. B. (2002). Readiness to serve students with disabilities: A survey of elementary school counselors. *Professional School Counseling, 5*(4), 1096-2409. Database: Academic Search Premier.

Wubbolding, R. E. (2007). Reality therapy. In A. B. Rochlen (Ed.), *Applying counseling theories: An online case-based approach.* Upper Saddle River, NJ:Pearson Prentice-Hall.

Zinker, J. (1978). *Creative process in Gestalt therapy.* New York: Random House (Vintage).

| 색인 |

ㄴ

ㄷ

ㄹ

ㅁ

ㅂ

ㅅ

ㅇ

ㅈ

ㅊ

ㅋ

ㅌ

기 타

특수아동과 상담

인쇄 | 2016년 1월 20일
발행 | 2016년 1월 25일

저자 | 송현종·정광주
발행인 | 지병문
발행처 | 전남대학교출판부

등록 | 1981. 5. 21. 제53호
주소 | 61186 광주광역시 북구 용봉로 77
전화 | (062) 530-0571~2 **마케팅** 530-0573
팩스 | (062) 530-0579
홈페이지 | http://www.cnup.co.kr
이메일 | cnup0571@hanmail.net

값 18,000원

ISBN 978-89-6849-270-9 (93370)

이 도서의 국립중앙도서관 출판예정도서목록(CIP)은 서지정보유통지원시스템 홈페이지(http://seoji.nl.go.kr)와 국가자료공동목록시스템(http://www.nl.go.kr/kolisnet)에서 이용하실 수 있습니다.
(CIP제어번호 : CIP2016001914)